橋爪大三郎
HASHIZUME Daisaburo

書評のおしごと

Book Reviews 1983-2003

海鳥社

書評のおしごと◉目次

▼思想を読む

▼社会を読む

▼知の前線を読む

▼世界を読む

▼時代を読む

▼生活文化を読む

▼解説・論文とブックガイド

▼インターネット鼎談書評　小林恭二・広瀬克哉・橋爪大三郎

書評のおしごと▼橋爪大三郎

＊取り上げた出版物の価格表示は、二〇〇五年七月末調べの税抜き金額（一部品切中のものあり）。書評発表後、増補版などに改まったり、出版元が変わったものはそちらを掲げ、文庫版が出ているものはそれも併記した。

思想を読む

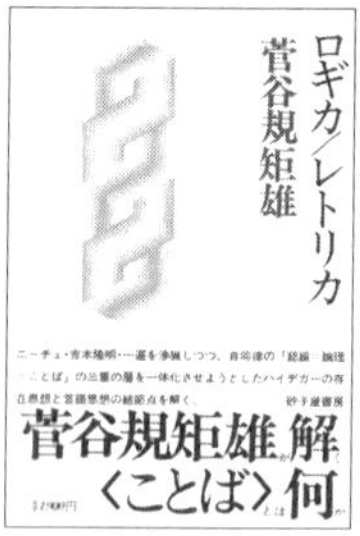

『ロギカ／レトリカ』

菅谷規矩雄

砂子屋書房・1900円

▼『現代詩手帖』1986.3

よく書きこまれた一冊である。思索のひだが著者の生理的な等身大に息づいている。誠実な筆致。昔なつかしい小路にふと舞いもどったような気がした。

著者は、詩という名のことばの極限へ、果敢な漸近をはかる。素材はニーチェであり、一遍であり、ハイデガーであり、賢治・埴谷その他存在を見つめた日本の作家たちである。そして議論の要所では吉本隆明が、後見人の姿をあらわす。

素材の色濃い宗教性に、なにより注目すべきだろう。著者もまた求道者である。ほとんど書けそうにないことだけを、己れに課すとみえる。どの行も模索と呻吟に満ちている。こうした倫理的苦行の果てに、著者は救済の輪郭を望見しようとする。それは解放であってよいはずだ。だが私はかすかに、閉塞感と報われない疲労のほうを感じてしまう。気のせいだろうか？

現代詩に縁のない私は、本書がどれほど現下の詩人たちの切実な懊悩に応えるものか、見当がつかない。社会学者として見取った限りをのべるしかない。

著者菅谷氏がドイツ文学者としてどのような境位をえているかに、興味をひかれる。

たとえば著者は、ハイデガーの章句に自分の訳を充てる。ことばと存在をめぐる西欧の思索が日本語に置き換わる／換わらぬことに批評の根拠をおくようだ。そしてたとえば、ザイン（普遍存在の概念）を駆使してついに見逃される可能性が、ある／いるの区別によればわれわれにひらかれるという。神がいなくともよい。有情との交響。自然との和解。――このみちすじはよく解る。だが問おう、著者は何語でこれを考えたのか？

著者は日本語で思索し、書を著す。日本の風土に根ざし、それを引き受けるべく。よろしい。安直な舶来屋より格段ましだ。が、それにしては、この風土に対する異和の角度と方法が不足していないか。あるいは、著者の想い描く西欧が、日本語に置き換えたがために不用意に変歪していないか。あるいは、同じ思想をドイツ語で表現する普遍性よりも、吉本言語論に内属する自足を選んでいないか。

吉本氏は当代の国学者である。氏は、マルクス主義のロシア的変歪に抗して、己れの肉声でマルクスを思索することからはじめ、ついに浄土教的な共和思想を結実した。これはなおさらの変歪であるが、そうとう自覚的になされ、それゆえの世界性をもつ。しかし著者は吉本氏を権威とするあまり、この変歪をしかと見据えていない気がする。そのため西欧思想本来の恰幅が、著者の手のなかでいくぶん痩せてしまう。惜しむべきである。

　中程度の異論（ハイデガーの「ことばがはなす」は喩でなく、文字通り機械論では？／トラークルの詩の乞食は、晩餐に臨むイエスその人では？／啓示宗教でことばはまず法なのでは？／要するに本書のキリスト教は浄土教と似すぎていないか？……）のゆえに、私は著者の結論を留保するが、詳論の紙幅はない。最後に。書評を機縁に本書に触れえたことを謝し、広く江湖にむかえられんことを祈る。

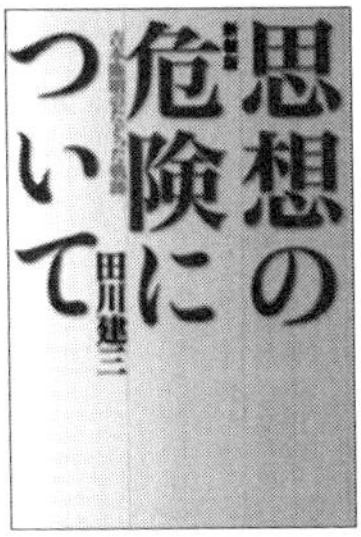

『思想の危険について』
——吉本隆明のたどった軌跡
田川建三
インパクト出版会・３０００円
▼『朝日ジャーナル』1987.9.25

　吉本隆明に関する著書は数多いが、期待外れが目立った。最近はいちいち読んでもいない。この書はどうであろうか。

　著者田川建三氏は、キリスト教学の研究者としてつとに名を知られ、吉本氏とも幾度か交流があった由である。

　題名から窺えるように、これは思想家吉本に対する諫言の書とみられる。当然、読書の興味は、吉本が陥ったという「危険」を、著者がどう抉りだし、そこに納得できる説明を与えてくれたかに集まるだろう。

　一九六〇年頃の吉本を、著者は高く評価し、それがその後だんだんよからぬ方向に変わってきた、とみる。いわば、吉本「変節」論である。そこで転換点（こけたきっかけ）が探られるわけだが、それが『最後の親鸞』と『共同幻想論』だという。この二書の検討が、大部な本書の前半、後半を占め、間に『反核異論』やイリイチに絡めた批判がちりばめられている。

　著者田川氏には少々失礼かもしれないが、ごく大づかみに論点を整理させてもらおう。著者はいう。吉本の親鸞論がまずいのは、吉本が宗教者としての親鸞の実像にもとづかないで、勝手に自分の思想的境位（自分が知識人として大衆から離反してしまい困るので、なんとか大衆になりきりたい）を投影しているにすぎない点である。また共同幻想論がまずいのは、彼の理論と素材とがちぐはぐで論証の体裁をなしていないうえ、理論は理論で、共同性をはなから敵視して国家と同一視したり、女性蔑視まるだしの対幻想の概念を持ち出したりという程度の、おそまつなものでしかない点である。

では、どうしてこんなことになるのか？

著者によると、それは吉本が初心を忘れたからである。「我々大衆」という位置から戦後派知識人を鋭く告発する当初の姿勢は傑出していたのに、だんだんと理論志向にとらわれ、抽象的な図式にすべてを押しこめてことたれりとする歪んだ態度に迷いこんでしまった。

ではどうすればよいのか。

著者は、初期吉本の優れた仕事のなかにも後々のよからぬ傾向が潜んでいた、と注意し、彼の一貫した一面も見落としていない。ならばそのうえで、どんな可能性が吉本に残されていたというのか、本書からはなかなか読み取りにくかった。それでも、著者が思想家吉本のどこに問題をみているかは十分伝わってくるし、それが吉本読者のよくある反応の一典型になっていそうなこともわかる。

さて、著者の批判は、どこまで急所を突いているだろうか。これは私（評者）の判断だが、本書の論法では吉本を捕まえたことにならないと思う。

なるほど、著者の指摘の半分近くは納得できるものである。私は吉本のあまりよい読者ではないが、私なりに考えてもたしかに吉本には問題がある。しかし率直に言って、著者の議論は総じて大味で、私がいちばん知りたいと思うところを突いてくれなかった。性急な倫理的追究に力点がかかるあまり、吉本の思想的全体像を捉えない（それに興味を示すだけの余裕がない）ままで終わっている。

吉本を語るなら、多作な彼のスピードのようなものをまず押さえないとダメである。

彼はただの文学者でいたいのに、同時に、時代と状況に応答する体系的思想家の役回りも引き受けざるをえなかったため、忙しいのだ。体系への志向を見なければ、彼のユニークなところが台なしである。『言語にとって美とは何か』、『心的現象論』、それに『ハイ・イメージ論』あたりも踏まえて、自らも変化しつつわれわれの時代を語り出す吉本の全体像を描き出すこと。変節ではなく、内在的な必然として。

これを望みたかった。

著者の批判はテキストに密着しているようでいて、その実、細部にこだわりきれていない。吉本の体系的な展開がみえていない（というより、著者が現代にかかわる自分自身の思想的脈絡をよく整備できていない？）からではないか。結果として、吉本のあらぬ影を撃つかたちになった。残念な点である。

個々の論点にわたるなら、吉本の浄土教理解（往相／還相）が彼独自の解釈に支えられているとの指摘、対幻想から共同幻想への展開がきわめて危うい仮説のうえに成り立っているとの指摘など、どれも正当である。たとえばこの二点に絞って批判を内在的に掘り下げたほうが、吉本にはきつかったのではなかろうか。

『ウィトゲンシュタインと禅』
黒崎　宏
哲学書房・1500円

＊

『ウィトゲンシュタインとデリダ』
ヘンリー・ステーテン（高橋哲哉訳）
産業図書・3600円

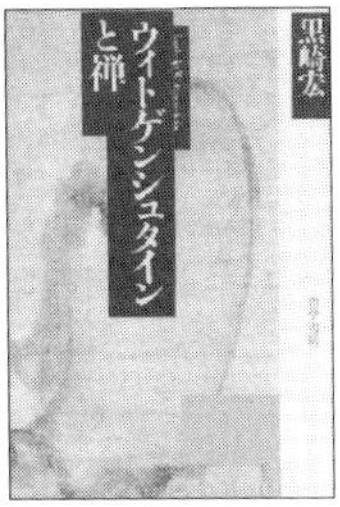

いつまでも続く自問自答や反実仮想の迷路――。

▼『朝日ジャーナル』1987.11.20

ウィトゲンシュタインのテクストにとらわれると、不思議の国にまよいこんだアリスのように、イライラ途方にくれてしまう。だがそれだからこそ、彼の仕事は最近ますます注目を集めているようだ。出口の見つけ方ひとつで、迷路も楽園に一変するのかもしれない。

哲学者黒崎宏氏の新著『ウィトゲンシュタインと禅』は、とりあわせの妙で目をひく題名の本だ。はて、ウィトゲンシュタインが仏教に関心をもってたかな？

著者黒崎氏によると、『論理哲学論考』などからうかがえるウィトゲンシュタインの心境はまさしく禅の境地そのものだという。仏教徒のためにやさしく書かれ、ウィトゲンシュタインの紹介部分も手慣れていて、彼をひとわたり知りたいむきには便利である。

ただ論理構成のほうは、いささか心もとない。たとえば「明らかに、ウィトゲンシュタインが言うことと神讃（＝禅僧）が言うことは、まったく同じ（＝振りかえれば部屋の出口は開いている）です。従ってウィトゲンシュタインにとっては、哲学するという事は、禅の修行にも似た一種の修行であることになります」（一九頁）とあるが、たまたま同じ内容のことを喋ったところがあるぐらいで、思想の実態も同じはずだとあっさり結論されてはたまらない。

誤解のないように注意すれば、ウィトゲンシュタインの思想が仏教と関連するはずがない、と言っているのではない。あるレベルで通底する、と言えるとは思う。ただしそれには、両者の構造を体系的に比較対照する周到な方法が必要だ。それなしにいくら、〝ね、そっくりでしょ〟と言われても困る。そもそも、ウィトゲンシュタインのテクストに、彼の「真意」や「境地」を探してしまう昔ながらの発想が、彼の思想を裏切っていないか。

折角のテーマであるし、著者の力量もとてもこの程度でないはずなので、つぎの著作での発展を期待したい。

もう一冊、H・ステーテン著『ウィトゲンシュタインとデリダ』も、意想外の組み合わせと言ってよかろう。両者をつなぐ鍵は、脱構築（deconstruction）である。著者は米国の新進思想史家とのこと。わが国同様、米国の批評界も、猫も杓子もデコンストラクションということらしいが、著者のデリダ読解は正確でなかなか説得力があり、本書から察する限り、かの地で脱構築はいちおうの水準で議論されているようだ。

本書のミソは、フッサール↑デリダ″初期ウィトゲンシュタイン（ないし英米系主流哲学）↑後期ウィトゲンシュタイン、という脱構築の並行関係を提示した点にある。この関係が成立するかどうか、判断の微妙なところだが、興味ぶかいのは、デリダが本書に推薦文を寄せている点で、デリダ本人にとって、この解釈は満足すべきものらしいのだ。

ウィトゲンシュタインのほうはとっくに死んでしまったから、何と言うかわからない。ただ「めいめいが自分自身で考えるように」と言いのこしたことからすると、本書はマル、ということになる。

著者は、デリダがまずフッサールにとりつき、超越論的現象学の文体と問題構成に内在しつつそれを食い破っていった企図の必然を、アリストテレス以来の哲学史の伝統のなかで照らしだす。そして、脱構築作業の唯一最大の先行者として、ウィトゲンシュタインを指名する。デリダはイデア的なもの（たとえば言語）が現前することの矛盾に攻撃を集中し、「声」にかえてエクリチュールの運動を追尾したのだった。主観や現前の範域外で機能し続けるのがエクリチュールである。この着眼がウィトゲンシュタインの、言語ゲームの思想と呼応するという。

さらに、オースティンの発話行為論（特にその文脈の概念）に対する批判を間に挟むと、後期ウィトゲンシュタインとの接続がもっとよく視えてくるとの指摘は斬新だった。翻訳も着実で、安心して読めたことをつけ加えておく。

▼「産経新聞」1989.5.23

『偶　景』
ロラン・バルト（沢崎浩平・萩原芳子訳）
みすず書房・2800円

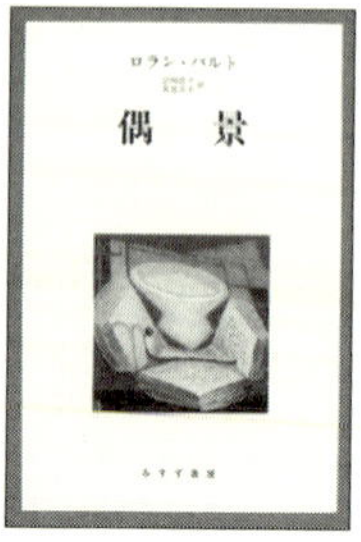

著名なフランスの記号学者ロラン・バルトは、一九八〇年、惜しくも不慮の事故で亡くなった。彼の仕事は遺稿を含め、ほとんど翻訳で読むことができる。今回新たに訳さ

れた『偶景』も、そうした遺稿のひとつである。しかしこれはまた、何という作品だろう！

全体は細かな断片の寄せ集めだ。中心となるのは、一九六八年から翌年にかけて、モロッコで執筆された「偶景」と、一九七九年の「パリの夜」。どちらも未発表だったテクストは、日記のようにも読めるが、習作のようでもあって、すぐに意図がわかりにくい。著者の説明によると、これは「俳句」でもある。何かそれ以上のことを言うための材料ではなくて、その刹那のすべてを書きとめる充実。

この作品の狙いを、題名が隠しているらしい。偶景（アンシダン）とは〈ミニ・テクスト、短い書きつけ、俳句、……すべて木の葉のように落ちてくるもの〉のこと。他のテクストについてのべる（記号学の）かわりに、直接のべること、ただしただの小説になることを拒む「小説的なもの」をつづることを、バルトはめざしている。だがそれにしては、描かれている世界が異様だ。バルトはいまや老残の同性愛者で、モロッコの街頭やパリの裏町を、偶然の出会いを求めて彷徨する。その視線は男たちの肢体の上でねばついており、かなり淫靡だ。描かれていることに、嘘はあるまい。他人のこういう生理につきあうのは、正直言って愉快なものでない。

これらの遺稿は、公表するつもりで書かれたらしいが、生前活字にならなかった。ありのままをさらすのは、自分の死後にしようと計算したのかもしれない。

さて、『偶景』の文学的価値についてだが、私にはよくわからない。翻訳から判断してしまっては危険でもある。ふつうのスタイルで書かれていたら、『ヴェニスに死す』みたいな評価を受けたかもしれない。

少し気になることをのべよう。モロッコでもパリでも、登場するのは、現地や第三国人の男娼（ジゴロ）ばかりである。バルトの興味をひかない人びとや光景はすべて〈不快〉、〈愚か〉、〈退屈〉などと片づけられてしまう。彼は日課のように街を徘徊し、自室に戻ると、パスカルの『パンセ』を読む。この平然とした落差に、ブルジョアジーの傲慢を感じてしまう。

これはフランス中心主義の知識人の傲慢でもある。たとえば、ホメイニについて、バルトは〈びっくり仰天。……怒る気もしない。この時代錯誤的妄想には理性的説明があってしかるべきだ〉と書く。だが、イラン革命は起こった。どちらが妄想だったのか。

記号学という、いちおう客観的にみえる解読の手さばきが、その実どういう精神の舞台裏に支えられている（場合がある）かについて、この本は多くを考えさせてくれた。また花輪光氏の長文の解題「小説家バルト？」も、本文を読むうえで大いに参考になった。

『琉球弧の喚起力と南島論』

吉本隆明 他
河出書房新社・1748円

▼「産経新聞」1989.9.29

吉本隆明氏の『南島論』（一九七〇年）は忘れえぬ論文だ。そこで私は、初めてレヴィ＝ストロースの親族理論の概要を知ったわけだし、構造人類学が社会学への入り口になるという強い示唆も受けたのだ。

その吉本氏が、今また、南島論へ立ち返るという。

南島論は、都市論とペアになるものだ。都市論は、現代の最も高度な都市が、国家の枠を否応なくはみ出していくことをのべる。いっぽう南島論は、天皇制や国家が生まれる以前の《基層》を掘り下げる。つまりどちらも、人類が国家なしに生きられることを論証する。

都市論のキー・ターム「アジア的」に加え、吉本氏は新たに「アフリカ的」を追加した。これは今の第三世界にもあたる。アフリカ的段階の都市は、アジア的、ついで西欧的な都市に変貌していくのが、自然史的な必然だという。《アフリカ的段階……を普遍的な概念として追加して南島論の基層を掘り下げ……天皇制を越える……人類の普遍的な……原型……とぶつかることができるんじゃないか》

こうのべる吉本氏に対して、一緒にシンポジウムに参加した赤坂憲雄氏は《吉本氏が……依拠するヘーゲル的な人類史の普遍性に対して……戸惑い》を隠さない。私も同様に感ずる。

大きな「歴史」を考え、そのなかで天皇制の、さらには国家の生成と死滅を見届けようというのが吉本氏の基本戦略である。だが、起源に遡れば、それを無化できるのか。国家の本質が共同幻想だとしても、それはわれわれの社会の強固な現実として、多様な機能を果たしているではないか。日本の天皇制にしても、高度資本主義のなかに再生しつづけている。《象徴天皇制の終焉と、日本の農耕社会の終りとが、対応関係にあるだろう》と言われても、にわかに信じられない。

国家がもちろん、問題なのである。ただそれは今、疎外論、幻想論で語るべき対象なのか？　権力はなにかの間違いでうまれただけのもので、歴史が進めば消滅するものなのか？

権力の制度－政治権力のあり方が、時代とともに変化するのは当然だ。そこには「悪しき権力」や、社会の実態にそぐわぬ権力もあろう。国家がそうならそのつど問題にすればよい。

都市が国家をはみだすように見えるのは、経済や交通や情報の回路が、国家の範囲を越えてますます拡がっているためである。この傾向が続けば、やがて国家を解体しなければならなくなるのは目に見えている。だがそれは、国家をもっと普遍的な権力の制度に造りかえることのはずで、権力をきれいさっぱり地上からなくしてしまうことではないはずだ。

日本本土とまったく異なる歴史的経過をたどった南島は、興味のつきない場所である。しかし南島論が、吉本氏の戦略をまっとうするかたちで成立するかは、また別の話だ。赤坂氏の言う通りに、南島論の「第二章」は、もう吉本氏の手を離れ、万人の書き継ぐべきものになったのだろう。

『現象学入門』
竹田青嗣
NHKブックス・920円
▼『月刊アーガマ』1989.10

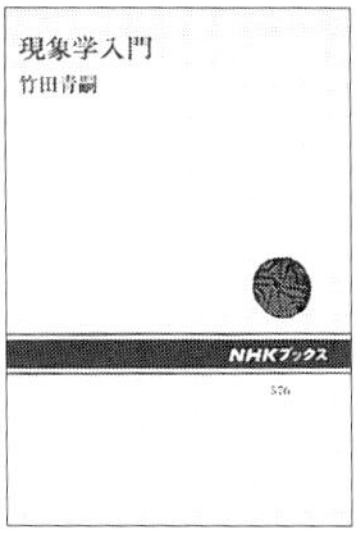

むずかしいのが値打ち、と言わんばかりでとっつきの悪かったフッサールの現象学を、これはまた思い切って、誰にでも手のとどくサイズに噛みくだいてある。この本を読んでもまだ、現象学のことがわからない人は、よくよく自分が哲学に向いていない、と愕然《がくぜん》としてもらいたい。

著者竹田青嗣氏のいろいろな思いが、この一冊にはこめられているようだ。

平明なわかりやすさが基調である。ふつうに生きることと、ものを考えることの距離をなくすこと。哲学することの躍動をとりもどすこと。下手な哲学の専門家には滅多にお目にかかれない、誰でも哲学できるはずだという率直な確信が快い。それを読者と共有しようとする態度が、わかりやすさの根底になっている。

そのうえで著者は、現象学を、もっとも果敢で先端的な哲学と位置づける。デリダなどポスト構造主義の潮流あたりが、現象学を、形而上学とか独我論とか決めつけるのは、とんでもない誤解なのだ。なぜなら近代哲学の根本的な謎、つまり《〈主観／客観〉の難問にたいしてほぼ完全なかたちで解答を与えたのは……フッサールの現象学だけ》（二四頁）なのだから。

ポイントは現象学がなぜ、独我論的構成をとるのかだろう。著者によればそれは、当然の選択である。フッサールは、主観／客観の一致（真理）を確かめることなど不可能である、と洞察した。にもかかわらず、誰もが世界・他者・事物の存在を「確信」してしまうのはなぜか？　むしろ、それを解明すべきである。そのためには、主観の側から出発すること。それも、主観をとらえる一切の憶見（ドクサ）を排除し尽くした（還元した）ところから出発することが、戦略的に重要だ――。

フッサールの著作は、いつでも積木くずしのように、もっとも原理的な場所から議論を組み上げていっては、いいところで一から出直す繰り返しで、全貌がつかみにくかった。しかしこの本を読むと、すっきり晴ればれ、フッサールという人物をつき動かす思考の必然が見えてくる。このわかりやすさは、すべての語彙をいったん咀嚼したうえで、嘘のない著者自身のことばに直して語っているところから来るものであろう。最後の章では、ハイデガー哲学との接続や、後読するさまざまな批判に対する反論もとりあげられていて、いちだんと広がりが出ている。まことに理想的な、現象学の入門書の登場である。

しかし、現象学と別の路線を進む私の立場からは、あえて異論も挟まねばなるまい。

著者はフッサールの境位が、余人の及ばないものであるという。しかし著者の描くところを信ずるなら、たとえば、確実性の問題を問いつめていった後期のヴィトゲンシュタインも、かなり近いところにいたことになるのではないか。彼の〝言語ゲーム〟の議論もまた、あらゆる懐疑論に抗して、人びとの日常のふるまいのなかの「確信」を掘り起こす作業にほかならなかった。同様に記号論や構造主義も、それほど捨てたものでないはずだ。主観／客観の図式を組み換えることが、そもそもこうした議論の動機であるから。

一方、現象学には固有の問題点もある。著者はフッサールの「他我」論の難点を、《フッサールが〈知覚〉直観を「他なるもの」の了解の第一起点（原的なもの）とした点にある》（一二六頁）と指摘する。そして、そのかわりに《情動的所与》を「原的な所与」に位置づけ直したらよいと言う。しかし私は、主観の彼岸にあるという点で、「言語」の重要性こそ無視できないのではないか、と思う。《要するに現象学で言う「本質」とは、言葉の意味のことだと考えていい》（五九頁）とまで言うのであれば、《メルロ＝ポンティやJ・デリダのように〈知覚〉直観を「身体」や「言葉」によって〝構成〟されたものと考えるのは、現象学的には〈客観〉から〈主観〉を説明することになって背理となる》（一二七頁）と、簡単に言ってすませるわけにはいかないと思う。このあたりの議論を始めるときりがないが、著者は別の機会に氏の情動＝エロス論をさらに敷衍《ふえん》されるそうなので、楽しみに待ちたい。

竹田氏は、フッサールがこれまでおおむね誤解されてきたと言う。私もそんな誤解のくちだったと思う。氏の主張には説得力がある。が、フッサールの文章に、そのような誤解を受けても仕方のない部分があったことも、また確かではないか。本書のフッサール像が解釈として成立するか否か（成立してほしい！）は、テキストの詳しい検討にゆだねるべき問題で、私には何とも言えない。しかし、現象学の積極的かつ現代的な意味を最大限に引き出すことに成功している本書の、功績は疑いようもないのである。

『ウィトゲンシュタイン・文法・神』

A・キートリー（星川啓慈訳）

法蔵館・2524円

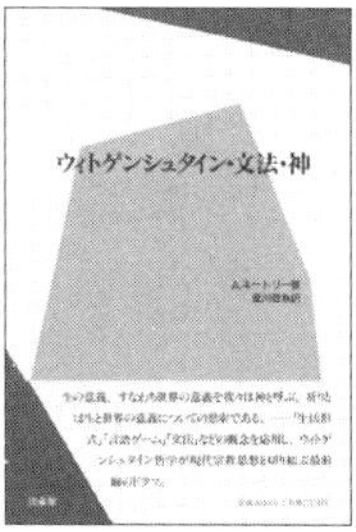

英国の神学者A・キートリーが、一九七六年に出版した処女作の翻訳である。ヴィトゲンシュタインの思想、特に言語ゲームの考え方が、現代の神学にどのような波紋を投げかけたか、最近の研究動向を踏まえて縦横に論じる本書は、信仰をもつ人々だけでなく、宗教と言語・哲学の関わりを考えるすべての人々に、きっと有益であるに違いない。

　ヴィトゲンシュタインが前期の『論理哲学論考』で、「語りえぬものについては沈黙せねばならぬ」とのべたことは有名だ。「語りうるもの」とは、この世界のなかで経験可能な出来事のこと。だから、神の存在やこの世界の終末など、キリスト教信仰の主要部分は「語りえぬもの」になってしまう。しかし、彼は、だからと言って宗教と無縁であろうとしたわけではない。むしろ終生、宗教者とも言うべき態度を保持していたというのが、著者キートリーと、とりわけ訳者星川啓慈氏の主張だ。

　ところで、ヴィトゲンシュタインはのちに、前期の「写像理論」の立場を捨て、言語ゲームを提唱するようになる。言語の意味は、世界（出来事の集まり）と言語の対応（像）にあるのではない。むしろ言語の用法（文法）にある、とする立場である。すると、宗教は、「語りえぬもの」を語るという、ある種類の言語の用法であるところに、その根拠をもつと言えるのではないか。

　このような示唆を受けて、欧米の神学者、宗教哲学者たちが、言語ゲームの考え方にもとづく多様な研究を進めているらしい。それがどのようなものか、私は知らなかったが、本書を通じてその一端に触れることができたのは有益だった（なお、この分野に関しては、訳者星川氏の新著『ヴィトゲンシュタインと宗教哲学』〔ヨルダン社〕と近著『宗教者ヴィトゲンシュタイン』〔法蔵館〕が、現在わが国で唯一のものと思われる）。

　こうした研究動向の、核になるのが、「ヴィトゲンシュ

▼『月刊アーガマ』1989.11

タイニアン・フィディズム（信仰主義）」である。星川氏の整理によるとこれは、《（a）……言語ゲームおよび生活形式は、それ独自の論理構造や体系を有している……。（b）それゆえ……外部からの批判を免れている。（c）キリスト教は独自の閉じた体系をなす言語ゲームであり、非キリスト教的言語ゲームからの批判や攻撃は妥当しない》（「訳者まえがき」）と主張するものだという。「宗教を信じるものに宗教の真理は自明であり、宗教を信じないものに宗教を語る資格はない」という、よくあるタイプの平行線の焼き直しと見てよいのかもしれない。

著者キートリーは若い日に、ティリッヒの著作に触れ、学問の道を志したという。そして、ヴィトゲンシュタインの影響を受けた宗教哲学者たち、ことにD・Z・フィリップスの仕事に触発されながら、宗教と信仰の意味を現代哲学の思考回路に即して考えていった。その思索の成果が本書である。

本書で紹介されているわが国であまりなじみのない論者たちの、もつれあった論争をたどるのは、必ずしも容易ではない。構成もすっきりしない。訳文も、日本語としていまひとつこなれていないので、すんなり頭に入らない。おそらくこれは、博士論文をベースにしたという生硬な原文のせいだろう。著者キートリーがどれだけの力量をもって、この分野で考えるべき本質的な問題に切りこんでいるのか、見極めがつきにくい。

そこで、私の理解をのべると、まずキリスト教神学は、神の「存在論」を根本問題とせざるをえない。神の「存在」は経験的事実でないから、「信じる」という態度を人間の側に要求する。ところが、言語ゲームの理解に立つと、神の「存在」は「信じる」というゲームの効果であることになってしまう。ヴィトゲンシュタインが《信仰に忠実な人々を恐れさせる哲学の「悪霊」と考えられ》（三頁）たりするのも、当然だ。

人間の活動をのこらず言語ゲームで記述できるものなら、宗教も例外でない。そしてこの記述のなかで、伝統的なキリスト教の信念体系は解体されてしまう。論者がめいめい試みているのは、自分や他の信者たちの「信じる」という遂行を、言語ゲームの理解といかに両立させる（させない）か、という多様な悪戦苦闘なのだ。

これらのなかには、宗教の総体を、人々の信念に還元してしまう試みも含まれる。これでは神は「死んで」しまう。それに対してキートリーが支持するのは、《優れた哲学的分析は、信念の文法を明瞭にすることによって、真の信念をそのあるがままにしておく》（六七頁）と考える、フィリップスの立場だ。

なるほど確かに、《神の絶対的な存在と信仰の価値》（六七頁）を奉ずる言語ゲームというものを考えれば、それは、第三者の横槍によって破壊されないかもしれない。そのかわり、メンバーが補充できないで、ゲームが立ち枯れていくことだって充分考えられる。「信念」の砦に立てこもり、同時代の知との緊張関係を遮断せずにいられないようでは、先細りが避けられないのではないか。わが国では、宗教的信念が脅かされているという危機感が人々をとらえたりしないので、その切実な感触がわかないが、英米の宗教思想も次第に衰弱と混迷の度合いを深めているのではないかというのが、この本を読んでの私の印象であった。

『ウィトゲンシュタインと同性愛』

ウィリアム・W・バートリー（小河原誠訳）

未来社・2800円

▼『エコノミスト』1990.8.7

一九七三年に出版されるや、たちまち大きな反響を呼んだ問題の書の翻訳である。その理由は、書名から察せられよう。原題は『ウィトゲンシュタイン』だが、《本書がひきおこした論争からすれば、この書名こそもっともふさわしいと判断した》（訳者あとがき）。小河原氏が、『同性愛』をつけ加えた。

ヴィトゲンシュタインが同性愛者であった事実に目をつぶったら、生涯にわたる彼の苦悩を理解できなくなってしまうというのが、著者バートリーの主張である。けれども、同性愛をじかに論じた部分は、書名から予想されるほど多くない。《約四、五頁にわたってごく手短に言及されている》（一一三頁）にすぎない。それよりも《本書の眼目》は、《彼の「失われた年月」、すなわち、小学校教師時代》（訳者あとがき）に焦点をあてたところにある。

ヴィトゲンシュタインには、『論理哲学論考』を執筆した若い日々から、ケンブリッジに戻る四十歳までの間に、空白の十年間があった。彼はこの期間、オーストリアの寒村で小学校の教師を務め、そのあと園丁をしたり、姉の邸宅の設計・建築にたずさわったりしていた。哲学にまったく興味を失った時期として、これまで人びとの関心をひくことがなかった。

著者バートリーが一九六七年に、たまたまその寒村をたずね、いまは年老いた彼の教え子たちに出逢ったことが、本書を生むきっかけになった。村人たちは、教師ヴィトゲンシュタインのことをよく覚えていて、興味ぶかい証言をした。その結果、著者は、この時期こそ、前期（論理学研究の時代）と後期（言語ゲームの時代）とをつなぐ、きわめて重要な時期であるとの結論に達する。

たとえば「嘘つきのパラドクス」を、ヴィトゲンシュタインは子供たちに教えている。また、彼の教育法は、当時オーストリアで試みられていた、ゲシュタルト心理学の流れをくむカール・ビューラーの学校改革運動と軌を一にしている。岩石を採集に山野を歩き、模擬装置をこしらえ、『小学生のための単語帳』をこしらえたヴィトゲンシュタインの実践は、この運動の精神を体現するものである。

こう考えてくると、『哲学探究』の言語ゲームの議論も、この延長上で理解できそうだ。すなわちそれは、《児童言語心理学の概要を展開する試み》、《子供は母国語をどう習得するのかという問題に焦点をあて》（一七三頁）たものなのだ。

著者バートリーは、ヴィトゲンシュタインその人の人格に尊敬の念を隠さないが、彼の哲学には極めて批判的である。批判のすべてが納得できるものとは思わなかったが、本書が、ヴィトゲンシュタインについて考える場合、必ず参照すべき一冊となるだろうことは確かだ。

最後に、同性愛に話を戻そう。どこまでその証拠があがっているのだろうか。今回の日本語版には、一九八五年に書かれたあとがき「ヴィトゲンシュタインと同性愛」も訳されていて、初版への批判に対する著書の反論も読むことができる。でも証拠になるのは、未公開だった初期草稿の一部に《自慰行為……の記録》があるというくらいで、ほんとうに同性愛で悩んだとされる一九二八、二九年以降の時期、「プラーター公園の……彼を性的に満足させる用意のあった粗野な若者》（五二頁）について、具体的な材料がなにもあがっていない。真相は闇の中、ということなのだろう。

▼『月刊アーガマ』1990.9

『宗教者ウィトゲンシュタイン』
星川啓慈
法蔵館・1845円

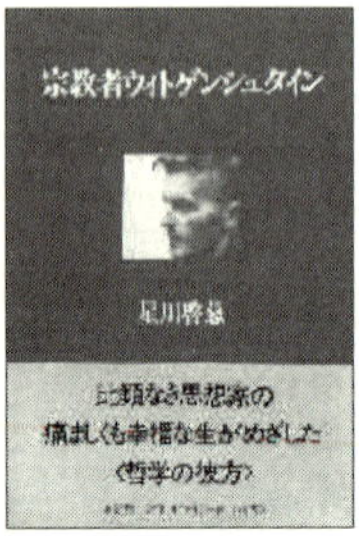

小ぶりの造本ながら、身がしまっている。十指にあまる材料を丁寧に読みこなして練りあげた、手応えのある一冊だ。
題名を見て、はて、ヴィトゲンシュタインが宗教に関わりをもっていたろうか、と疑問に思う向きもあろう。無理もない。彼が普通の意味で、ある宗教を信じていたとか、どこかの教会に所属していたとかいうことはないからだ。本書にもこうのべてある、《ヴィトゲンシュタインが「制度としての宗教」を否定的に考えていたこと》（一一六頁）

は明らかである、と。にもかかわらず、ヴィトゲンシュタインその人の思想と生活は、終生、強固な宗教的動機に貫かれていた、と著者は主張する。

それでは、ヴィトゲンシュタインが《宗教者》であるとは、どういうことなのだろう。

著者星川氏はまず、ヴィトゲンシュタインと論理実証主義者たちとの相違に、われわれの注意をうながす。

たとえば『論理哲学論考』の、あの有名な結句「語りえぬものについては、沈黙しなければならない」を、どう考えるか。両者は、表面上類似したことを言っているみたいだが、《根本的なところでは全く対立する見解をいだいている》（一一五頁）。

論理実証主義の人々とはそもそも、《「語りえぬもの」の存在を否定する》（一一七頁）。《そうしたものは存在しえないし、それに何らかの価値もない》が彼らの信念なのである。それに対してヴィトゲンシュタインは、《「語りえないもの」……「倫理」「宗教」「神秘的なもの」などを価値あるものとして、積極的》に《位置づけ……ている》（一一六頁）。

このような彼の立場からすれば当然、論理実証主義者の行き方は、不満なものに写る。《論理実証主義のごとく、後者（＝学問や科学の領域）にしか適用できない手法を前者（＝宗教や倫理の領域）にも適用しようなどというのは、愚の骨頂》（一一二頁）だ。

結局、『論考』は、語りうることは何かを残らず示してしまうことによって、逆に、語りえないことの広がり、大きさを示すところに、その本当のねらいがあった。著者は面白い比喩を使っている。《大洋に浮ぶ島にたとえれば……島の内側から……海岸線を明確にしても、大洋の本当の巨大さは理解できない。視点を変えて、大洋の方から、それもその上空から島を見れば、その島がいかに小さなものであるかが理解できる》（一四〇頁）

ヴィトゲンシュタインの目ざしたところがこのようであったとして、それでは、ヴィトゲンシュタインを導いた、この逆説的な（＝語りうることを語ることによって、語りえないことに近づこうという）熱情は何に由来するのか。

星川氏は、いくつかの補助線を引く。まず、ユダヤ系ドイツ人としての彼の、家庭的・宗教的背景。ユダヤ教の影は、ヴィトゲンシュタインが意識しないところにも表われている。たとえば彼の設計したストロンボウ邸が、垂直線や比例関係を強調し、内部装飾を徹底的に排除していること（＝偶像崇拝の禁止）。つぎに、トルストイ（特に彼の『要約福音書』）への傾倒。すなわち、教会や一切の制度を介せず、富や虚飾を捨て去って、人生の真実のために己れの全身全霊を捧げつくす態度。さらに、生涯彼を苦しめた同性愛への傾向。はっきりした証拠はないのだが、彼が《粗暴な若い男と関係を持ちたがっていた》（一四二頁）とする評伝（W・バートリー『ウィトゲンシュタイン』一九七三）が話題となった。確かにこう考えると、符号するところも多い。たとえば、人里離れた小屋を好んだのは、そういう男性と接触するチャンスを自ら断ち切ろうとする努力であった、という具合に。こうした罪責感から逃れようとしたため、彼の哲学はなおさらストイックなものとなったのかもしれない。

《宗教者》であるとは、それゆえ、「語りえぬもの」への畏怖・畏敬を片時も忘れず、思想（思うこと）、行動（なすこと）を一元的に統合しようと歩みつづけることにほかならない。これは、ふつうの意味での宗教よりも、はるかに単純で、徹底した生き方である。

人生に躓き、宗教に心の糧を求めようとする読者にとって、ヴィトゲンシュタインの生涯をつぶさに知ることから、直接に得るところがどれだけあるものなのか、私にはわからない。しかし少なくとも、ここに描かれているのは、ユダヤ＝キリスト教文化圏からなら現れても不思議でないタイプの、硬質で透明な知的人間の物語なのである。〝神を知らない〟わが国の読者たちにとって、恐らくこれは驚きであろう。

著者は、ヴィトゲンシュタインを知る人々の証言や、ヴィトゲンシュタイン自身の著作・遺稿・書簡からの引用など、関係するテキストを丹念につなぎ合わせ、《宗教者》としての彼の生きざまを浮きぼりにした。しかも、ヴィトゲンシュタインが語っていないことがらについて、推測をまじえて不必要に語りすぎてしまうという危険を、賢明にも避けている。類書を読破したうえでの、要領のよいまとめとも見えようが、適度に抑制された筆致が、かえってヴィトゲンシュタインの非凡で身近な実像を照らし出すことに成功している。

なお、ヴィトゲンシュタインと神学との結びつきについて、著者星川氏の手になる翻訳（A・キートリー『ウィトゲンシュタイン・文法・神』法蔵館）があることを、付言しておく。

『〈魂〉に対する態度』

永井 均

勁草書房・2500円

▼「産経新聞」1991.3.5

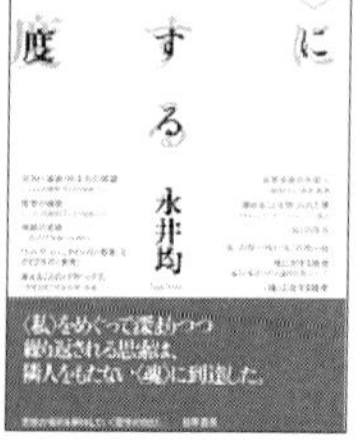

哲学はやり切れない。難解な用語を振り回すから嫌いだ。

――こんな偏見の持ち主は、本書を読むといいだろう。〈私〉が生きているとはどういうことか、他者とは何か……といった、誰にとっても基本的な疑問が、誰にもわかるように論じてある。厳密な、だが丁寧でやわらかな語り口だ。

本書の論文は《議論のための「叩き台」として使い捨てにされるべきもの》だと、著者は言う。しかし、論文集全体を読み通すと、ずしりと手ごたえが残る。結局のところただ一つのテーマをめぐる、一貫した思考の筋道が浮き彫りになる。

著者がその導きの糸とするのが、ニーチェとウィトゲンシュタインだ。

哲学は伝統的に《真なる言説と善なる言説は必然的に一致する》ことを自明の前提としてきた。が、真であっても道徳的でない「邪悪な真理」も存在しうる。それを指摘した《ニーチェこそが、哲学の正系》である。

ひとが道徳的にふるまうのはなぜか。その根拠は道徳的でありえない。ゆえに道徳は、根拠のない〝力〟に支えられている。ウィトゲンシュタインの言語ゲームの考え方に照らすと、そうなる必然が明らかになる。この両者を踏まえ、著者は他我問題を論じ進める。

永井氏によれば、いわゆる他人の心を知ることは困難でない。〈私〉だけに具わっているはずの〈魂〉をもった他者の存在こそ理解不可能な矛盾である。《他者とは……あまりにも遠い隣人》だ。《〈魂〉に対する態度とは、……それに向かって態度をとることができないものに対する、愛や共感や理解を超えた態度》にほかならない。

こうした洞察にもとづき、デリダやクリプキなどの所説を批判的に整理する手並みは鮮やか。また各部の末尾に、これまで寄せられた批判に応える「質疑応答」が付してあるのもよい工夫だ。細かく見れば異論もありえようが、本書の成功は疑えない。読後感もさわやかである

『機械状無意識』
――スキゾ分析

フェリックス・ガタリ（高岡幸一訳）

法政大学出版局・4000円

▼『エニイ』1991.4

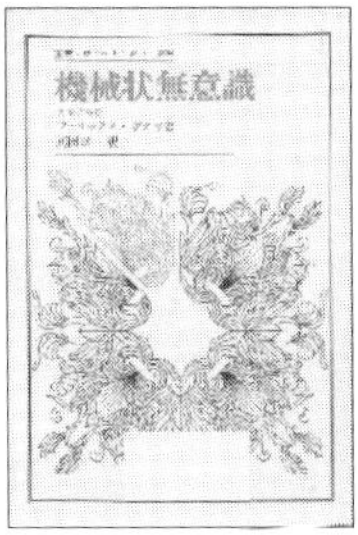

ポスト・モダン哲学の旗手ガタリが、大作家マルセル・プルーストの『失われた時を求めて』を批評した問題の書。原著は一九七九年に出版されている。その内容は、さすがガタリだけあって一筋縄ではいかない。

全体は二部からなる。第I部「機械状無意識」は、分析の方法論をのべる部分。キー・ワードはアジャンスマン

〈鎖列〉とリトルネルロ〈テンポ取り作用〉だ。この原理が、作品のいろいろな要素を空間的・時間的に配列して全体を組み立てている——どうやらそういうことが書いてあるらしいのだが、ほんとうにそうかどうか、私は自信がない。

第Ⅱ部はいよいよ作品分析。〈「失われた時を求めて」は驚くべき一大リゾーム地図である。……それ自体で一つのスキゾ分析的モノグラフである〉（二五五頁）。こう宣言する著者は、思い切りよく、作品をズタズタに切り刻んでしまう。なるほどポスト・モダン批評である。

どう控え目に言っても、この本は難解だ。たとえば〈諸表現素材へのある種の詩的受動性……が創造への道を開く。この受動性は、支配的ファルス至上主義的価値観のコンテクストにおいては、プルーストによって女性らしさとして体験される〉（二四四頁）とある。これなど「プルーストは何を見ても、創作意欲を刺戟された。ただ、自分がホモなので気がとがめ、女性らしさに魅かれがちだったけれど」という意味なのだろうか。

ガタリは「顔面性成分の軌跡」と称して、ある作中人物の顔が、さまざまな別な人物の顔とイメージがつながっている、という多角的な網の目を追いかけたりしている。なかなか面白い着眼だ。でもこういう分析が、プルーストの作品の価値や味わいとどういう関係があるのか、よくわからなかった。

とにかく本書は、よく出回っているポスト・モダン批評の種本らしい。「文学部唯野教授」の第9講も、本書の理解の助けになる。

『ミシェル・フーコー伝』

D・エリボン（田村 俶訳）
新潮社・3398円

▼「日本経済新聞」1992.1.12

フランスの生んだ超一流の哲学者ミシェル・フーコーの、待望久しい伝記の翻訳である。死後七年あまり、神秘のベールに隠されてきた彼の素顔が、この一冊で明らかになった。

著者は腕ききのジャーナリスト。フーコーの膨大な原稿類を読破したのはもちろん、埋もれた資料を数多く発掘、何百人もの関係者に取材するなど徹底した調査を重ねた。サルトル、ラカン、バルト、ドゥルーズ、ブルデューなどの知識人たちが構造主義の台頭やフーコーの系譜学の隆盛をどのように支えたのかを、大学人事の裏事情や手紙のやりとりといったレベルで追体験できるのは驚きである。フーコー研究に欠くことのできぬ基本書となるに違いない。

また、知られることの少なかったフーコーのもうひとつの顔、たとえば国外での生活ぶりや、七〇年代の刑務所改革運動、過激派との接近、イラン革命やボートピープルへの関心などについても、十分ページがさかれている。そして同性愛。若い頃、彼はこの悩みに精神の安定を失って、精神医学と出合った。そして、出世作『狂気の歴史』を著し、『監獄の誕生』など話題作を書きついで、ライフワーク『性現象の歴史』を構想する。アメリカでエイズに感染し、命を落とすことになったのも、同性愛のためだという。

『性現象の歴史』は序章『知への意志』が出てから、なかなか後が続かなかった。構想が二転三転したためだが、その間の経緯が詳しく紹介してあるのも興味深い。そのあと死の直前にようやく『快楽の活用』、『自己への配慮』の二冊が出版された。続刊『肉体の告白』もほぼ完成に近い原稿が残されてあるのだそうで、一日も早い刊行が待たれる。

本書は専門の研究書ではないが、フーコーという稀有な知性の躍動を伝えて余すところがない。翻訳も万全である。原著に付されていたフーコーの著作目録や、研究書・論文のリストなどが採録されていないことだけが惜しまれる。

『現代思想の冒険』

竹田青嗣

ちくま学芸文庫・740円

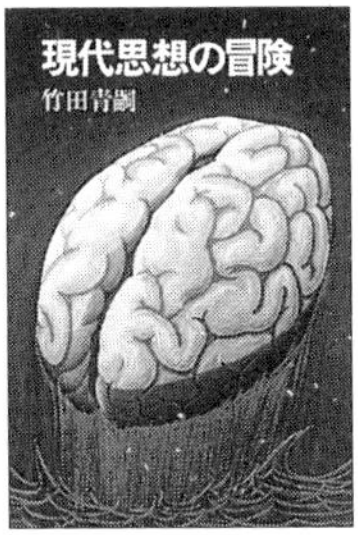

▼『ちくま』1992.10

竹田青嗣さんの『現代思想の冒険』が、毎日新聞社「哲学の冒険シリーズ」から出版されたのは一九八七年春のこと。当時はまだ、ポスト・モダン思想の全盛期だった。そういう流れでこの本を手にした読者も多かったろうが、そういう時流とまったく別な狙いで竹田さんがこの本を書いていたことは、頁を繰ってみればすぐわかる。

『現代思想の冒険』は、この種の本としては驚くほどわかりやすい。初版を手に取って、そのことに私は感動した。最近ではわかりやすいこと自体、一種の流行《はやり》になっている。だが当時、それは画期的なことだったのだ。

竹田さんは、「文庫版あとがき」でこう書いている。《ポストモダニズム……はその複雑さ、難解さで、奇妙な思想上の幻惑を人々に与えた。わたしがこの本を書いたのは、その考え方の基本形を取り出して、誰でもがこれに適切な判断を下せる場所にそれを置き直したかったからだ。このことは、思想が人間の生活からかけ離れて……一種の権力性を帯びてしまうことに対抗する、ほとんど唯一の手段だからである》（二四九〜五〇頁）。だから竹田さんのわかりやすさを、よくある啓蒙の文体とごっちゃにしてはいけない。啓蒙の文体は、知識の格差を最初から前提にしたうえで、単なるテクニックとしてわかりやすさを装うものにすぎない。それに対して竹田さんの場合、啓蒙の根拠になっている知識の格差そのものを解除することが、戦略の根本に据えられている。そこをどう読みとるかが、読者にとって最大のポイントだろう。

＊

さて、以上を頭に入れたうえで目次をみていくと、たった一冊の本なのに、デカルト、カントから始まる西欧思想の流れを概観できる壮大な構成になっていることがわかる。ポスト・モダンを早わかりしたくてしょうがない人は、第二章「現代思想の冒険」に喰らいつけばいい。竹田さんが独自に読みこんでいるニーチェやフッサールとじっくり付き合いたい人は、それぞれの章を読めば満足できるはずだ。終章の「エロスとしての〈世界〉」では、いまの世の中で最も見つけるのがむずかしい〝生きる倫理〟のヒントのようなものも見つけられるかもしれない。

私のように、思い出しては哲学の本をひっくり返してきた人間は、竹田さんがお馴染みのテクストをすんなり、しかしぴっしり押えていく様子をみると、その簡潔さに打たれてしまう。若い、哲学を学び始めたばかりの人びとは、竹田さんの本を教科書のように読むのかもしれない。それもよい。重要なのは彼という一人の人間のなかで、現代思想の多くの流路が確かに交叉している事実なのだ。

＊

竹田さんが、専門でもないのに哲学の本を（もう一度）系統的に読み始め、このような哲学の全体を概観する本を書いたのには理由がある。

竹田さんはたとえば、こうのべる。《人間は、生活のうちでの耐え難い苦しみが、日常を超えた大きな社会の枠組からもたらされていると感じるとき、この社会の枠組を改変してゆこうと努力する。そのとき社会の全体像を思い描き、その仕組をなんらかの形でとらえようとする》（一六頁）。哲学は、そうして全体像をとらえようとした人びとの努力の産物であった。また、哲学や知識の全体が逆に、そうした社会の枠組をかたちづくってもきた。この時代の〝生き難さ〟を抱えてしまったら、過去の同様な人びとの思索と格闘して、そこにひと筋の活路を切り開く。いつの時代でもそれが、ほんとうに哲学をするということだったはずである。

だが、よくありがちなのは、哲学や知識の制度化と、それにともなう堕落だ。

　哲学は無償の営みなので、それを保障するために大学などのポストを設け、哲学を制度化する。そこまではいい。けれどもそうすると、たちまち、哲学をする「ふり」をしてポストにありつく人びとが現れて、制度のなかに居すわる。そして、多数派になる。気がついたときには、哲学の制度があるおかげで、ほんとうに哲学をする人びとの思索がかえって抑圧されてしまっていたりする。

　自分の生き難さを課題として、自分の場所からこつこつ哲学を読んできた竹田さんは、こうした堕落に誰よりも敏感であらざるをえなかった。外国の事情によく通じていたり、学力が高かったりすることでさえ、哲学の堕落でありうるのだ。では哲学を、ふつうに哲学する人びとの手にとり戻すにはどうしたらいいか？　それに対する竹田さんの回答が、この『現代思想の冒険』だ。

＊

「冒険」――この言葉には、シリーズの編集者であった佐々木清昭氏の万感の思いがこもっている。それを受けて、『現代思想の冒険』は二重、三重の意味で冒険である。

　まず哲学や現代思想そのものが、いつの時代でも、既存の発想や常識に戦いを挑む「冒険」としてしかありえない。第二に、それらの哲学や思想とこれからがっぷり四つに組もうという若い読者にとって、読書は、自分の旧い思考の殻や先入見と最後まで格闘しぬく「冒険」としてしか、可能でない。第三に、著者の竹田さんにとってもこの本は、知識の《権力性》に立ち向かうための有効な文体を生み出せるかどうかの、のるかそるかの「冒険」にほかならない――こうした「冒険」が渾然一体になったスリリングな書物として、『現代思想の冒険』は哲学の冒険シリーズのなかで最も成功を収めた。それに刺戟され、私は『はじめての構造主義』や『冒険としての社会科学』を書くことにもなった。

　九〇年代に向かう知的潮流を切り開いたと言うにふさわしい本書が、ちくま学芸文庫に加わって、新たに多くの読者を「冒険」に誘っていくことを喜びたい。

▼「日本経済新聞」1993.7.11

『恋愛論』

竹田青嗣

作品社・1800円

《恋愛は、それを生きているときはどんな不思議もないひとつの体験だが、その本質を言い当てようとすると際立った謎として現れる》（一〇頁）。その謎を、著者は全力で

解きあかそうとする。

　本書のあちこちで、ああこれは自分も思い当たるふしがあると感じる箇所に、読者はぶつかるだろう。すべての恋愛は似通った構造をもっているからだが、それ以上に著者が、そうした構造の深いところまで分け入っているからだ。

　恋愛論は、自分の体験を賭けて語らなければ空しい。が、自分の体験をつきつめて客観化できなければ成功しない。著者は議論の素材に、ゲーテやスタンダールなど西欧近代の代表的な恋愛小説を選んだ。本書『恋愛論』はだから、「恋愛小説論」でもある。そのうえで著者は、恋愛のプロセスを支配する法則ないし仮説をいくつか提案する。恋人の美、プラトニズムとエロティシズムの融合、絶対感情、愛のルール、エロスの自己中心性、などがそこでのキータームだ。

　著者はプラトン、フロイト、バタイユ、フーコーなどを踏まえ、オーソドックスな議論を展開する。

　幼児はみな自己中心的だが、やがて挫折し、青年期の自己ロマン化の段階に進む。そうした困難な日常のただなかで、恋愛のエロティックなときめきは《「徹底的な自己中心性の可能性」への瞬間的な回帰の幻想》（一八六頁）をもたらす。こうした二人が出会うとき《自己中心性は不思議な仕方で脱臼され》（二〇三頁）、恋愛が成立する、と著者は言う。このくだりに私は、説得力を感じた。

　最後に疑問も付け加えておく。著者の議論は十分普遍的だと思うが、素材に西欧のロマンティック・ラブを扱っている分、キリスト教文明でしか妥当しないロジックを追いかけている部分もあるように思う。日本社会での恋愛は、本書の分析とまったく同型なのか。日本の小説を素材にした続編を期待したい。

『悪の哲学ノート』

中村雄二郎

岩波書店・３２００円
著作集版（２-Ⅲ）・４２００円

▼『I feel』1995.3

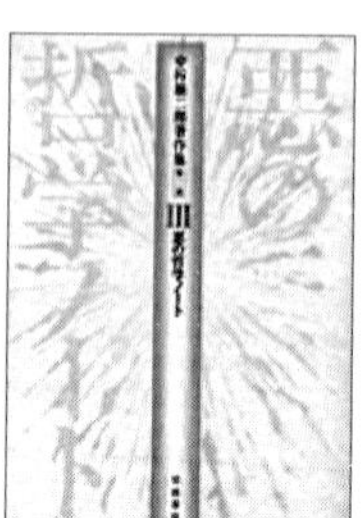

　題名から、悪についての徹底した哲学的考察を期待した読者は肩すかしを喰うだろう。本書はあくまでも「ノート」なのだ。著者は、悪と関係のありそうな著作を渡り歩く。いったい著者自身はどう考えているのかと幾度も尋ねたくなったが、最後まで答えは見えてこない。
　西田幾太郎をはじめ、善についての研究は山ほどあるが、悪の研究は少ない。これが本書を思いついた動機だと、著者は言う。たしかに日本人は、悪を考えるのが苦手だ。着眼は悪くない。だがそれにしては、悪を哲学するための道具だてが不足している。

正統の西欧哲学は、悪を「善の欠如」と規定してきた。いっぽう著者は、悪を「存在の過剰」と考えるグノーシス派や、ヨハネ黙示録を反キリスト的テキストと考えるD・H・ロレンスをヒントにする。

本書の前半はこうした道具だての紹介であるが、後半はドストエフスキーの小説に話がとぶ。このつながりがよくわからない。『悪霊』をはじめとする作品に、黙示録の寓意がちりばめられているというのが著者の指摘だが、「悪の哲学」はほとんど展開されておらず、小説のプロット紹介が大部分のページを占めている。

「悪」をとりあえずの行き先にした、哲学散歩、文学散歩として、本書を楽しむ読者もいるのだろう。あいにく私はそんなに暇でない。続編を考えているという著者には、ずばり悪の核心を突く展開をこそ期待したい。

『わが「転向」』
吉本隆明
文藝春秋・1068円
文庫・371円
▼「北海道新聞」1995.4.2 他

『わが「転向」』とはショッキングな題だが、これは編集者のつけたもの。中身は著者・吉本氏の素直な述懐である。

著者の思想遍歴をまとめてみると、こうなる。①軍国少年・吉本氏は、戦争で死んでもいいと思いつめていた。②敗戦で、正義の戦争が実は愚劣だったと思い知らされたが、憲法九条と引きかえならいいと思った。③安保では醒めていたが、学生を理解できたので行動を共にした。④七二年ごろを境にマルクス主義・左翼が効力を失ったので、大衆文化や都市と本格的取り組み現在に至った。——戦後をリードし続けた氏の遍歴に、柔軟さと強靭さの類まれなバランスを感じる。氏に異論を挟む人びとさえ、自分の位置を測るのにこっそり吉本氏を参照している場合が多い。

吉本氏は「冷戦体制が崩壊するずっと以前に、マルクス主義・左翼思想の解体を実践した思想家」として、後世から評価されることになろう。氏は全学連主流派を評して、《ソビエトとアメリカという両体制……双方から押し潰されず、どちらの様式も取らなかったという意味では、彼らのやり方はいちばん妥当なもの……でした》（一一頁）とのべている。これは吉本氏自身のことでもある。氏の歩みは、知的世界のなかにその表現を与えられないまま、黙々と戦後の現実を築きあげてきた無名の大衆の営為を代弁した。このことは、氏が左翼の官僚制に反対し、《大衆の原像》にこだわり続けたことと符合する。

私が吉本氏に感じる唯一の異和は、氏が権力を肯定する論理をいっさい持ち合わせていないことだ。政府をリコールできることが大切だとか、自衛隊を合憲と言うべきでないとか、政治の終焉（政治が町内のゴミ当番みたいなものになること）をイメージすべきだとかいった部分に、戦後の刻印を感ずる。

柄谷行人、浅田彰氏らが吉本氏の「転向」を批判したのに対し、氏は《マルクス主義の否定的批判をしない……姑息な知識人》と切り返した。両者のどちらに分があったか、いずれ歴史が裁定を下すに違いない。

『ソフィーの世界』
——哲学者からの不思議な手紙
ヨースタイン・ゴルデル（池田香代子訳）
日本放送出版協会・２４２７円
▼「朝日新聞」1995.9.3

ノルウェーの作家、ゴルデルの『ソフィーの世界』が世界中で爆発的な売れ行きという。翻訳で六〇〇頁以上、ずしりと重たいが、読めばなるほどベストセラーと納得の出来ばえだ。

十四歳の少女ソフィーがある日の午後、「あなたはだれ?」と書いた手紙を受け取る。中年の哲学者アルベルトとの不思議な交流の始まりである。以後、小包みが届くたび、プラトンやアリストテレス、トマス・アクィナス、デカルト、ヘーゲルといったおなじみの哲学者たちの世界が、ソフィーを新鮮な発見の喜びで満たしていく。

そしてもう一人、同い年の少女ヒルデの謎。ソフィーにはなぜか、ヒルデあての絵はがきも届くのだが、やがて意外などんでん返しが待っている。これは読んでのお楽しみ。

こみいった、目のくらむようなストーリーの組み立ては、エンデの『はてしない物語』とそっくりだ。違うのは、フィクションでなしに、しっかり本物の哲学がお勉強できること。ベルリンの壁が崩れ、マルクス主義が店じまいしたあと、行き先なしの迷走状態でふらふらの地球には、ぜひとも道しるべが必要だ。それを人びとは、哲学に求めるのだろう。

著者ゴルデル氏は、高校で長年哲学を教えていただけあって、ツボを押さえた講義はなかなか見事だ。フッサールやハイデガー、ヴィトゲンシュタインといった二十世紀哲学がすっとばされているのが残念だが、スタンダードな西欧哲学の伝統が、これほど生き生きとコンパクトに整理されているのは見たことがない。そのまま大学教養課程のテキストに使えると「解説」にあるが、その通りだ。

池田香代子さんの翻訳もすぐれもの。カントの理論理性に「あたまのなかのりくつ」とルビをふるなど、なかなか冴えている。わが国も折から哲学ブームで、わかりやすい入門書が書棚にずらりと並んでいるが、本書を選べば間違いなし。二千五百円はほんとうにお買い得です。

『知のハルマゲドン』
――ゴー宣・サリン・パープリン
小林よしのり・浅羽通明
徳間書店・1262円
▼『宝島30』1995.9

片や週刊『SPA!』に連載の『ゴーマニズム宣言』で、新新宗教や差別問題、天皇制といった日本のタブーに挑戦、未踏の領域を切りひらいた小林よしのり氏。片や、『ニセ学生マニュアル』といった裏道から、「正攻法」で思想界に侵入、広汎な支持と共感を集めている浅羽通明氏。この両氏が日本のいまを縦横に語れば、ウィンブルドンのセンターコート並みの見応えあるラリーの応酬となるのは当然だ。

まず浅羽氏のファースト・サーヴ。氏は『ゴー宣』の大ヒットの理由を裏側から検証、そこに既成のオピニオン雑誌を舞台とする日本の知的言論の衰弱と頽廃をみる。《要するに彼らの論理が、私たちの等身大のところまでかみあって来なかった》（一一頁）のだ。インテリが業界・仲間うちの言葉のやりとりにかまけているうちに、知は格闘技としての実質を失ってしまった、と浅羽氏は診断する。そうした状況に風穴を空けたのが『朝まで生テレビ』、さらにそれを越えたのが『ゴー宣』だという。

これに対し小林氏は、創作の舞台裏を率直に語り、読者との駆け引きを明らかにする。『ゴー宣』の強みは現実と同時進行でストーリーが展開、筆者自身（小林氏）も登場し、読者に生で訴えかけていくことだ。その昔、シネマ・ベリテといって、シナリオなしに現実を撮影してしまう映画があったが、現像→公開に時間がかかる映画には双方向性を望むべくもなく、成功しなかった。『ゴー宣』はさしずめ、マンガ・ベリテだが、週刊誌の利点を活かし、毎週、読者・現実とのフィードバックに成功している。『ゴー宣』はボレーやスマッシュといった、ネット際のプレーに強いのだ。

本書に通底するのは、知識人批判である。といっても、もはや死に絶えた戦後知識人ではない。中沢新一、西部邁、栗本慎一郎、島田裕巳、呉智英、田原総一朗といった、八〇年代以降のマスメディアに登場し、いわゆる知識人の枠をはみ出して読者・視聴者大衆と関わろうとした人びとである。オウム信者の何割かが中沢氏の読者だったという話からも明らかなように、九〇年代の読者・視聴者は、これら〝ポスト知識人〟を自分の知的形成の準拠点としているのだ。ここにどのような知の倫理が求められるべきか？小林氏、浅羽氏は体験のなかから、それを示そうとしている。

〝ポスト知識人〟のポストたる所以は、その知的ポジションがメディア状況と密接不可分に決まっている点である。八〇年代以降のメディアは「権威崩し」をテーマにし、それをやりつくした。そこでは「外部性」（どこかアカデミズムをはみ出しているなあ、という感じ）が、タレントであることの要件になる。〝ポスト知識人〟たちは何らかの「外部性」を背景にしながら、知的権威になぐり込みをかけた。ほんとうは知的権威のかけらも残っていないのに、権威に異をとなえる〝ポスト知識人〟ばかりが氾濫するという、転倒した状況が当たり前になった。

そうした現在、小林氏のスタンスを、浅羽氏がこう的確に評している。《彼ら（ポスト知識人）は、……やはり完成した思想＝真理を語るといったプライドから自由でないんだ。その点、小林さんはこの対極にあって思想を語り始めた。……ただ自分の良識のみを頼りにゴーマンをかましていくしかない。しかし、実はこの永遠の未完成の態度こそは、今もっとも有効でまた支持を集められる思想の方法ではなかったでしょうか》（三八頁）。いつ終わるとも知れぬ『ゴー宣』の連載形式こそが、本質的なのである。

いっぽう浅羽氏のスタンスの面白さは、かつて雑誌『ムー』に関わっていた〝元オカルト青年〟の経歴を背負いながら、異種格闘技戦である思想家（ポスト知識人）の闘いを「論評」するという、「公共」言論の場に登場した点である。浅羽氏は、オタク世代のダメさ加減も、そこへ追い込まれるしかなかったメディア状況の必然もよくわきまえている。だからこそ、そういう読者・視聴者に到達できるかを基準に、ポスト知識人の出来不出来を選別することができるのだ。

ポスト知識人が権威崩しと価値相対主義の産物だとすれば、いま問題はその先にある。どのように、知の権威、知の社会的機能を回復するか。

権威とは、正しさの基準。情報化が進展すると、戦後知識人の権威はもろく崩れた。彼らの海外のタネ本がつぎつぎ紹介されてしまったうえ、彼らが机上で描いた世界像が、現実とどう喰い違うのか即座にばれてしまうからである。しかし、権威のないところに、知識の社会的効力はない。ここまで進んだ情報化に踏みこたえる思想は、どういうかたちで可能なのか。

平凡であることを恐れるな、という小林氏のメッセージが、ひとつのヒントになる。メディアのなかでは、極端（だけ）がもてはやされる。その結果、読者・視聴者は平均値に押し込められる。そしてそれを、抑圧（なんて平凡な私！）と感じてしまう。これにめげるかどうかが、分岐点なのだ。《普通の日常が退屈で、彼岸ばっかり見て夢を馳せたくなる人間というのは……精神のバランスを崩した病にかかっとる……。快感マヒマヒ病》。これを浅羽氏は《まずは極めて私的なところから出発する。そこからどれだけ普遍性のある地点までたどれるかで、私の思索のほどが試されている》と受ける。

ポスト知識人たちの出番はもう終わったのかもしれない。そのあとを受けるのは、マスメディアと無縁のペースで自分の課題を掘り下げる知のプロと、読者・視聴者との、水平で双方向の協力関係となるはずだ。そうした課題の広がりを、『知のハルマゲドン』は見せてくれたのだった。

『母型論』
吉本隆明

思潮社（新版）・1800円

▼「日本経済新聞」1995.12.17

『マリ・クレール』ほかに連載された文章の集成。「母型論」から「原了解論」まで十三の論文が並ぶ。

本書の大きなモチーフは日本（ヤポネシア）の固有性を、周辺地域や地球大に拡がる人種系統・文化伝播の網の目のなかに置き直し、世界性に解消しようということ。起源を尋ねようとする強烈な意志が本書を貫いている。発生学、精神分析、言語学、文化人類学、遺伝子研究、古代歌謡の考察など様々な分析的手法によって、歴史以前に遡る日本人の集合的無意識が掘り下げられ、そこから、日本人が「アイヌ人」、「沖縄人」、「渡来者」とどのような交錯・分岐の関係にあるかのおぼろげなイメージが浮かびあがってくる。

本書が、吉本氏の『共同幻想論』、『心的現象論』をひき継ぐ仕事なのは明らかだ。そこで考えてみたいのは、いま起源にこだわることの意味は何か？

冷戦時代のマルクス主義・左翼思想は、未来に向かって日本を世界に開くという希望を広めた。それが退潮したあと、日本は単なる世界のなかの異質な文化となって孤立し、閉塞している。オウムのような、文化伝統や歴史をまったく踏まえない集団が現れたのも、そうした閉塞のなせるわざだった。そんななか吉本氏が、過去に向かって日本を世界に開こうとしているのは、九〇年代の緊急な課題という意味がある。

日本をその世界性においてとらえ直す。それは大切だ。ただしそれは「起源」（母型）でなければだめなのか？《「母」系優位の初期社会が……男女の性交……と「母」の受胎、妊娠、出産との……関係……を認知できないところから由来している》（一一八頁）といった前世紀の人類学流の主張に、私はついて行けない。性交の否定は無知でなく、われわれの社会と同様に複雑な初期社会の「イデオロギー」の産物だと思うからである。

必ずしも「起源」にこだわらず、時間・空間のなかを多方向にたどることで、日本文化の世界性を新たに探り直していくこと。私は本書から、そんな課題を受け取った。

『〈自己責任〉とは何か』 桜井哲夫
講談社現代新書・700円

▼「日本経済新聞」1998.7.5

本書は《義憤から生まれた……抗議のパンフレット》だと、著者は言う（「あとがき」）。自己責任をとろうとしない日本人への抗議ではない。自己責任の名のもとに、責任のない者に責任を押しつけようとする企みへの抗議である。《直接責任のない者に対して共同責任や連帯責任をとらせるのは、失政をごまかす権力者の常套手段》であり、ひどい目にあうのは決まって弱者なのである。

著者が反対するのは、規制緩和の名のもとに進められるアメリカの介入であり、自己責任の名のもとに進められる弱者切り捨て政策や家庭の崩壊である。責任のないところに責任を押しつけるマジック・ワードこそ〈自己責任〉なのだ。

これを例証するために、古今東西の学説がどっさりと引用される。ウォルフレンのような日本異質論を《えせ学問的テキスト》として批判し、かわりに日本文化の雑居性を評価する。丸山眞男の「無責任の体系」論を批判し、《ナチスの幹部たちにも「無責任」の体質は存在した》とする。

話がつぎつぎ飛びすぎて、何が言いたいのかわかりにくい本書の主張をあえて要約すると、権力を握っているのに責任をとらず、国民にツケを回す日本の官僚に騙されるな、ということになろうか。

なるほど、責任のない人びと（特に弱者）に負担を押しつけないことが大切なのはわかった。だが同時に、誰に責任があるかをはっきりさせ、きちんと責任を取らせることも大切ではないか。なぜかこの点を、本書はあまり強調しない。

著者の見解に反するようだが、自己責任の考え方はこの点で有効だと思う。責任逃れや押しつけが生じるのは誰に責任があるかはっきりしないからだ。人びとが自己責任を掲げて官僚の口出しをはねのけるいっぽう、政府・官僚の行動を厳しく監視する。こういうやり方もある。責任追及のための前向きの提案が本書に少なかったのは残念である。

『アフリカ的段階について』——史観の拡張

吉本隆明

春秋社・1600円

▼『週刊読書人』1998.8.7

「アフリカ的段階」とは、「アジア的」へのアンチテーゼである。

マルクスが「原始共産制」とのべたものを、なぜ「アフリカ的」と言い換えなければならないのか？　このことを、吉本隆明氏の思想の必然性に即して考えてみる。

本書の通奏低音をなすのが、ヘーゲルである。ヘーゲルは十九世紀の初め、歴史を人間精神の集合的な発展の直線的過程として記述するスタイルを編み出した。モルガンやデュルケムの発展段階説も、マルクスの歴史学説も、ヘーゲルの変奏だと吉本氏はみる。それに対してアフリカ的とは、これ以上さかのぼれないプレ・アジア的な段階。ちょうど「大衆の原像」のように、どの社会の、どんな想像力の働きの初源にも見出されるものだという。

アメリカンインディアン・チェロキー族出身の作家が書いた『リトル・トリー』という自伝小説。記紀（『古事記』、『日本書紀』）の神話世界。アフリカ各地の部族の伝承。英国の女性旅行家による、アイヌ民族観察記『日本奥地紀行』。セイロン島の王権について紹介する『セイロン島誌』。時代も場所もさまざまな民族誌の重層的な織り合わせを読み進んでいくうちに、吉本氏が「アフリカ的段階」をどうイメージしているかが浮かびあがってくる。

集合的な想像力の初源のかたちに焦点をあてている点で、本書は『共同幻想論』とよく似ている。『共同幻想論』は、柳田国男の『遠野物語』を素材に、原初的な共同社会の集合的心性（共同幻想）のあり方を記紀の神話世界や古代王権の起源にまでつなげた、巨大な仕事であった。吉本氏はなぜ、それに満足できないで、再び本書を構想したのであろうか？

本書が『共同幻想論』と決定的に異なるのは、疎外論のスタイルと決別している点であろう。吉本氏は、マルクスの歴史学説や西欧近代を至上とする歴史観とまったく違った場所に出るために、初源の位置を「アフリカ的段階」と呼び直したのだ。

「アフリカ的段階」は、初源ではあるが、それ以後のどの段階でも反復して見出されるものである。《アフリカ的ということを段階として設定することは人類の原型的な内容を掘り下げることが永続課題だとすることと同義である》（一四四頁）。そしてもはや、疎外論に特有なねじれはない。『共同幻想論』では、自己幻想や対幻想と共同幻想が〝逆立〟することが、もっとも本質的であった。逆立しているからこそ、共同幻想は自己幻想や対幻想のあり方と相剋的であり、いずれは解消されることを運命づけられていた。これはマルクス主義にいう、国家権力の廃絶テーゼを言い換えたものである。いっぽう逆立を抜き去った疎外論は、ある原初的なものが直線的な発展の過程をたどるという、素朴な発生論と似かよったものになる。

このため本書は、『共同幻想論』にくらべると、やや平板な印象を与える。発生論のメリットは、発生の過程におけるねじれや屈折、不可逆な創発的現象を織りこめるところにある。原初的なものが繰り返し、逆立する構造を持たずに、発展のどの段階にも見つかるだけなら、それは単に「基本的」と呼べばよく、わざわざ「原初的」とよぶことはないだろう。「アフリカ的段階」を原点とした場合、そこにあとからどんな異なるものが付け加わっていくのか、本書からははっきりしない。人類社会の初源に「アフリカ的段階」を想定することによって、どういう新たな認識がえられるのかが見えにくい。

そこでこう考えてみることができる。本書は、新たな仮説の提示に主眼があるというよりも、これまでの仕事を総括するひとつのマニフェスト（宣言）である。まず第一に、吉本氏自身が、ヘーゲル、マルクス以来の疎外論の文体を最終的に離脱したことの宣言。言い換えれば、マルクスの深い受容から出発した吉本氏の思想が、構造主義以後の世界認識として、本書のようなかたちに収束することが必然であるという表明。第二に、日本の現実に密着してきた吉本氏の思想が、人類社会のあらゆる時代、あらゆる場所でも妥当するはずだという、普遍性の宣言。マルクス主義的なフレームを前提にしているうちは、日本の現実がどんなに特殊であっても、疎外の帰結には違いないから、世界史のなかに（たとえば「アジア的」として）位置づけられると期待できた。そのようなフレームを前提しなくなれば、吉本氏は自分の達成を、「アフリカ的段階」が保証する普遍性のなかに改めて位置づけねばならないことになる。本書はそうした意味で、《史観の拡張》（副題）なのである。

『可能性としての戦後以後』

加藤典洋

岩波書店・1900円

▼「日本経済新聞」1999.4.11

加藤典洋氏の『敗戦後論』（一九九七）は大きな論争を巻き起こした。本書は、そこに収めるはずだった「『痩我慢の説』考」を含め、七本を集めた姉妹編である。

基調となるのは、戦後の言説空間のゆがみと分裂を直視し、その先に次の時代を拓こうとする意思である。例えば「失言と癋見《べしみ》」で、著者はこう指摘する。

タテマエ／ホンネの使い分けは、日本の古い伝統と信じられているが、誤りである。新聞や辞書の用例から検証できるように、それはたかだか一九七〇年頃から一般化した言い方にすぎない。そしてこれは、戦後日本がどのようにスタートしたかの記憶をおおい隠すための《自己欺瞞の装置》として、無意識にうまれた。戦後の相対主義、ニヒリズムの表明なのだ。

こうした驚くべき事実は、戦後日本を考え直す際の補助線となる。本書では続けて、古代に「日本人」が存在したと考えるのは歴史の《遠近法的倒錯》であること、福沢諭吉はなぜ勝海舟を批判し「私情」を肯定したか、現憲法を起草したGHQ民政局次長ケーディスの深慮、現代資本主義社会の光と闇を対等に踏まえた視点に立つべきことが論じられる。こうして浮き彫りとなるのは、われわれの間に、新しい公共性をいかに立ち上げるかという課題だ。

加藤氏の議論は、果敢かつ挑戦的である。戦後という特殊な空間で通用してきた言説の多くから、効力を奪い、退場を迫る勢いがある。そのため、戦後知識人の流れをくむ人びとや、ポストモダン派、新保守主義のグループから反対の声があがった。

評者に言わせれば、加藤氏の言論こそ「普通の言論」で、勝負は明らかだが、論争そのものはなお続いている。本書は『敗戦後論』とともに、日本の文学史・思想史の画期をなす書物として記憶されることになろう。

『日本の無思想』

加藤典洋

平凡社新書・740円

▼「朝日新聞」1999.7.25

戦後日本の思想状況を加藤氏は、「裸の王様」にたとえる。裸なのはみえているのに、誰も言葉にしないので、自

分だけが間違っていると思いこむ。嘘をまにうけていることを、気づかなくさせるほど深い自己欺瞞が支配しているという。

なぜか。それは、日本の国民が、自分の価値観を根こそぎにされるほど徹底的に敗れたからだ。敗戦のあと、手のひらを返したように民主主義になびいた。アメリカ占領軍が去れば、いやあれはあの場かぎりと言いつくろった。

ここから、ホンネ／タテマエの区別がうまれる。この二分法は、古くからのものにみえるが、著者はそれがごく新しい、戦後に現れた言い方であることを発見した。口に出さなくても、ホンネはホンネ——言葉を信じないニヒリズムが、思想を不可能にするものの正体だと、著者は看破する。

政治家の失言問題を入り口に、ホンネ／タテマエの区別の起源を追いかけて、本書は、大日本帝国憲法が信教の自由を規定する仕方、古代ギリシャや西欧近代における公共的なもの／私的なものの区分、にさかのぼる。そして、公共的なものを支えるのは、私情（私利私欲）以外でありえないという結論にたどりつく。

『敗戦後論』、『可能性としての戦後以後』と、問題作を矢つぎばやに発表している加藤氏が、《いいたいことをそのまま普通の人が読める具合に書いてみ》たのが、本書である。たしかに読みやすい。しかも、内容のほうは妥協なしに、ぎりぎりの厳しい線を追っている。思想の閉塞を乗り越えて進むヒントが、いくつも隠れている。

では、ニヒリズムの診断がついたところで、それをどう克服できるのか。それにはやはり《言葉が力をもつ空間を回復》し、公共的なものの復権をはかることだと、加藤氏は言う。決して新しい提言ではないが、実行するのは容易でない。「王様は裸だ」と口に出す一人ひとりの勇気が、嘘をつき崩すしかないのだ。

『国民の道徳』

西部　邁（新しい歴史教科書をつくる会編）

扶桑社・1905円

▼「朝日新聞」2000.12.10

昨年の西尾幹二『国民の歴史』に続いて、これもぶ厚い『国民の道徳』が登場した。題名や編者から、なにか右翼っぽいという警戒もあろう。だが中身は、まっとうな思想書だ。それもただの解説でなく、いまの時代をこう生きようと、個人の資格で訴えている。道徳を言語化する著者の力業に、敬意を表したい。

品行方正な道徳家の「お説教」が道徳なのではない。西部氏は《不道徳漢》だった若い日を振り返ってみせる。そしてたどった思想遍歴の果てに、つかみ取った保守主義こそ、いま日本人に必要な道徳の基盤だと主張する。

『国民の道徳』は、『国民の歴史』より書きにくいと思う。歴史の見方はいろいろでも、正しい歴史がひとつあるはずと大多数が信じている。いっぽう道徳は、個々人まちまちでいい、「国民の道徳」を押し付けられても困ると考える人びとも多い。

そこで西部氏は、戦後言論の大きな図柄を描きだす。家庭や社会の道徳を破壊し混乱をまねいた元凶は、アメリカ直輸入の戦後民主主義だ。伝統を無視し、社会をゼロから設計できるとする思想は有害である。アメリカに代えてイギリス。設計に代えて伝統。人権に代えて公共性こそ、新しい道徳の基準となるべきである。西部氏年来の持論が全面展開される。

アメリカの外圧でスタートした明治日本は結局、英独などヨーロッパを手本とした。敗戦を境に、それがまたアメリカに代わった。そこにねじれやきしみがあるという指摘は、なるほどと思う。

そのうえで、本書がその目的を達しているかと言えば、疑問も残る。著者の人間味あふれる文体は、読者に多くを考えさせる。だが、失われたもの、壊されたものが大切だと言うだけでは、将来が見えない。また、日本的経営を捨て去るなと言うが、それは伝統でなく、ごく最近の制度ではないのか。ならば、国民が協力して、よりよい制度をつくり出そうとする改革の試みも、立派な道徳の発露ではないか。そんな努力が新たな伝統と国民の道徳をつくるのでは、と私は思う。

『教養論ノート』

浅羽通明

幻冬舎・1400円

▼「産経新聞」2000.12.23

『ニセ学生マニュアル』以来、日本の教養や知識の末期的症状につける薬を探索し続けてきた、著者の新著。そこらの知識人のように、そもそも教養とは……とお説教はたれない。ふつうの人びとの人生に役立たないなら教養でない、とまず原則を宣言する。

前半は、なぜ日本ではこんなに奇妙な教養主義がはびこるのか。どっぷり日本的タコツボ社会（中間共同体）の人間関係につかっているくせに、おフランスな生活を気取る外国文学者。まともな社会生活を送れない彼ら「逃亡奴隷」による、外国の知識をあがめるネズミ講だ、と著者は言い切る。同時に知識や思想が、全能感や価値観を与え、人びとの人生を方向づける力があるとも指摘する。

私は、ジオラマ（箱庭療法）を思い浮かべた。浅羽氏は、教養がやりとりされる景色の全体、特に高きから低きに知識が流れるその仕かけを、読者に気づかせる。そうすれば誰もが、自分はどんな知識がほしいのか、どうすれば手に入るか自覚できるとの配慮だ。

そのうえで浅羽氏は、「臨床思想士」を構想する。人びとの生きにくさの症状に応じて、副作用にも注意しながら、このケースは共産主義、このケースはフェミニズムと、適切な思想を処方する。お仕着せの思想の押しつけでなく、需要に応じたオーダーメイドだ。

これは価値相対主義と、似ていても違う。何が必要な知識で何が不要なのか、知識人とふつうの人びとが共同作業で決める。いまはまだ、夢想の域を出ないとも言えるが、著者は読者の人びとらと、すでにそんな運動を現に進めつつあるのだという。教養のあり方を根底からとらえなおす試みとして注目される。

『この思想家のどこを読むのか』
——福沢諭吉から丸山真男まで

西部 邁・山折哲雄・小浜逸郎 他

洋泉社新書y・790円

▼『正論』2001.5

福沢諭吉には、佐伯啓思。内村鑑三には、山折哲雄。以下、柳田国男、西田幾太郎、小林秀雄、三島由紀夫、吉田茂、丸山真男と、わが国を代表する八人の知性に対して、当代の学者・評論家八人が切り込んでいく。四十枚弱という限られた分量の原稿で、どこまでまっしぐらに相手の本質に迫れるかが勝負だ。批評の対象は大物で、相手に不足はない。評する八人の腕くらべとなって、読みごたえのある競作となった。こんな時代だからこそ、思想の古典を読み直すことの大事さがずしりと伝わってくる。

八篇に共通するテーマは第一に、「日本」である。柳田にせよ、小林にせよ三島にせよ、めいめいが自分なりのやり方で、日本と日本人であることの意味と価値について、つき詰めている。近代という普遍的な出来事と、日本という特殊な伝統との交点に、わが国を代表する知性の誰もが思想的な命運を賭けざるをえなかったことに感銘を受ける。

テーマの第二は、脱神話化である。評者は一様に、戦後の通念を突き破って、思想がうまれたその時代の必然をみつめようとする。その結果、福沢や柳田の場合は、教科書的なイメージの下からしなやかな思索の躍動がよみがえってくる。いっぽう、丸山の場合には、権威あるとされてきた議論の土台が、あやふやな漢文読解やヘーゲル哲学の焼き直しにすぎなかったと批判される。ひと昔前なら考えられない、思い切った指摘である。

印象的な章を、任意にあげてみる。

西田幾太郎に対する松本健一は、難解とされる西田の「絶対矛盾の自己同一」は決して難しくないと言う。白と黒は、正反対で相いれないが、それは色という共通の土台があればこそ。白と黒という矛盾が、色という同一性に支えられている。この世界の構造もそれと同じだ、とりわけ「日本」と日本的なエートスのあり方はそうであるという洞察を、哲学を「何となく」選んだという西田の歩みを追うなかで、松本はさぐりあてる。

吉田茂に対する西部邁は、戦後日本の出発点にまつわる矛盾に焦点をあてる。親英的なエリート主義の吉田が、アメリカ的な民主主義の戦後日本をたちあげる役回りを演じたこと。反軍意識が強烈なあまり、平和主義的な日本国憲法にこだわり、シビリアン・コントロールの発想を育てなかったこと。西部による吉田の像は、三島由紀夫の仮面の意味するところを折り下げた高澤秀次の論と対照させると、いっそう味わい深い。

本書は、企画の勝利である。あとがきで、仕掛け人の田中紘太郎がのべるように、《これまで……論じてこなかった、しかし……避けて通れない》執筆者と思想家の絶妙な《組み合わせから……生じる火花や論理の交差》こそが見どころである。もともと「正論」に連載されたというシリーズが、あらためて新書で通読できるようになったのは嬉しい。

本書の論じる思想家たちは、日本の近代を力強く引っ張った。繁栄のあとの混迷のただなかにある現在、これだけの本質的な仕事がどこにあるのかという危機感を覚えるのは、私だけだろうか。

『「弱者」という呪縛』
——戦後のタブーを解き放て!

小浜逸郎・櫻田　淳

PHP研究所・1400円

▼「産経新聞」2001.7.29

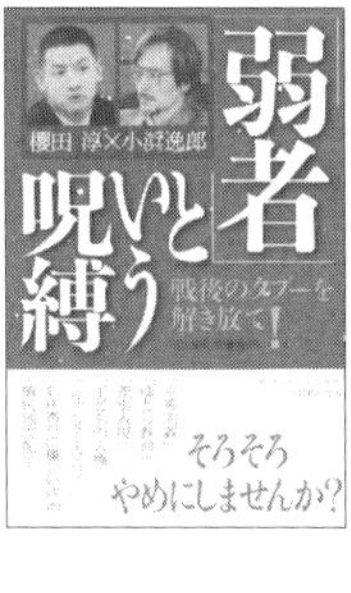

本書の焦点は何と言っても、障害をもつ人びととといかに正しくつきあうかであろう。小浜氏と対談する櫻田氏自身が、気鋭の政治学者、そして重度の身体障害者だからだ。

櫻田氏は言う、障害者が《権利を行使し、義務を履行するための仕組み》をきちんと具体的に作るべきである。国が必要な助力を与えるとしても、働けるだけは働き、納税そのほかの義務も果たすべきである。体験を踏まえて、ずしりと重みのある発言だ。小浜氏も《障害者のやったことだから、価値のあるものに決まっている》という裏返しのタブー意識を「乙武現象」として批判する。

　障害者のほかに女性、子ども、高齢者、外国人など「弱者」とされる人びとについて議論が進む。両氏に共通するのは、自らを弱者に重ね合わせ、人権をふりかざして国家を批判しながら、その実は国家に依存する人びとを大量に生み出した、「戦後民主主義」へのいきどおりだ。

　「弱者」は、国家を相対化できる特権的な存在なのか。そのはずはない。「弱者」にかこつけて国家を批判するひまに、市民の権利と義務を明らかにし、国家と市民の関係を再構築しようと、両氏は提案する。

　こうして、たとえば「小人プロセス」は、障害者の自立した職業である限り、認めるべきだ。「ゆとり教育」より、基礎をみっちり習得させるほうが先決だ。男女の違いを完全になくせばよいとする「男女共同参画法」は誤りだ、などの結論が導かれる。

　対談は荒削りで、論点があちこち飛び、ときに危なっかしい論法も目につく。櫻田氏によれば《日頃の節制と自制とは無縁の、「放談」の書》なのだそうである。でも、そんな自由なやりとりだからこそ、行き詰まった偽善的な戦後民主主義をその先に乗り越えるヒントもみつかる。この次はぜひ、両氏がそれぞれこれらの問題とじっくり取り組む、単著を読みたいと思わせられた。

『言語ゲームとしての音楽』
――ヴィトゲンシュタインから音楽美学へ

矢向正人
勁草書房・３４００円

▼『JASPM NEWSLETTER』2002.2.4

本書は、題名からも明らかなように、二〇世紀を代表する哲学者ルードヴィッヒ・ヴィトゲンシュタインの後期哲学の中心概念である「言語ゲーム language game」によって、音楽美学を再構築しようとする野心的、意欲的な試みである。この種の試みがかつてなされたことがあるのかどうか、専門外の評者は寡聞にして知らない。おそらく、世界で初めての試みではないかと思う。

　言語ゲームと音楽美学。この組み合わせに、必然はあるのか。《言語ゲームに関心の深い読者であればあるほど、音楽を言語ゲームとみなす発想に違和感をもたれるかもしれない》(はしがき)と著者も危惧するように、そもそもこうした試みについていけない読者もいるかもしれない。第一章「美の介在をめぐるゲームとしての音楽」は、こうした違和感を十分に意識したうえで、音楽を言語ゲームとして理解することで、その美的本質がはじめてあきらかになるという著者の議論を展開する。

著者によれば、従来の音楽美学はみなトートトロジーに陥っており、音楽の美を解明することができていなかった。ある楽曲が美しいのはなぜか。それは、ある形式(たとえば、協和音)をそなえているからだと言われる。ではなぜひとは、その形式を美しいと感じるのか。そのことになると、説明に窮する。せいぜい、「それは美しい形式だから」と言うしかなかった。すなわちトートトロジーである。

著者は、このトートトロジーをはっきりみつめ、音楽を「美のブラックボックス」と置くところから始める。美は、個々の楽曲を離れては存在しない。人びとが、さまざまな楽曲に対して示す肯定的なふるまい(是認の身振り)が、そこに「美」を存在させるのだという。すなわち、人びとのふるまい(言語ゲーム)のほうが実体的で、美はその効果なのである。こうした音楽論の基礎は、さらに広い文化的、人間学的ひろがりのなかで確認されている(第二章「音楽の始原へ」)。

第三章「協和・不協和のシステム:見えざるXとしての不協和」では、西欧調性音楽の歴史を素材に、協和音と美の関係が具体的・詳細に検討されている。この部分を紹介することは、評者の能力を越えているので略するが、音楽史を言語ゲームを補助線にして再解釈する果敢な試みとなっていることは間違いない。さらに第四章「リズム:現前の是認」は、和音と相補的な、もうひとつの音楽の要素である、リズムについても考察を加えている。

本書で多少わかりにくい部分があるとすれば、たとえば、音楽一般の原理論にあたる部分と、西欧調性音楽の具体的な素材を扱う部分とが、「美」の「言語ゲーム」として同じものなのか、どのような関係になるのかという点であろう。また、音楽のどのレヴェルが言語ゲームなのか(ある時代の音楽ジャンルの全体か、ある楽曲か、楽曲内部のさまざまな要素か)も、わかりにくい部分がある。ヴィトゲンシュタインのオリジナルな議論への参照も、あっさりしすぎているように思う。聞けば、著者はさらに稿を改めて、構想を発展させているようなので、今後にも期待したい。

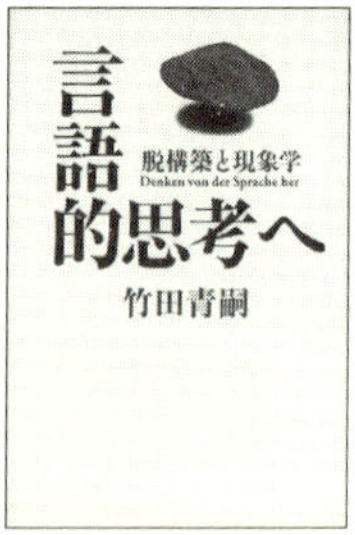

『言語的思考へ』——脱構築と現象学
竹田青嗣
径書房・2200円
▼『群像』2002.4

思想家・竹田青嗣が全力投球した、掛け値なしに重量級の書物だ。

本書を五〇頁も読み進まないうちに、印象深く思ったことが二つある。ひとつは、思想の本質的な営みは、ある時代の孤立し突出した創造的な達成が、別の時代の孤立し突出した創造的な努力と、交響しあうところにしかないのだということ。もうひとつは、創造的であるとは、時代の常識（のある部分）をくつがえし、ときには過剰な読み込みや誤読にさえもとづいて、世界の新しい像を描きあげること。本書は、相前後して上梓された柄谷行人『トランスクリティーク』、東浩紀『動物化するポストモダン』などと並んで、日本におけるポスト・ポストモダンの本格的な到来を告げる書物である。

本書は、著者独自の現象学に立脚して、ポストモダンの方法的核心であるデリダの脱構築（デコンストラクション）に対する批判を試みる。デリダは『声と現象』で、フッサールの「音声中心主義」を批判した。「意識」と「言語」という本来は一致しないものを、フッサールの現象学は《「声」の役割の特権性》によって一致させようとする。しかしエクリチュールにおいては「作者の死」、すなわち、テキストの完全な多義性が露出するではないか。これを根拠に、デリダは脱構築の方法を確立し、声の特権性の歴史であった形而上学の系譜（およびそれに基礎を置く資本主義近代の総体）を解体しようとする。

しかし竹田によると、デリダの批判は、言語の本性についての誤解にもとづくものだ。言語はすべて、発語主体（発語者の〈意〉）→言語表現→受語主体（意味の〈理解〉）という流れのなかにあり、特定のコンテキストのもとでその意味が確定するようになっている。デリダのいうテキストの多義性やさまざまな哲学のパラドックスは、言語表現からこうしたコンテキストをすべてはぎ取り、《一般言語表象》へと抽象してしまったためにうまれた仮象である。正しい現象学の理解にもとづいて言語の本性を考えるなら、言語がコンテキストのもとで人びとに確信をもたらす構造がとらえられる、という。

本書はまた、東浩紀『存在論的、郵便的』のデリダ擁護論を、批判的に検討する。東は《初期デリダの形而上学解体の仕事のうちには……「否定神学」的要素が見出されるが、デリダはやがてこのことについて自覚的となり、後期においてはこれを超え出る可能性を探究している》(二七二頁)と言うが、竹田によるとこうした東のデリダ擁護論は成り立たない。ここで「否定神学」とは、懐疑論的相対主義や批判のための批判といった傾向をいう。竹田によれば、デリダはたしかにそうした自覚をもったかもしれず、「語りえぬもの」(もともとの「否定神学」では神にあたる)をひとつだけ想定し実体化してしまうかわりに多数性の思想をたてようとした。けれども《そもそも「語りえないもの」という中心概念自体がポストモダン思想のメタ論理的性格によって要請されているのだが、……その点に……最大の弱点がある。……ただ「幽霊」や「郵便」という概念によって脱構築思想を形而上学化することへの「禁止要求」を添付したにすぎない》(一八二～八三頁)。

竹田は、哲学は《必然的に「存在の謎」と「言語の謎」というふたつのアポリアを呼び寄せる》(七二頁)のだという。本書はこのうち、「言語の謎」を極点まで追い詰めた二人の哲学者、デリダとヴィトゲンシュタインに焦点をあて、彼らの徹底した懐疑論の到達地点をまず確認する。そして、いわばその懐疑論の手袋を裏返すようにして、現象学的な《「信憑関係」(=確信成立の構造)》(一三二頁)へと再生させていく。《現象学的言語理論は、言語行為の本質を「発語主体—言語表現—受語主体」という三項間の信憑構造として措定する》(一五九頁)、《その「確信」は本質的に信憑であり、したがって絶対的な確定に至ることは決してない》(一三五頁)。

デリダの脱構築という方法の限界と問題点を内在的に批判することは、われわれの時代にとって本質的な意味をもつ。脱構築による形而上学批判の方法は、圧倒的な優位を人びとに印象づけ、ポストモダンの流行をもたらした。ところがポストモダンは、マルクス主義にかわって資本主義近代を批判する役割を担うはずだったが、その批判は「否定神学」的な全面否定となった。懐疑論的な全面否定は、全面的な現状肯定と変わらない。デリダの脱構築の方法を批判的に克服することは、思想が現実に対して積極的な態度を取ろうとする場合、まずまっ先に行わなければならない課題である。本書はこの点、画期的なものだと言える。

このように大きな図柄を描き出した本書であるが、評者は、本書の論点のすべてに同意するわけではもちろんない。ごく簡単に、論点を列挙しておこう。まず、著者の現象学は評者がフッサールを読んだときの印象とかなり異なる。流通している理解を「俗流」と切り捨てるならば、いちど詳しい論拠と典拠をあげる必要があろう。もっとも評者は、仮にこれが創造的誤読であっても、歓迎する。第二に、著者の言う現象学的な言語理論が、言語の謎を首尾よく解明するものかどうかは検討を要する。第三に、ヴィトゲンシュタインの言語ゲームを、徹底した懐疑論とだけみている点。評者に言わせれば、言語ゲームは現象学よりも、著者のいう信憑構造をはっきり示す出来事にほかならない。などなど。

著者の文体は、平明そのものとは言えないが、簡潔で適度に厳密で、明快である。参照される古典は、古代ギリシャ哲学からヘーゲル、カント、デカルト、ラッセル、ハイデガー、ラカン、レヴィ＝ストロースと多彩をきわめ、初学者にとっても有益であろう。著者が長年、丹念に読み進めてきた古典についての造詣が、巧みに圧縮されている。「哲学する批評家」という、業界の掟を離れた筆者のポジションだからこそ可能となった、思い切った構成の意欲作である。今後も広く論議をよぶことであろう。

『挑発する知』
姜　尚中・宮台真司
双風舎・１８００円

▼『週刊読書人』2004.1.23

姜尚中と宮台真司。話が合わないのではと思われようが、意外にも対談が共鳴しあっている。宮台氏が敬意と気づかいで姜氏に接しているためもある。そして何より、共通項がある。二人とも、混迷する時代のなかで既成の観念を組み換え、新しい場所へ出ようと果敢に格闘しているのだ。

話題は多岐にのぼる。まず9・11以降のアメリカの変容と、日本の思考停止状態。宮台氏はネオコンの登場を、グローバル化する時代の必然的な文脈に置き直す。「今後も……資本と労働力の流動性が高まる……。……いろいろな国籍の人たちが日本に入ってきます。……セキュリティ不安の理由が彼らに求められ、私たちが培ってきたリベラルな政策の流れを阻害するような措置が続々ととられると思うのです」（一二三頁）。この切迫した実態を見つめるところから思考がスタートする。

「親米愛国」も、二人にとって、思考停止のもうひとつのかたちだ。それは、戦後の状況を固定化し、さもしく生き延びようとする鈍感さの別名だ。アメリカは日本のために存在するわけではない。世界の国々おのおののありのままとじかに向き合うところから、おのずからなる共感と弱者連合の構想がうまれる。宮台氏はこれを「アジア主義」とよぶ。つぎに、右と左。「右翼と左翼というわけ方自体、いまはまるで意味をなさなくなっているとも思う」（七七頁）と姜氏が言う。宮台氏は、左翼を「解放的関心を貫徹しようという志」、右翼を「世界は理屈では割り切れないとする断念」と定義し、「私は、左翼であり右翼です」（八三頁）と結論する。

　国家に対する新しい感覚も、二人に共通する。国益を国民益と考え、国民の利害と別の「国家」独自の利害を認めない。そこから、国民国家を自分たちの手でハンドルしていこうというプラグマチックな志向がうまれる。「想像の共同体」だと国民国家を批判し、何か言ったつもりになっているのは、どうしようもない知的怠惰なのだ。

　ここで改めて課題となるのは、ナショナリズムとデモクラシーの結合だ。この文脈で、姜氏と宮台氏は、丸山眞男を批判的に再評価する。丸山は、日本社会の共同体的原理とデモクラシーの作動条件を冷静に考察した。半世紀を経たいま、その課題を受け継ぐべきだと二人は考える。姜氏は、「宮台さんこそ、現代における丸山眞男のもっとも卓越した後継者である」（「あとがき」）とまでのべる。

　宮台氏は、「ミドルマン」として、自分の役割を説明する。啓蒙的知識人は、実のところ、知の権威と迷妄な大衆を生産してしまうが、ミドルマンはその反対に、大衆の目線から、知の権威を溶解させるような語り口をもつ。人びとのつくる国家・社会が、「知のエキスパート」たちの活動によって機能的に支えられるために、必要な語り口なのだ。

　対談ゆえ、話の焦点はゆれ動き、内容を正確につかむのは実はむずかしい。それでも、誰もが触発される、価値ある一冊である。

社会を読む

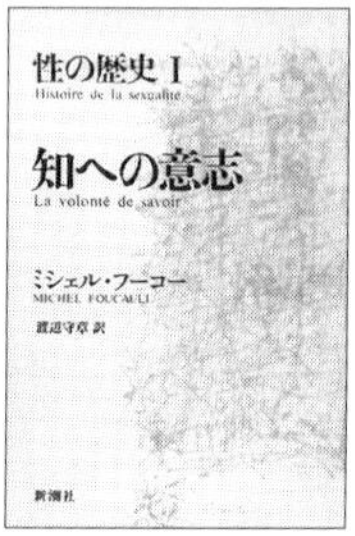

『知への意志』
——性の歴史 1
M・フーコー（渡辺守章訳）
新潮社・2400円
▼『フェミニテ』1987.2

夕暮れのフーコー

この一冊を手にするとき、当惑に近い複雑な思いにとらわれるのは、私ばかりではないだろう。

『知への意志』はもともと、全六巻からなるはずの大著『性現象の歴史 Histoire de la sexualit』の序論として、ちょうど十年前に、好評のうちに出版されたのだった。ところがその後、構想が変わったとかで、本論のほうがなかなか出ない。ようやく八四年に二巻と三巻が刊行されたかと思えば、今度は意外にもフーコー自身の死。一部に釈然としない噂を残したまま、期せずして未完の遺著となってしまった、この一冊——。

『性現象の歴史』——sexualit を、性現象もしくは〈性〉と訳しておく——が難航したのは、著者晩年の気力・体力の衰えのせいか？ それとも、構想そのものに致命的な弱点が隠されていたためか？ 第二巻『快楽の活用』を読んでみると、スリリングだった序論『知への意志』からの落差がはなはだしい。叙述はいかにも平板で、どのような展望が性現象をめぐってひらかれて行くのかも掴みづらい。こんなふうに本論がよろけてしまうのなら、その序論（知への意志）になんの値打ちがあるというのだ？

フーコーが本論を書き進めるなかで、性現象の歴史をどのように構想し、どこまで攻略の地歩を築いていたか。その辺りは別途に、よほど慎重に検討したほうがいい問題だ。けれども、よしんば彼自身の『性現象の歴史』のプランがなにほどかの誤謬を含むものであるにせよ、彼の手がけた権力分析が、もはや消し去ることのできない圧倒的な印象をわれわれのあいだに残したのは確かである（たとえば吉本〔一九八六：四九〕はフーコーを、「最初に権力について正確なことを言い切った」と評している）。

*

『知への意志』で圧巻なのは、何といっても第四章「性的欲望の装置」だろう。ここにさまざまな仮説系のかたちで示唆されている。微分的な権力に対する洞察は、今後幾世代かにわたる論客がかならず参照すべき共通の準拠点となるはずだ。

そこに到る議論の筋道を、簡単に追ってみよう。

冒頭（第一章）に紹介されているのは、われわれをとらえる「抑圧の仮説」である。フーコーによればこれこそ、近代のもたらす〝信憑〟なのだ。この時代にあって権力は、法律的権利という表現をとった、局在する統治機関としかみえない。そして、性の領域に外在しながら、それを抑圧するものと信じられる。しかし彼は、この信憑を裏返す。近代における権力の戦略は、性を抑圧することにはない。むしろ、そうみせかけつつ、性を語らせ記録する仕組みを多様に配置し、性に関する言説を爆発的に増殖させることにある！　その証左がたとえば、「性の科学」だ（第三章）。

フーコーのキイ・ワードを、性・言説・権力の三つにしぼってみよう。彼は、これらの関係を配列しなおすことで、権力についての新しいイメージを描くことに成功している。それは、誰もがうすうす勘づいていながら、これまでうまく口にできなかったものだ。

抑圧の仮説によれば、権力と性とは相容れないもの、権力は外から性を抑圧してやまないものだった。しかし、両者の間に言説のレヴェルを一枚噛ませてみると、ことはそう単純ではない。彼によると、権力はどうやら、言説をつうじて性に関係するらしいのだ。人びとをますます、否応なしに（性的な）欲望の主体に仕立てあげるため、性的言説がいたるところで増殖してゆく。「性的なことを口にしてはならない」というたぐいの、狡猾な形ではびこる言説も含めて。

＊

さてフーコーは、権力をつぎのような性質のものと考えてはどうか、と提言する。すなわちそれは、①分割可能な客体ではなく、ゲームのなかで行使されるもので、②あらゆる社会関係に内在し、③下からあらゆる方向への力線をなし、④意図的であると同時に非－主観的であり、⑤つねに抵抗と共在する。そしてまた、権力分析にあたって四つの規則を掲げ、注意をうながす。（1）内在性の規則、（2）不断の変化という規則、（3）二重の条件づけという規則、（4）言説の戦術的多義性という規則。

こうした一連の提案は、試論的なものとみてよい。だから、いちいちの内容には立ち入らないで、要するにその言わんとするところを煎じつめてみると、こういうことではないか。――社会会体の全域を蔽い、言説や主体やその他さまざまな社会形象の配列や生滅をつかさどる（不可視の）装置として、権力を考えることにしよう、ということ。

この提案は、彼がかつて『知の考古学』（一九六九）で開始したところの、権力分析の微分幾何学的文体につながっている。その文体を、われわれの社会の上にいま現に作用する権力に対してまで、一層積極的に適用しようとした、果敢な試みである。そのことはたとえば、権力の性能を「変換行列 matrices de transformations」――例によって、

「変形の母型」なる珍妙な訳語があてられているので注意(訳書一二九ページ)――になぞらえているところから、はっきりわかるはずだ。この変換行列は、観察可能な権限や資産や言説や……の布置・配分(ベクトル)に直接関わるのではなく、それらの投入/産出(変換関係)に関わる。いわばメタレヴェルにおける権力の機能に対応するものである。それらの配列や生滅を支配する、権力――。

こうした提案は、野心的で刺戟的で、魅力的だが、それは幾分、試論(予告編)的な性格によっているのかもしれなかった。それだけに、残る五巻の本論による肉付けが待たれたのである。

＊

晩年のフーコーの足跡を振り返って、ここで素朴な問いを二、三発してみよう。

問題は、(広義の)権力なのである。それなのに、なぜ彼は、性現象の解明へと向かったのか? なるほど、性現象と権力とは、複雑緊密に織り込みあっているという。だから、性現象を解明することで、権力について明らかになる部分も多いだろう。けれどもなぜ、直接に権力に向かうのではなくて、〈性〉だったのか、疑問が残るところだ。

フーコーは権力に関する「理論」を回避している。たしかに理論は、それ自体言説の一種であることによって、複雑な問題をはらむ。けれども、彼の「実証への意志」が理論を回避するところから(だけ)どうしようもなく発しているのだとすると、これもまた問題であろう。性現象への視線は、権力を実証する視線以外のものでない――。

さらにまた、彼の実証手続きはあくまで、言説分析を第一義とする。性現象の分析とは要するに、性に関する言説の分析なのだ。この間接性が、権力分析にとって有害である可能性もある。

第三に彼は、周知のように、権力を支える社会形象の系譜学的な追究を通じて、告白に特権的な位置を与えている。告白は、主体や真理を生産する、言説行使の技術であり、プロテスタンティズム/カトリシズムのなかで近世初頭に制度化されたものだ。そこまではよい。しかし問題は、主体は告白の制度なんかよりももっとずっと古く、古代に(たとえばイエスの説教とともに)始まっているのではないか、ということだ。

そうだとすると、実証計画は、当初の目算から大幅に狂いを生じてしまう。プロテスタンティズムにしても、人文主義(古代への復古主義)を経過しており、告白の制度そのものが複雑な屈折を宿していることになる。考古学的な方法によるかぎり、これを全部追い切るほかないわけだ。ますます労多くして益少ない努力……。

だからむしろ、理論によるべきではないか、と私は思う。その可能性をぜひ、もう一度考えてみるべきだ。ただ私も、かつてのフーコーと同様、試論的にしかのべていないので、いまは威勢よくみえるだけのことかもしれない。がまあ、それはそれとして。

＊

『知への意志』を書いた段階で、フーコーが権力について、今日のわれわれを上回るどれだけのことを思いついていたか、と考えてみる。五十歩百歩ではないか、と思えてならない。これは、フーコーを軽視して言うのではない。われわれはみな、フーコーに引っぱってもらったのだ。もうこれから先は、自力で考えるしかない。そのことがわかる本だと思う。また、そう読まなかったら仕方ない。

『知への意志』は第一級の書物である。いまさら私が言うまでもなく。私が言いたいのは、それを、彼の未完の『性現象の歴史』への序論として（だけ）読んではならない、ということである。それは、今後来るべき、幾多の〈性〉および権力をめぐる創造的な議論総体の、序章とみなされるべきだ。さあ、めいめいてんでに本論を、一章ずつ書き継ごうではないか。

【文献】橋爪大三郎「フーコーの微分幾何学」『仏教の言説戦略』勁草書房、一九八六年／吉本隆明「権力について――ある孤独な反綱領」（『ORGAN』1、一九八六年、四九～五八ページ）／"M.Foucault At His Sunset" by HASHIZUME Daisaburo 1987

『近代的世界の誕生』
――日本中世から現代へ

奥井智之
弘文堂・3505円

▼『週刊読書人』1988.10.10

オーソドックスなタイトル。中身もそれに相応しく、諸大家からの引用を縦横にちりばめている。文体は抑制ある語り口ながら、その時々の流行思想と無縁なところで、情況の与える課題に応え、時代の制約を超えて行こうとする志をのぞかせている。

日本近代（の挫折）については、もはや語り尽くされた感があろう。しかし、著者奥井氏は、ここに新しい図柄をひき直そうとする。それは、丸山眞男をはじめとする、日本近代主義者の言説を片端から覆すに等しい。その力業の根拠となるのが、網野善彦、勝俣鎮夫ら日本史学の新しいうねりであり、また、著者一流の社会学的考察である。

全体は、理論的／思想的／歴史的／世界的考察の、重量的構成をとる。相関社会科学出身の著者らしい、複線の張り方だ。内容は、日本と西欧の対比が軸になる。日本は日本なりに近代への道をたどってきた。西欧に較べて特殊すぎるわけでも、遅れていたわけでもない。そう著者は主張する。

　論理の展開に、独特なものがある。著者も言う、「本書でもさかんに用いた、対立物を対立物のまま統一するといった論理」。通説を、著者はまず、対立しあう二項に分解して捉える。ウェーバーとブレンターノ。丸山眞男と吉本隆明。あるいは、エゴイズムとモラル。西洋的なものと日本的なもの。公家的なものと武士的なもの、等々。つぎに著者は、その表面的な対立の背後に、対立を成り立たせる隠された共通基盤を探りあてる。それこそ、近代のあり方を支える当のものであるはずだ。

　社会科学の権威が失墜し、常識の多くが立枯れている今、戦後日本社会の位置を、歴史的・空間的に測り直そうとする著者の試みは、なかなか結構である。個々の論点にも賛成できるところが多い。もちろん主張の全てに同意するわけではないが、日本の近代像を描き直そうとする著者の企図は、なかば以上成功しているように思う。

　もの足りなく思った点もあげよう。引用によってまず足許を固めようとするせいか、著者自身の手による論理展開の緻密さ、周到さ、厳しさが、いくぶん殺《そ》がれているように思う。著者が愛書家であることはよく分かるのだが、現実社会と直面しているというより、著者の読書空間を追体験しているだけのような印象を与えてしまって、損な文体だ。文も長く、言い回しが彎曲している。奇をてらっているわけでは毛頭なく、見かけと違って難しいことをのべていない。誠実な味わいがあり、慣れればむしろ微笑ましくさえある文章なのだが、特に若い読者が、その前に放り出してしまわないか心配になる。

　本書は時代的にも空間的にも、広い範囲をカヴァーするので、議論が大股なものになるのはやむをえない。それにしても、たとえば結章「近代からの脱出」のあたりなど、もう少し粘って書きこんでもらえたら、と歯痒く感じた。

　それでも本書は、十分に目的を達しているのだろう。中世から近世にかけての日本社会に、西欧史学の引写しでない、新たな分析の光をあてること。そこに、日本近代をかくあらしめた来歴をさぐること。それには、西欧・日本を等距離から記述できる普遍性と抽象度をそなえた、社会学的考察を鍛えるべきこと。本書が訴えるのは、こうしたメッセージである。これにはもとより、異存ない。引き続く研究プランをすでに用意してあるという著者奥井氏の、次作を楽しみに待ちたい。

『天皇制の文化人類学』

山口昌男

立風書房・2700円
岩波現代文庫・1000円

▼「産経新聞」1989.4.11

昭和から平成へ、摑みどころなく流れる習俗の筋書き。その正体を見とどけたい読者へ、タイムリーなプレゼントだ。この一冊で、山口昌男氏が過去三十年間、天皇制と王権をどう追ってきたかわかる。

折にふれ、多彩な角度からこのテーマを論じた文章の集成だが、基調は驚くほど一貫している。改めて読みかえすと、トリックスターさながらに登場した山口氏の発想と用語が、いまはふつうに口にされるようになったと、時代の流れを感じさせられる。

氏の説は中心－周縁図式、または象徴の宇宙論（コスモロジー）の名で知られる。簡単におさらいしてみよう。

天皇制など過去の遺物にすぎないという戦後民主主義の楽観に、氏は与《くみ》しなかった。日本史を専攻のあと人類学、それもアフリカ王権研究に転じたのは、天皇制を念頭においてのことという。そして、フレイザー『金枝篇』の王殺し説を、象徴人類学の先駆と再評価。それをふくらませ、どんな共同体や国家も、権力を集中する中心化の作用、それに抗する非中心化の作用、の二つを内蔵する。そして、両者が劇的に交錯する周期的な場が祝祭だ、と考える。

中心－周縁図式は、よほど便利とみえ、七〇年代にかなり卑俗なかたちで流布した。むろん山口氏の責任でない。肝心なのは、氏がこの図式を踏まえ、どこまで天皇制に切りこんだかである。

なぜこの図式が、どんな社会の象徴世界にもあてはまるのか？　ふつうの王権と天皇制は、どこが違うのか？　問題をもっと詰めるなら、それをはっきりさせることだ。この点がややもの足りない。

山口氏は、精神分析など個人心理のはたらきに関心をよせ、その総和として中心－周縁の力学を語る。天皇制も、その普遍的な力学に従う、と強調する。確かにそうだが、象徴の宇宙論では、その先が見えにくい。天皇制の独自な姿を追うには、個人心理でなく、人びとの行動についてなにか仮定をおいたうえで、全体社会のもっと具体的なモデルを考えてみることも必要ではないか。

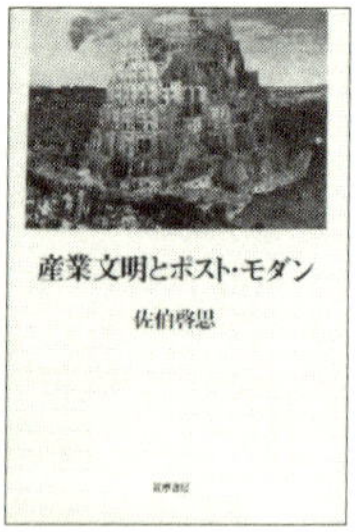

『産業文明とポスト・モダン』

佐伯啓思

筑摩書房・１４９５円

▼「産経新聞」1989.6.27

ポスト・モダンなんか正体不明の、ぐにゃぐにゃ軽薄思想さ――と、敬遠するむきには小気味よい、硬派の書きっぷり。斬新な提起を続ける気鋭の経済学者、佐伯啓思氏の最新論集だ。書き下ろしを含め全六章、氏が「高度市場社会」とよぶ、産業社会のいちばん新しい様相を、多様に切りわける文章が並んでいる。

粗っぽいまとめで著者に怒られそうだが、この本の中心になる論点は、つぎの二つだと思う。

第一に、市場が最近、いちじるしく拡大して、これまで「市場の枠外にあった情報やサーヴィスを市場の領域に大規模に取り込んだこと」。ただしこれは、あくまでも市場の拡大なのであって、産業社会が本来の姿とすっかり違ったものに変化してしまったとは見ないほうがよい。

第二に、そのような変化が必然的に、ポスト・モダン、つまり価値の相対主義とニヒリズムをうむこと。それは「文化の固有の価値の基準が市場による評価の基準におきかえられてしまう」からだ。著者はそれに対して、知識人が「ドン・キホーテ的騎士精神」で立ち向かうよう訴える。

このため佐伯氏がお手本にするのは、ソクラテスである。かつてギリシャのポリス文化は、公衆の前で言論を応酬しあう競技の達人、ソフィストたちをうんだ。いままたポスト・モダン（演ずる者と見る者からなる知のスペクタクル）は、現代のソフィストの群れをうみだしている、という。この書物は、彼らにあてた倫理的闘争宣言だ。

ソクラテスは、ソフィストのなかのソフィスト。彼の弁証法は、ソフィストたちの言論のゲームを終了させるための、命をかけたパフォーマンスだった。それにならい佐伯氏も、ポスト・モダンの混迷を抜けだす、ひと筋の活路をひらこうとするらしい。その気骨をよしとしよう。

著者の専門である経済学的分析も随所に織りまぜながら、六〇年代から八〇年代へと変貌を重ねる日本社会、特に、知識の舞台がポスト・モダンにぬり変わっていく必然を活写する筆致は、説得的で示唆に富む。それだけにどうやって、その必然性をかいくぐるつもりか心配になる。

ところが著者の掲げる処方箋が、わかりにくい。

文化の商品化には「文化それ自体の力で抗する以外にない」、「文化や価値の領域のなかに容易には商品化できないひとつの世界を残しておこう」と言う。そして、そういう自由のある市場を「自己生成的市場」と名付ける。知識人の頑張りに期待しようということらしい。

しかし、そうは問屋がおろすのか。

著者の分析どおりなら、近代の行き着く先がポスト・モダンである。その洗礼を受けた若者やわれわれが、このうえどうやってポスト・モダンとひと味違った線を出せるのか、もうひとつ決め手が見えない。心構えを提案するだけなら、ただのお説教で、浅田彰さんあたりに軽くかわされてしまいそうだ。

『ジェンダーの社会学』
——女たち／男たちの世界

江原由美子・長谷川公一 他
新曜社・２３３０円
▼『週刊読書人』1989.8.14

ひからびた社会学にうんざりの、全国の学生諸君お待ちかねのテキストの、ついに登場だ。快挙である。これを読めなかった私の学生時代が口惜しい。

《社会学入門でもあり、読物としても面白い本。普通のごくささいな日常生活から、社会とは世界とは何かを考えられたら、きっともっと社会学が面白くなるだろう。……二転三転した議論の末、私たちは大冒険に乗り出した。「ジェンダーだけをモチーフにして、社会学の入門書を書いてみよう」》——著者を代表して江原由美子さんは、こんなふうにのべているが、その思いは半ば以上達せられていると言えよう。

ジェンダーとは《生物学的な性別……と区別された、社会‐文化的性別》のこと。なおかつ、「ジェンダーの社会学」は、女性の視点にこだわるフェミニズムと一線を画す。《本当は、男性も女性も同じくらいにジェンダーに「囚われて」いる》のだから。本書は男女を問わず、自分の足もとから社会と人生を見つめ直すための、格好の水先案内だ。

さて、江原さんはじめ六人の執筆者が分担するのは、日常生活／政治社会／家族／労働／世界社会／感性リアリティ、の各章。社会学を学び始めたばかりの若い学生諸君が、自分の経験の範囲内で無理なく理解できるテーマを、ゆったりとカヴァーしている。文章の語り口も、著者からの個人的メッセージとして、読者に届くよう配慮してある。

この本で出色なのは、これまでの常識をくつがえし、知識は知識にすぎないと、コラムに追いやってしまったことだ。そうしたコラムや、キー・ワード、研究ノートといった囲み記事だけ拾い読みしても、ちゃんといまの社会学の輪郭が摑めるようになっている。そのかわりに本文では、社会学の考え方（リーズニング）を分かりやすく噛んで含めるように紹介してある。それも、集中力の限度を越えないように、数ページずつのブロックに区切って。参考文献、図表のあげ方も神経が行きとどいているうえに、柴門ふみさんのイラストが、若々しい感覚を随所にちりばめて、ページを繰るのがなおのこと楽しい。

——という狙い線が、手にとるようにわかって、それに共鳴した。実際の出来ばえを率直に言うと、各章ごとにばらつきがあり、全体の調整も必ずしもうまくいっていなくて、だいぶ改善の余地がありそうである。まだ工事中、ということだろう。

だが、それはそれとして、著者たちの挑戦の意気ごみは、やはり読者にもひしひしと伝わるはずだ。特に冒頭の数十ページは、映像的な手法が成功して、作品としても優れており一気に読ませる。本書がきっかけとなって社会学を見直す人びとの輪が広がり、やがて中級の読み物、一線の研究書へと、手が伸びていってくれればいいなあと、楽しい夢をみたくなる。

というわけで、教科書として今のところ、本書は他の追随を許さないが、これ一冊ですむかという問題もある。テーマや切り口の点で、社会学全体からみてバランスを欠いているのは確かだ。それが気になる人もいるだろうが、総花的に何でも取り上げ、著者の顔が見えないこれまでの教科書にくらべれば、断然こちらをとるのが正しい、と思う。ただ、本書を補う意味でも、別な方向へのかたよりをもった教科書が、真似でもいいからあと何冊か出てほしいのだが。

『思索の散歩道』
——都市風景と文化への散策

内田芳明

思潮社・2330円

▼『現代詩手帖』1989.10

文化史・思想史・ヴェーバー研究にかずかずの業績をあげた内田芳明氏の、随想集である。《随想は人間性の自由と遊びの世界であると思う》と語る著者が、《いつも楽しい気分で書いた》(「あとがき」)三十篇あまりの文章は、研究生活の折々の息づかいと、やわらかな追憶を包みこんで、読者を懐かしい時代に誘いこむ。

都市と自然の景観にスポットを当てる「I　風景への散策」。太田省吾や鈴木忠志の劇的世界にふれる。「II　文化への散策」。大塚久雄、矢内原忠雄ら戦後知識人たちとの交流をつづった「III　出会い」。わが国のヴェーバー学の歩みを証言する「IV　ヴェーバー研究の周辺」。この四部構成を順に読み進むと、著者のゆとりある精神世界の拡がりを、読者も追体験できたような気持になる。《「散歩」には一つのリズムがあって……「風景」という生の構造のリズムともなっている。……そして「思索」というものも、これと似た構造を持っている》（一六頁）。それらがいま急速に失われつつあるという焦燥が、この本を世に送り出すきっかけとなった。

内田氏は学徒動員世代。戦後の物質的窮乏の時代を、社会科学への情熱を糧にくぐりぬけてきた。なによりも幸いだったのは、わが国のもっとも良質なヴェーバー研究者たちと、全人格的で倫理的な緊張関係を取り結びながら、自分の学問を掘り下げてゆけたことだろう。それはそのまま、戦後社会科学の歩みとも重なっている。

氏の回想によると、絶頂は一九六四年、東大で開かれた「ヴェーバー生誕一〇〇年記念シンポジウム」だった。日本中から有数の学者、のべ七百人を集めた会場は、例のない興奮に包まれ、ヴェーバー研究の到達点と現代的意義について、白熱の討論が繰り広げられたという。その後、近代社会の合理化・官僚制化を見通したヴェーバーの予言を裏づけるかのように、巨大な変化のうねりが世界を呑みこんでしまう。《この激変に対応して、一〇〇年記念の時に結集した日本の社会科学の指導的な人たちの言説は後退した》（一七八頁）。そして、七〇年の学生叛乱、さらには八〇年代のポストモダンの登場をへた今日、著者の境位はどのようなものであろうか。

著者があらためて目を向けるのが、〝風景〟である。風景はエコロジーと違い、成熟した西欧市民階級の教養と文化とを背景にして、歴史的に形成されたものだ。都市と自然との共生関係。産業文明・資本主義を主導する個人主義・効率主義と、市民階級が育んできた連帯・共同態的原理とが調和することの、象徴のようなものだ。ここに立脚して、文明と資本主義の横暴を再点検する可能性を、著者は構想する。

これをただのナツメロと片づけ、一顧だにしないというポストモダン流のやりくちもありえよう。むろんそれは、ほめたやりくちではない。そもそもポストモダンの、どこが近代主義よりもましだと言うのか。

ただ内田氏が、後退戦に追いこまれていることも確かなのだ。わがもの顔の消費文化とポストモダン。そんなものに押されてなぜ、戦後知識人の言説が《後退》してしまったのか？　そのあたりの原因を内田氏が自らどう受け止めているのか、本書からうかがい知ることはむずかしかった。それを掘りさげたあとの、巻き返しの言説であってこそ、読者を本当の随想三昧に導くこともできるのだと思う。

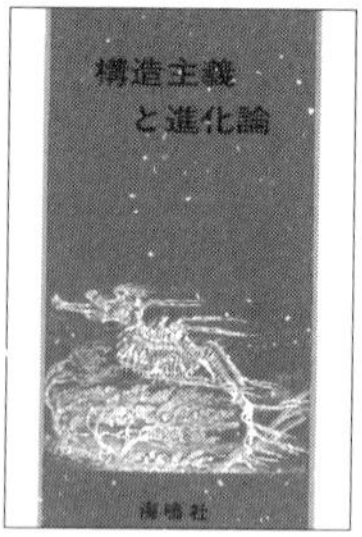

『構造主義と進化論』
池田清彦
海鳴社・2200円

▼『月刊アーガマ』1989.12

明快かつ豪放なおもしろさ。しっかりものを考える確かな足取りについていくだけでも、ハイキングで見晴らし台に立てたような爽快感を味わえる。進化論や生物学に縁のうすい読者でも、科学という営みの哲学的なありかにいろいろ思い当たることがあるはずで、有益このうえない。

圧巻はまず、ギリシャ哲学を扱うかわきりの第一章。ここだけで、木戸銭（二二〇〇円余り）は元が取れたも同然だ。

著者池田氏は、科学の本質からおもむろに説きおこす。科学とは、現象（変なるもの）を、なんらかの形式（不変なるもの）によって、コード化するものだ。これには当然、無理がともなう。ゆえにわれわれは、形式（たとえば名辞）と独立に、時間がその外側を流れていく、というふうに理解するのだ――。

だいたいこんな枠組みに乗せて、池田氏は、タレス、アナクシマンドロスから、デモクリトスを経て、アリストテレスにいたるギリシャ自然哲学の滔々《とうとう》たる歩みを概説する。古代の学者たちの大胆な洞察と、その論理必然的な行き詰まり。それが再び、つぎの洞察をうみ……という、知のダイナミズムが脈動する。

＊

ギリシャ哲学が進化論に、何の関係があるんだろう、といぶかるなかれ。《本書は「構造主義」という時間とは最も無縁なものと、「進化」という時間に最も関係深いものを架橋しようとする試み》（五頁）なのだ。時間とコード（遺伝子、種、もそうである）との関係を、原理上突き詰めたのが、ギリシャ哲学なのだから。

つぎに池田氏が目を転ずるのが、ラマルク、ダーウィン、メンデルといった、進化論、遺伝学説のおおどころである。

古典は、後世の相当いい加減な解釈に汚染されているのが常だ。その例にもれず、上記三人の思想も、慎重な磨き出しが必要である。その手がかりが、フーコーの『言葉と物』（新潮社）。十七～十八世紀古典主義時代のエピステーメーと、十九世紀（われわれの時代）のエピステーメーの、断層をきちんと踏まえることが重要になる。

たとえば、用不用説で有名なラマルクだが、実はこれは補助仮説にすぎない。彼の進化論の正体は《進化時空間斉一説とでも呼ぶべきもの》（七四頁）、つまり、生物は自然発生する端から、分岐せず等速で進化を続ける、という説なのだ。いっぽう、一九世紀のエピステーメーを体現するダーウィンの学説の要点は、池田氏によると、《自然選択説という論理形式を記述することにより、「生物」と「進化」が実はトートロジーであることを発見した》（一一〇頁）ところにある。『種の起源』は、ネオ・ダーウィニズムの単純な教条などには収まりきらない、生命現象の洞察にみちた多義的な書物なのだ。

メンデルも同様である。彼の考えた「エレメント」は、いわゆる遺伝子でなく、《形質発現のための原因の総体》（一四三頁）、つまり、池田氏のいう「構造」を含むものなのである。《天才的な科学者の常として、ダーウィンと同じようにメンデルもまた、彼自身の理論のなかにさまざまな可能性の萌芽を含蓄していた》（一四七頁）

＊

進化論の古典学説に溯るのは、好事家の気まぐれでない。分子遺伝学が成功したおかげで、《DNA＝遺伝子（複製子）＝遺伝するすべて、という図式》（一七一頁）を大方の生物学者が信じこんでしまった。その図式が、根拠のない憶見にすぎないことを暴くためである。

さて、池田氏の唱える「構造主義進化論」はつぎのようなな、さしあたりの《理論的予測》（二一四頁）だ。まず、《生物固有の構造は物理化学法則を下位構造とする、その上位構造》（二一五頁）であると考える。しかも《上位構造のルールは必ず下位構造における可能性の限定であり……限定自体は必ず無根拠》（二一六頁）なのだ。無根拠な、つまり恣意的な構造によって現象を説明するところが、「構造主義」たるゆえんだ。

その構造だが、氏は、《真核生物のDNAの中には……全DNAの変化範囲を定めている特別な塩基配列（群）》（二一九頁）、つまり「安定化中枢遺伝子」が存在する、とまず仮定する。つぎに、安定化中枢それ自体を安定させる「保持遺伝子」の存在を、仮定する。さらに《全保持遺伝子の変化範囲を定めている遺伝子》（二四〇頁）、すなわち「P遺伝子」があり、それが最初の「安定化中枢遺伝子」に安定を保証されている、と仮定する。

この多段階の構造を考えると、生物の形態変化や進化を、かなりうまく説明できる。というより、《進化の一般理論は私がここでやっているのと同型になる他はないと私は思っている》（二四一頁）。論理的に考えて、それ以外の可能性がないからだ。

専門にわたる議論の細部を、私は判断しかねるが、大枠において大変説得的で有望な研究プランと思われた。このように大胆で刺戟的な議論が登場したことを喜びたい。社会学にとってさえ、示唆深い記述が数々ある。仮に本書の具体的な仮説が反証されてしまうようなことがあっても、本書の生命は永続する、とのべておこう。

『近代家族とフェミニズム』落合恵美子

勁草書房・3200円

▼『週刊読書人』1990.1.22

読後に充実した余韻を残す一冊。慎重で繊細、なおかつ大胆な著者の思索の足取りが、とりわけ快い。社会学に好著の多かった一九八九年の、だめ押しの収穫が届けられた。

本書は落合恵美子の、最初の著書である。ここ五年来書きためられた大小二十六篇の文章がまとまった。論文集ながら、著者も自負する通り、モチーフがきわめて一貫している。わが国フェミニズムのもっとも良質な成果を、ここにみる思いがする。

「Ⅰ　近代家族の誕生と終焉」、「Ⅱ　フェミニズムの歴史社会学」、それに、折々の時評を集めた「Ⅲ　現代を読む」の三部構成。学術論文然としたものも混じっているので、初めての読者は、巻末の「お産と社会学とわたし」から読むことを勧めたい。本書のモチーフが育まれる路程が、著者個人の生活の息吹きとともに、驚くほどの率直さで語られている。

著者の強みは、「出産」という具体的な素材を踏まえていることだ。東北の農村で、明治末から半世紀にわたり産婆を開業した女性をたまたま祖母とする著者は、彼女の聞取り調査を柱に、「産の社会史」を執筆。出産をとりまく女性と家族のネットワークが、わが国では江戸～現代にかけて、大きく三段階に変遷する事実を明らかにした。それを象徴するのが、民俗産婆／近代的産婆／医師、である。続けて、アナール学派の業績にも検討の手を広げ、ヨーロッパでもほぼこれに対応する変遷が見出されるとした。

ここから浮かびあがるのが、近代家族である。著者の整理によれば、近代家族は、①愛情の重視、②子供中心主義、③性別分業、など八つの特徴を有し、二百年ほど前に姿を現した。これを「近代」家族とよぶのは、近代を帰結する大きな社会変動そのものが、それを生み出したからだ。その根本は、家内領域と公共領域が分離し、同時生成したこと。近代家族は《近代市場にその参加者である近代的個人を供給する装置》で、それを近代国家が調整する。《近代社会は……市場、家族、国家の三者の連関として構成されている》

近代家族のあり方は歴史的なものなのに、およそ家族や男女の性別をイメージしようとすると、われわれの無意識の前提になってしまう。それなら、フェミニズム（を含む近代思想）も、たかだかそうした前提に立脚するものだと捉え直す、フェミニズムの歴史社会学（ないし知識社会学）を構想すべきではないか。著者は、そうしたモチーフから、フェミニズムと近代との関係にメスを入れていく。

かつての正統マルクス主義や、オートナー派女性人類学、マルクス主義フェミニズムなど、近代社会を批判するさまざまな立場が、実はみな近代の内部に足場を置いているというのが、著者の指摘である。フェミニズムは、近代とともにある。すべてのフェミニズムは、家内領域と公共領域の分離、つまり近代の成立を前提に、後者（市場）の原則――平等主義規範でもって、前者に置かれた女性の被差別状態を告発する、という構図をもたざるをえない。そのため、近代を離脱するプログラムをもつこともできない。

平たく「フェミニズムには展望がない」とも読めるこの結論は、だが、女性の可能性をもっとも貪欲に追い求める道に通じる。「女」に近代が与えたあらゆる意味あいや制約を取り除こうとする、冒険。「女性の社会史」を掲げる著者は、フェミニズムであるかないかのあわいで、反近代でない脱近代の方向に、「なしくずしの解放」を歩み始めた。その前途を祝したい。

『老いと死のフォークロア』
――翁童論Ⅱ

鎌田東二

新曜社・3500円

▼「産経新聞」1990.4.3

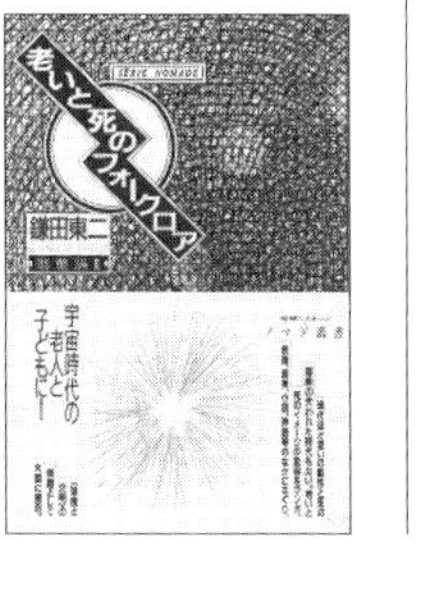

『翁童論』の鎌田東二氏がまたもや自在な世界に読者を遊ばせる。『AKIRA』から『二〇〇一年宇宙の旅』、ユーミンや村上龍……に至るまで、豊富な素材をもとに《六〇年代後半から……はっきりしてきた…チの地殻変動》を、鋭利な筆致でえぐり出す（チとは氏によると、霊縁・血縁・地縁・知縁のこと）。

ところで鎌田氏は不思議な人だ。例えば《三島由紀夫の「霊」が私を動かしている》、《深夜、滝に打たれ……頭頂から意識体が抜け出して虚空中をすっ飛び……戸隠神社まで行き……戻ってきた》などさりげなく書いてあるのでギクリとさせられる。比喩や冗談でなくて大真面目なのだ。《「神々」や「霊」や「気」は疑いえないものとして厳存する》

よくいるオカルトマニアと氏がまるで違うのは、自分の霊的体験を、徹底した宗教批判へのバネとしている点。ここが不思議と言えば不思議なのだ。《あらゆる「宗教」を私は信じない》。そう断言してはばからない氏のリアリズムに、宗教学者としての気骨と信頼性を感ずる。

ところで、ここ二十年来の「チの地殻変動」を、鎌田氏はどう見るのか。

氏の診断によると、《異界を感知する能力が死に絶え》かかる一方、《異界を夢見る力が激発》してきたのが現在である。それは、電磁メディアに囲まれ、深夜のコンビニにたむろする青年たちの、救済願望なのかもしれない。

老人・幼児の両相を具有する存在、翁童。神話的想像力の媒体であり続け、異界への霊的喚起力をいまなおそなえているのが翁童である。おそらくそれは、鎌田氏の自己像でもあろう。この社会に帰属しきってしまうことを潔しとしない、霊性の自覚。

現代の高度な資本主義経済の裏側になお、古代に通ずる心性がぽかりと口を開けている。だから「フォークロア」が必要なのだ。古代の神話的思考はどのように変成して、われわれの心性にたどりついたのか。中世や近世の制度の堆積がそこにどう作用したのか。その解明への動機と糸口を本書は与えてくれている。

『ミシェル・フーコー』
——主体の系譜学

内田隆三

講談社現代新書・720円

▼『朝日ジャーナル』1990.5.25

掛け値なしに第一級の現代思想家、M・フーコーが逝って早六年。『狂気の歴史』、『言葉と物』、『監獄の誕生』、『性の歴史』など構造主義以降の時代を拓いた重量級の著作群が、いよいよ輝きを増して継承者を待っている。

そんな折、フーコーの読み手として最も信頼のおける内田隆三氏が、一般読者向き概説書を著した。そこそこ気になりながら、フーコーの全貌を掴みあぐねていた向きにはうってつけの一冊である。

生前の伝記などをまとめた序章に続き、「フーコーの望遠鏡」、「変貌するエピステーメー」、「外の思考」、「権力と主体の問題」の四章構成。ともすれば錯綜して見えるフーコーの論述を、幾本かの補助線にそって、ズバリと切り分ける。本質的な論点を読みとるコツを手ほどきしてくれていてありがたい。例えば、どんな時代の思考を支える場(エピステーメー)も、思考不可能な余白の空間を背後にたたえていること(第一章)。「人間」もそうした場のなかから、歴史的に出現した形象のひとつにすぎないこと（第二章）。

　とくに重要なのは、第三章「外の思考」であろう。内田氏は、レーモン・ルーセルやルネ・マグリットの作品などもうまく織りこみながら、フーコーの仕事が構造主義とどれほど隔たったものなのか、説得的に語っている。《サドからカントの時代以降二世紀近く……、西欧の言語は……「人間」によって占拠され、……人間的な主体＝主観性によって……その形態を保ってきた……。人間的な経験の内部にいるかぎり……この言語に致命的な過不足を見出すことはない。だが、人間的な主体＝主観性の〈外〉に経験の可能性を求めるとき……この言語の存在、この度しがたい有限性に直面する》

　フーコーは言語をその外側から、出来事として捉えようとした。そうすることで、ニーチェの系譜学を受け継ぎ、生涯をかけて、西欧という思考の枠組みの外へ抜け出ることをはかったのだ。

　そのためのユニークな試みが、言説分析、権力分析である。この「権力の問題系」を論じるのが、終章「権力と主体の問題」の前半。後半ではそれと境を接する「自己の問題系」を論ずる。最晩年のフーコーは、なぜ執拗に、古典古代の《人間の美学的＝倫理的な主体化の様式》を追い始めたのか。前々から不思議に思っていた。内田氏もどこか尻切れとんぼにこの本を終えている。心ならずも人生を中断し、多くの問題をオープンに残したフーコーの紹介としては、これでいいのかもしれない。

　ところで本書は、フーコーをまったく読んだことのない読者にはとっつきにくい用語や言い回しもあって、ちょっと不親切だ。いっぽうフーコーはとっくにおなじみという読者には、せっかく内田氏が書くのだから、もう一歩突っ込んだ踏み込みも欲しかったところ。どちらかに狙いをしぼるのも手だった。

　ともあれこの一冊は、思想家フーコーの魅力ある実像を描いて余すところがない。読み進むにつれ、彼をますます身近な同時代人と感じるようになるはずである。フーコーとはまた別の知的系譜に連なるわれわれにとって、彼の悪戦苦闘は、他人事でありえない。ずしりと思い課題を手渡されたことになる。

　巻末の参考文献リストは、なかなか親切で、入手しやすい基本書を網羅してある。これからフーコーをフルコースで堪能しようという人にはさっそく役に立つはずだ。

『やきもち焼きの土器つくり』

クロード・レヴィ＝ストロース
（渡辺公三訳）
みすず書房・３５００円

▼「日本経済新聞」1990.12.9

神話論理のもつれた糸を解きほぐす手並みの鮮やかさ。そして思考のみずみずしさ。——レヴィ＝ストロースが先年久びさに著した本格的な神話研究書の、待望の翻訳である。ページを繰りながら私は、ほんとうに堪能した。

構造主義人類学の頂点を極めた大冊、『神話論理』全四巻が書かれたのは、二十年ほど前のこと。料理の火の起源をめぐる南北アメリカの神話群を素材にした、前人未踏の業績だった。今回とりあげるのは、もうひとつの火の技術、土器作りの起源をめぐる神話群である。そしてそこから、ヨタカ／ホエザル／ナマケモノといった、神話の「動物素（ゾエーム）」たちがどういう意味場を織りなしているのかを明らかにしていく。

レヴィ＝ストロースの神話学は、ただでさえ難解とされるうえ、『神話論理』の翻訳が未刊なため、全体像がつかみにくかった。だがうれしいことに、本書はたった一冊で、そのうまい要約になっている。特に神話分析の「基本定式」がどういうものなのか、実例が豊富でよくわかるのがいい。思うにこの定式は一種の比例式で、欠けた項をそれ以外の部分から予測するためのものである。彼はこの操作を、先験的演繹とよぶ。

夜行性で大きく口が裂けたヨタカと、滅多に糞をしないナマケモノ。ここに、口唇における欲望／肛門における保持、の対立が隠れている。この対立が、それ以外のさまざまな対立に展開し、神話群の全体が生み出されていることが明らかになる。これを追っていくだけでも大変スリリングだ。

神話分析は、フロイトの精神分析と似ているようで、根本的に異なるという。フロイトは、性欲という唯一のコードですべてを解読しようとした。一方レヴィ＝ストロースは、複数のコードを同等に扱う。それらのコードが「諸項のあいだに関係をうち立てる」ところに、神話の意味作用が現れるという。翻訳も万全で、構造主義の魅力を余すところなくたたえた本書の登場を喜びたい。

▼『女性セブン』1991.2.28

南北アメリカのインディアンの間で、土器つくりは女性の仕事だった。彼らの伝える神話では、土器つくりの女はなぜかやきもち焼きで、嫌われもののヨタカに変身することになっている。この謎を、探偵小説のように解き明かす名著が、先ごろ翻訳された。

著者は、レヴィ＝ストロース。世界的に著名なフランスの人類学者である。構造主義の思想を唱えたことで知られ、八十歳を越える高齢にもかかわらず、その思考はいよいよ柔軟でみずみずしい。

レヴィ＝ストロースは、構造主義の方法を用いて、各地のインディアンの一連の神話を解読していく。そのやり方はこんな具合だ。まず、神話の表層（表面的な話の筋）は、あまり重要でない。それより構造（登場人物同士の対立関係）が大切である。たとえば、南米の神話では、ナマケモノ／ヨタカは、道徳（肛門性格）／嫉妬（口唇性格）の対立をあらわす。どちらの動物も、身近な環境のなかにいて、インディアンの人びとが世界の意味を考える素材にちょうどよいのだ。

ところで北米には、ナマケモノがいないから、同じ対立を別な動物（リス）に置き換えなければならない。ナマケモノは樹の上に暮らしていて、時たま、地上の決まった場所で糞をするが、そのとき頭を下にして降りてくる。頭を下にして降りるのは、リスも同じだからだ。

こんな具合に調べていくと、たくさんの神話がこの種の変形によってつぎつぎ生み出されているという関係がわかる。そのことは、必ずしもインディアンの人びとに意識されていないが、実際そうなのだ。こういう研究を、神話分析という。

神話分析で、何がわかるか。「未開」、「迷信」などと単純にくくられていたインディアンの人びとの文化が、科学や宗教に匹敵する壮大な体系であることが明らかになる。近代文明とは違ったもうひとつの、まことに人間らしい精神のあり方が明かになるのだ。

▼『マフィン』1991.3

構造主義という、奇妙な名前の現代思想が日本に初めて紹介されたのは、一九六〇年代のこと。その総帥レヴィ＝ストロースが、数年前に丹精こめて書き上げた書物が、このほど翻訳された。主著『神話論理』（全四巻）がまだ訳されていないので、彼の神話学の全体像を知るには、とりあえず本書を読むのが手っとり早い。

さて舞台は、南北アメリカ。アンデス山脈に住むヒバロ族や、北米各地のインディアンなど、きわめて広い地域の神話をカヴァーする。大作『神話論理』では、料理の火の起源をめぐる神話を扱ったが、続編の今回は、もうひとつの火、土器作りの起源をめぐる神話群が素材だ。著者は〈はじめて、楽しみながら書くことができた〉と述懐しているが、なるほど、筆致はのびのびと軽やか、神話学の醍醐味を心ゆくまで堪能させてくれる。「昔、太陽と月は、地上で一人の妻を共有していた。妻は太陽を好み、月を嫌った。怒った月は、太陽の姿を隠し、つるを伝って天へ昇ってしまった。妻は粘土の籠を抱え、月を追って天へ昇ろうとした。それを見た月がつるを切ったので、粘土は地上に散らばり、妻はヨタカに姿を変えた」。こんなヒバロ族の神話をかわきりに、読者はたちまち、もつれた神話の糸をほぐしていく、神話分析の魅力の虜になる。

　神話分析は、どうやればできるのか。レヴィ＝ストロースの証言が興味ぶかい。〈神話は、まず最初は判じ物、謎なぞのように見えるだけ……何ケ月も神話を抱いて温めなければなりません。そして突然の閃きによって、ある神話の……細部が、別の神話の……細部の変形だとわかり……二つの神話を統一できるようになるのです〉（訳者あとがき）。神話を生み出すのは、意識的な理性ではない。無意識の思考、「野生の思考」である。

　神話に登場するのは、身近な動物たちだ。口が耳まで裂け、貪欲で嫉妬ぶかく、夜行性のヨタカ。滅多に糞をせず、樹上でおとなしく生活するナマケモノ。糞を投げちらす、やかましいホエザル。神話的思考を組み立てるこれら「動物素」が、一連の対立をかたちづくる。例えば、口唇への摂取／肛門の保持／肛門からの放出、という具合に。そして別の神話は、こうした対立関係を保ちながら、対立の各項を少しずつ入れ替えていく。こうした変換関係を表す、いわば比例式にも当たるのが、レヴィ＝ストロースの言う神話分析の基本定式」だ。

　神話の存在理由は何か？　レヴィ＝ストロースの答えは、多分こうだろう——それは、神話の材料となる諸々の項のあいだに関係を生み出すためである。世界の意味、宇宙の意味が、そうやって明らかになる。「土器つくり」が「やきもち焼き」でなければならないのも、そうした意味連関の全体がもたらす必然なのである。

　この結論をどこまで信じるかは、読者の自由だ。しかし、彼の神話学が、今世紀の最も勇気ある知的冒険であることは、何びとも否定できないだろう。

『家父長制と資本制』
——マルクス主義フェミニズムの地平

上野千鶴子

岩波書店・2700円

▼『週刊読書人』1990.12.10

家父長制的資本制

「マルクス主義フェミニズム——その可能性と限界」と

いう題で、『思想の科学』誌上に足かけ三年、計十四回にわたり連載された論文が、単行本になって帰ってきた。当時から評価が高かったうえ、今回は寄せられた批判に対する反批判も書き加えられた。《構成を大幅に変え、リライトや補足を大幅につけ加えた本書は、連載時より論点が整理されてわかりやすいものになっているはずである》（あとがき）と、著者も自信をのぞかせている。

どの頁を開いても、世界中のフェミニストからの引用が目につくが、本書はもちろん、学説紹介に終始するちんまりした本ではない。「理論篇」、「分析篇」の二つのパートからなり、現代社会で女性が置かれた状況を分析して、骨格のくっきりした図柄を描き出すことを目的にしている。本書を通読するなら、著者上野氏が、結局ひとつのこと（だけ）を訴えていることがわかるだろう。そのメッセージは、丹念な論理の運びと豊富なデータの裏付けによって、私や多くの読者に納得できるものになっている。

結論から先に言うと、著者上野氏の立脚するマルクス主義フェミニズムは、《女性の抑圧の構造を解明するには、「マルクス主義」と「フェミニズム」の二つの理論装置が、二つながら必要であることを認める立場》（一一頁）である。マルクス主義は市場を、資本制として分析する理論。フェミニズムは家庭を、家父長制として分析する理論。どちらも他に還元できないという意味で、二元論だ。《マルクス主義フェミニズムは、階級支配一元説も、性支配一元説もとらない。とりあえず資本制と家父長制という二つの社会領域の並存を認めて、その間に「弁証法的関係」を考える》（一六頁）。この弁証法的関係の上に成り立つ、近代社会に固有の歴史的な形態が、「家父長制的資本制」である。

抑圧の物質的根拠

用語の意味を取り違えやすいので注意が必要だが、まず「マルクス主義フェミニズム」とはなにか。これは、普通のマルクス主義でない。上野氏によれば《女性の抑圧を解明するフェミニズムの解放理論》には《一・社会主義婦人解放論、二・ラディカル・フェミニズム、三・マルクス主義フェミニズム》の《三つがあり、また三つしかなかった》（三頁）。そしてマルクス主義フェミニズムはまさしく、この一と二の《統合もしくは止揚として登場した》。《フェミニストの視点からマルクスの原典という聖域を侵犯し、その改訂を辞さない一群のチャレンジングな人びとだけを、私はマルクス主義フェミニストと呼ぶ》（一一頁）

つぎに「家父長制」だが、これは歴史上成立した古代ローマの大家族制度のことでもないし、人類学者が部族社会に見出す長老支配のことでもない。資本制の発展と相たずさえて成立した近代家族（ブルジョワ単婚家族）こそ、その典型である。要するに《家父長制とは、家族のうちで、年長の男性が権威を握っている制度を言う》。われわれが現に営んでいる家族は、《性と年齢（世代）を編成原理とした制度であり、この中では性と年齢に応じて、役割と権威が不均等に分配されている》のだ（六五頁）。

さて著者は、近代市民社会の成立が、二重のプロセスだったととらえる。すなわち一方で市民社会は、貨幣による交換のシステム、すなわち市場を展開させてゆき、資本制を完成した。だが市場は、社会の全域にわたるシステム（閉鎖系）でない。その背後に、市場の論理に服さない反対物、すなわち家父長制的家族を生み出さざるをえなかった。この結果女性は、家族内でも市場でも、たかだか二流の存在（市民）と位置づけられてしまう。こうした抑圧の構造にはそれ相応の理由（物質的根拠）があるというのが、マルクス主義フェミニズムの主張である。

このように考えれば、これまでの女性解放論が批判すべきものとなるのは当然だ。まず《近代主義的なブルジョワ女性解放思想》は《「抑圧の構造」を分析する理論装置を……持たない》ため、《啓蒙もしくは運動論に帰着する》（一二一～一四頁）。次にマルクス主義（社会主義女性解放論）は、「再生産」、「イデオロギー」など継承すべき重要な概念をそなえているが、《女性の抑圧は階級支配の従属変数》（四頁）だとしか考えない。またラディカル・フェミニズムは「家父長制」の概念をたて、女性の抑圧を独立変数として取り出した点が画期的だったが、それを資本制との関連でとらえるにいたらなかったのである。

それではマルクス主義フェミニズムは、その理論にもとづいてどのような戦略をたてるのか。

さらなる多元論へ

マルクス主義フェミニズムは、家族が再生産機能を果たす事実に注目し、そこに家事労働（市場化されない、女性の不払い労働）を発見した。《したがってフェミニストの要求は、第一に再生産費用の両性間の不均等な分配を是正すること、第二に、世代間支配を終了させることにある》（一〇六頁）。これは《「家族破壊的」な戦略である。……家族の性／世代間支配の物質的基盤を破壊し、家族の凝集力を、ただたんに心理的基盤の上にのみ置くための試みである》（一〇七頁）。

このように、マルクス主義フェミニズムの立場にもとづき本書の与える分析と診断は、首尾一貫していて明快である。ただし、それがどのような《フェミニスト・オルターナティヴ》（現実的方策）に結びつくのかとなると、必ずしも明確でない。家族を「破壊」したあと、性や出産をめぐってどのような社会関係を形成しようと提案したいのか、見えにくいのである。

この点を意識してか、著者は、フェミニズムの限界を指摘してもいる。《レイシズム（人種差別）やエイジズム（年齢差別）にまで射程が届くわけではない》。だから二元論のその先を行き、《さらなる多元論をこそめざすべきなのである》（二七六頁）。この主張に賛成したい。

フェミニズムの登場は、性差別が世界を考えるのに不可欠な要因であることを気付かせたという点で衝撃的だった。ラディカル・フェミニズムは、それが唯一最大の要因であるとさえ主張した。二元論をとるマルクス主義フェミニズムは、より現実的で綿密な理論になったが、衝撃力はそのぶん低下した印象がある。これが多元論ともなると、性差別の相対的な説明力はますます小さくなるだろう。それでいいのだ、と私は思う。性差別問題の重要性を強調するあまり、それに大きすぎるウェイトを与える議論よりも、それを社会の多様な変数のなかに、適切に位置づける試みのほうが、ずっと成熟した、ずっと将来展望のあるフェミニズムの理論的努力であるだろうからだ。

『ピエール・ブルデュー』（加藤晴久編）

藤原書店（絶版）／『ピエール・ブルデュー 1930-2002』（3200円）に部分収録

▼「産経新聞」1991.1.8

ピエール・ブルデューは、現代フランスを代表する社会学者。一昨年十月に一週間あまり日本に滞在、精力的にこなした一連の講演や座談の記録がこのほど出版された。哲学、人類学、教育学、経済学……と「超領域」的なブルデュー理論の全貌を窺い知るのに重宝な一冊である。

まず興味をひかれたのは、編者の加藤晴久氏による巻頭のインタビューである。レヴィ＝ストロース、アルチュセール、フーコー、バルト、ブローデルといったそうそうたる顔ぶれの学者たちとの関わりや、社会学に賭けるブルデュー自身の思いがきわめて率直に語られている。エコール・ノルマンで哲学を学んだのち、社会学に転じ、構造主義人類学やウェーバー社会学などをへて独自の「人間学」を構想するに至った経過が、思想的な格闘の同時代史としてすっきりわれわれに伝わってくる。

たとえばブルデューのいう「ハビトゥス」概念は、どういうねらいで提案されたのか。本書を読むと、その舞台裏がわかるようだ。この概念は、主体／客体の二元論を乗り越えるためのもの。言わば、身体化された歴史なのだ。これを鍵概念として、権力、資本、場といった、ブルデュー独自の問題系が広がっていく。

　収録された講演は、差別化の構造、学歴資本、文学の場、知識人の役割をテーマとする四本。巻末は今村仁司、廣松渉両氏との座談で、これも楽しめる。両氏はブルデューが、実体論から関係論へ、議論を大きく転回した点は評価できるが、その割には不徹底なところがまだ沢山残っているではないかと批判する。ブルデューは誤解だと応戦するが、噛みあわない印象だ。彼の仕事がどこまで本質的なのかは同じ版元から次々出版されるという翻訳をまって、見極めるべきだろう。

　ともあれ本書は、いま注目のブルデューがどういう場所から発言しているのか、明確に伝えてくれる。入門書としては成功だと言えよう。

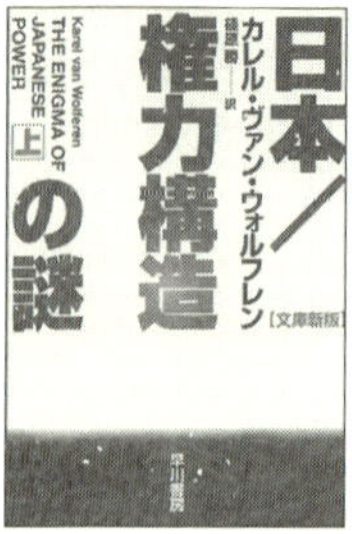

『日本／権力構造の謎』上下
カレル・ヴァン・ウォルフレン（篠原勝訳）
早川書房・各２３３０円
文庫・各８００円
▼『よむ』1991.8

これほど本格的な日本論は、めったにないだろう。日本という、外部からは想像を絶する社会の謎を、解明せずにおかないという執念が、周到な筆致のすみずみにみなぎっている。

　日本は〈システム〉の支配する国である――要約すれば、それが本書の主張だ。

　ここで〈システム〉とは、いわゆる西欧的な主権国家と似ても似つかないもの。自分の都合で勝手に動きまわる権力のさまざまな構成要素（高級官僚や自民党の派閥や財界や、農協や警察やマスコミや暴力団や……）の、人脈や金脈で複雑に絡まりあった全体のことなのだ。ただし〈システム〉には、意思決定の頂点（責任主体）が欠けている。そのため自分自身をコントロールできない。ここからさまざまな問題が生じてくる。

　日本の戦後民主主義は、見かけ上、憲法をいただき法の支配に服している。いちおうは成熟した市民社会であるかのような印象を与えてきた。しかし、その内実はまったく違ったものだ。法によって互いを律する人びとを、市民という。だが、日本社会のいたるところには〈システム〉の不定形な権力が作用していて、それが人びとの行動を左右してしまう。

　《〈システム〉は政治的責任感の発達した、自立した市民の存在を許し得ない》のである（下二八四頁）。

本書は日本社会の権力構造を、極めて正確にえぐりだす。これは、すばらしい業績である。そして私には、二重の意味で衝撃だった。ひとつは、自分の生きる社会がこれほどにも、世界的な規準に照らして常軌を逸した社会であるという事実。そうだろうとわかってはいたが、ここまで改めてはっきりのべられると、さすがに考えこんでしまう。もうひとつは、それを指摘したのが、日本の社会科学者でなかったという痛恨。著者の指摘するとおり、これは、日本の社会科学が〈システム〉にとりこまれ、見るべきものを見ず、言うべきことを言えないでいるからではないか。

本書を、悪意に満ちた日本批判の書、と受け取る向きもあるらしい。あるいは、「日本見直し論者（リビジョニスト）」と評してすませる人びともいる。そういうことでは全然ない。冷静に読めば、著者が公平に、日本について細大もらさず客観的な像を描こうとしていることはすぐわかるし、分析の対象である日本に、なみなみならぬ知的好奇心、いや、一種の愛着さえも抱いていることが理解できるはずである。

〈システム〉は、日本の「管理者（アドニミニストレーター）」たちの、きめ細かな統制によって機能している。統制とは、言葉を変えれば、法の形をとらない微細な権力にほかならない。〈システム〉は、日本に特有な働き方をする権力の装置なのだ。日本人は不断にこの種の、正当に理由づけられることのない権力にさらされている。これこそ、日本人の悲惨の正体である。

ところでこの〈システム〉は、どのように形づくられたのか？

システムが、戦前～戦中の、統制経済に起源をもつ、というのが本書の最も重大な指摘である。この指摘が正しければ、戦前～戦中とは断絶したところから出発したという戦後社会のこれまでの捉え方を、根底からくつがえすことになる。

本書の十四章、「支配力強化の一世紀」は、特に説得力がある。この章は、戦前の経済統制を主導した、主に内務省の官僚たちが、どのようにして戦後の〈システム〉を牛耳るに至ったかを、実名のレヴェルで克明に追尾している。経済統制に辣腕をふるった革新官僚、思想統制に従事した警察（特高）官僚の多くが、戦後に生き延びて、今日の〈システム〉の基礎をつくった。財閥を解体した占領軍は、彼らに経済統制の機会を提供し、意図せずして〈システム〉の形成に手を貸すことになってしまった。

では、我々は〈システム〉の呪縛を脱出できるのであろうか？

〈システム〉とは、日本人の行動パターンの集積である。それは、権力の産物であり、《究極的には政治的関係によって決められる》（下三一七頁）。だから、原理的には、〈システム〉は変わりうる、と著者も認める。けれども、現実問題として、それはむずかしい。もっともありそうなのは、《西側世界、ことにアメリカと、なんとかお茶を濁しながら生きつづける形であろう。……〈システム〉が真の近代的国家になる……るには、正真正銘の革命にも等しい権力の再編成が必要》（下三二九頁）なのだ。

ところで、そもそもなぜ私が社会学を始めたかと言えば、日本の〈システム〉に対する大きな違和感を感じたためだった。私なりに、日本社会の正体を突きとめたかった。私ひとりで〈システム〉を改造することはできないが、改造すべきであるという必然を示すことはできるかもしれない。社会のことなら何でも考えてよいという、もっとも曖昧なジャンルである社会学は、だから手頃な入口だった。

私がためらいなく全共闘を支持したのも、①社共や戦後知識人には問題解決の能力がない、②東大を解体すべきである、という彼らの主張を、直観的に正しいと思ったからである。この二点が正しかったことは、最近ますます明らかになっている。ウォルフレンの処方箋も似たようなものである。《理想的には、どうすればよいのだろう？　手始めに東大を廃校にする必要があろう。……》（下三二七頁）だから本書は、ほんとうは日本人によって書かれるのが、いちばんよかったのである。

著者の描き出す〈システム〉のあり方は、戦後すぐに「超国家主義の論理と心理」を著し、戦争指導の「無責任体制」を分析した丸山眞男が明らかにしたのと、そんなに違わない。けれども丸山はその後〈システム〉がますます強力となって、戦後日本社会の隅々までをも蔽いつくすようになろうとは考えなかった。それらしい気配にも、目をつぶった。だから日本の学者は、戦後社会が〈システム〉に支配されているというテーゼを、本気で実証しようとは誰も思わなかった。

本書は論駁しようとしても、それは無理だろう。まず、本書の議論には、きちんとしたデータの裏付けがある。しかも、その仮説――〈システム〉が日本を支配している――は、きわめて妥当なものだ。論理的にも一貫していて、日本社会の診断学として、まことに的をえている。現在、十四カ国で翻訳が進められているそうだが、本書が、現代の日本を知るために、まず最初に読むべき定番の一冊となっていくことは疑いない。

＊

では、本書を受けて、我々は何に手をつければいいのか？

本書は、診断学であっても、日本改造計画ではない。日本をこれからどのような社会に作りかえていくかは、日本人である我々の選択にかかっている。本書で著者がわずかに示唆している改造の道筋（東大廃校、弁護士の大量養成、最高裁事務総局の改組、教育改革、……）は、あまりに大ざっぱで、プランの体裁をなしていない。著者や米国政府がもうちょっとまともな改造プランを作ってしまう前に（作るに決まっている）、急いで我々なりの具体的なプランを考える必要がある。

本書の分析が正しければ、日本と国際社会との衝突は不可避である。《日本の〈システム〉と、それ以外の国際的自由貿易体系とは相容れない》（下二二五頁）。なぜなら現在の〈システム〉は、とどまることを知らない経済成長とシェアの拡大を至上命令としていて、それを誰もコントロールできないからである。だから〈システム〉は「外圧」を利用して、軌道の微修正をはかっているのだが、そろそろそれではどうしようもない段階にさしかかってきた。

ウォルフレンも指摘しているが、〈システム〉の本質は、権力なのである。だからやはり、急所は政治改革にある。社会党対自民党という、選択とは程遠い選択の構図を突き崩して、日本の市民が、自分たちの選択性を積極的に表現できる制度的な回路を切り開くこと。ここが急所だ、と私は睨んでいる。我々がどれだけ、〈システム〉の呪縛から解き放たれるかに、世界史の今後も左右されさえするのだ。

▼「産経新聞」1992.2.4

『遠近の回想』

レヴィ＝ストロース、エリボン

（竹内信夫訳）

みすず書房・2800円

フランス構造人類学の巨星レヴィ＝ストロースが、八〇年の人生と学問を振り返った回想のインタヴュー。聞き手は『フーコー伝』でいま注目の批評家エリボンだ。絶妙な水の向け方に、この稀有な思想家も心を開き、ユダヤ人としての生い立ちや学校時代、友人たちとの交流から神話研究の秘密に至るまで、すべて率直に語り下ろした。

自伝的エッセー『悲しき熱帯』（一九五五）でレヴィ＝ストロースは、構造主義というものの見方を紹介し、世界に新鮮な衝撃を与えた。だが彼はその後、いわゆる構造主義ブームに背を向け、『神話論理』全四巻の完成に没頭する。その仕事の舞台裏を知るため、ぜひ彼の後半生の伝記が読めればというのが、大方の念願だった。

本書で確認できたことは沢山ある。例えば「構造」の概念は「変換」とセットでないと理解できないこと。マルクス主義やサルトルの実存主義は客観的な歴史法則が存在すると想定したが、それは勝手な思いこみだとレヴィ゠ストロースには映ったこと。日頃アイデアはカードにまとめ、それをトランプのように並べて構想を練ること。神話的思考と音楽とは本質的に類似しているため、神話のなかにもフーガやソナタといった形式が見つかること……。こうした事実を織りこみながら、初期の親族研究からなぜ彼が神話研究の方向に進んでいったのか、また、どうやって神話の分析に成功したのか、順を追って説明しているので読者にも納得できる。

レヴィ゠ストロースはヨーロッパ文明の豊かさを存分に吸収して育ちながら、そこに安住せず、人類学者という遠くからの目でそれを相対化する道を選んだ。これを「ドン・キホーテ的精神」(＝現在の背後に過去を見つけ出そうという執拗な欲望)だと言う。こうして文化相対主義(どの文化も同じように大事)を主張する彼の構造主義に、イデオロギーや民族対立に引き裂かれた人類は、今こそ再び耳を傾けるべきであろう。

▼『週刊読書人』1992.2.24

「ポスト構造主義」がいちばん新しかった一時期、〝構造主義はもうだめ〟なのが当たり前だと思われていた。だがそれには、何の根拠もなかった。なぜならば誰も、構造主義のロジックをきちんと理解していたわけではないし、ポスト構造主義とは何かをきちんと主張したわけでもなかったからである。いまわれわれは、構造主義という思想の山脈の大きさを、改めて測り直すべき時であろう。

一九〇八年生まれ、今年八十四歳になる構造人類学者クロード・レヴィ゠ストロースの自伝的対話『遠近の回想』(一九八八)の翻訳が、最近出版された。

対談の相手は『ミシェル・フーコー伝』(新潮社)で一躍注目のジャーナリスト、ディディエ・エリボン。対話の形式をとってはいるが、エリボンはあくまでも聞き役に徹し、読者がいちばん知りたいと思っているレヴィ゠ストロースの、構造主義と神話学誕生の秘密をうまく引き出している。

この書物の成功は、『フーコー伝』でもみせたエリボンの周到綿密な調査の力量と、冷静な観察眼に負うところが大きい。おかげで、『悲しき熱帯』(一九五五)以降まとまったかたちで知られることのなかったレヴィ゠ストロースの伝記的な事実が、われわれの前に明らかになった。

サルトルやフーコーとは違って、レヴィ＝ストロースの場合、その個人生活についてあれこれ知ったとしても、彼の仕事を理解するうえであまり足しにならない、という見方もあろう。しかし、青年時代にマルクス主義にコミットし、社会党の活動家だったという事実や、アメリカに亡命していた頃、社会学者のパーソンズ（ハーバード大）からかなり待遇の良いポストを提供されたのに、それを振り切ってフランスへ帰国した話など、これまで彼について漠然と信じられてきたイメージに修正を迫る部分が多く、見過ごせない内容となっている。今後レヴィ＝ストロースや構造主義の成立ちについて考える場合、必ず参照すべき第一級の資料となることは間違いない。

＊

レヴィ＝ストロース、ラカン、フーコー、アルチュセール、バルト、……。彼らはかつて、ひとまとめに「構造主義者」ということにされていた。これは、フランスでの最初の紹介のされ方にも問題があったわけだが、その実態がどんなにバラバラなものだったか、今回の証言でもよくわかる。レヴィ＝ストロースその人から見た構造主義とは何だったのか？　――これが本書の、ひとつの柱である。

人びとは構造主義をどのように誤解したのか？　レヴィ＝ストロースによれば、それは「構造」の概念を理解しなかったことに尽きる。人びとは漠然と、構造を「いくつかの要素の固定した関係」のようなものとイメージし、それを静態的とか形式的とか批判した。しかしそれは本当は数学的な概念であり、「変換」の概念とセットでないと理解できないものなのだ。《構造概念に関するあらゆる誤解、構造概念のあらゆる濫用は、その人が構造概念は変換概念を離れては考えられないということを理解しなかったという事実に原因を求めることができるとさえ言ってもいいぐらいです》（二〇七頁）。だからフーコーが、自分を構造主義者と呼ばないでほしいと言ったのも《まったく当然のこと》（二三七頁）だと言うし、『S／Z』をはじめとするバルトの仕事にも冷淡である。いわゆる「構造主義的文学批評」に至っては、《構造主義的と自分で決めこんでいる批評》、《単に凡俗さのアリバイ》（二九四頁）と、きわめて手厳しい。

本書のもうひとつの柱は、『神話論理』全四巻（一九六四〜七一）を頂点とするレヴィ＝ストロースの神話学が、どのように構想され、準備され、書き下ろされたのかという、その二十年にわたる回顧である。

今回のインタヴューでやや意外なのは、神話学を手がけるようになったのは外的な事情からだという言い方を、彼がしている部分である。《出発点と言うなら……私が高等研究院第五部門の教授に選任されたところに置くべきでしょう。この第五部門は宗教科学が専門です。私はそれまで主として婚姻規則とか親族体系という問題に関心を集中してきましたが、いきなり私は目的を変えなければならない羽目に立ち至ったのです》（一三五頁）。この証言はもちろん嘘でなかろう。だがそれは、ひとつのきっかけにすぎなかったと考えるべきだ。別な箇所で、彼はこうのべている。《ブラジル滞在中に直接知ることができた部族に関して、私はずっと以前から、次のような点に気がついていました。つまり、ボロロ族と、ジェ族のメンバーであるそのもっとも近縁の部族においては、その社会組織が似ているということ、その相互の差異はある一つの変換プロセスの異なった段階として解釈できそうだということ、です。……そこからもうひとつの仮説が出てきます。これらの部族の神話相互の類似と差異もまた同じように理解できるのではないか？　私の出発点はそこにあったのです》（一三〇頁）。神話学の構想は、やはり二十年あまりも温められていたのだ。

＊

ところでレヴィ＝ストロースの神話学は、分析が職人芸的で難しすぎ、客観性がないとしばしば評されている。そこでエリボンは、《『神話論理』では、なぜ、『親族の基本構造』のときのような数学的形式化をしてみようとなさらなかったのですか？》と、すかさず質問した。レヴィ＝ストロースの答えはこうだ。《『親族の基本構造』では、問題は代数と置換群の理論に直接関係することでした。ところが神話の問題は、それらを客体化する感性的形態の問題と切り離すことはできそうにありませんでした》（一四七頁）。感性的であるため、単純な論理形式に表現できない。そこで《私は体に神話が染み込んでいました。……何日も、何週間も、時には何ケ月もの間、それを温めていると、ある日突然に、火花が飛ぶように、一つの神話のある訳の判らない細部が、別の神話のやはり訳の判らない細部の変形したものであることが判って……二つの神話を一つに結び付けることができる、というような具合》（一三九頁）になる。

こうして展開するのが、神話世界の「バラ模様的測量」だ。《中心にどんな神話を選ぼうとも、その変異形がその周囲に広がっていて、バラ模様の形を作っているのです。……周辺に位置している変異形を一つ選んで、それを新しい中心に据えると……同じことが起きて、別のバラ模様が描き出されるのです》（一三〇頁）

これが神話学の奥義であるとすると、誰がやっても同じ結論になるという意味で「客観性」のある作業なのかどうか、たしかに疑問もわく。しかし、これまでまったく無秩序なものと思われていた神話のなかに、（レヴィ＝ストロース以外の人に真似ができないとは言え）たしかに彼がある秩序を見つけ出したという事実は否定できない。これはとりあえず、神話学者レヴィ＝ストロースが反省的につきとめた彼自身の思考の秩序なのだが、それは同時に、現地の人びとの集合的な思考の秩序にもなっていると十分に考えられる。

＊

以上の二つの柱以外にも、フランス思想界の交遊録としても、本書はなかなか楽しめる。ニューヨークでの、タンギー、デュシャン、エルンストらシュールレアリスト亡命グループとの交流。そして、シモーヌ・ヴェーユの兄アンドレ・ヴェーユの訪問、などなど。日本と比較して印象深いのは、知的サークルの規模が小さく、専門分野を越えて重要人物はみな顔見知りだということだ。

ともあれ、レヴィ＝ストロースの業績の全貌を、われわれはまだほとんど理解できていないということを、本書は再認識させてくれた。神話学が後進にどう継承されていくのか、神話学の衝撃を他の領域の人びとがどう受けとめて行くべきかなど、大きな宿題を残した一冊と言えよう。

『社会認識と想像力』

厚東洋輔

ハーベスト社・3300円

▼『理論と方法』1992.4

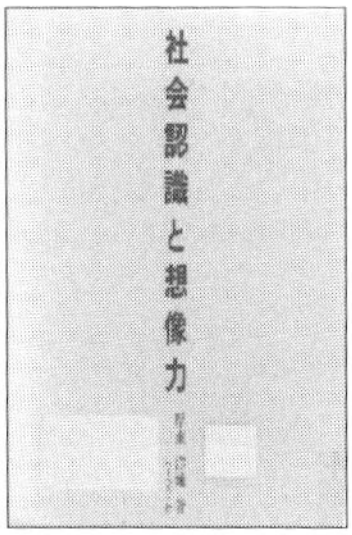

《本書のテーマは「社会学的想像力」である》（あとがき）。《私が本書を通して主張したいのは、想像力なしには「社会」を認識することはできないということである。……「社会」がほかの事物と同じ様に、一つの実在として存在しているのは、実は、私達の想像力のなかにおいてなのである。「社会」を明晰にとらえるために発動されるこうした想像力を **sociological imagination** と呼ぶならば、〈社会学的想像力〉の構造と機能を立ち入って明らかにすること——これが私の論ずべき課題となる》（第一章、二頁）

こう宣言する本書は、四部十二章からなる。第Ⅰ部「社会認識と想像力」、第Ⅱ部「世界製作としての想像力」、第Ⅲ部「社会学的想像力の諸類型」、第Ⅳ部「物語と社会学的想像力」。各部三章ずつの整然とした構成だ。これまで論じられることの稀だった想像力というテーマを、正面きって本格的に取り上げた書物の登場を歓迎したい。

＊

本書のなかで、（私個人の好みかもしれないが）いちばん筆が踊っていて楽しく読めたのは、近代的な社会認識がどのように芽生えてきたのかを追った第Ⅲ部である。古代ギリシャの都市国家のイメージが、ホッブズの社会契約説のアイデアのなかに時を隔てて反響していく事情。フィールドワークの創始者マリノフスキーの民族誌が読者を魅了するのは、旅の物語としての構成を備えているゆえだという分析。柳田国男の郷土研究が、都市の対極にある郷土を《「日本国」を認識するための模型＝モデル》（二三四頁）と位置づけていたというあたりの指摘。著者厚東氏は、社会学の学説史のみならず、西欧文明史にわたる豊富な知識を縦横に引証して、社会学が主として〈都市〉のイメージから、社会認識のための最大のヒントをひきだしてきた事情を、説得的に論証していく。

　さて、以上のように社会学的想像力の諸類型として、市民社会的想像力（第七章）、人類学的想像力（第八章）、民族学的想像力（第九章）の三つを掲げたあと、著者は続く第Ⅳ部で、それが「物語的構成」をとることの必然を論じる。たとえば西欧近代は、社会を鳥瞰する構成をそなえた小説を生み出した。ところが、日本の私小説はそれを欠いている。社会認識に必要な想像力のあり方に問題があるのかもしれない（第十章）。小説にかぎらず、社会契約説のような学説も、起源を物語るという形式をもっている点が注目される（第十一章）。小説／社会認識（社会学）／歴史学は、西欧の物語的構成の三つの可能性である。ウェーバーの仕事は「〈起源の再構成〉のディスクール」、マルクスの仕事は「〈概念の弁証法〉的語り」とみなすことができ、どちらも、社会学的想像力がすぐれた物語に結実した成果なのである（第十二章）。このように展開する本書の後半部は、社会認識に画期をもたらした重要な仕事がどれも、社会学的想像力を自在に駆使した業績であることを照らし出していて、印象的だ。

＊

　このように内容の豊かな本書であるが、全体の構成や執筆の意図がどの辺にあるのかと考えてみると、わかりにくくなっていることに気付く。特にはっきりしないのが、著者の問題にしている社会学的想像力とはいったい、社会を認識する社会学者にとって必要と考えられているものなのか、それとも、社会を生きる一般の人びとにとって必要と考えられているものなのか、どちらなのかということだ。

　もちろん前者であろうことは、とりあえず間違いない。本書のあちこちに、社会学的想像力を、社会認識の方法論として問題にしたいという趣旨のことが書いてあるからだ。本書後半の行論の進み具合も、それを裏書きしている。

しかし、話はそれほど簡単でない。社会学的想像力を、社会を生きる人びと自身の能力として問題にするというモチーフも、一貫して見え隠れしているのだ。社会がとても一望しきれないほどの範囲に拡大したため、社会の実体はもはや人びとの想像力のなかにしか結ばれなくなった。それゆえ、メタレヴェル（社会学者）でなく、オブジェクトレベル（社会を生きる人びと）でこそ、まず想像力は根を下ろしている。さらに言えば、社会の拡大（近代化）にともなって発展した人びとの想像力が、社会認識を結実したひとつのかたちが社会学であると、著者は位置づけているのだ。これによれば、想像力が社会学を育んだのであって、その逆ではない。

読者である私がとまどうのは、ここである。「社会学的想像力」というコンセプトを理解しようとする場合、社会学→想像力と解すればいいのか、それとも、想像力→社会学と解すればいいのか？　前者なら、学問・研究をするのに、よいアイデアを欠くことはできず、それには想像力を養っておくにこしたことはないという、よくある親切な指摘と変わらない。先輩社会学者から学生諸君への、例示に富んだ研究の手引きということになる。しかし後者なら、想像力は社会学の存立に欠かせない条件になる。もっと言えば、社会学の機能は、いわゆる自然科学と区別され、ある社会を生きる人びとに、その世界についての想像力を喚起させ、ありありとした社会の像を提供することである、ということになる。著者が第十二章でウェーバーやマルクスの仕事を「物語り」行為に還元してみせているのは、そのことを主張したいためとも考えられる。とすれば、社会学は「真実」を語るかに見えながら、実は人びとを「納得」させているだけ（社会学≠科学）、ということになる。

本書は、以上二つの可能性を秘めているが、著者の考えているのがいったいどちらであるのか、よくわからない。もしかしたら、著者自身もそこをわかり切らないままに、筆を進めているのかも知れない。そう曖昧に読まれてしまう余地を残しているところが、本書の弱点（あえて言えば詰めの甘さ）であると私は思う。

＊

読者として〝想像力〟をたくましくするならば、本書が本来あるべき姿とは、「想像力こそ社会学の母体であり、想像力なしでは一切の社会認識は不可能である」という強力な主張を展開することなのではないか。

では、本書の前半部分で、想像力はどのようなものと定義され、どんな理由で社会認識に必要だとのべられていただろうか？

著者の整理によれば、《想像力は、一。全体化（思い浮かべる)、二。造形(描き出す)、三。現前化(想像する)という三つの局面をもつ……。全体を表象し・造形し・現前化する、という三つの作用が、一点に向かって集約され総合されるとき、そこに生み出される能力が想像力である》(一九頁)。言いかえるなら、《全体化された対象に〈形〉をあたえ、それを介して〈不在の対象〉を具体的なものとして現前化する能力》(二一頁)ということになる。

さて、このような想像力を介さないと社会が認識できないのは、社会が〈形〉あるものとしては現前しないからである。社会はひとりひとりの経験を越えて拡がっている。人びとは、社会を個々に生きてはいても、社会そのものを認識しているわけではない。

そこで、社会認識を課題とする社会学の困難を、著者はつぎのようにのべる。《社会認識の対象は、まず第一に、全体としての「社会」である。……しかし、社会認識には、実は今一つ隠された対象がある。それは一つの全体としての「個人」である。……社会と個人を同時に認識するには、科学の尋常な方法だけでは駄目である。そこで呼び起こされたのが「想像力」である。……「社会」を一言で規定すれば〈抽象的な全体〉と言えるだろう。「個人」は普通の意味での「全体」であるが、「社会」は、社会＝Σ全体であるので、いわば二階次の全体である……》(五六〜五九頁)

科学は、部分が全体を構成するという「原子論」でできている。この通常の科学の方法(論理的推論)の範囲内に、社会認識の議論が収まらないと言える根拠は、《社会認識の「原子論の体系」は二つの全体をもつ。「個人」も全体なら「社会」も全体》(五六頁)だからだ。社会も個人も全体だと言うが、社会が全体なのは明らかなので、この主張は、個人も全体であるという著者の見解の上に組み立てられている、と言えよう。ここがおそらくポイントだ。

議論はこのあと、この二つの全体(ミクロ・コスモス／マクロ・コスモス)をアナロジーの関係で結ぶことが、モデルによる認識の本質だ、という具合に進んでいく。地図を例にとって、著者は、世界視線でも虫瞰図でもない鳥瞰図を、想像力がもっとも有効に働く場合だと位置づける。社会を認識しようとする場合、ひとが鳥瞰するモデル(小社会)こそが、都市であり、フィールドであり、郷土である——こうして、本書の前半部は、冒頭に紹介した第Ⅲ部の議論へと続いていく。

先ほどのポイントに戻ろう。著者は個人を、どのような権利で「全体」と呼ぶのか? それは社会が「全体」であると言う場合と、意味がずれているのではないか? 全体のなかに全体があるというのは背理だから、単純な形式論理（尋常の科学）で解けない。そこで、想像力の出番になるという順序だ。しかしこの背理は、とりあえず著者が持ち込んだもので、すべての社会学者が共有しているものではない。

私が思うに、個人を「全体」と呼ぶことは、可能だろうが条件付きである。つまり、その場合、個人は外側から見られていてはならず、内側から見られたものである必要がある。「全体」である個人とは、「世界-内-存在」などという場合の「世界」にも当たるもの、経験の生じる地平のことだ。その内部に、経験的な対象が現前してくる。個人そのものは経験的な対象でない。このような現象学的な視点を前提にした場合、個人は全体であると言える。これに対して、社会が「全体」であるのは、論理的可能性としてだ。それを与えるのは、すべてを寄せ集める操作（著者の言う「Σ」）だ。この全体は、経験できたり現前したりするものである必要はなく、ただ「考えることができる」だけで構わない。ふつうの「原子論の体系」にいう「全体」と同じものだ。

そこで、著者の結論的主張――《想像力なしには「社会」を認識することはできない》（二一頁――に読者が同意できるためには、つぎの二つの前提を、著者と共有している必要があることになる。

（一）社会を「全体」と考え、かつ、個人を（現象学的な意味での）「全体」とみなす。

（二）この二つの「全体」を解明することを、どちらも社会認識の課題とする。

逆に言えば、（一）に同意しない（個人を「全体」とはみなさない）か、あるいは、（二）に同意しない（「全体」社会を解明することだけを課題にする）という選択をするならば、著者の主張には同意できなくなる。

では、著者は、（一）、（二）に対する反論の可能性をどのように封じているであろうか？　私のみるところ、その点がじっくりのべられていない。そのため、著者とは別の行き方をする社会学者たち（たとえば、個人についてのいくつかの仮定から、社会について成立する命題を導こうとする、数理社会学的な研究や実証的な研究）を説得して「想像力は社会認識に欠かせない」と信じさせるに足るだけのパワーが感じられないのだと思う。

そういう微妙な読後感を残しはするものの、本書はやはり労作である。本書の指摘するとおり、たしかに《近代の社会認識は、全体社会の把握と人間の理解という二つのテーマ》（五七頁）の間を揺れ動いてきた。本書は、この二つのテーマを、どのような統一的な展望のもとに、社会学という体系的な知識にまとめあげることができるかについての、意欲的かつ果敢な提案なのだ。この提案が刺戟となって、多くの逆提案を呼び起こし、議論がいっそう進展することを期待したい。

『忠誠と反逆』
——転形期日本の精神的位相
丸山眞男
筑摩書房・4000円
ちくま学芸文庫・1400円

▼「日本経済新聞」1992.8.23

世界的に著名な政治学者、丸山眞男氏の待望久しい論集が刊行された。

丸山氏は、その業績と影響力が巨大であったわりに、公刊された著作は意外に少ない。今回の『忠誠と反逆』は、明治維新前後の激動の時代を論じる。江戸儒学を扱う『日本政治思想史研究』と、戦前の調国家主義を扱う『現代政治の思想と行動』、この二つの主著にまたがり、近代日本の政治思想史を一望できる構想になっている。

取り上げられているのは佐久間象山、中江兆民、福沢諭吉、岡倉天心、内村鑑三……といった多彩な顔ぶれ。いずれも傑出した人物ではあるが、時代の用意する枠のなかに収まり切れず、各人なりの悲劇を生きぬいた思想家たちである。丸山氏は彼らの個人資料を、その時代背景と綿密に照合し、そこに日本人の精神の思想史的な真実を浮かびあがらせていく。

丸山氏が本書に集めた論文を貫くモチーフは、巻頭の「忠誠と反逆」に鮮やかだ。《忠誠も反逆も……自我を超えた客観的原理、または自我の属する上級者・集団・制度など、にたいする自我のふるまいかた》なのである。尊皇攘夷をかかげて幕府に反旗をひるがえした志士たち。明治政府の行き方に命がけで抗した不平士族や民権運動の人々。彼らの抱いていた正統性の観念とその限界が、その後日本の政治的進路を決定づけた。そして現在の我々をもとらえている。

本書で痛感したのは、丸山氏の孤独だ。氏は才能豊かな、真面目な学究である。しかし時代が、氏を戦後知識人のスターに押しあげた。氏も戦後民主主義に夢を託したけれど、次第に幻滅に打ちのめされていく。

思想史という自分の方法について、氏は驚くほど謙虚である。自分は理解されず、後継者も育っていない。人々の政治意識も未熟なままである。丸山氏の不幸。それは、氏が全力で研究して悔いないだけの政治思想家が、日本に育たなかったことではなかろうか。

わが国の誇るべき世界的大学者の孤独

▼『季刊リテレール』1992.9

戦後日本を代表する政治学者、丸山眞男氏の待望久しい論集である。

丸山氏は、戦後言論界に与えた影響があまりにも巨大であるのにひきかえ、公刊された著書は意外に少ない。本格的なものは『日本政治思想史研究』(東京大学出版会)、『現代政治の思想と行動』(未来社)の二著を数えるのみである。

これ以外に、『日本の思想』(岩波新書)といった一般向けのものや、これまでの小論などをまとめた『戦中と戦後の間』(みすず書房)、『後衛の位置から』(未来社)、さらには福沢諭吉の書物を素材にした語り下ろしの『「文明論之概略」を読む』(全三冊・岩波新書)などがある。これらは、『日本の思想』を除けば、どれも比較的最近のものであり、しかも丸山氏の中心的な業績には数えられない。

丸山氏はふた昔ほど前まで、随時総合雑誌に論文を発表し、同時代の圧倒的多数の読者に絶大な影響を及ぼしていた。そうした重要論文は、あとの世代から次第に入手困難とみなされるようになったので、それらを集めた書物の出版が待たれていたのである。

＊

今回の『忠誠と反逆』は、一九四九年から一九七七年までの間に執筆した日本思想史の論稿を収めたもの。一篇を除いて《いずれも筑摩書房から刊行された月刊誌・講座・全集等においてかつて発表された稿である》(「あとがき」)原則として、発表時そのままを収めている。

副題に「転形期日本の精神史的位相」とある。本書の《主要な論文は……対象とする時代がほぼ重なっており、またこれを取り扱う基本的な視覚においても相通ずるところが少なくない》(三九〇頁)。具体的に言えば、対象である「転形期日本」とは、明治維新を準備する江戸時代後期から、天皇制ファシズムを準備する明治時代後期にいたる時期。それを「精神史」、すなわち《自我とそれをめぐる大小さまざまの社会的環境との間に行われる適応・対決・疎外などの諸関係が、思想的に……どのように日本人に受けとめられて来たかを解明する》(五頁)という角度から照らし出すものだ。各論文にとりあげられている思想家は多彩であるが、通読すると、近世～近代にかけて日本人がたどった精神的な危機のドラマが、ありありと眼前に展開してくるように思われる。

したがって本書は、すでに発表された丸山氏のふたつの主著、すなわち『日本政治思想史研究』と『現代政治の思想と行動』とを架橋するもの、と位置づけることができよう。前者は主として、江戸正統儒学の確立と変容を、後者は主として、昭和期における天皇制国家の運動メカニズムを、考察の対象とする。その間に横たわる、明治維新の前後にまたがる日本近代の確立期が、本書のカヴァーする範囲である。

問題をかなり限定した前二著にひきかえ、この「転形期日本」は、扱う素材も解くべき課題も膨大である。それでも読者は、本書に収められた論文を順に読みついでいくと、問題の配置の輪郭を推しはかることができるだろう。

＊

本書の題名にもなっている第一論文「忠誠と反逆」は、一九六〇年に発表された。

この論文のテーマを圧縮して言えば、日本の政治思想における正統性の問題、ということになろう。《この稿では忠誠も反逆もなにより自我を中心として、――自我を超えた客観的原理……に対する自我のふるまいかた、として捉えられる》（五頁）。反逆とは要するに、「既成の忠誠対象の転移」（一八頁）にほかならず、それもまた忠誠のひとつの形である。近世～近代にかけての転形期の自我は、なにがしかの客観的原理（正統性）をめぐる忠誠／反逆のあいだを揺れ動いて、近代的自我にふさわしい成熟をとげていくべきものなのだ。

ところが、日本社会はその特殊な事情によって、忠誠の対象であるはずの客観的原理を自立させない。それはふつう、宗教が提供するのだが、《神道は……はじめから世俗的権力と緊張関係に立たず、むしろ本質的にそれと癒着しているから俗権と教権の相剋ということ自体が問題になる余地がない。仏教は……「鎮護国家」的伝統によって、……特に本地垂迹説を通じて日本の神々と「習合」してしまった》（五九頁）。こういう文化的土壌を背景において、丸山氏は、封建社会の武家の規範→江戸儒学の正統観→不平士族の反逆の論理→自由民権論の抵抗の論理→初期キリスト者の挫折、を順に克明に考察してゆく。そこから明らかになるのは、《絶対主義的集中が国家と社会の区別を明確に定着させる……かわりに、かえって国家を社会に、逆に社会を国家に陥没させる方向に進んだ》（一〇八頁）日本の、特異な正統観である。

このことの根拠をいろいろにたどることができるが、たとえばそれは第七論文で、《日本神話において人格神の形でも、非人格的な「理」ないしは「法（ダルマ）」の形でも、……絶対的始源者または不生不滅の永遠者がないこと》（三二七頁）として指摘されている。これは言いかえれば、日本社会に、キリスト教の場合に相当するような

「自我を超えた客観的原理」が見つからないということと同義である。西欧の君主制を模倣した明治天皇制は、この事実によって、大きな歪みを被ることになった。

＊

第二論文は、佐久間象山をとりあげる。

丸山氏がひかれたのは佐久間象山の、《伝統主義的な攘夷論者の論理》とも違い《センチメンタルな仲よし主義的国際観》（一四五頁）とも違う《主知的なリアリズムの思考》（一四九頁）、きわめて現実的な対欧米観である。《象山はこういう領域で価値判断の上で、はっきり伝統に与しながら、認識の点ではかなり彼の合理的実証精神が生かされている》（一三七頁）。丸山氏はここに、ありうべきたくましい近代的自我を見ている。象山の悲運は、日本近代化の悲運でもある。

第六論文「福沢・岡倉・内村」では、時代をさらに下り、同様に内なる確信に生きた明治の思想家たちを追う。

福沢諭吉、岡倉天心、内村鑑三。一見ばらばらに見えるこの三人の共通点とは、《彼等の生き方なり思想なりには、日本帝国の正統的なパターンからどうしてもはみ出さざるをえないあるものがつきまとっており、まさにそれが三人の思想家としての生命力の源泉をなして》（二七四頁）おり、しかも《東と西の世界のたんなる啓蒙的媒介人となることに甘んぜず、日本にたいする自己の使命と、世界にたいする日本の使命とを不可分に結びつけ、そうした「天職」の強烈な意識で生涯を貫いた思想家であった》（二七五頁）という点である。「天職」とは言うまでもなく、ルターの作り出した概念であり、丸山氏はこの概念の社会学的な重要性を、ウェーバーを通じて継受している。ここに描かれている知識人像、思想家像は、ほとんど丸山氏が自己に与えている格率と等しいと考えても間違いではないのだろう。

＊

第三論文「開国」は、一九五九年の初出。尊王攘夷派による維新が成功したあと、なぜ開国への政策転換がスムーズに進んだのかを考察する。

いつの時代でもそうであるように、《「文明開化」への風俗的な適応はおそろしく急速だった》（一八〇頁）。しかし、そういう風俗の流れとは別に、徳川幕藩体制から明治天皇制への移行が可能であった理由を説明する必要がある。

丸山氏はここで、当時の日本人が国際社会の現実を理解しえたことが決め手になったと言う。では、その場合《どのような既知数がこうした未知数を解する手がかりになったのか》。丸山氏は、ふたつをあげる。ひとつは、列強の対峙する国際関係を《国内における大名分国制からの連想》（一七四頁）で理解できたこと。もうひとつは、国際法の考え方を《儒教的な天理・天道の観念における超越的な規範性》（一七五頁）のようなものとして理解できたこと。要するに、儒教的な教養のある当時の武士階級にとっては、十分に想像のつく範囲のことがらだった。

このように始まった明治初期の日本社会を、その後の歴史の展開から逆に推しはかってはならない。《少なくとも維新後十数年の歴史的状況は、もっとどろどろした液体性を帯び、そこには種々な方向への可能性がはらまれていた》（一八六頁）。丸山氏はそこに、「開かれた社会」への自生的な可能性を見てとっている。《無数の閉じた社会の障壁をとりはらったところに生まれたダイナミックな諸要素をまさに天皇制国家という一つの閉じた社会の集合的なエネルギーに切りかえて行ったところに「万邦無比」の日本帝国が形成される歴史的秘密があった》（一九六頁）と語る丸山氏の胸中は、無念の思いに満ちている。

＊

第四論文「近代日本思想史における国家理性の問題」は、一九四九年の未刊論文に、今回補注をつけたもの。題名の通り、国家理性を論ずることがテーマである。

明治維新の機動力となった攘夷思想とは、「日本とヨーロッパとの関係を中華――夷狄という図式を通じて把握し、そうした図式以外には考えられないような思考の型」（二〇四頁）であった。この「華夷観念」の殻を破らなければ、日本の近代化は達成されない。丸山氏は、明治維新の背後にそうした国家理性の成熟のプロセスを考え、それを、福沢諭吉や、それに反対する国粋論者らの思想のなかに順に見ていくことを企図した。論文は、福沢のところで未刊のまま終わっている。

＊

第五論文「日本思想史における問答体の系譜」は、中江兆民の『三酔人経綸問答』を素材にしたいっぷう変わった論考だ。

問答体で書かれた書物が多いなかで、丸山氏が注目するのは、空海の『三教指帰《さんごうしいき》』である。《『三教指帰』では、各々の立場を代表するイデオローグがすくなくとも対等に問答している。……最澄、空海の時代の日本では、大陸から来たかなり高度な、しかも互いに異質的な世界観がぶつかり合うような時代であった》（二三八頁）からだ。しかし中世に時代が下ると、同じ宗門内部の、先生と弟子との間の問答体ばかりになってしまい、異質な世界観の衝突は見られなくなっていく。

これに対して、兆民の『三酔人経綸問答』は、《三人は、それぞれ実体的に、何かのイデオロギーを代表しているのではなくて、この三人の対話を通じて複数の観点、色々な角度からのスポットライト、が投入されている——まさにそこに特色がある》。《当時の日本が当面している問題の広さと深さ……を示すために問答体をとっている作品が、この書のほかに日本の思想史のなかにあるかというと、あまりない」（二五九頁）。丸山氏は、兆民のこうした方法のなかに、「政治的に非常に成熟した認識と判断》（二六九頁）を見ている。

＊

第七論文「歴史意識の『古層』」は、「近代にいたる歴史意識の展開の諸様相の基底に執拗に流れつづけた、思考の枠組」を、上代～古代の日本にさぐろうという大胆な仮説を提示する。すなわち、《一般的に、歴史的出来事についての日本人の思考と記述の様式についてさぐるならば、やはりその基底的枠組は『悉に此の神代の始の趣に依るものなり』と言えるのではないか——これがこの小稿の仮説である》（二九五頁）。

日本人の思考をとらえ続けてきた歴史意識の「古層」として、「なる」、「つぎ」、「いきほひ」の三つの基底範疇があるのではないかと、丸山氏は提案する。これはむろん、《なぜ皇室統治の正統性が、大地開闢→国生み→天孫降臨→人という時間の流れの中で、しかも系譜的連続性という形で行われたのか》という疑問にこたえるためだ。ここで歴史意識の「古層」とは、《記紀神話の冒頭の叙述から抽出した発想様式》（二九八頁）のこと。日本の歴史の《持続低音》を、日本近代を考える場合の補助線のひとつに加えようということである。

まず、「なる」は「つくる」の対極にある。「うむ」はそのまん中に位置する。「つくる」の典型は《ユダヤ＝キリスト教系列の世界創造神話》（二〇〇頁）であるが、日本の場合、《有機物のおのずからなる発芽・生長・増殖のイメージとしての「なる」が「なりゆく」として歴史意識をも規定している》（三〇九頁）。

また、《「つぎ」は「つぎつぎ」として固有の歴史範疇を形成する》。「なる」と「つぎ」が一緒になって、《血統の連続的な増殖過程》（三一四頁）を表現する。

さらに、「いきほひ」は、もともと軍事用語であったが、日本の文化的土壌のなかで、《治乱興亡の歴史的力学を表現するもっともポピュラーな用語》（三二三頁）となっていく。

以上三つの基本範疇を《強いて一つのフレーズにまとめるならば、「つぎつぎになりゆくいきほひ」ということになろう》（三二四頁）。問題は、「つぎつぎ」と外国から取り入れられる思想が、こういう歴史意識にかかると、「日本的」に変容されてしまうことである。

こうして導かれる丸山氏の危機意識は、きわめて現代的である。《もともと歴史的相対主義の繁茂に有利なわれわれの土壌は、「なりゆき」の流動性と「つぎつぎ」の推移とのそこしれない泥沼に化するかもしれない。……「神は死んだ」とニーチェがくちばしってから一世紀たって、そこでの様相はどうやら右のような日本の情景にますます似て来ているように見える。もしかすると、われわれの歴史意識を特徴づける「変化の持続」は、その側面においても、現代日本を世界の最先進国に位置づける要因になっているかもしれない》(三五一頁)。これが書かれたのは一九七二年だが、ニーチェの申し子を自称するポスト・モダン派が八〇年代の日本で隆盛をきわめたあと、今日のわれわれの置かれている状況と、ぴたりと符合するではないか。

＊

第八論文「思想史の考え方について」は、一九六〇年の講演をもとにして、同年発表したもの。ここで丸山氏は、非常にわかりやすい語り口で、思想史とは何かを明快に語っている。

たとえば思想史を、無方法な思想論と区別して、こうのべている。《歴史的な文脈とはまったく関係なしに、思想を論じる》(三七六頁)、いわば自由で自分勝手なテキストの操作が「思想論」であるのに対して、《思想史はやはり史料的考証によって厳密に裏づけされなければならない》(三七七頁)。この制約のもとで、思想史は《過去の思想の再創造》を行うのである。

しかし、日本という具体的な場所で、思想史の仕事をする場合、独特のむずかしさがつきまとう。《本物から歪曲され、変質して行く尺度だけに気をとられますと、日本の思想というのは、ある意味では全部が本物の偏向、あるいは誤解の歴史だということになってしまう》(三八一頁)。「日本の思想史のように、さまざまな思想が雑然として雑居して必ずしも伝統としてまとまった構造を持っていないところで、思想的な伝統を生産的に引き出すためには、思想が孕まれてくる過程でのアンビヴァレントな可能性ということをいつも見逃してはならない」(三八五頁)。これは、歴史的な文脈とはまた別に、日本という文化的な土壌のなかでここまで頑張ったからよしとしようというかたちで、社会的文脈も考慮すべきだという趣旨に聞こえる。いわば、日本の思想にはハンディを与えて考えようというのが、丸山思想史である。悲しく聞こえないこともない。だが、よく考えてみれば、オペラもバレーも油絵も文学も、そして思想や学問も、みなこの種のハンディなしには話が始まっていなかったのではないか。

別な角度から見れば、これはこういう問いだと考えてもよい。一流未満の思想を扱う優れた思想史の仕事は、一流たりうるか？　この問いに、私はイエスと答えたい。それは、一流未満の思想のどこに見るべき部分がそなわってい るかを必死でさぐり当てる、痛ましい努力を評価せずにはおられないからだ。この論文のさりげない語り口のなかに、日本思想史家丸山氏の悲劇を見るのは、私だけだろうか。

＊

さて、以上の論文を通読してみれば、読者は、ひとつの時代を築いた巨人、丸山眞男氏の仕事について考えざるをえない。

私がひしひしと受けた読後感は、丸山氏の孤独であった。敗戦後まもなく、三十歳を過ぎたばかりの若さではなばなしいデビューを飾り、以来ずっと日本の言論界をリードしてきた、戦後知識人のスター。彼ほど熱心に読まれ、模倣され、注目され続けた学者はいないだろう。丸山氏は、わが日本の誇るべき世界的な大学者である。このことを誰ひとり疑う者はいない。その業績も、夜空の星のように燦然と輝いている。なのになぜ、丸山氏は孤独なのか？

《もっとも思想家らしい思想家の亜流に、往々にしてもっとも思想家くさい思想業者がうまれる》（一九一頁）。こう苦々しく語る丸山氏は、まるでいわゆる丸山学派のことを語っているようだ。エピゴーネンたちが寄り集まって縮小再生産を繰り返し、創始者の遺産を喰いつぶす——あるいは、それもあろう。しかし彼が苦しんでいるとしたら、それは、必然的にエピゴーネンをうみだす構造が自分の学問にそなわっていると考え、その責を感じているからではなかろうか。

このことは、丸山氏の政治思想史がどういう方法を採用しているか、という問題と関係する。

ある学問が、しっかりとした方法をそなえており、それが後続する世代に習得可能であるならば、そこに正しい意味での学派・学統が成立する。もしも方法が確立されていなければ、後続する世代は先人の業績を継承できないから、やむをえず表面的な模倣に終始して、エピゴーネンになるしかない。

《私は思想史の研究者ではありますが、思想史の方法論というものについて何か特別な方法論を持っているわけではありません。……この分野については、学会の共有財産として認められている考えといったものが、まだほとんどないために、仮説を出してみるだけのことだとご承知おき願います》（三五五頁）。これは、第八論文「思想史の考え方について」のまえがきである。これは謙遜でなく、率直な表白とみるべきだ。

丸山氏はこうも語る。《実際に思想史のうっそうとした森の中にわけ入り、対象と取り組んでいく過程のなかでいろいろな問題と当面していって、そのなかから思想史の方法というものが考えられていく》（二五七頁）。仕事の必要に応じて、その時々で適当な方法を見つけろ、と言っているのだ。

たしかにこれが、彼の流儀なのだろう。彼の主要業績を思いおこしても、ヘーゲルの弁証法、マルクス主義、ウェーバーのエートス論、アメリカの政治学……といった議論が、長嶋の三塁守備のような動物的な選択眼で使いわけられている。このたぐいまれな動物的本能（才能）＋文献学的（＝歴史学的）なテキスト操作の技術。これが、丸山学の実質にほかならない。

*

たしかに氏の業績は偉大であるけれども、それは主として彼の才能に由来するもので、ひとつのデシプリンを形成するには足りない。丸山学派の凋落にはこうした必然があった。

ところが丸山氏が、戦前～戦中の超国家主義の研究で矢継ぎ早によい仕事をしたため、ちょうど金メダルをいくつも獲得したオリンピック選手のように、今度も金メダルで当たり前という国民の期待が生じ、戦後民主社会のリーダーという虚像が生じた。戦後社会はそうしたスターを必要としていた。これが重荷にならないはずはない。ひとりの学究としての丸山氏の良心と、万能の学問を求めてやまない知的大衆の夢。この不幸なすれ違いを自分の宿命として生き、しかも誰にも、弟子たちにさえも理解されないという思いが、丸山氏の孤独の正体であると思いたい。

思えば思想史とは、迂遠な学問だ。語るに足る思想がないのなら、なぜ思想史ではなく思想そのものを生み出さないのか。これは、丸山氏に対する問いではなく、彼の仕事を継承しようとするわれわれ世代の自問でなければならない。

こうした手のうちを、丸山氏自身がよくわかっている。

▼「産経新聞」1992.11.5

『身体の比較社会学 II』

大澤真幸

勁草書房・6000円

熱心な多くの若い読者待望の、大澤氏の本格的な社会学理論書。全三巻の二冊目にあたる本書は、原始的な共同体や王権のあり方を考察する。

『身体の比較社会学』とは耳慣れない題名かもしれない

が、決して奇をてらうものでない。身体とは〈我々が世界に内在する方法そのもの〉のこと。そこから規範や制度などが生成するロジックを、多くの社会の比較を通じて解明するのが、この書物の目的だ。

著者は身体が、もっとも原初的なあり方から、過程身体↓抑圧身体（ほぼ原始共同体に相当）↓集権身体（ほぼ王権に相当）↓……へと展開していく必然を追う。アフリカのある部族の不妊治療（イソマ儀礼）や中国古代王権など、豊富な人類学、考古学のデータを存分に駆使して、原初から近代にいたる人類史そのものを、集合的な身体の織りなすひと筋のドラマとして解き明かしていく様は圧巻である。

社会人類学や歴史学の仕事は、特定のフィールドに守備範囲を限定する結果、一般化をおそれ、断片的な知見の集積に終始する場合が多かった。大澤氏の仕事はその反対に、呪術治療の儀礼や近親姦の禁止、贈与から、未開の王権、文字、法、都市にいたるまで、一貫した図柄で議論を進めていく。こうした努力は、学界の動向からみて、貴重なものと言えよう。

というわけで、とてもよい本だが、苦言も少しのべておこう。繰り返しが多い。ほかの本からの借論も多い。言っていることが一冊目とまるきり同じである。読者へのサーヴィスでもあるのだろうが、もっと内容を整理すれば、同じことを数分の一で主張できるのにと思った。

最後のあとがきで、読者の批判に応えている部分も興味深かった。私は著者に必ずしも同意しないが、本書が論争を提起したことは素晴らしいと思っている。

▼「産経新聞」1993.2.18

『イニシエーションとしての宗教学』

島田裕巳

ちくまライブラリー・1214円

イニシエーションはふつう「成人式」と訳される。若者が一度はくぐらなければならない試練の機会、という意味である。気鋭の宗教学者・島田裕巳氏は《みずからの体験をイニシエーションの観点からとらえ直すことに、宗教学の核心がある》（一八頁）と断言するが、その理由は本書を読めば明らかになる。

島田氏にとって、宗教学は、自らの魂の歩みそのものにほかならなかった。《世間知らずで、言われたことをそのまま鵜呑みにしてしまう……まだ精神的に子供だった》（一一九頁）氏は、まず高校で新左翼の学生運動にもまれ、それがもろくも退潮したあと、大学の講義で「イニシエーション」という言葉を知る。

それは《魔法のことばだった。すべてが……分析できるのではないかとさえ思え》た（九頁）。この魅力に取り憑かれ、氏は宗教学科へ進学する。

イニシエーションには導きの師がいる。著者にとってそれは、講義の主・柳川啓一教授（宗教学）だった。本書の前半は、故人となった教授の持ち味豊かな講義の模様を再録し、教授への心あふれるオマージュとなっている。私も柳川教授の講義につられ、宗教学への転科を考えたことがあるので、とてもなつかしい思いがした。

柳川教授は安保闘争が「お祭り」にすぎないことを看破し、日本土着の信仰をフィールドにしたという。彼の宗教学は、大学闘争が「祝祭」の構造をそなえていたことの不思議を解き明かすかに思われ、私を含む当時の多くの学生たちに感銘を与えた。

島田氏は、それにとどまらない。柳川教授の指導のもと、山岸会を調査するうち、ヤマギシズムに魅かれて入信してしまう。一年足らずで矛盾を感じ会を離れたものの、この体験は氏の宗教学の原点となった。自らの宗教的体験を客観化する作業が、氏の場合、宗教学そのものと重なるほかはない。どちらもイニシエーションの構造をもつからである。

幸福の科学やオウム真理教のような、時代を象徴する新しい宗教が出てくるたびに、もっとも突っこんだ分析を見せてくれる氏の、力量の秘密がここにある。子どもの頃から慣れ親しんだ世界の亀裂と偽りに気付いたとき、若者は宗教に走りうる。そして、宗教もまたひとつの体制にすぎないことを思い知ったとき、宗教を離れうる。この信と不信を揺れ動く心の力学に、氏の関心は集中する。それは成熟のため、誰もが通らなければならない道筋なのだ。

宗教学は、〈信ずる〉ことの構造を解明することを焦点とする。それには、〈信ずる〉ことの内／外に身を置かねばならない。宗教学を自らのイニシエーションとして引き受けることが、まさにそれなのだった。

『信長と天皇』
——中世的権威に挑む覇王

今谷　明

講談社学術文庫・900円

▼「産経新聞」1993.4.15

日本の天皇はなぜ万世一系なのか。この疑問を裏返せば、天皇の権威に正面から挑戦する日本人がなぜ現れないのか、となる。そしてその数少ない例外があるとすれば、まず織田信長だろう。

『室町の王権』（中公新書）で将軍足利義満の「王権簒奪《さんだつ》

計画」を大胆に推論し話題をよんだ今谷明氏が、今度は信長と天皇の関係を取り上げたとなれば、これは必読である。信長と天皇の関係史料を丹念に点検し、正親町天皇と信長のやりとりを時系列に従って再構成していく緊迫感に、一気に読み終えた。

信長は天下を統一したあと、天皇をどうするつもりだったのか。この疑問は歴史のイフだが、徳川三百年をどう理解するかの核心に関わる。古くからの信長勤皇説と、新説（天皇を抹殺したかった）の間を検証すべく、今谷氏は考察を進める。

信長は、中世的な秩序の破壊者。伝統や古来の特権に挑戦し、絶対的権力を確立しようとした。それに対して天皇は、伝統的な秩序の中心に位置する。そして当時、朝敵だった大内義興が入洛し後柏原天皇を免責して以来、戦国大名が天皇の政治責任を免責する「象徴天皇制」が確立していたと、今谷氏はみる。

有名な京の馬揃えは、正親町天皇に対する退位の強要であった。それに失敗した信長は、武田討伐のあと将軍位を要求した。事態をこう解する今谷氏は《信長も足利氏同様、将軍すなわち天皇の侍大将の地位に甘んずるほかない事実を、思い知らされた》はずだと結論する。要するに、信長の政権プランは徳川政権のそれと大差ないものだった、というのだ。

今谷氏の史実の理解や史料の解釈からは多くを教えられたが、本書の結論は少々飛躍していると思う。信長は将軍義昭をある時期利用し、その後見限っている。天皇に対しても同様の冷徹な計算があったというなら、同様の結末も考えられる。石山本願寺と対決した際に、天皇は信長の切り札のひとつだった。信長が存命中、天皇と決定的な対立に至らなかったのは、天皇をまだ利用できると思ったからではないか。かりに将軍位を要求したのが事実としても、それが信長の最終構想だったかどうかわからない。

信長が安土に寺を建て自分を神とあがめさせた話の解釈も気になる。今谷氏は、信長は自分の神格化に失敗したとし、皇族まで自らへの祈禱に参加させていた足利義満政権のほうがずっと安定していたとのべる。しかし「自らへの祈祷」と「自己の神格化」とでは次元が違う。挫折したとはいえ、「絶対権力」にもっとも近づいた信長は、天皇を超える可能性を秘めていたと言えないだろうか。

それはともかく、史料に埋もれ本筋を見失いがちな歴史学界にあって、心強い仕事であった。

『マクロ社会学』

——社会変動と時代診断の科学

金子　勇・長谷川公一

新曜社・３２００円

▼『週刊読書人』1993.6.7

《本書は「マクロ社会学」をタイトルに冠した日本で最初の本である》（一頁）。こういう書き出しで始まる本書は、停滞するフロンティアを切り拓こうとする意欲にあふれた、著者らの野心的な試みである。

　著者らはまず、《今日の社会学の理論的研究の現状》は《戦前からの伝統である外国の流行学説の紹介と、いよいよ細分化されつつある専門性への閉塞》（ⅱ頁）以外のなにものでもない、という診断を下す。この現状を乗り越えるべく《何よりも時代の骨太い見取り図を提示すること》（ⅱ頁）をねらって、《「時代診断」の観点からの社会変動研究》（ⅰ頁）を試みたのが本書である。

　《さて、新世紀に向かう時代を象徴するキーワードは……おそらく単一のかたちには絞りこめず、複数のものになる》（ⅰ頁）と、著者たちは言う。そこで《時代を正確に理解するうえで重要と思われる複数のテーマを選択し、……キーワードとした。それは、産業化、都市化、官僚制化、流動化、情報化、国際化、高齢化、福祉化、計画化という九つのトレンドに類別される》（ⅰ頁）。これに、全体の序にあたる「マクロ社会学の理論」と巻末の「社会調査の方法」とをつけ加え、全部で十一章としたのが、本書の構成である。

　本書の成立の仕方で特記すべきなのは、金子氏、長谷川氏の両著者が一九八七年から、それぞれ北海道大学、東北大学で本書の内容を講義したうえ、「マクロ社会学」研究会を開いてそれを練り上げるという、入念な準備を重ねている点である。受講した学生との、そして著者ら相互のフィードバックは、テーマの拡がりや資料の選択を厚みのあるものにし、本書の質を高めている。「かくかくしかじかの変動が、過去～現在生じている」という情報を、データに即して説得的に伝える書物、すなわち「時代診断」の書という著者らのねらいは、達せられている。

　そのうえで、欲張った注文をつけるなら、これが「マクロ社会学」なのだろうか？

　第一章「マクロ社会学の理論」を書いた長谷川氏も相当意識しているように、「マクロ社会学」を名のれば、当然マクロ経済学と比較されてしまう。マクロ経済学は、国民所得や限界消費性向、利子率といったマクロ変数を用いて国民経済（一国の市場全体）のモデルをこしらえ、それをもとに理論的な言明を行うものである。しかもこの言明が、ミクロ経済学の内容と整合しているところに意味がある。経済学でいうマクロ／ミクロは、社会学のマクロ／ミクロ（多くは単に、全体／個人の意味）と、違ったものなのだ。

もちろん、マクロ経済学に匹敵する立派な「マクロ社会学」が、すぐできるとは思わない。しかし、そう名のる以上、社会のマクロモデルをこしらえようとする努力を期待したくなる。知りたいのは、産業化、都市化……といった個々の診断項目が、どのような相互関係にあるのか、著者らはその根底に、どのような社会構造（の変動）を見ようとしているのか、ということだ。

産業化、都市化……といった診断項目は、さしずめ血圧や心電図に当たろう。それらは構造変動の徴候でありうる。そこから、それら項目の相互関係をスケッチするには、病理学などの基礎医学に相当する、社会についての一般的な命題を用意しなければならない。《私たちが選択したのは、社会変動の代表的な趨性（トレンド）を鍵概念として……社会変動に関する財産目録をつくりあげることである》（一七頁）というが、それはマクロ社会学の必要条件であっても、十分条件ではないのである。

『フェミニズムの困難』
――どういう社会が平等な社会か

吉澤夏子

勁草書房・2500円

▼「産経新聞」1993.10.14

上野千鶴子、江原由美子をはじめとする多くの人びとの努力によって、八〇年代、日本のフェミニズムは議論を深め、実力を蓄えた。その言説は広く行きわたった。しかし、《フェミニズムの思想は、どのような社会が男性と女性にとってともに平等な社会であるのかという問いに究極的には答えていない》と著者は言う。《本書は……「平等な社会」について、一つの明確なイメージを浮かび上がらせようとする》（まえがき）

著者は、六〇年代に登場したラディカル・フェミニズムが、画期的だったとする。ラディカル・フェミニズムは、性差別が、社会制度よりも男女の個人的な関係そのもののうちに潜むとした。性関係が性差別を再生産すると考えると、ペシミズムに行き着く。女でありながら差別をのがれる道はなくなるからだ。

制度的な平等を追求してきたフェミニズムは、ラディカル・フェミニズムの洗礼を受けたあと、運動の実践的な課題をみつけるのが難しくなっている。これが著者の言う《フェミニズムの困難》だ。著者は、ふつうの女性がこの困難を引き受けて生きるにはどうすればいいかを探究する。

本書を読んで快いのは、著者・吉澤氏の硬質で透徹した文体である。感情の流れや文章のあやに溺れないで微妙な問題を書き分けようとする志向が一貫している。八〇年代フェミニズムに「遅れて来た」利点を活かして、上野－江原論争やアグネス論争にふれながら、現代社会の「差異の構図」を探りあてていく。

男性により高い威信が配分される「男性優位」。こうした差別的な前提のもとで、男性に選ばれる女性は、男にとっての魅力によって序列づけられるというもう一つの差別を被る（差別の二重化）。著者は高校時代、《女が大学に入ると、必死になってノートをとるか……爪を磨くか、どちらかになる》と聞いて、とっさにどちらにもなりたくないと思った（「あとがき」）という。その初心は《女性であるということも……「個性」のきらめきの一つなのだ、ということを、肩の力を抜いてはっきりと認める》柔軟な本書の基調のなかに脈打っている。《〈女の子〉から出発しながら、〈女の子〉から脱出しようとする志向性》が、どのようにあるべき平等社会に通じるのかもう一つ具体性に乏しいが、その方向に進まないと「フェミニズムの困難」を切り開けないという本書の主張は説得力がある。

本書はフェミニズムの困難を概観する第一部、ラディカル・フェミニズムを批判する第二部、女であることの効果を考える第三部からなる。ドウォーキンを扱う部分がくどいのと、林真理子を少し弁護しすぎな点だけが気になった。多くの読者に迎えられるよう望む。

『カオスの時代の合意学』

合意形成研究会

創文社・3200円

▼『創文』1994.8

八〇年代、わが国の知識世界を、ニューアカデミズムおよびそれ以降の平板な価値相対主義が覆いつくした。しかし、ポスト冷戦時代が到来し、湾岸戦争・バブル崩壊といった世界情勢の急転が起こると、それがたちまち限界を露呈する。この「カオス」の時代に、価値相対主義以降の多元社会での「合意」のあり方についていちから考察を進めることは、避けて通れない課題だと言えよう。

そんな折、井上達夫氏以下十三名のコア・メンバーからなる「合意形成研究会」の論集、『カオスの時代の合意学』が出版された。その「エピローグ」によれば、この研究会は一九九一年四月にスタートし、月一度のペースで共同討議を続けてきたという。その成果の一端は、『創文』の連載（一九九二年一・二月号〈三二九〉～一九九三年六月号〈三四四〉、計十六回）で垣間見ることができたが、今回大幅に増広され一書にまとまった。未踏の分野の開拓者たちの努力が、その最初の果実を結んだことを喜びたい。

＊

本書は全体が三部からなる。《第一部は、いわば合意学原論であり、合意の源泉、可能こうした《不可視の合意》を積極的に論じようとした試みなのかもしれない。深谷・田中氏は《合意とは人間によって形成されるもので……その核心には「意味の再編成と共有」がある》（四五頁）。《『合意学の）構図』の中核は、人間の〝意味づけ〟とコミュニケーションである》（五頁）とのべる。両氏は、まず〝意味の不確定性〟を前提するところから出発し、それが、コミュニケーションの《共振的な対話の流れ》（三五頁）を通じて、意味の再編成→合意形成へと進む展開をたどろうとする。

深谷・田中論文を読んで、そこで展開されているのは合意学より一段深いレヴェルの議論なのではないかと疑問に思った。

両氏は合意形成研究会による暫定的な定義、《合意とは、人々の間でコミュニケーションによってある命題が相互承認されている状態、ないし、そうみなすことが適切であるような状態である》（一一頁）を出発点にすえる。そしてそこに、〝意味の不確定性〟の規定をつけ加える。そのため、意味の不確定性がコミュニケーションを通じて回収されていくプロセスを「合意」とみなすことになるのだが、これはレヴェルの混同であろう。コミュニケーションの意味が確定するかどうかと、いちおう意味が確定したある命題を人びとが相互に承認するかどうかとは、レヴェルが異なる。そして後者のプロセスこそが、「合意」なのではなかろうか。意味論と違ったレヴェルに合意学を考えるのでないと、合意形成を研究したことにならないと思う。

合意学の実質は、やはりさきの①、②にある。この領域をカヴァーするものとして、「社会的選択」理論があり、厚生経済学などの理論経済学がある。本書で気になったのは、こうした分野の研究者がどうして参加していないのか（そうした角度からの論文がないのか）ということだった。

＊

第二部「合意をつくる」は、なにか特定の制度のもとで、人びとの合意をはかるプロセスを検討することにあてられている。五人の論文がこれを論じている。

曾根泰教論文「市場と民主主義」は、合意を生み出す制度としての市場と民主制とを比較する。桂木隆夫論文「見知らぬ他者との合意」は、自己と異なる前提をもつ他者との合意のあり方について、いくつかの類型を提示する。永山博之論文「民族という合意」は、民族という名の合意の結節点について考察する。小澤太郎論文「交渉の合理性、あるいは合理性への好尚？」は、ゲーム理論のモデルを下敷きに、ナッシュ交渉解を再解釈する。藤原帰一論文「国際政治と合意」は、国際社会における合意が、人びと（自然人）の合意とどう異なるかを考察する。

このなかでは桂木論文がもっとも抽象的で、第一部に並んでいてもおかしくなかった。ほかの論文は、具体的な制度がどうやって合意をもたらすか（制度→合意）を検討している。けれども、制度は人びととの合意によって支えられているはずだから（合意→制度）、全体としては、合意→制度→合意ということになる。すなわち、制度は合意を（部分的にしか）説明しない。だから、制度のもとでの合意を扱う第二部は、《合意学原論》ではありえない。そのかわりに、現実の合意をとりつけるための実践的な議論、という性格を帯びることになる。これはこれで必要な議論だが、もう少し制度を新たに構築する意志を望みたい気がした。

＊

第三部「合意を変える」は、九〇年代日本社会における、合意形成の現状分析である。

嵩信彦論文「国民合意形成とメディアの役割変化」は、メディア（特にテレビ）が世論形成にどういう役割を果たしているかを考察する。谷尚樹論文「真の生活者の誕生へ」は、広告が合意形成に果たす役割を研究する。前田博論文「弁護士の見た日本型合意形成の限界」は、日本の組織の合意形成過程を、外国との比較において論ずる。既述の岸井成格論文は、自民党政治を素材に、日本政治の実態を照らしだす。

このなかでは前田論文が、私には面白かった。日本の企業や多くの組織が、意思決定を行う場合の独特の慣行（と病理）が、組織の「部外者」としての弁護士の立場から、的確に描かれているからである。ただ総じて第三部の論文は、現状の診断学としての性格が濃厚な分だけ、理論的な裏付け（第一部、第二部との関連）に乏しいうらみがある。

＊

最後に、全体としての本書の印象をのべておこう。

「合意」をもっぱら論じた最初の書物として、本書はその役割を十分に果たしたと言えるだろう。それは、本書の母体である「合意形成研究会」の活動が、持続性の点でも関係する分野の広がりの点でも、十分な厚みをもったことの反映である。「合意」を論ずることの正当性を主張することに、本書は成功した。

そのうえで不満をのべれば、各論文の連携が必ずしも緊密でない（ばらばらな印象を与える）こと。制度論や現状診断に比重がかたより、合意学原論の部分が手薄であること。避けがたいこととは言え、論文の出来ばえがまちまちであること。これらの不満は、「マニフェスト」がよく書けていたため期待がふくらみすぎたせいかもしれない。

ともあれここに、《合意学のアゴラ（広場）》はなった。だが、「合意学」についての合意は、これからの課題である。このアゴラに加わって、つぎの章を書き継いでいくのは、本書の読者たちの仕事なのであろう。

『マックス・ヴェーバーとその同時代人群像』

W・J・モムゼン他編著（鈴木広訳）
ミネルヴァ書房・6311円
▼「日本経済新聞」1994.9.18

一九八四年九月にロンドンで開かれた「マックス・ヴェーバーとその同時代人群像」と題する国際会議の報告集の翻訳である。欧米各国のヴェーバー研究者、社会学者らから四十本近くの報告が集まったが、今回はそのうち二十六篇が訳出された。

編者代表のモムゼンは、現在刊行中のヴェーバー全集の責任編集者もつとめる、ヴェーバー研究の重鎮。寄稿者には、ミッツマン、ギデンズ、シルズ、ダーレンドルフといった大物が顔をそろえており、本書を読めば欧米のヴェーバー研究の現状をおおよそつかむことができる。

ヴェーバーは言うまでもなく、今世紀を代表する社会科学の巨人。彼は、資本主義の起源をプロテスタンティズムの精神にさかのぼる業績をおさめたのをはじめ、歴史、経済、政治、宗教など幅広い範囲で仕事をした。

この国際会議はそうした業績を、シュンペーター、ゾンバルト、デュルケム、フロイト、ルカーチといった、ヴェーバーを取りまく同時代の知的ネットワークとの関係で浮きぼりにしようとするものだ。

中央集権的社会主義が《官僚制的……絶対的支配しかもたらさないというヴェーバーの予測は、東ヨーロッパの共産主義国家……で驚くほど正確に実証された》と、モムゼンは本書序論でのべる。ソ連東欧の社会主義が解体したいま、ヴェーバー社会学はさらに重みを増した。報告のなかには、本筋よりエピソードの紹介に終始するものも混じっているが、ヴェーバーの膨大な仕事を現代に再構成しようという意気込みはうかがうことができる。

残念なのは、日本のヴェーバー研究がまったく無視されていること。《アジア文化の側からの……ヴェーバーの作品の批判的摂取……はようやく今日始まったばかり》という扱いなのだ。晩年アジアに関心を深めていたヴェーバーの研究プランを、いまに活かして国際的な仕事をする優れた学者の出現がまたれる。

『市民社会と理念の解体』
小阪修平

彩流社・２４２７円

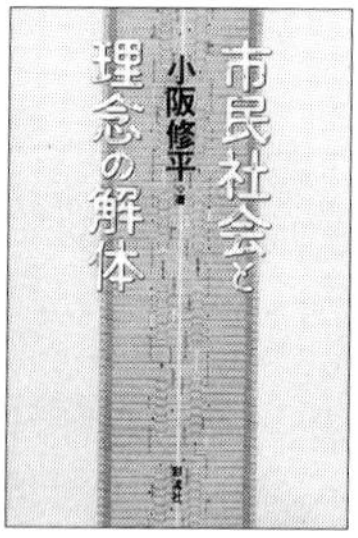

▼『週刊読書人』1994.10.21

若いころの手紙や日記をうっかり引っ張り出して読んでしまったり、古い友人に昔の話をむしかえされたりして、気はずかしい思いをした経験は誰にもあろう。純粋に個人的な過去は、忘却にまかせてもよい。だがそれが思想を語る言葉であった場合、どうしたらよいのか？

村山政権の与党となった社会党は、「自衛隊合憲」、「日米安保堅持」、「日の丸・君が代の承認」、「原発容認」と、一八〇度の政策転換に踏み切った。それなら、いままでの数十年間はなんだったのかということになる。社会主義の根拠が白蟻に喰いちらされるようにやせ細っているのに、外見だけを維持し続けた。そんな当時の空疎な言説のかずかずと、いまどう向き合うつもりなのだろう。

小阪修平氏の新しい論文集『市民社会と理念の解体』は、なし崩しに後退を重ねていった左翼的言説の思い出したくもない過去を、同時代を過ごしてきた読者に突きつけずにおかない。小阪氏はもちろん、いまごろになって方向転換した社会主義者たちと違って、かなり早い時期から左翼的言説の空疎な中身を暴きつづけてきた。その営みは、持続的であり、誠実であり、自己探究的である。だがそれはいったい、どういう彼自身の場所から可能になっていたのか？

本書「解題」で彼は言う、《ぼくは現在、市民社会にたいして代替的な制度的プランをだして、市民社会をのりこえようというのは——すくなくとも現在という歴史的段階では——原理的に不可能であるとかんがえている。だがここ（＝「戦後思想の終焉とマルクス主義」一九八〇年）でのべた立場——市民社会の根底的揚棄をめざすという立場——自体はいまでも変わっていない。（中略）あえてこの立場をとるということは、市民社会という枠組のなかで思考するという枠を、自分の思考にはめないということでもある。イデオロギー的にではなく、思考のスタイルとして市民社会の枠内で思考することとは一線を画すという立場をぼくはえらんでいるということを、言っておきたい》。

当時の全共闘の学生が書いたとしてもおかしくないこの言葉を、いまの時点でのべている小阪氏は、われわれのこの現実（つまり、市民社会）についていったいどういう積極的なことをのべてくれるのか？　それが読者の知りたい点だ。

《この本は、七九年にぼくが執筆活動をはじめて以来書いた理論的な文章のうち、マルクス主義と市民社会にかんするものから選んで、まとめてみた。先に出版した『コンテンポラリー・ファイル』（彩流社）が、市民社会の現象論であるとすれば、その理論編にあたる》（「解題」）。収められた文章の多くは、八〇年代前半までのものだ。これらを読んで、私はどこかもどかしい印象を受ける。それは小阪氏のいう《ある閉じた枠組みのなかで性急に「明晰な」結論を出すまい、というぼくの態度》（「解題」）と関係がある。小阪氏と反対に私は、市民社会の枠組みを前提にした、身もフタもないほど「明晰な」結論を出そうと努力してきた。ほかにどんなやり方が有効だろう、と私は思ってしまう。どんなに素早く「明晰な」結論を積み重ねていっても、市民社会のすべての現実を語りつくすには、とうてい足りないのだから。

小阪氏の基軸——市民社会の揚棄——は、ヘーゲル～マルクスの掲げた目標でもある。これを彼が必要とするのは、相対主義（八〇年以降の思想状況）と戦うためであろう。だが私は思う、相対主義に対抗するため、市民社会の〈外〉に基軸を置いたとしても、市民社会を克服する道が《原理的に不可能》ならば、ニヒリズムを帰結する以外にないではないか？　相対主義がそもそも背理に満ちていることを指摘しながら、市民社会に踏みとどまって価値の基軸を構想する道もあるのではないか？

だがこれ以上、多くを語るまい。小阪氏はよくがんばり続ける非凡な「左翼」なのだ。私はこの本を、社会党の解体と符合する時代的な書物として評価しつつ読んだ

『全体主義の時代経験』

藤田省三
みすず書房・2800円
著作集版・3000円

▼「日本経済新聞」1995.2.19

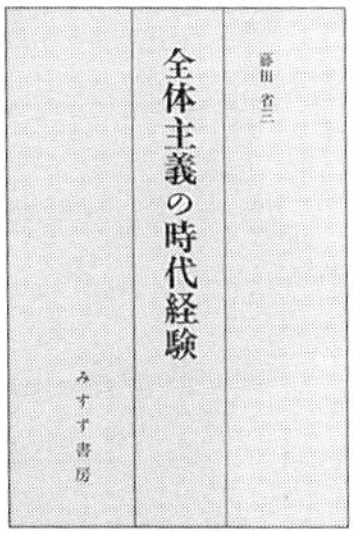

著者は怒っている。怒りを通り越して、ほとんど絶望している。今という時代を覆いつくしている全体主義に対して。

全体主義？　天皇制ファシズムは過去のものではないのか？　読者は不思議に思うだろう。だが、著者は言う、わ

れわれは全体主義のただ中にあると。安楽への全体主義、《少しでも不愉快な感情を起こさせ……るものは全て一掃し》なければ気のすまない、高度消費社会の集合心理が、すなわちそれだ。

二十世紀は、全体主義の時代であった。ナチズム、スターリニズムばかりが全体主義でない。いまますます世界を巻き込みつつある《市場経済全体主義》もそうである。だから著者は、戦後日本社会が、戦前とその本質において少しも変わらないと考えるのだ。

それでは、どうすればいい？　著者は、カール・レービット、ハンナ・アーレント、J・ハックスレー、E・M・フォスター、石母田正といった、異彩を放つ少数者たちの個人的努力に共感を寄せる。平凡な多数者に何ができるか、書いてくれてはいない。

著者にはもう、時間がないのだ。《私の責任で文章を発表するのは、これを以て終わりとする》と「序」にある。直腸ガンが見つかり、入院・手術に体力を消耗して、原稿の手直しも思うにまかせなかったという。言うならば本書は、同時代の読書人たちに向けられた「遺書」なのだ。

本書は『思想の科学』などに、折にふれて書かれた文章を集めたものだが、その読後感は、藤田省三というひとりの学者の息づかいや思考の手ざわりが感じられて、さわやかだった。すでに評価の定まった著者だが、その仕事は個人としての資格で、どんな時流にもおもねらないかたちで積み重ねてきたのだぞという自負が伝わってくる。

本書の診断が正しければ、この時代の趨勢は、著者の警告を無視して、とどめようもなく流れていくはずだ。孤立を覚悟の諫言である。良質な戦後知識人とは、こうした鋭角的な個人主義者たちだったのだと今更ながら思いついた。

▼「産経新聞」1995.2.28

『装置としての性支配』
江原由美子
勁草書房・2900円

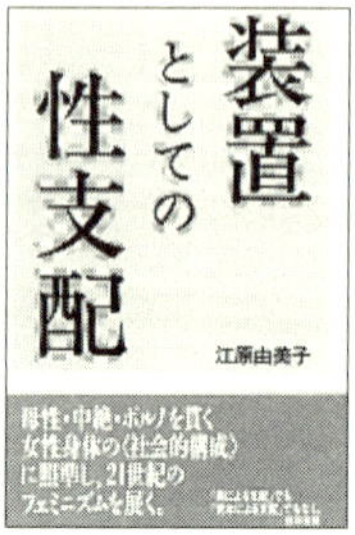

六〇年代アメリカに始まり、わが国でも大きな流れとなったフェミニズム「第二の波」の、主要な論客のひとり江原由美子氏の第四論集である。

本書の焦点はやはり、著者と上野千鶴子氏との論争（九一年）だろう。当時の論考数篇が収められているほか、《上野・江原論争への中間総括》という副題の書き下ろし論文「装置としての性支配」が巻頭を飾っている。これらを通読することで、日本のフェミニズムがいまどのような地点にさしかかっているのか、そのおおよそを摑むことができる。

行き違いや勇み足もあった論争を、《社会理論としてのフェミニズムの位置がどこにあるかをめぐる論争》として再提起したい、と著者は言う。そして、無償の家事労働や職場での男女差別など《労働の問題》を解明してきた上野氏らマルクス主義フェミニズムを評価しつつも、それと別な《身体の問題》、すわなち家族やあらゆる日常場面で《社会的権力》が作用し、《自己決定権の侵害》が生じることこそ《性支配》の実態だとする。そして、これを見出したのが、ラディカル・フェミニズムの大きな功績だったとする。

江原氏は《性支配》を、性別カテゴリーにも社会経済的地位などの客観的条件にも還元しないで理論化することを目指しているが、その詳細はまだラフ・スケッチの段階だ。上野氏の批判に応酬した九一年の論文はとても歯切れがよいが、そのあとだんだん論旨が難渋になっていく。《社会的権力》の理論化はそれだけ手強いのであろう。

われわれの社会に性差別があるのは確かだが、それは果たして《性支配》なのか。上野氏も江原氏もそれを実証しようとして、別々の作戦を立てたとみえる。そこで江原氏が重視した《自己決定権の侵害》は、リベラル・フェミニズムでも扱えそうに思うし、その《侵害》のメカニズムには、性別カテゴリーも深く関与していよう。もう少し柔軟に構えておいたほうが、理論化の可能性が広がるのではと思った。

▼『図書新聞』1995.4.15

『柳田国男と事件の記録』

内田隆三

講談社選書メチエ・1456円

卓越したミシェル・フーコーの読み手であり、ここしばらく柳田国男についての研究も精力的に進めている注目の社会学者・内田隆三氏の新著が上梓された。『柳田国男と事件の記録』がそれである。書名の通り、ある心中事件にこだわりをもった柳田国男の方法の秘密を、同じ研究上の必然によって氏も追いかけていく。氏のあとに読者も加われば、本書は多重な追走劇として、複雑な轍《わだち》をえがきながら展開することになる。

本書は謎解きの常として、まっすぐ結論には到達しない。それに、内田氏の筆は読者に媚びず、むやみに易しくもない。だが、それにめげることなく最後まで読み通すなら、それだけの報いはある。

*

本書のもとになる文章は、『現代思想』に昨年、三回にわたって連載された。それに手を加えて三章とし、新たに第四章を書き加えたのが本書である。

本書の課題設定は、内田氏の前著『社会記序』(弘文堂)の残響のなかから始まる。常民/山人の対立がそれである。常民とは、日本の伝統社会を構成する、いわば「正則な形象」なのだが、それは、その外部(山人)との対照において成立していた。滅ぼされた先住民ともみえる山人の位置価を確定することが、初期の柳田にとって必須であった。

《柳田はその当時、「日本」の同一性を歴史的に弁証するという大きな仕事に取り組んでいた。それはある意味で明治近代に台頭した国民国家「日本」の自己確認――あるいは自己の創出――の一環をなしていたといえよう。『山の人生』は……そうした試みの危うい到達点であり、同時に重要な屈折点でもあった》(一〇頁)。アメリカやフランスのような憲法制定権力を想定すべくもなかった日本にとって、それは、国家成立の原点をさぐる作業だったのである。

そこで、内田氏が注目するのが、『山の人生』冒頭の「山に埋もれたる人生ある事」という一節である。ここで柳田は、法制局参事官として特赦を担当していた折に読んだ裁判記録の、ある一家心中事件を紹介している。《世の中がひどく不景気であった年》の《小屋の口一ぱいに夕日がさしていた》晩秋に、貧しい炭焼の父親が、飢えに苦しみ「殺してくれ」と哀願する子ら二人をまさかりで切り殺す。そして自分は死に切れず、捕えられたのであった。

小林秀雄や三島由紀夫をも感嘆させた柳田の筆致は、自然主義文学者・田山花袋の「平面描写」(主観を交えず見たまま聞いたままを描くやり方)の上を行くものだ。内田氏はそこに透徹した《事件を俯瞰する視線》を見る。この柳田独特の文体が、山人/常民の存立と不可分である。それではその文体は、どのように可能となっているのか?

＊

急峻な山腹をジグザグに行きつ戻りつしながら登っていく軌道のように、着実だがなかなか全貌を見渡せないのが、本書である。それでもそこから二つほど、比較的くっきりしたモデルを取り出すことができる。

ひとつは、社会の原初的状態から共同体が生成するにいたるプロセス。《共同体とは、無限定な他者たちのあいだに展開する社会性の領域から、自己を結節し、形態化し、同時にそのような自己の外部を設定していく、むしろ二次的な社会空間だ》(一一二頁)。ここにはかすかに、マルクス～吉本的な、疎外‐生成論の図式が見え隠れする。

そのプロセスは構造主義の《自然から文化への移行の図式》(一一八頁)とも重なっている。《近親姦の禁忌》も

《山人への畏怖》も、その移行の境界に位置するのである。

一家心中の事件は、人びとが帰属すべき共同体の外部、《あたかも一種の「自然状態」に追いやられたところで起こっているようにみえる》と、内田氏は言う。ただしここにいう「自然状態」は、構造主義よりもルソーの自然に近いのだと言う。柳田は事件を、こうした自然の風光のただなかで描き出す。《重要なのは、柳田がこの「人間の自然」を現実に起こった事件のなかから、具体的なものとして発見していること》（一二一頁）だ。

＊

もうひとつのモデルは、言説（文体）の類型学である。事実譚とも説話とも、神話や物語といった類型とも異なる微妙な場所に、柳田の文体が位置しているとされる。

この文体をあぶり出すため、内田氏は苦労の末、岐阜県で明治末年に起こった心中事件の記録を手に入れた。裁判記録は失われていたが、犯人の戸籍謄本と当時の新聞報道がそれである。これに、犯人からの間接伝聞資料（金子定二『奥美濃よもやま話 三』）をつき合わせて明らかとなるのは、事実のみを語っているようにみえた柳田の文体も、実は大きな虚構（創作）を含んでおり、事実の変形によってのみ成立していたことだった。このいわばどんでん返しが、第四章のハイライトであり、これまでの柳田論の先を行く新たな成果となっている。

戸籍謄本と新聞報道によれば、心中事件が起きたのは明治三十七年の春。それを柳田は、秋の日、飢餓の果ての犯行と描き出す。いっぽう犯人からの伝聞資料「新四郎さ」は、事件の動機を、奉公先で盗みの濡れ衣を着せられ家に戻された娘に求めている。これは、説話の要素を吸収した結果の変形と見られる。

ここで内田氏は注意深く、《柳田の記述には二重の〈排除〉がある》と指摘する。柳田にとって、事件に関わる人びとは《たんなる自然の客体でもなければ、何かポジティヴな動機の主体でもない》（一〇七頁）。このことで柳田の文体は、自然の過酷さ＝情状酌量を要請する新聞の文体や、共同体との葛藤を主題とする説話の文体と異なる位置価を獲得する。

＊

ここに柳田民俗学の根拠、方法的な秘密があるという内田氏の洞察は鋭い。それではこの洞察を、どういう全体の構図のなかに置きなおしてみるべきなのか？

今回の書物の主題は、「あとがき」で内田氏も確認しているように、《柳田国男の言葉と事件の関係》（二三四頁）に絞られている。柳田の文体（民俗学の言説）が可能にしたものは何か？ 言説とその効果がきちんと測定されたとき、内田氏の分析の射程も明らかとなるだろう。ただし本書は、第四章のどんでん返しで終わっているので、その先は読者がめいめい考えてみるしかない。

そこでためしに、フーコーの言説分析とこの仕事を比較してみよう。フーコーの場合、言説が新たに編成され近代的な主体の形象が形成される過程を暴くところに、分析の主眼があった。柳田の仕事はこれと逆に、そこに主体を結節させない「事件を俯瞰する視線」の文体と結びついている。人間を、そうした自然の境界面に移行しうる存在と規定するところから、ひるがえって共同体＝常民の集合態が定位でき、日本という民俗国家の輪郭が記述できる順序になっている。

しかし、ひとつの疑問は、こうした自然と親和的な人間の像を描きだす柳田の文体が、日本国家を形成した権力の線分と無縁でありうるのかということだ。内田氏も気付いているように、《新聞報道も柳田も、警察の調べや、予審調書、判決のディスクールを共有している》。柳田の「事件を俯瞰する視線」そのものが、明治官憲の権力の作動を前提したものかもしれない。こうして、明治国家権力→柳田の文体→山里の事件→常民＝共同体の記述（民俗学）→明治国家権力の正統化、の円環が生じている可能性がある。こうした自己言及が成立しているのなら、柳田民俗学の実証性はどのように確保できるのだろうか？

この問いに、著者・内田氏がどう答えるか興味深い。本書にその答えはないが、そもそもこの問いにわれわれを導いてくれた内田氏の功績は大きいのである。

『日本人の行動文法《ソシオグラマー》』

――「日本らしさ」の解体新書

竹内靖雄

東洋経済新報社・1748円

▼『週刊東洋経済』1995.12.2

「日本見直し論者」、「異質論者」（リヴィジョニスト）たちが日本経済はフェアではないと文句をつけて以来、国際社会の日本を見る目は冷えこんでいる。折しも大和銀行事件が発覚、組織ぐるみの不正と断定され、住友銀行との合併計画まで持ち上がった。また一つ、証拠の裏付けがあがったかたちだ。

そんななか、本書は、日本人が決して特別な存在ではないと強調する。《個人は自分の利益を追求し、不利益を避けるという、それこそ「普遍的」といえる原理から出発しながら……一見ユニークな「日本らしさ」を生み出した》というのが、本書の見方だ。要するに、日本人も合理的というわけで、大蔵省や通産省の役人もさぞ心強いだろう。

本書の特徴は、番号つきの一連の命題やそれへの注記でもって、全体が組み立てられていること。しかも、自己利益をはかる個人から出発して、社会の法則性を導く構成になっている。スピノザの『エチカ』、ホッブズの『リヴァイアサン』、ヒュームの『人性論』といった、徹底して論理的・構築的な仕事のようだと期待がわく。

ところがページを繰ってみると、こうした期待は裏切られる。まず、それぞれの命題の論理的なつながりがはっきりしない。『エチカ』の場合のような、証明関係に基づいた緊密な体系性が見えてこない。それよりも、巻末にあがっている、日本文化論関係書数十冊を参考に、著者が発見した事実（日本社会についての経験的命題）をテーマごとに並べたという感じなのだ。

もっと根本的なのは《一・一・一　人はそれぞれ自分の利益を追求する》という普遍命題と、《一・三・一　日本人は状況への適応を第一として行動する》という特殊命題との関係である。日本人は状況を無条件に所与のものと受け取るというが、それは自己利益に基づく合理的な選択なのだろうか。そうではなくて、日本人の行動を特徴づける独立の仮定のようだ（一・三・一は一・一・一から導き出されない）。とすれば、日本人の行動は、自己利益に基づく合理性のみならず、所与の状況によっても説明されることになり、完全に合理的なものではありえない。このように著者の意図に反するはずの命題が本書の冒頭に掲げられていて、理解に苦しむ。

本書の中身をひとくちでいうなら、さまざまな状況のもとで観察される日本人の行動パターンを経験則として集成したものである。なるほどとうなずける命題も多く、著者の観察眼はかなりのものだが、これをもって「日本人の行動文法（ソシオグラマー）」と称することは適当ではあるまい。文法（グラマー）とは、少数の単純な前提から多数の帰結を導く論理的生産性・体系性をそなえた構造のことであるはずだ。経験則を集めるだけでなく、そこから論理構造を抽出すれば、本書の情報価値はもっと高まるだろう。

この書物をリヴィジョニストが読んだとしても、なるほど日本人は合理的だ、と思うだろうか。逆だと私は思う。ここに描かれているのは、猫の目のように変わる状況に翻弄され続ける、非合理な日本人の姿にほかならない。

『国家民営化論』
——「完全自由社会」をめざすアナルコ・キャピタリズム

笠井 潔

光文社・903円

▼『図書新聞』1996.2.3

奇妙な本が現れた、と読者は思うかもしれない。

題名のごとく著者・笠井氏は、国家の民営化を主張する。つまり、裁判所も警察も刑務所も民間の企業に経営させ、議会や軍隊や文部省や大蔵省や通産省はさっさと解体してしまおう、という大胆な提案だ。「なんて非現実的な！　そんなことあるわけない」と思えば、この本から何も汲み取れなくなる。思考実験であるからには、そういう想定に本気でつきあわないとだめである。

まず、著者はなぜ、国家を解体しようと考えるのか。それは著者が、個人の価値を絶対視するからである。個人の自由を制限し、個人の思想を抑圧し、個人の生命・財産を危険にさらす国家（国家はつねに、多数者の専制を帰結し、抑圧的であり、侵略的である、と笠井氏は考える）の存在を、著者は許すことができない。人間の尊厳のために、彼は国家と対決する。

こう言えば、はて、どこかで聞いたような、と思い当たろう。国家の死滅はかつて、マルクス主義の最終目標だった。そのために共産党の独裁権力を樹ち立て、市場を解体するというのが戦略だった。これが成算のない試みであることは、ソ連の崩壊によって明らかになっている。これに対して著者は、市場に依拠して国家を解体する戦略をとる。そのために、競争市場の自由と効率を最大限に発揮させる。だから、資本主義のメカニズムに与することをいとわない。アナルコ・サンジカリズムを突き抜けた、アナルコ・キャピタリズムである。言っていることが保守派と似通っていても、「心は左翼」なのだ。

国家の業務をすべて民間に委託させようという発想は、笠井氏が初めてのべたものではない。ハイエク、フリードマン、ノージックらの流れを汲むリバータリアン（絶対自由主義者）の過激派、ピエール・ルミューやマレー・ロスバードといった人びとが、《国家による強制の代わりに極端な契約の自由》（一一七頁）を主張していた。いっぽう著者は、中曽根時代の国鉄民営化をみて、警察民営化を思いついたという。ここからふくらんでいった著者の構想は、《異なる思想的前提から出発して、具体的な問題に関しては、偶然に似たような場所に出たという感じ》（一三一頁）で、リバータリアンの思想と接点をもつに至ったという。

＊

そんなわけで、本書は極端な左翼的主張であり、同時に右翼的主張でもある。著者も言うように《「右」と「左」の分類が、もはや失効している》のだ。社会党や共産党のような《従来の「左」は、経済的には「大きな政府」派》（一二〇頁）だったが、著者はその反対に、そもそも政府の解体を主張し、すべてを個人とその契約（民間の保険会社や警備会社）に解消すべきだとする。この主張は、連邦政府の銃規制に反対して武装訓練にはげむアメリカの極右団体とそっくりである。

こうした笠井氏の、粗削りだが徹底した国家民営化論に、私は敬意を払いながらも、どうしても異論を挟まざるをえないという複雑な感想をもった。

敬意を払いたいのは、本書の基調に対してである。笠井氏は徹底した個人主義の立場から、国家やあらゆる社会制度の必要性を疑ってゆく。その疑いは、単なる懐疑でなく、それを市場でどう代替するかという具体的な提案をともなっている。六〇年代に全共闘と同時代を生きた左翼的知性が、そこから思索を深め発展させて、こうした地点にたどりついたのは、余人のよくなしえぬ稀有な研鑽のたまものである。

異論は、著者がこうも国家を目の敵にする理由がうなずけないことである。笠井氏は、市民社会と国家の関係について《ルソーの一般意志論は、ヘーゲルの理性国家論に継承される》（一七七頁）とのべ、そこから、国民主権（立法権力）と諸個人の自然権との矛盾を解消する道をさぐり始める。その答えは、諸個人の自由な契約にもとづかない一切の制度を否定すること、すなわち《国家を市場に解体する》ことである。市場では、諸個人の合意にもとづく契約がすべてである。そこから、遺産相続を廃止する（諸個人は平等なスタートを切るべきだから）とか、育児費用を社会が負担する（《結果として、核家族の解体は一挙に加速されるだろう》〔八〇頁〕と著者は予想している）とかいった極端な施策が導かれる。納得できない箇所があるたび、本書の欄外に?を記入していったら、?だらけになってしまった。議論が粗削りなためもあろうが、むしろ、本書の構想そのものに問題があるのではないかと思う。

本書は、諸個人が自由に交わす契約を基準にとる。そして、《慣習法、市場の法、裁判所の立法機能という三つの原則から……自由社会の新しいルール形成システムを構想しうる》（一七八頁）とする。しかし、たとえば人びとが慣習法に従うのは、自由な契約の結果だろうか？　そもそも契約の実効性を保証するには、なんらかの外的拘束（言うなれば権力）が必要ではないか？　それを認めるなら、国家を否定すると矛盾が生ずるのではないか？

本書を何回か読み返したが、かりに著者の主張するような社会が実現しても、国家のある社会に比べて個人の自由はいささかも拡大せず、かえって混乱が大きくなるばかりではないかと私には思えてならない。アメリカの「小さな政府」論者は、貧者切捨て→金持ち優遇のドライな個人主義者たちに支持されている。個人主義の伝統があまりに脆弱だった日本で、こうした議論がひとつの選択肢に加わることは大切だと私は思うけれども、だからと言って、著者の示す方向が最善で賢明な道だとはとても思えないのである。

『日本文化試論』
——ベネディクト『菊と刀』を読む
副田義也
新曜社・３５００円
▼『社会学ジャーナル』1996.3

関説する文体への疑問

東京工業大学の橋爪です。今日用意してきたのは小さな半ペラのレジュメ一枚〔省略〕ですが、これに従って報告します。

ルース・ベネディクトの『菊と刀』という本については、いまさら言うまでもないでしょう。その『菊と刀』に関して、副田氏が『日本文化試論』という本を書きました。この内容についてここで詳しく紹介する必要もないと思うので、その先をのべますと、私はこの本を読んでどこか異和感を持ちました。その異和感については、お手元の「大会報告要旨」のなかに書いてあるので繰り返しませんが、その異和感の内容を突きつめてみると、『菊と刀』がどういう書物であるかに関して、副田氏と私とではまるきり理解が違っているらしいという点に帰着します。

私は、この書物をどう理解したのだろうか。報告要旨をまとめた時点では異和感ばかりを書き、私の理解のほうを整理してのべなかったのは失礼なことだったと思うのですが、ここで私は理解をのべて、そのうえで副田氏との違いを明らかにしていく、それも書評のひとつのあり方であろうと思います。

そこで私の理解をのべますと、まず『菊と刀』という書物の性格ですが、普通これは日本文化論の「古典」と考えられています。たしかにそう読んでもかまわない。しかし、そのテキストの出来上がりを見てみると、これは大急ぎのやっつけ仕事なのです。古典とは、それを専門に研究している研究者が全力で数十年にわたって研究し、これ以上磨き上げられないような形でテキストを確定した、後輩の学者がそれを繰り返し読んでいく、というものでなければなりません。しかし、『菊と刀』はそういう性質の書物ではありません。

ベネディクトがこの仕事を引き受けたのは、『菊と刀』の緒言によると、一九九四年で、太平洋戦争もそろそろ終盤にさしかかる時期で（もちろんそれ以前にも何かほかの仕事で係わっていた可能性もありますが）、ずっと以前から準備をしていたものではない。それをまとめた『菊と刀』の出版はわずか二年後の、一九四六年です。戦争が始まると、戦時情報部の極東部というところで仕事が始まり、人類学者を含む大勢の学者が研究に参加していたわけですが、その一員として、敵国研究として日本の研究を行っていた。そこで彼女も、従来の業績や考え方――「文化の型」――を生かして、日系米人の強制収容所での聞き取り調査をしたり、さまざまなパンフレットや日記類を資料に使ったりして、急いでまとめたという性格のものです。『菊と刀』が本としてまとまるに至った経緯は書いてないからわからないんですが、私は想像するに、この種の軍の仕事は秘密の任務を持っていますから、調査が一段落するごとにテクニカルリポートを軍の上層部に次々あげていったであろう。戦争はいつ終わるかわからないわけですから、毎月のようにそういうものを書いていたに違いない。これは当然公表されないわけですね。こうしたレポートの原稿は本人の手元に残っていても、そのままの形では公表できないので、戦争も終わったことだしそれを手直しして一般向けの書物に書きなおそうということになった。そうしてまとめられたのではないか、というのが私の想像です。

ですから、この研究は、学術的な体裁をとっており、発表された段階ではそういうふうな体裁に仕上がっていますが、第一義的には実践的な課題を持っていた。それは要するに、占領政策をどうしたら有効に推進できるか、という課題です。そのためには、降伏当時、一九四五年前後の日本人の信念と行動体系を、系統的に理解する的確な情報を与える、これに尽きるわけです。多岐にわたる研究は、要するにそこに帰着する。

これはいわゆる「組織神学」的努力ではないか。組織神学（systematic theology）というのは、信仰を制度化するためのものですが、いろいろな原理を挙げて価値のあいだの序列をつけ、ひとつの神学体系を組み立てる。キリスト教は、ユダヤ教やイスラム教に比べてこういう面が立ち遅れていたので、こういう神学の部門があるわけなんですけれども、同じような考え方で、日本人が仮にひとつのまとまった価値体系を信じていたとしたならば、それをどういうふうな組織神学に書き出せるのだろうかという努力を、暗黙のうちにやっていると理解できる。

占領するのはアメリカ軍ですから、アメリカが前提としている価値観からどのようにずれているかが記述できれば、占領目的は達せられる。その点では、かなり大ざっぱです。比較の対象となっているのはアメリカで前提されている価値観で、そこから見ると日本は一見奇異に見える。しかし、その矛盾は、実は好意的に解釈する余地もある。こういうふうな構成になっているんですね。

さて、このような『菊と刀』という書物ですが、一番大きく評価できる点は、その大づかみな展開（論理性）であると思います。細かく見ていけば、逆にアラがどんどん見えてくるわけです。アラというのは、ベネディクト本人は日本研究の専門家ではなかったとか、時間を急いだためにいろいろ齟齬が目立つとか、そういう問題ですが、そういう細かな点にかかずらわっていてもこの書物の全体が見えない。例をあげましょう。子ども向けの3D何とかという絵本を本屋さんで売ってます。見たところただのシマシマの模様で何も見えないのですが、焦点を本の裏側に合わせますとシマシマ模様のなかから絵や文字が浮かびあがってくるという、そういう絵本です。『菊と刀』もよく似ていて、細かいところはかなり支離滅裂に見える記述が沢山あるわけですが、焦点をずらして、全体はどうなっているかというふうに読むと、いまのべたようなテキストの構成の仕方が浮かびあがってくる。

ところが副田さんの『日本文化試論』はちょうどその逆の読み方になっていて、『菊と刀』をいわゆる古典のテキスト、磨きぬかれたテキストであるという想定の下に、その断片を個別に研究している。「何頁で参照されている原典はこれこれに違いない」とか、「ここは別の誰それの考え方とこう違う」とかいうふうなことを逐一検証するという性格の書物になっている。まるでトンチンなのです。

次に、レジュメの後半ですが、『菊と刀』はどこまで成功したのか、を考えてみたい。

『菊と刀』は公刊される段階で啓蒙書としての体裁をとらざるをえなくなりました。そこで本書の性格は、文化人類学者が行った学術的研究という側面、アメリカ人に向けて書かれた敵国日本についての啓蒙書という側面、この両方を合わせ持った性格になります。このような性格の本、特にアメリカ人向けの啓蒙書を、日本人が教養書なり啓蒙書として読むということには問題がある。どういう問題かというと、アメリカ人の場合、自国の文化については説明の必要がない。日本の文化について説明する必要があるんですね。しかし、われわれの場合、アメリカ人の価値体系を自らのものとして十分理解しているわけではない。日本の文化についてはある程度理解しているので、それがどういうふうに説明されているか、なるほど見方がだいぶ違うなあ、という読み方になるわけですね。アメリカ人であれば、自分たちの価値体系をかなり組織されたものとして意識していますから。いまみたいな読み方になる以外ないのですが、日本人の場合、そうした自分の読み方の偏りが自覚されにくいのではないかと思います。

さて、この書物は、文化人類学という学問の科学性、実証性を手段、方法として使っているわけですが、それはどういう意味を持つでしょうか。当時のアメリカ人は、日本人はまったく理解できない不合理な思考や行動をする存在だと考えがちだったわけですが、本書は、それを「もうひとつの合理性」として理解していくことも可能であるということを示す、その説得の手段となっているというふうに考えられます。

ベネディクトが文化人類学者として日本文化にふるまう態度は、彼女が今までとってきた態度の延長上にあります。印象的なところをいくつか挙げておけば、天皇を太平洋諸島の「神聖王」と類似していると指摘するところとか、育児の方法が「共感呪術」にもとづくという記述、とかがあって、要するに日本の文化は資本主義文化ではあっても、未開な文化と同じ方法論によって研究していいと主張しているわけです。こういう態度によって、日本人はいたく傷つけられるかもしれませんが、そういう距離感から書かれているわけです。こういう文化人類学という学問の持つ、文化的体系、価値体系に対する距離感（客観性）が、日本という社会を適度な単純さよって抽出するのに有利なのです。もしこれを、日本学研究の専門家のような密度で書いていったら、とても短時間でここまで体系的な書物を書ききれるわけがない。そういう意味で文化人類学は、適度に荒っぽい学問だった。

この文化人類学によって、どのように日本が再構成されたか、彼女は繰り返し日本人の信念・行動体系の全体を再構成しようとしていることを書物のなかでのべています。例えば二九一頁（文庫版）では、日本人が国民全体として抱いている人生に対する仮定を取り出そうとしています。仮定とは assumption の訳語で「前提」という意味です。ひとつの価値体系、それはいくつかの証明されない価値前提に立っていると想定されているわけですが、それは明らかに事実としてあるわけですね。で、仮定（前提）と言うからには、そこから論理演繹的に導かれる結論があるわけです。ここから彼女は、日本文化の前提、仮定を押さえれば、日本文化を合理的に全体を理解できるという想定の下に、仕事をしているということがわかります。その点は一七頁あたりに書いているわけですが、結局取り出されてきたのは、「恩」という仮説構成体です。

　恩には、天皇の恩や親の恩などがあるんですが、天皇の与える恩や親の与える恩に対応して、それに応える責務（債務）が存在する。責務には、有限のもの、無限のものといろいろあって、義理や義務へと分節されています。義務はさらに、誰に対するものかで分類されて忠と孝に分かれ、義理に対するものとしては恥という概念がある。また、それとは別に、誠実であるという作用素もあって、これはそれぞれの道徳項目に対する冪乗《べきじょう》演算子として働いている。こうして、日本の価値体系の前提となる要素を多く取り出してきて、それらを整合的に配列していくという努力を、各章を通じてやっているのです。

　ここで結果として、日本の価値体系がこの書物のなかでうまく描かれたかどうかという点なんですけれども、彼女はやや矛盾したことを言っています。一方で、日本人自身はこうした価値をひとつの体系として理解することに成功していないという判断があります。例えば《彼らは「人間の義務の全体」はあたかも地図の上の諸地域のように明確に区別された幾つかの部分に分けられているように考えている。……人生は「忠の世界」、「孝の世界」、「義理の世界」、「仁の世界」、「人情の世界」、その他なお多くの世界から成り立っている》、まあ、ばらばらであると、一口で言っているわけです。これを別のところでは、《日本の道徳の原子論的状態（原文ではatomism）》と呼んでいる。さまざまな価値が、序列づけられ体系づけられないまま、ばらばらに存在していて、ばらばらな局面で日本人の行動や信条を支配していると理解しています。アトミズムが日本の道徳の、原初的状態である。これが日本文化の型というふうに見られている。もしそうだとしたならば、彼女は、いくつかの前提から日本文化を合理的な体系として理解しようとしたことに失敗してしまうことにもなりかねないんですけれど、いっぽう別なところではこんなようなことも言っている。特に明治維新の分析に続くところなんですけれども、天皇制に関して《彼らは「忠」を地図の上の単なるひとつの領域ではなくて、道徳のアーチの要石にしようとした》と書いてあります。要石というのは、キリスト教の道徳に特徴的な言葉でしょうけれども、要するにこの原子論的状態ではどうしようもないので、日本の近代化のために天皇に対する忠を政策上強調して、日本人の価値観をひとつの整合的な体系（道徳のアーチ）にまとめあげようとした。そうして、そのような価値観を日本人全体に教育した、その教育の効果が一九四五年の段階では日本人を支配していたという判断も下しているわけです。

その例として挙がっているのは、軍人勅諭や教育勅語で、これはトーラーに相当するものであると書かれている。トーラーとはご承知のようにモーゼ五書、つまり旧約聖書の前半の五つの部分で、ユダヤ教やキリスト教で神聖なテキストとされているものですけれども、そういう神聖テキストに相当するものが、軍人勅諭や教育勅語であると説明されています。これは、『古事記』でも『日本書紀』でもないわけで、明治天皇がある時期に下した歴史的文書なのですが、そういうものが機能的に神聖テキストと同じになっているという指摘は、近代になって日本の価直体系が合理的に再編されざるをえなかったという歴史的事実に注目していると考えられる。

そうだとすると、ベネディクトの分析は二段階になっていることになる。日本文化のもともとの型は価値のアトミズム、原子論的状態であった。しかし戦前の天皇制、一九四五年の段階での日本は、別な価値体系を持った西欧と接触した結果、それに適応して、教育を再編成し、その産物として、ヒエラルキー（階層的秩序）、忠というものを強調する文化体系に変質を遂げていく。その結果、合理的な価値体系とほぼ同じように機能するもうひとつの秩序をこしらえた。こういう二段階の分析になっていると考えられるわけです。

これは分析としてはまあまあ成功しているのではないかと、私は思います。『菊と刀』が日本に紹介されたときに、いろんな反応があったわけですが、そのなかで鶴見和子さんが否定的な評価を下して、ベネディクトの分析は歴史的背景を無視しているとか、戦前の支配階級のイデオロギーによって日本人全体を代表させているとか、いろんなバイアスを挙げて、分析の効力に疑問を呈しました。そういう側面は無視できないかもしれないにしても、この『菊と刀』という書物はとりあえず、アメリカの占領政策に貢献できればよかったわけだからそれで十分だったのであって、この書物は成功していると考えられる。

ベネディクトの分析が正しいとすると、一九四五年以後の日本の状態がどうなっていくかが予測できるわけですけど、戦前日本の、忠、ヒエラルキーを中心にした価値体系、合理性は見せかけのものですから、敗戦によってそのヒエラルキーが崩れたのであれば、もとの価値のアトミズムに舞い戻るであろうと予測される。戦後は実際、そのような道筋を進んだのではないかと考えられるわけです。そうだとするなら、『菊と刀』の分析はその粗っぽさにもかかわらず、おおむね妥当であったと評価できると思います。

私はだいたいこんなふうに読んだのですけれども、こういうふうな考え方がほとんど副田さんの書物のなかに見られなかったので、私はあまり感心しなかったんです。他の見方が示されているのであれば、それはそれで十分検討できるのですけれど、そうではなくて、コメンタリーなんですね。コメンタリーは、精密で難解なテキストに対するものなら評価できるんですが、『菊と刀』は要するに粗っぽい書物ですから、力を入れればいれるほどかえって全体がわからなくなる。エネルギーがもったいないんじゃないかと思います。

『現代日本のリベラリズム』

佐伯啓思

講談社・2233円

▼「日本経済新聞」1996.6.2

《私にとっては、最初の「現代日本についての評論集」》と「あとがき」にある。冷戦の終結した九〇年代になって、いよいよあらわになってきた戦後日本社会の矛盾を、鋭くえぐる文章が並んでいる。

著者の立場は、いわゆる保守主義。それも《レーガンのおこなったことは、……バークにまで遡れるイギリス本流の本来の保守主義とは似ても似つかない》とのべるほどの、本格的な保守主義だ。当然、丸山眞男、大江健三郎をはじめとする戦後の進歩的知識人たちが残らず批判の対象となる。

本書の論旨は、単純かつ明快だ。まず、資本主義市場経済は、《安定した社会》（＝伝統）がベースにあって、はじめてうまく機能すると考える。また、国家（公的存在としての個人）があってはじめて、私的な存在としてのわたしが生ずると考える。このことを忘れ、ひたすら無制限な権利の主体、欲望の主体としての個人から出発したのが、戦後の誤りだった。その結果、経済は繁栄したが、公共的なもの、健全な国家意識が見失われた、とするのが著者の診断である。

佐伯氏の指摘に、なるほどと思うところが多い。特に、戦後の言論が議論を単純化する点で暴力的だという指摘は、その通りだ。

ただ、あえて言えば、それを指摘する本書の図式もやはり単純だと言えないか。繰り返し出てくるのは、フランス（理性主義的な憲法システム）／イギリス（慣習法的なシステム）の対立。戦後日本が前者でだめだったから、これからは後者で行くべきだと、要するに言っているだけのようにも思える。戦後言論の二分法を巧みにひっくり返すのだが、その論法がやはり二分法なのである。

保守主義のスタンスを示すことは、とても大事である。だが、問題はいまその先にある。憲法にせよ戦争責任にせよ宗教問題にせよ、日本の直面する具体的な課題に対して、もう少し著者自身の実際的な提案を聞きたいと思った。

『教科書が教えない歴史』

藤岡信勝・自由主義史観研究会

産経新聞ニュースサービス・1359円
扶桑社文庫・667円

▼「朝日新聞」1996.10.13

侵略か進出か。日本の近代史は《ことごとく悪》だったのか。歴史と教科書につきまとうモヤモヤを、すっきりさせたいという果敢な試みである。

小中学生でも理解できるようにとある通り、読みやすい。「産経新聞」に連載中のコラム、七十八回分が収められている。筆者は現役の小学校教師や大学の教員たち。藤岡信勝氏ら自由主義史観研究会のメンバーだ。

歴史は、ひからびた過去の出来事の羅列ではない。さし迫った現在の連続、その時を必死に生きた人びとの決断と行動の積み重ねである。――そんな当たり前のことを、本書は気づかせてくれる。

本書の特徴は、戦後の歴史教育や大東亜戦争肯定論のような一方的な善玉・悪玉史観でなしに、複眼的なものの見方を強調する点。台湾や朝鮮で現地につくした人びと、アジアの独立を支援した日本人たちを紹介する。そして日本人が《日本の国益に立ってものを考えるのは当然》としたうえで、他国にもその権利を認め、当時の国際社会の力学のなかで日本の選択を再認識しようとする。

こういう試みもあっていいが、これでは国ごとに違った歴史ができてしまい、その溝を埋められなくなるのではないかと心配だ。

先月、中国北部を回り、七三一部隊の跡、盧溝橋、柳条湖、平頂山虐殺現場ほかを見学してきた。本書はたとえば柳条湖事件を、現場の軍人の謀略によるもので政府の意図ではなかったとするが、侵略された側には受け入れがたい理屈だ。後で事件を追認したり処罰を怠ったりすれば、それが政府の意図だったことになるのだ。

行く先々で中国の人びとは、日本の歴史認識を非難した。日本人が読む必要があるのは、むしろ彼らの歴史の教科書かもしれない。

われわれが率直に歴史を見つめるためには、健全なナショナリズムが必要だ。本書はそのための一歩である。だがまだ先は遠く、方向もこれで正しいのか疑問である。

『社会科学をひらく』

ウォーラーステイン、グルベンキアン委員会（山田鋭夫訳）
藤原書店・1800円

▼「日本経済新聞」1996.12.8

世界的に権威あるポルトガルのグルベンキアン財団が、ウォーラーステイン氏を座長に十人の社会・人文・自然科学者を集め、社会科学の将来像について徹底討論した結果をまとめたのが本書だ。

政治学／経済学／社会学。この三つが十九世紀以来、社会科学の中核だった。それは、欧米の先進国で、国家／市場／それ以外の社会領域がそれぞれ自律的に運動してきたのと、表裏一体のことだった。それがいま、さまざまに細分化した専門分野の垣根を張りめぐらせて、社会科学を窒息させている、と著者たちは診断する。

一九四五年以来、アメリカは強大な力を背景に、政治学／経済学／社会学を、普遍的な知識として世界に押しつけてきた。その後、エリア・スタディーズ、カルチュラル・スタディーズなど、複数の分野にまたがる学問が台頭してきた。欧米中心の世界が崩れつつあるいま、それらを手本に、細分化した専門の垣根を取り払い、社会科学を再統合すべきである。そのために大学の機構改革にも着手すべきだと、本書は提案する。

大筋で賛成できる提案だ。

本書は、マルクス主義のリバイバルの試みだとも言える。

かつてマルクス主義は、社会科学を歴史学・哲学で基礎づけ、体系的な知にまとめあげていた。それが衰退し、社会科学は、政治学／経済学／社会学といったアメリカ流の法則定立科学に帰着した。そこで著者たちは、新しい歴史学に注目する。そして、普遍的な法則の定立をうたう社会科学も、歴史的な偶然の産物に過ぎないとする。委員の一人、自然科学者のプリゴジン氏は、自然科学でも均衡を離れた系で不可逆の時間が無視できない以上、社会科学も歴史を無視できないはずだと、ウォーラーステイン氏を応援している。

社会科学の再組織は必要だ。だがそれは、既存の専門の垣根を取り払えば、すぐ実現するのか。新しい理論展開も必要なはず。来るべき社会科学のイメージは、本書でもまだ漠としている。

『敗北を抱きしめて』上下
——第二次大戦後の日本人

ジョン・ダワー（三浦陽一他訳）
岩波書店・（増補版）各２６００円
▼「日本経済新聞」2001.6.24

戦後は遠くなった。うちひしがれた屈辱も、飢えや貧しさも、生きのびた喜びも、もはやひとごとでしかない豊かな世代が大半になった。

そんな戦後を、生身の人間が織りなした濃密な一ページとして、眼前に再現してみせてくれるのが本書である。アメリカを代表する日本研究者の一人ダワー氏が、占領期の資料の山と格闘した。多様で雑然とした敗戦直後の、なつかしくさえある実像がふんだんに盛り込まれている。

著者は、占領軍の建て前の裏側で何が行われていたか、人びとの混乱した心理の奥底で何が芽生えていったかを、きっちり検証していく。前半は、敗戦にとまどいながらも、したたかに生きる日本人の適応力、後半は、新憲法と東京裁判に焦点をあてる。近衛文麿、東条英機、ＧＨＱの将校たち、有名人や無名の人びとのあいだで、終始巨大な存在であり続けるのは、マッカーサーと昭和天皇の二人だ。

半世紀を経たいまだから、歴史として冷静に語りうることがある。ＧＨＱとアメリカ本国政府との確執。マッカーサーの指示であわただしく日本国憲法ができあがるまで。ダワー氏は、日本の旧指導部に厳しい批判の目を向けるいっぽう、七年にわたるアメリカの軍政がむしろ戦前の体質を温存してしまったとも指摘する。また、極東軍事裁判が「事後法」にもとづく強引なもので、裁判の体裁をなしていないとも断ずる。総じて、アメリカの占領政策と戦後日本の体制の「正しさ」を見直す論調となっている。

そのいっぽうダワー氏は、日本のふつうの人びとが、上からの改革をよろこんで受けいれ、積極的に戦後日本を築いたと感動をこめて語り、高く評価する。誰もが「平和」と「民主主義」を熱心に議論した。日本人は、敗戦を「抱きしめた」のだ。

戦後日本の原点に、日本とアメリカが異文化として遭遇し、まじまじと見つめあった真剣な一時期があった。日米安保をはじめ両国関係の再構築が必要ないま、そうした原点を思い起こすことも有益だと言えよう。

『可視化された帝国』
——近代日本の行幸啓

原　武史

みすず書房・3200円

▼「日本経済新聞」2001.8.26

明治日本は、「想像の共同体」として国家を形成したのだろうか?

そうではなかったと、著者は論証する。鮮やかで意外な結論だ。

ベネディクト・アンダーソンは、近代国家が成立するには、新聞や文学や国語教育の普及など、人びとがめいめいを、国民という「想像の共同体」の一員と自覚することが必要になる、とのべた。これが通説となって、日本でも、明治天皇が各地を行幸したのは十年代までで、その後は「御真影」が代わったので、「想像の共同体」が完成した、などの説が流布してきた。

原武史は、明治以後、終戦にいたる歴代の天皇の行巡幸や皇太子の場合を丹念に調査し、それは事実に反するという。天皇が活発でなくなる時期には皇太子が代わって地方を巡るので、二人でひと組と考えるべきこと。イデオロギーではなしに中身のない「ご威光」によって統治する、江戸の大名行列や日光社参の伝統が生きていて、教育勅語の暗唱や御真影への礼拝が普及するのは、昭和初期まで遅れること。要するに近代日本が「想像の共同体」というよりも、目にみえる天皇との関係を軸にする「可視化された帝国」として形成されたことが、明らかになってゆく。

こうした文脈から、著者は、大正天皇という特異な存在に注目する。病弱なための転地療養もかねた旅先で、彼(当時は皇太子)は自由に、庶民に語りかけた。即位ののち、それが不可能になってからの悲劇は、著者の『大正天皇』に描かれている。

公衆の前で言葉を発しない昭和天皇のあり方は、大正天皇の裏返しと考えると理解しやすいという。彼は、数万人の君が代斉唱、万歳三唱をラジオ中継する、「一君万民」の政治空間の演出になくてはならない存在だった。本書の考察を延長するなら、そんな昭和天皇が戦後、民衆に語りかけたのは、マッカーサー元帥の「皇太子」として大正天皇のようにふるまったから。そのあと寡黙な半生を送ったのは、独立後、天皇の地位に戻ったから、とも解釈できる。資料も充実の好著である。

『〈民主〉と〈愛国〉』

——戦後日本のナショナリズムと公共性

小熊英二

新曜社・6300円

▼「日本経済新聞」2002.12.22

九六六頁と大部だが、中身も重量級だ。面白い。正月休みに通読するなら、この一冊である。

『単一民族神話の起源』、『〈日本人〉の境界』と、過ぎた時代の言説を丹念につなぎ合わせて、意想外の図柄を描き出すジグソーパズルのような仕事を手がけた著者が、今回は敗戦から一九七〇年までの戦後の言論を扱う。荒正人、石母田正、清水幾太郎、竹内好、中野重治、南原繁、丸山眞男ら懐かしい名前の知識人たちの言説の断片が、万華鏡のように戦後思想の情景を展開させていく。

戦争は、《敗戦後の日本に、……巨大な共同体意識を生みだしていた》。そのうえで著者は、津田左右吉らオールド・リベラリスト、丸山真男ら戦前派、三島由紀夫ら戦中派といった世代の違いによって、微妙な温度差があると指摘する。どの年代でどう戦争を実体験し、どんな傷を受けたかが、各人の言動を規定している。《戦後思想とは、戦争体験の思想化》にほかならないのだ。

つぎに著者は、敗戦直後の混乱期〈第一の戦後〉と、五五年以降の第二の戦後を区別する。いま戦後として知られているのは、第二の戦後にすぎない。第一の戦後に論じられた切実な課題を、当時の文脈のまま掘り起こすと、共産党が愛国を唱え、保守が憲法を擁護するといった「ねじれ」も必然的だったと理解できる。

そして本書の圧巻は、後半。吉本隆明、江藤淳、鶴見俊輔、小田実ら、より若い知識人たちの内実を検証する各章だ。彼らは「戦後知識人」を批判し地歩を築いた。だが、この世代特有の戦争体験に制約されており、批判も半ばは誤解にもとづくという。多数の知識人を共通の土俵に乗せその布置関係を明らかにする著者の方法は、独創的で斬新である。

戦後思想を縦覧した著者は、言論の根底に、言葉にならない心情を発見する。国家が解体した以上は、自己が自己のまま他者と共存する公共性を構想したい。それが「民族」、「国民」と呼ばれた。本書は〈民主〉・〈愛国〉をキーワードに、戦後の時代が模索した公共性の思想を再発見したのである。

知の前線を読む

『意味と記号の世界』
——人間理解をめざす心理学
石原岩太郎
誠信書房・2500円
▼『記号学研究』1983.4

この書を通じて著者石原氏は、心理学が人間理解のための学にたちもどるべきことを、強く訴えます。

心理学は周知のように、J.B.Watson このかた半世紀余にわたり、行動主義的潮流の圧倒的影響下におかれてきました。実験心理学、すなわちS－R図式にもとづく実験動物の行動研究が主流を占め、本来の対象であるはずの人間への関心は片隅に逐《お》われたままです。これを是正せんとする著者の企図は十分に正当なものであり、評者のみならず記号学に関心を寄せる大方の賛意をえられましょう。

ところで著者によると、行動主義心理学は「自然科学指向の帰結」（二一〇四頁）であって、「遠くデカルトに由来」（二一〇四頁）します。したがってこれを克服するには、「人間を自然科学的観察の対象として、物質の振舞いと同様に、客観的に、断片的に観察するのではなくて、人間の側に立場を移して、主体として世界を眺め、この眺めのなかで行動するものとして人間を理解」（iii頁）する必要が、すなわち、生命をみとめず身体を機械視したDescartesに倣うのをやめ、人間を「生命をもった能動的な存在」（iii頁）とみる必要があります。

人間は、意味に生き、記号を駆使する存在です。著者はこの「意味と記号の世界」を人間にとどめず、次第に複雑なものに変化してゆく生命の進化に即して理解するよう提案します。この企図は目次を見れば瞭然でしょう。そこには多彩なトピックや著名な実験結果が散りばめられていますが、全体として、生命の最も端的なあり方（ネガエントロピー）から、一連の中間形態をへて、ついには人間の活動にいたるように配列されています。

この書の主に前半は、著者多年の講義で練りあげた内容にもとづくといいます。ゲシュタルト派以来の認知心理学の成果や、動物の知恵試験、言語心理学の実験など、行動主義的正統からみればやや傍流に属する諸論が丹念に要領よく紹介されています。また後半にかけては、Üxküll や、Lorenz をはじめとする行動生物学《エソロジー》の知見、類人猿の言語使用、コンピュータ言語、さらには東洋の仏教哲学など、既成の枠にとらわれない材料が豊富に盛られています。二、三のささやかな不満、たとえば類人猿の言語使用の章では文法概念の説明を欠いて趣旨が不徹底のうらみが残ること、コンピュータ言語の章では、もともと性質のまったく異なる人間の言語と比較してもどれほど著者の論旨の補強になるのか疑問なことなどを別にすれば、この書は、行動主義の専横に違和を覚えてきた人々に対し、新たな角度からの問題の概観を提供する、好個の啓蒙書と申せましょう。

＊

しかし賛辞を呈するばかりでは書評はつとまりませんので、以下せいぜい論争を試みましょう。というのは、著者の立場が（ありあわせの呼称によるなら）典型的な生物記号論（わけても記号進化論）であるのに対し、もう一方に文化記号論なる有力な立場があり、両者は簡単に相容れないと思われるからです。著者がこの書で試みた記号論の、ありうべき問題点を指摘できるなら、ともすればすれ違いがちないずれの立場にも、また当面の記号学の発展にとっても、有益と信ぜられます。

紙幅の制約もあり、評者は三つばかりの論点を簡潔に取り上げます。

第一に、著者の意味と記号の概念は（少なくとも文化記号論と較べ）いちじるしく拡張されたものですが、それに見合う収穫によって記号論の奥行きを増すものか疑問です。

著者の定義を拾うなら、まず意味とは「生物が自らの立場から捉えた環境の秩序の体系」（一〇頁）です。また記号とは、概念もしくは「意味を表わすもので」（一六一頁）、知覚と異なり「いまここにないものを指示する」（二一五頁）ゆえに、生物から生物へ、環境から生物へ、……の「コミュニケーションの役割を果たす」（一六一頁）とされます。こうして、きわめて下等な動物といえども世界を「認識」し「記号」を交信しつつ「意味」の世界に生きるとされます。

紹介される諸事例はもともと、著者のこうした特異な用語と関係なく報告されたものでした。それをどう呼びかえてもよいのですが、現象の恣意的な再分類に終わらぬためには、そこに一貫する論理に骨組みを与えなければなりません。

著者はここで、意味・記号領域に内在するある発展傾向の存在を想定します。

この発展傾向が自律的なものだと言えることが、著者の行論にとって重要です。著者はもう一方で、進化論の通説（突然変異と自然選択の理説）に比較的忠実です。この進化のロジックにもとづいて、生物はその行動をより高度に組織するようになりますが、著者にすれば、これは生物がより豊かな意味世界をもつことにほかなりません。最高度に発達した人間の意味世界もこうした系列の最後に位置すると言います。そこでもしも意味・記号領域が進化のロジック（これは機械的因果論に近い）に専ら依存し、それに付随して展開するにすぎないとすると、人間の意味世界を考察するにも殊更原始的な生命のあり方やエソロジーの知見を参照するまでもないことになりましょう。文化記号論が試みるように、人間と動物（自然）の間に線を引き、人間の側（文化領域）だけに記号の理論を構築すれば十分です。

そこで当然、著者はあえて、生物の営む意味世界から進化のロジックへの逆波及《フィードバック》を考えることになります。すなわち「生命にはその出発点からして、もっと能動的・積極的な原理が働いていたのではないか」（一八頁）、「環境世界の意味が遺伝子にフィードバックしたのだといってよいかもしれない」（六一頁）と考えるのです。「認識の装置とその働きとは、長い系統発生的発達を経由して、認識する主体と認識される客体との相互作用にもとづいて次第にでき上がってきた……」（一二三頁）。「記号には、系統発生的な発達史があるに違いない」（一四七頁）。こうした推測は、誤謬とも断ぜられぬかわり、格別の裏付けをもちません。それにこだわれば神秘主義に近づきます。この危うい論理構成の代償は、知覚記号論など著者の展開する所論からみる限り、存外僅かなものにとどまるというのが、評者の判断です。

第二に、著者はこの書で「心理学研究に包括的なオリエンテーションを与えようとする」（iii頁）と言いますが、心理学をどんな方法で再編するのか具体的提案がありません。

著者の整理によると、自然科学はおよそ客観主義的なものであるのに対し、意味は主観的なものです。そこで人間を扱う場合にも「それが意味の問題につながっているならば、自然科学的方法は分析的・還元的であり、意味を見失うがゆえに不適当である。……意味は分析によって消失する」（一八五頁）とされます。もちろん限られた範囲でなら有効な「自然科学を放棄せよというのではない」（一八四頁）のですが、では科学をそれと異なるどんな方法で補えばよいのでしょう。「われわれ心理学者は……意味の世界に住んでいる人間を、その意味もろとも掬いとる方法を探っていかねばならない」（一八三頁）とのべる著者の使命感に共鳴するゆえに、評者は具体的研究プランについて知りたいと思います。

（評者の見解ではこの方法を与えるものこそ記号学にほかなりません。そしてこれは必ずしも科学と対立しないはずです。意味が主観的なものであっても、それを客観的に取り扱おうとする方針が大切だと思うのですが。）

第三に、著者の記号論は、記号現象の社会制度としての側面に目配りを欠いていて、文化記号論などのアプローチとの関係も不明確な点が気になります。

著者がめざすのはさしあたり心理学の革新ですから、その処方箋が文化記号論と触れあわないとしてもやむをえないでしょう。しかし人間的な意味や価値の領域は、言語や文化のあり方を考えれば明らかなように、社会制度とともに成立しています。ですから、かりに心理学が人間の意味世界に肉迫できなくても、それは自然科学に傾倒したため（ばかり）でなくて、もともと一個の生命体として人間を扱おうとする心理学の、学科分担のせいかもわかりません。とすると、折角の処方箋も、意味世界の解明に結びつかないとも考えられます。

もっとも著者は、記号が概念を表示することを明敏に指摘します。人間の抱く概念こそ言語など社会制度と深い関係をもつものでしょう。しかし著者は、制度面にはふれず、記号と概念の系統発生論を試みます。「知覚の世界にも秩序化がみられる。……この秩序への傾向は概念やシンボルの成立によって、その姿を最も明瞭に示す」（二一九頁）。知覚の秩序は原型ないし図式であって、まだ概念とは異なります。「では概念はどこから出てきたのか」（二六七頁）、これは「難問」です。著者はいちおう「原型を通じて概念に達する」（二六七頁）ルートを考えていますが、もう一方で記号（シンボル）の「恣意性」（一八一頁）を承認しているようですから、こうした上向的理路でその飛躍を埋めきれない道理でしょう。それならいっそ、文化記号論と作業分担をはかるべきではなかったでしょうか。

著者は行動主義心理学をデカルト的機械論、自然科学的客観主義として批判しました。しかし話はそれほど単純でしょうか。人間の最も固有の活動たる言語を、最もうまく説明しているのはさしあたり変形生成文法ですが、これは行動主義言語観と対抗する関係にありながら、多分に機会論的なモデルです。Chomsky 自身、デカルト派を標榜してさえいます。

著者は、人間を生命ある存在ととらえかえし、主客の相互作用のなかに措きなおすことによって、意味を考察できると信じました。しかしこれでは、デカルト的接近法を裏返しただけとも言えます。評者としてはむしろ、記号・価値・意味が、主客の構図をこえた集合的な現象として制度的に定在することをみとめ、それを「科学的」に扱う方法を創出する努力を、代替的可能性として検討すべきだろうと考えます。

＊

評者は、この書を機縁に、記号に関心を寄せる幾流もの人々の間に相互批判と論争の渦が巻きおこることを願い、批判的論点ばかりを連ねました。読者諸賢、ぜひこの書をご一読の上、つぶさに論の当否を判断願いたいものです。また著者石原氏には、然るべき折にでも筆を補っていただければ、評者の蒙もひらかれるかと存じます。

『ゲーデル、エッシャー、バッハ』
——あるいは不思議の環
ダグラス・R・ホフスタッター
（野崎昭弘他訳）／白揚社・５５００円

▼『エコノミスト』1985.11.19

この五月に翻訳が発表されるや、たちまちベストセラーとなった話題の書。あなたの書棚にも、きっと一冊収まっているでしょう。だがこの厚さはどうだ！　友人にも訊いてみたが、全部読みましたなんてのはひとりもいなかった。かく言う私も、書評の手前、一週間がかりでやっと目を通した次第。

書評もいろいろあるので。購入の手引き。読解の指針。しかしこんな出遅れ書評が今ごろピュリッツァー賞まで受けた本を相手にそんなまねしても、気の抜けたビールみたいなものだ。ここはひとつ、買うには買ったが読むつもりのない大多数の読者のために、〝要するに『ゲーデル、エッシャー、バッハ』という本にはなにが書いてあったのか〟という報告を試みることにしよう。ついでに、どうしてこのての本が流行るか、といったあたりにも触れてみたい。

＊

この本には不思議なところが多い。まず、どうしてこんなにぶ厚いのか？

ぶ厚い本というと、専門書と相場が決まっている。素人には薄くてわかりやすく、専門家向けには詳しい本格的な書物を。けれども、読書習慣のないくにで、これは通用しないらしい。村の雑貨屋で売ってた本。バイブルのほかにたった一冊。民間療法から彗星の驚異まで何でも書いてある。まるごと「外の世界」の象徴なのだ。

この本も、そんななつかしい時代の記憶を漂わせている。とりあげられている話題について、別に何冊も本を読む（読んだ）ことを想定していない。著者ホフスタッターも、十五歳の聡明な少年に読んでもらいたい本だ、とのべている。というよりこれは、著者が紡ぎだした、まっさきに自分が少年にかえってのめりこみたいミクロコスモスではないか。

著者は明敏・博識。また、素人を意識して親切（を通り越したサービス満点）である。そのくせ、いやな啓蒙臭がない。それはたぶん、著者がいちばん、この本で遊べているせいだろう。ゲーデル（すっかり有名になった、「不完全性定理」の張本人）、エッシャー（パラドクシカルな不思議の画家）、バッハ（言わずと知れた、調性音楽の巨匠）――この三者は彼のおはこ（昔からの遊び友達）だ。そしてこのもつれた関係をとおして、彼は自分の本業（人工知能研究）の行く手に夢を描くのである。

＊

さて、専門的な観点からみればどうだろう。率直に言うとこの本は、本質的に新しい知見をつけ加えるものではない。たとえばゲーデルの定理についてなら、数学基礎論や計算理論のいい本がいくらも出ている。エッシャーにしてもとっくに紹介されているわけだし、バッハはなおのこと。そのほか遺伝子論や人工知能といった、盛り沢山な話題についても同様である。この程度なら、ちょいとした読書人は知ってて当然のことばかり。しかもその紹介がなにかまわりくどく（正直いらいらさせられる）、おまけに至るところ、アキレスと亀の対話が間に割って入るときている。ゆえに。こうした分野に詳しいひとは、わざわざこの本を読むには及びません。

ということは、この本は値打ちがないということか？　はたけ違いの三者取り合わせの妙をねらっただけのゾッキ本か？　とんでもない。この冗長なところが曲者なのだ。

もうひとつ不思議なのは、ゲーデル／エッシャー／バッハの関係。はじめの二人だけなら似てて当たり前という気もするが、全体となるとどうも摑みにくい。

三者のバランスから考えると、何といっても、ゲーデルが中心です。エッシャーはその「図解」。バッハはその主題の反復・変奏を分担する、という役回りだろうか（忘れないうちにつけ加えておけば、本書の、ゲーデル紹介の部分はなかなかよくできていると思う。あの「不完全性定理」はじつは、解釈のほうがむずかしいので、表記／表現の区別から出発する著者の解釈は説得的。そこだけ読みたいひとは、第八章、第九章の後半、第十三章、それから特に第十四章を御覧ください）。

本書でのべられている著者の考えを、あえてまとめれば、つぎのようになろう。――《ゲーデルの定理が教えるように、無矛盾（かつ自己言及するほどに複雑）な形式体系は、不完全である。だがその事実は、致命的でない。というのは、われわれ（の頭脳）はそうした形式体系のひとつに支配されているのではないから。ぎゃくに、そうした形式体系をひとつのレベルで運行させているような、多レベルな構成をもつのだ。そしてこれらのレベルは、ゲーデル型性のおかげで、しばしば互いにもつれあっている。ここに精神の働きを理解する鍵が潜んでいる》

議論の基本線は、明らかにこの方向をむいている。けれどもこれだけ言うのなら、ゲーデルの定理の紹介あたりから始めたとしても、本書の何分の一かで足りたろう。それに、著者も謙虚に認めていることだが、人間の心や人工知能の研究にゲーデル型性がどこまで決め手になるかは、まだ未知数なのである。これではパンチの弱いことおびただしい。随所にみられる非凡な着眼は、じゅうぶん刺戟的だとしても。

*

でも、こんな読み方しかしなかったら、著者に笑われるのがおちだ。なにかよいことが書いてないかナと思ってページからページを探しまわるのが、無粋なんである。むしろこの書物の本領は、その構成にあり。一個の芸術作品として、この書物を鑑賞してみること。

だらだらとやたら長たらしいところが曲者だ、とのべた。この冗長さには必然がある。エッシャーの絵にあったのを覚えているだろうけれども、四角い建物の屋上をぐるぐる昇り（降り）続ける一群のひとびと（というより、ひとりの人物なのかな）、「上昇と下降」という題がついていて、本書第六図に収められている。昇って（降りて）いたはずなのに、いつのまにか元のところに戻ってしまう「不思議の環」。これは、遠近法という知覚のトリック（絵画上の制度）を逆手にとって、もう一段トリックを加えたものだが、肝腎なのは、局部をいくらよく見ても、遠近法のリアリティーが保たれていて、トリックを発見できない点なのです。

私のみるところ、たぶんこの本もおんなじで、各章をみるといかにも普通の本（学説紹介）のようなのに、全体としては「不思議の環」のかたちになっている！　細部のもっともらしさを拵《こしら》えるために、だから、どうしてもこれくらいの分量は必要だったわけだ。

同じ主題が繰りかえし、変奏されていくこと。あるいは階層的に上昇（下降）しても、元の主題が保存されること。こうした自己繰りこみのもつれあいからなる円環を、著者はバッハの精髄とみなす。したたかなことに、著者は、これを自己解釈として、自著に組みこんでさえいるのだ。アキレスと亀の奏でるカノン。この間奏／本文は、どちらが図／地になっているとも言いきれない。

というわけで、本書とバッハの繋がりは、「多声性 Mehrstimmigkeit」にあると言えまいか。作品の構造は単一の声部によって担われるのでない。もっと大きなところで組みたてられている。従来、書物は、メッセージをたかだかひとつのレベルでのべ伝えるにすぎなかった。ところがホフスタッターは、別な可能性を想いえがく。で、バッハのスタイルを大々的に取り入れる。この思いつきだけでもちょいとしたものなのに、それをとにかく一冊に仕立ててしまったのだから、大した手並みだ。

＊

こうした『ゲーデル、エッシャー、バッハ』を、究極的なアンチ・イデオロギーの書とみなすこともできよう。D・ベルのような旧式の反イデオロギー論は、だらしないことにそれ自身やはりイデオロギーたるにとどまっていた。それに対して本書は、その構成そのものがイデオロギーの不能を告知する。マルクシズムをはじめ、どんなイデオロギーにしても、必ずある形式体系のかたちに表明される。それは世界を含みこむと称する（が実は世界に含まれている）。だからその主張の妥当性は、システムを「離れる」ことでしか確認できないわけだ。著者ははじめから、自分の主張を単純な言説のなかでのべようなどと思っていない。そのかわり、話題を切り換え、多くの声部をとおして語り（対話編）、ゲーデルの定理のあとさきを行きつ戻りつしてみせる。

こんな具合に書き上げられた本書の不思議なスタイル。これは、ゲーデル型性を人間精神の深いところに想定する著者の思想の、最高の表現になっている。これ以外に、ちょっと考えられないほど。ただここには、論証が欠けている。そこで著者の思想は、ファンタジーにまとわれている、とみておくのが正確だろう。

するとこういう本をつかまえて、そのイデオロギー性を云々する手合いが出てくるものだ。無駄はよしたがいい。私は著者の姿勢に（少し自閉症ぎみとしても）しごく健全なものを感じた。こうした創意を積極的に評価するアメリカは、捨てたものでないよ。もっとも日本の読者の場合、マルクシズム虚脱症候群にゲーデルメンタムがよく効くという評判もあり、あまり解りもせんうちからやたらもてはやすのがいる。どうかと思うが……。

おしまいに忘れてならないのは、三人の訳者の活躍。野崎昭弘・はやしはじめ・柳瀬尚紀と、いずれ劣らぬ達者ぞろい。お蔭で、原書を読まずに済みました。ともかくご苦労さまでした。

『自然と文化の記号論』

T・A・シービオク（池上嘉彦編訳）

勁草書房・2600円

▼『エコノミスト』1986.3.11

記号論と名がつけば何でも売れるといった、ひところのおかしなブームもやっと下火になった。記号論がどれほど

の昔から、どれほどの深度で論じられてきたのか、ここらでゆっくり考え直してみるのもよいだろう。そんなとき本書は、ちょうどうってつけの一冊である。

著者シービオク氏は、ハンガリー生まれ。いまアメリカを代表する、記号論の第一人者である。邦訳『シャーロック・ホームズの記号論』などでも、馴染みぶかい。氏の本領は動物記号論にあるというが、今回は、訳者池上嘉彦氏の手で、記号のなりたちや記号論の研究分野についての論考から最近の講演録にいたるまで、著者の全貌をうかがい知るにふさわしい七編があつめられた。

さて、著者が尊敬する最大の先行者は、C・パースである。パースは、ソシュールの同時代人で、百年ちかくも前、記号についての本格的な研究に取り組んでいた。パースとソシュールは影響関係がなく、独立に仕事をしたらしい。ソシュールの記号学の構想がその後、いわゆる構造主義・文化記号論の流れに発展していったのは、周知であろう。それにひきかえパースの仕事は、一九五〇年頃になってもごくひと握りの研究者にしか知られていなかった。著者はそう述懐するが、この事実は意外である。

著者の努力はだから、パースを現代に復権し、彼の記号論を正統に継承・発展させることに注がれてきた。著者はパースのほか、モリス、ヤーコブソンらにも啓発されながら、このほど記号論四部作の完成をみたという。これは記号現象を、人間・動物を問わず、生命体に固有であるとみなすものだ。本書にもこの見解が、随所に反映している。

パースの記号論でもっとも有名なのは、記号を、類像（イコン）／指標（インデックス）／象徴（シンボル）に三分したことだ。著者は、基本的にこの発想を踏襲し、遺伝子モデル、動物行動学、情報理論などパースの知りえなかった知見を織りこみながら、記号の諸相の実用的で精細な分類を試みる。著者のコミュニケーションのモデルは、コード・メッセージ図式にもとづき、ヤーコブソンのものと比較的近い。また、ソシュールの恣意性の原理も、象徴記号と他の記号とを区別するなかに活かされている。

あらゆる記号を分類しようとしたりすると、えてして大味な大風呂敷になりがちだ。が、著者はそのあたりの芸が細かい。いっぽう行動主義の記号観にも批判的で、信頼がおける。

もともと生物学で訓練を受けたシービオク氏が、パースやヒポクラテスに惹かれるのは無理もない。けれども、構造主義・文化記号論の発想からすると、動物記号論などと言われると、「記号」概念の広げすぎに聞こえる。評者も、構造主義畑のせいか、ときおりついていきにくい部分を感じた。

これは、何を記号とよぶかという、たかが定義の問題かもしれない。しかし、定義が異なれば、記号論の名のもとに何を構想するかもまったく違ったものになろう。実際、ひとくちに記号論といっても、ソシュールや言語学の系統のもの、パースの流れを汲むものなどがあって、双頭の鷲よろしく記号論の行く手を引き裂いている。わが国の紹介は、どちらかというとこれまでフランスに片寄っていたが、本書の刊行でいくぶんバランスも回復することだろう。

記号論の構想が入り乱れ、決着がつかないのは、著者も指摘するように、どれもまだ未熟で、方法論的に基礎を固めた決定版が出ていないせいである。そういう仕事がおいそれと実を結ぶはずもないが、ぐずぐずしていると、せっかく根づきかかった記号論のほうが雲散霧消してしまいかねない。そうなる前に、議論の着実な前進をはかること。それを急ぐ熱情が行間から伝わってくる。評者もそれに異論はない。

ほかにこの本で嬉しい点を、ひとつ。それは、著者と交流のあった記号論者たちの、じつに多彩な姿がうかがわれることである。第二次大戦中に欧州から米国へ亡命したエミグレ世代の利点かもしれないが、シービオク氏の顔の広いこと。ちょっと指を折ってみるだけでも、ヤーコブソン、レヴィ＝ストロース、イェルムスレウ、スキナー、モリス、マリノフスキー、M・ミード、M・ガードナー、ゴフマン、E・リーチ、……といった具合。評者には書物としてしか想い浮かばない、こんなそうそうたる顔触れが、どのように行き来しあったか、回想のはしばしに触れるだけでも実に楽しい。記号論の血の通った歴史をまのあたりにしたような気がする。

著者の本領はもうひとつ、学界のすぐれた組織者であることだ。国際記号学会の設立に尽力し、同学会誌の編集も長らく手がけている。人脈の広がりからもわかるとおり、自分の立場にこだわらない幅広い関心と包容力が、そうさせているのだろう。日本記号学会発足の際にも来日し、以来わが国の研究者とも縁が深い。わが学会は、評者も会員であるが、いろいろな事情でそろそろ悩みも出ているようなので、氏のような息の長い組織者の存在は貴重に思える。

訳者あとがきによれば、動物記号論のほうも追って刊行の予定とある。大いに期待される。

知の前線を読む

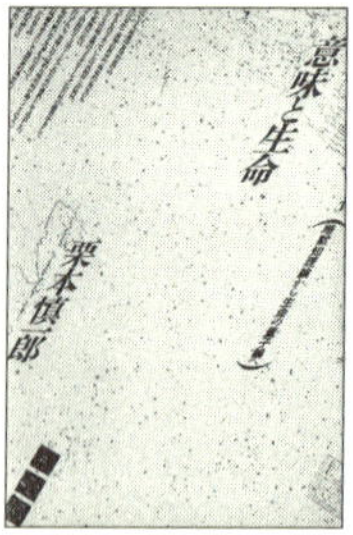

『意味と生命』
――暗黙知理論から生命の量子論へ

栗本慎一郎
青土社・1748円
▼『正論』1988.11

「意味」と「生命」。この二つは「と」で繋がれているが、実態は異ならないという。マイケル・ポランニーの「層の理論」によれば、そう言えるらしい。著者栗本氏は、この書で、「暗黙知理論」として知られるポランニーの説を、そのもう数歩先へ進めて、現代思想の一角に新しい地歩を築こうとする。

けっして読みやすい本ではないが、ヴィトゲンシュタイン、ホフスタッター、メルロ＝ポンティ、プリゴジーヌなど、哲学・認知科学・現象学・散逸理論のおおどころを、それなりに読みこなしていて当たり前、という書き方だ。話題はあちこちに飛び、盛り沢山である。ただその発想は一貫しており、全編「層の理論」の応用問題になっている。

そこでこの「層の理論」を、簡単にでも押さえておく必要がある。

まず、「層の理論」の対極にあるのが、アトミズム（あるいは還元主義）である（その特徴は、閉鎖的な言語体系だとされる）。アトミズムでは、部分が全体を離れても実体として存在し、それが機械的に集まって全体を構成すると考える（決定論）。それに対して、「層の理論」では、なにが部分でなにが全体かは相対的だ。部分は、全体のなかにあるから実体のようにみえるだけで、実はもっと小さな別の全体なのかもしれない。全体にしても、もっと大きななにかの部分なのかもしれない。こうして、部分／全体の関係は、入れ子構造みたいになって、上下に限りなく続いていく。

「層の理論」がこんなものだ（はたして「理論」か？）とすると、私の知るかぎり、ヘーゲルの弁証法によく似ているようだ。ただしヘーゲルの場合、底（有）と天井（絶対精神）があるが、ポランニーはそのような限界を考えない。極微から宇宙大にまで連なる層の連鎖を想定する。こういうことを察するのが、暗黙知である。

自然科学で業績をおさめたポランニーは、これも暗黙知のおかげだというわけで、それを一般化する。彼によれば、原子→分子→……とたどられた生命進化のプロセスの（当面）最高の所産は、人間の精神である。しかしそれも、もっと大きな全体（宇宙的生命）の一部であろうという。彼はそこに、未発見の法則を想定する。私はこれは、ユダヤ神秘思想の直系だなあ、と思うのだが、栗本氏はそう考えない。心身問題、生命科学、大統一理論の隘路を突破する鍵であると考える。

　この書は、栗本氏の楽屋裏を公開するかたちになっている。これを信ずるなら、栗本氏は〝魔法使いの弟子〟である。彼によれば、あらゆる現代思想家のなかで、ポランニーがいちばん進んでおり、ヴィトゲンシュタインがそれに次ぎ、……というランクがある。近代は、アトミズム（還元主義）の言説が支配する時代だった。それがいま、終わろうとしている。ポランニーの「層の理論」を援用するなら、自然科学の難問だろうと、哲学、社会科学の難問だろうと、たちどころに解決の方針がみつかるに違いない。この書全体が、そういうことを熱心にのべてやまない。

　マイケル・ポランニーが今世紀の傑出した知性であることは確かだろう。しかし、私は栗本氏のように楽観することができない。疑ぐり深い私は、なぜ栗本氏がこうも先走って信じやすいのだろう、などと考えてしまう。本書三二頁によれば、やや出版を急いだというから、本当はもっと説得力のある議論なのかもしれない。ただ少なくとも今回読んだ限りでは、無条件に共鳴できるところが期待したほど多くなかった。残念なことである。「本書はかなり難解である……旧来の俗流西欧知識主義を排して何度も精読せねば判るまい」（あとがき）とあるけれども、難解なのは論旨に無理があるせいもあるように思う。

　本書はよく売れたそうだが、通読できずに挫折した人が多いかもしれない。そういう人は全体のイメージを掴むのに、たとえば第三章第三節の最初のところを読むといいかもしれない。

　近代はまだ始まったばかりで、（この書のような）少々の揺さぶりではびくともしない、と私は思う。もう少し地味でも、緻密な議論のほうがこたえるはずだ。

『木から落ちた神さま』
――ウィトゲンシュタイン、キリスト&釈迦

茂木和行
毎日新聞社・1359円

▼『エコノミスト』1991.6.11

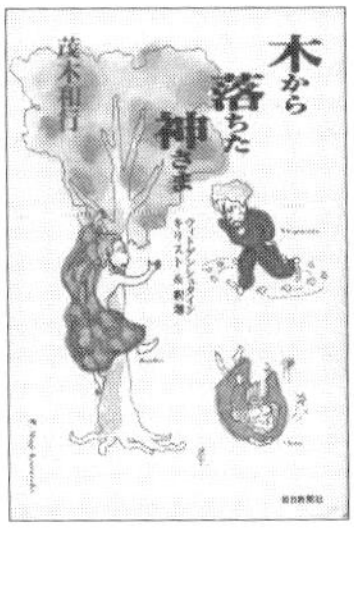

二十世紀の一風変わった哲学者、ヴィトゲンシュタインの思想を導きの糸に、仏教、キリスト教をはじめ、およそ宗教なるものの成り立ちを解明しようとする、大胆かつ野心的な作品。宗教の骨組みをしっかり捉えており、多くの読者の年来の疑問に応える内容となっている。
　著者は天文学科の出身で、編集の道に進み、現在は『フィガロ・ジャポン』の編集長。その経歴のゆえか、宗教をみつめる科学者の冷静な目と、人間を理解する温かな目が、

渾然と混じりあっている。

神や仏といった、宗教的なものの実在を正面から肯定する点が、本書の最大の特徴だ。

神や仏の存在は、これまで知りえないものとされてきた。その存在を、科学的に確かめる方法はなかった。けれども、著者の言い方を借りれば、《神は、目の前にあるりんごやこの地球と同じような現実的な存在なのです。物質の根源が量子力学的な場であるように、神もまた……場としての実在を持ちます。そして、人間は神の場を感じとるたぶん唯一の「観測装置」なのです》。

個々の人間は、泡箱のように、神の存在に反応する。泡箱の中に、神はみつからない。けれども多くの泡箱を集めれば、そこに神の実在が浮かび上がってくるのだ。

ウィトゲンシュタインは『論理哲学論考』という書物によって、科学的・論理的に語りうること／語りえぬことの間に、はっきりと線をひいた。そして、語りえぬことについては沈黙せねばならぬ、とした。すると、神や仏については、なにも語れないことになる。だが著者は言う、《ウィトゲンシュタインが見すごしていたこと、つまり「語りえぬこと」を「語りえること」にするメカニズムの存在について語らねばなりません》。

そこで仏について、まず考えてみると、その実態は悟りである。悟りは、語りえない。しかし、悟りについて語ることなしに、経典も仏教も成り立たないはず。そこで悟りを、とりあえずXと表記すれば、

《Xは語りえない。

しかし、
Xは語りうる。》

という、矛盾した命題方程式が成り立っている。悟りはこの解のことなのだ。

この方程式に解を与えるのが、「無限を繰り込む」手続きである。著者は、哲学者スペンサー・ブラウンの仕事をヒントに、《無限は有限のなかに繰り込みうる》ことが、「法華経」、「阿弥陀経」成立の秘密である、とする。ここから、すべての仏が必然的に同一となることが導かれる。

仏が《極限にある》にあるのに対して、キリスト教の神は《極限である》。そして同じく、無限である。これを、有限の存在（イエス・キリストの肉体）に繰り込んだところにキリスト教が成立した。キリスト教に独特の真理観や不合理も、この図式からかなりよく説明できるというのが著者の理解だ。

というわけで、宗教がどういうものか理解したいのに手がかりがなく、困っている読者（特に理科系の素養のある人）に対し、本書はまことに明快な見取りを与えてくれる。

得がたい一冊である。

強いて気になる点をあげれば、キリスト教と仏教の同型性が強調されすぎ、その差異が理解しにくくなっていること。ユダヤ教とキリスト教の違いがよくわからないこと。仏教が一枚岩に描かれすぎていること、などがあるが、別な本を読めば容易に補えることで、大した問題でない。

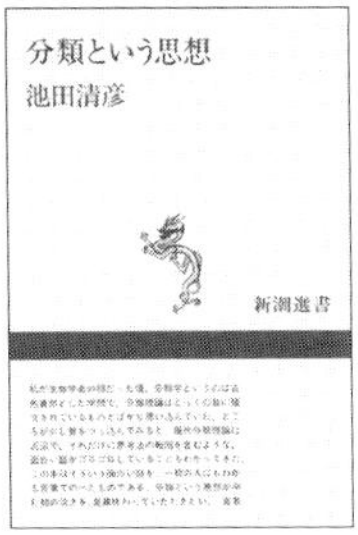

『分類という思想』池田清彦

新潮選書・1100円

▼「産経新聞」1992.12.10

注目の構造主義生物学者・池田清彦氏の新著である。《現在、生物分類学の分野では分岐分類学と呼ばれる学派が世界的に流行している。しかし私には、この学派の方法論が合理的であるとも科学的であるとも思われない。……本書は現代生物分類学批判の書》（「はじめに」）である。生物学にまるでうとい私だが、引き込まれるように読みおえてしまった。

本書はまず、分類とは何かを考えるところから始まる。素朴に考えればそれは、種々のものに名前をつけて整理（分類）することだ。だが、よく考えればそう単純でない。名前のつけ方も分類も、人間の恣意的営みにすぎない。人間が勝手に名前をつけるから、動物や植物といった実体があるように思えるだけである。

次に池田氏は、アリストテレス、リンネ、キュヴィエらの古典的な生物分類法を検討する。また進化論以後の分類学、とくに分岐分類学の考え方を吟味する。分岐分類学は、もともと進化論と関係なかったリンネの階層分類と、進化の系統にもとづく分類とを折衷したもので、矛盾だらけというのが著者の見解だ。

もっと詳しくみよう。生物を、進化の道筋を規準に分類しようと考えるのはいい。しかし、進化の道筋を見た者がいない以上、それは推定するしかない。推定は、生物の形態を手がかりにする。要するに、生物の形態を手がかりに生物を分類しているだけなのだ。しかも、分岐分類学は「最節約原理」という方法を用いるが、そこから得られる結論が、実際の進化と一致する保証はない。

著者の批判は論旨が明快で、説得力がある。本書から私が強く感じるのは、健康な知のラディカリズムの躍動だ。

ものを考える場合に、ことがらの根本にさかのぼって、既存の思考の枠を乗り越えようとするのが、知のラディカリズムである。池田氏は、人間がものをみる態度の根本に、分類という活動をさぐりあてた。科学もこの態度の延長上にあるほかない。分類が「思想」であると氏が言うのは、そのことを指している。そのうえで池田氏は、生物の「科学的」な分類は、われわれの自然な分類と齟齬をきたさないものであるべきだと言う。

《①自然分類群は、それを認識したり命名したりする人間（別に分類学者でなくともよい）がいて、はじめて存在する。②自然分類群は自然界に自存するものではないから、我々が創造すべきものである》（二一七頁）。言われればその通りであるが、われわれはつい、学校で習った通りに、哺乳類や軟体動物といった実体が、自然界に存在すると思いがちだ。それが「思想」にすぎないこと——それがきちんと腑に落ちれば、われわれは科学の呪縛から解き放たれるのかもしれない。

『数理決定法入門』——キャンパスのOR

今野 浩

朝倉書店・3500円

▼「産経新聞」1993.1.14

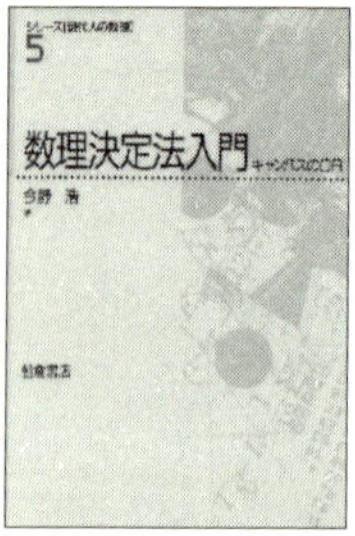

数学という手段を使って、実社会で生ずるいろいろな意思決定問題を解決する手法を、OR（オペレーションズ・リサーチ）という。五〇年代のアメリカで産声をあげ、コンピュータの普及とともに大発展をとげた学問である。

それほど重宝な分野でありながら、数学の敷居が高そうに見えるためもあって、よい入門書がないなあと思っていた。そんな矢先、初学者でもすらすら読めてORの本質がよくわかる、手頃で楽しい入門書が現れた。

「キャンパスのOR」との副題をもつ本書は、大学に入学したての一年生が、身近に経験するさまざまな問題（たとえば、下宿をどうやって決めるか、どの経路が通学に便利か、親から毎月いくら仕送りしてもらうか、どうやれば講義の出席点がもらえるか、など）を、うまく数式に表現してモデル化し、鮮やかに解決してみせる。少なくともあるタイプの問題に関する限り、有無を言わせぬ合理的な解決方法が存在するということを、若い学生諸君が学ぶことの意義は大きい。

なお興味深いのは、本書の手法の多くが、学生諸君の提案によって改善されたものであるということ。第一章「クラス編成問題」は、第一〜第三志望までを記入した申告票をもとに、なるべく大勢の学生の希望を満たしながら、各組の人数制限も考慮した公平な組分けの方法を考えるという問題。ここで、第一〜第三志望にどううまく点数を割り振るかが、この方法のミソである。「究極のクラス編成」をめざし毎年知恵を絞っている《「工学部K教授」と理工系学生諸君の少々オタッキーな生態》に、読者は思わず微笑んでしまうに違いない。

ORはいわゆる、応用数学の分野に属する。ひと筋なわでは解決のつかない問題に、うまく数学の定規をあてはめ、少しでもましな結果をうるのが身上だ。それには、文学者や政治家にも劣らない、人間や社会に対する深い洞察力を要する。著者今野氏の宿願はそんな《理系文系をまたにかける「ブンジニア」》を養成することなのである。

本書のご利益は、それにとどまらない。第七章「投票の理論」は、「投票のパラドックス」の紹介から、社会的選択理論の興味ぶかい奥行きまでをスケッチする。お勧めは、認定投票（不定数連記）。単純多数決や決選投票方式に比べ、格段に優れている投票方法なのだ。なお著者は、この方法が《わが国では……まだどこかの組織で正式に採用されたという話は聞かない》と言うが、私が理事を務めている日本ポピュラー音楽学会では、一九九〇年六月の理事選挙から早くも、この投票方式を採用していることを、誇らしく付け加えておこう。

『状況と態度』
ジョン・バーワイズ、ジョン・ペリー
（土屋俊他訳）
産業図書・4200円

▼「産経新聞」1993.5.20

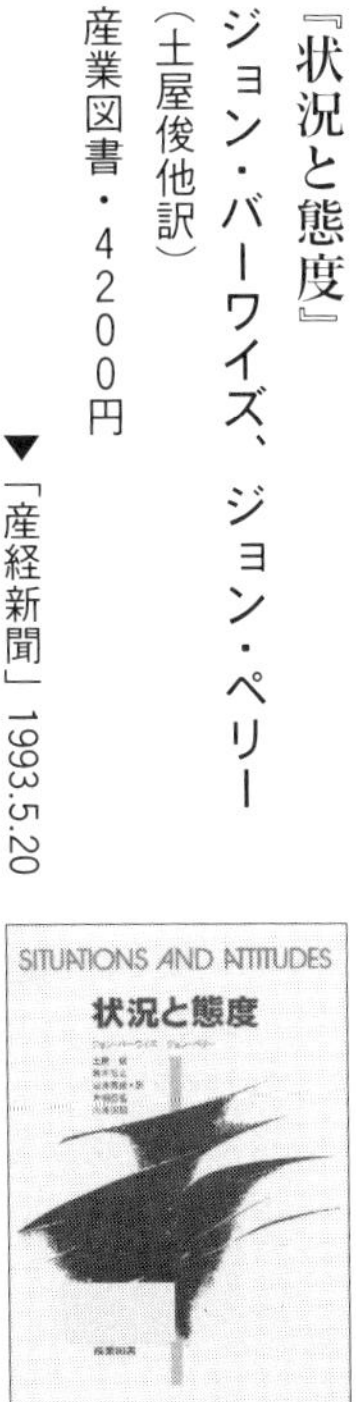

待ちに待った、それこそ待ちに待った翻訳の登場だ。一九八三年に出版されたバーワイズ＆ペリーの『状況と態度』は、状況意味論・状況理論の古典としてあまりに有名である。この書物は、ケインズの『一般理論』やチョムスキーの『文法の構造』と同じように、オリジナルであるだけに難解だが汲めどもつきぬアイデアの宝庫として、長く読みつがれていくのは間違いない。

翻訳の計画があることを知ってから、私はずっと待っていた。《遅滞の責任の大半は、訳語、文体の統一を引き受けた土屋にある》という。恨みごとのひとつも言いたいが、この難物を訳した苦労は察するに余る。それに私はうっかりして、去年の十月に出たのを知らず、実は買ってきたばかりだ。まだ読んでいないが、なに、土屋俊氏の訳なら素晴らしいに決まっている。これで、専門家やもの好きだけでなく、ずっと広い範囲の人びとが本書を読めるようになったことを喜びたい。

この本を、五年くらい前に英語で読んだ。面白かったが、正直言って閉口した。概念が錯綜しているうえに、適当な日本語に置き換えようとしてもなかなかうまくいかない。それに、状況理論がその後ヴァージョン・アップを続け、本書の用語法や記号系は旧くなってしまったと聞けば、丹念にフォローしようという気もなえてしまう。よって、三分の二のところで挫折していた。

　それでも私がこの本に期待するのは、それが、状況を初めて正面から扱った仕事だから。言語を行使して生きている人間とその世界のあり様を、厳密に数理的にモデル化しようという最初の有望な試みだからだ。それにこれは、社会学に使えそうだ。どう使えそうかは職業上の秘密だから、詳しい話はできないが、そういう直感が働いて、私はむずむず居ても立ってもいられない気持ちになる。さいわい《この分野における研究において、日本の研究集団が無視できない存在にな》っているそうである。その成果がスピンオンして、社会学をはじめとする隣接領域に新しい刺激を与えることを期待したい。

　コンピュータは、人間の自然言語を処理できないため、未完成な機械にとどまっている。状況理論は、このネックを突破し、機械と人間のインターフェースの問題を最終的に解決しようとするものだ。人間の思考を、ほんとうの意味でコンピュータがアシストする。これがどれだけ大きな発展の余地を人類にもたらすか、容易に想像がつくであろう。このスリリングなテーマをめぐって、哲学、数学、言語学、論理学、計数工学、心理学、社会学といったさまざまな学問が、境界を越え、手をたずさえて発展できるようになるのなら、素晴らしいことである。

『知の技法』
――東京大学教養学部「基礎演習」テキスト

小林康夫・船曳建夫編

東京大学出版会・1500円

▼「朝日新聞」1994.6.19

「東大教養学部『基礎演習』テキスト」とただし書きのある、およそ売れそうにない本が売れているという。編者二人は私の古い友人で楽しみに手にとった。

　十八人の筆者がずらりと名を連ねる。みな駒場の教養学部で、文系一年生の少人数クラス「基礎演習」を担当する若手～中堅の教員だ。学問の行為論→認識の技術→表現の技術の三部構成。いろいろな学問の「予告編」が続いて、最後は口頭発表や文献探索のやり方と、まことに実用的である。このサブ・テキスト一冊ですべて間に合ってしまいそうで、心配なほどだ。

私が学生だった時分とくらべると、教師も学生もものわかりがよくなったものだと感心する。ちょっと気取った風もあるが、まず書き方が平明なのがいい。いわゆる戦後知識人型の「啓蒙」と違った《教師と学生が同等に立つことを目標と》する《知の技法》を、筆者たちが自ら実践してみせているということであろう。次に、日本の小・中・高校までの悪習（編者たちによれば《「うなずきあい」の十八年》）と縁を切って、《不同意の技術》を獲得するために、口頭発表やディベートの技術を学ぼうという位置づけがいい。

というわけで、学生が買うのは当然としても、なぜこれがベストセラーなのか？ 昔、高校生向け国語の副教材『高校生のための文章読本』（筑摩書房）がよく売れたのを思い出した。ニューアカデミズム以降、ごしゃごしゃになってしまった知の最前線を早わかりしたい団塊の世代が手を伸ばしているのか。東大のお墨つき教科書を読んで安心したいのなら、それは安直ですよと言いたい。

ほかによい点は、横書きなこと。文章の書き方や文献の挙げ方の部分はもの足りない。あと、理系はどうなっているのだろう。私の勤め先・東工大では、文系と理系を橋渡しする「総合科目」を近く開設の予定だ。本書をしのぐ成果を上げたいとファイトが湧いた。

『科学はどこまでいくのか』

池田清彦

ちくまプリマーブックス・1100円

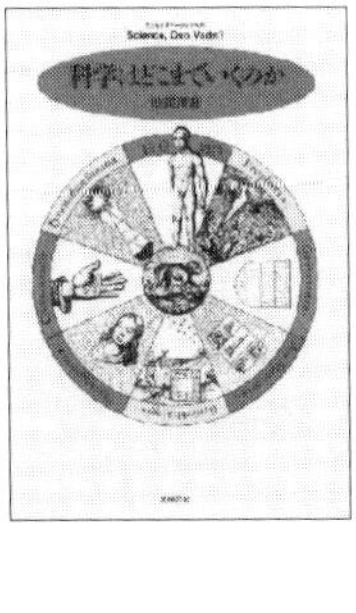

▼『ちくま』1995.4

「理系離れ」が起こっている。若い世代の人びとが、科学（サイエンス）に情熱を燃やさなくなった。科学者としての人生に、あまり魅力を感じなくなったらしい。

これにはいくつか、理由があろう。まず、受験競争がこれだけ厳しくては、ゆっくり実験や観察をしている暇がない。それに、都市化が進み人工的な環境で育った子供たちは、そもそも自然というものと、じかに触れた経験がない。自然を知らなければ、自然を研究してみようという気にもならない。第三に、科学のイメージが、それほど輝かしいものではなくなった。公害や原発問題で悪役にまわったうえ、システム化された巨大科学の時代には、英雄的個人主義の出番もない。おまけに、閉鎖的で風通しの悪い日本の大学の研究室の体質。――これだけ揃えば、それでも科学者になろうという奇特な若者がまだ残っているのが不思議なくらいだ。

＊

こんな現状を憂えて、池田清彦氏が若い世代のために書き下ろしたのが、『科学はどこまでいくのか』である。

この書で著者・池田氏は、科学を〝やっぱりすばらしい〟と、ただ持ち上げるのではない。そうではなくて、科学とはそもそもどういう営みであるのか、その原点にまず立ち戻る。そのうえで科学が、未完の壮大な叙事詩であるあり様を描き出す。科学とは、人間の精神が自然に対して取る健全なスタンスのことであると、読者が理解するなら、本書の目的は達せられたことになろう。

そこで著者は、まず、古代（以前）の人類の自然観にさかのぼる。採集→農耕→……と生産様式が変化するにつれ、自然観も変化してきた。そしてギリシャ。エーゲ文明が解体しそれまでの強固な自然観が壊れたところに、個人的な独創の余地がうまれた。自然科学の原型、ひとつの黄金時代である。

もう一方の柱は、一神教の自然観である。スコラ学は、キリスト教の信仰のうえに強固な物語をこしらえ、プトレマイオスやコペルニクスの仮説を寄せつけなかった。それをニュートンが乗り越えていった様を、著者は解明していく。

著者はもう一人、デカルトにも注目する。デカルトの心身二元論と主体／客体図式が、科学の知識累積性（新しい発見がどんどん積み重なって、科学が進歩していくこと）を可能にした。その意味で現代科学は、デカルトの申し子なのだ。

＊

こう並べていくと、よくある科学史の解説書みたいに思われそうだが、実は随所に著者の独創的な見解がちりばめられており、読み進むにつれて、これまで読者が科学に対して抱いていた常識が揺らいでいく仕組みになっている。

たとえば、「コトバと科学」の章。〝コトバによる世界の切り取り方には根拠がない〟、〝アヒルとカモの間の類似度と、アヒルとブタの間の類似度は同じ〟、〝コトバは時間を生み出す形式である〟といった文章に出くわすと、ちょっとギクリとする。現代哲学の成果を踏まえたまっとうな結論なのだが、いきなりそう言われると、相当頭のよい中高生でも首をひねってしまうだろう。

もうひとつ、著者の主張がはっきり現れているのが、「制度としての科学」の章。科学が社会に組み込まれ、大学で講義されるようになったのは最近のことだが、そのおかげで科学も変化した。〝パラダイムが確立して、学会が設立され、学会誌が刊行されるようになると、凡庸で保守的な研究者は有利になるが、天才的で革新的な研究者は不利になりやすい〟と著者は断ずる。どの学会も、分裂と細分化を繰り返しながら、研究費の増額を求めてあくなき膨張を続ける。人びとの欲望も新技術・新製品が登場するたびに、ますます大きくふくらんでいくのだ。

ブレーキの効かなくなった巨大科学を〝普通の人びとが……コントロールしなければならない時代になった〟というのが、著者の診断である。しかも、事は急を要する。われわれのゆく手には、地球環境問題が立ちはだかっている。本書の最後で、著者は、何もしない／エコ・ファシズム／環境権売買／地域主義／科学技術文明の拒否、などいくつかの選択肢を掲げてみせているが、どれを採るにしても、それなりのコストを覚悟する必要があろう。いずれにせよ本書の問いかけは、若い世代の人びとにとって、これからますます切実になる問題に違いない。

＊

こうした困難に立ち向かうために、著者が提案していることのひとつが、専門分化・細分化した現代科学を広く見渡して、一般の人びとに分かりやすくその中身を伝えることのできる、新しいタイプの〝学者集団〟の養成である。読者のなかからその道を志す人びとが出てくれば、世の中もまだ捨てたものでないと希望を持っていいのかも知れない。

『「複雑系」とは何か』
吉永良正
講談社現代新書・720円

▼「朝日新聞」1997.2.16

「複雑系」と聞いただけで、いかにも難解そうな感じがする。それをコンパクトに解説してくれるありがたい入門書が、本書だ。

著者吉永氏は、京大で数学、哲学を修めたサイエンスライター。「複雑系のほうへ」、「花咲く複雑系の影に」と、プルーストみたいな目次で、本文も内容の割に平明だ。あまり予備知識のない読者も、複雑系とは何かについて、いちおうの見通しがえられる。

そこでさっそく、「複雑系」（コンプレックス・システム）とは何なのか？　〝比較的単純なたくさんの要素が絡み合ったもので、全体として、個々の要素から予想もつかないふるまいをするもの〟と考えればいいらしい。実際には、生物や脳、経済メカニズム、人工生命など、さまざまな現象がそれだという。

複雑系は複雑すぎて、これまで研究したくても、手段がなかった。しかし、カオス、散逸構造、フラクタルといった関連現象の研究が進むいっぽう、コンピュータを使って、多くの要素を絡み合わせ、どんなふるまいをするか「実験」もできるようになった。複雑系を専門に研究する、サンタフェ研究所も設立された。複雑系を突破口に、専門の垣根を取り払い、二十一世紀の新しい科学を立ち上げようと意気ごむ研究者が増え続けている。

というわけで、複雑系ブームなのだが、気がかりな点もある。研究方法は、①簡単な規則をいくつかコンピュータに放り込む、②しばらく動かしてみる、③何か面白い結果が出たら、それに似た自然現象を探す、の三段階。③は、著者も言うように、単なるアナロジーに過ぎない。理論らしい理論は特にないのだ。これが複雑系の科学の、強みであり、弱みでもある。

簡単な規則の組み合わせから複雑な現象が生まれる場合があるのはわかる。しかし、複雑な現象が必ず簡単な規則にもとづくとは限らない。複雑系は魅力的な考え方だが、科学者の描いた夢かもしれないと思った。

『脳を鍛える』
——東大講義　人間の現在①

立花　隆
新潮社・1600円

▼「朝日新聞」2000.6.11

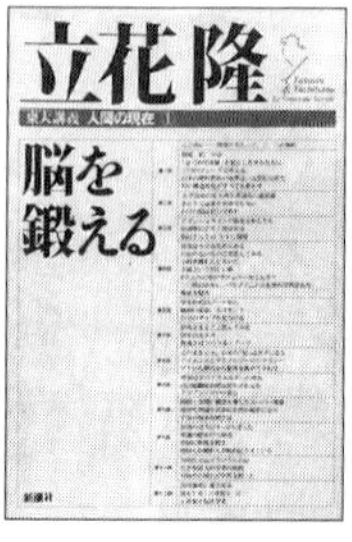

大学がおかしい！　国民にひろがる危機感を背に、ジャーナリスト立花隆氏が、古巣の東大駒場に乗り込んだ。異色の講義「人間の現在」にもとづく書き下ろしである。

最近の教育事情は、信じられないことばかりだ。一般教養がばっさり、十八単位に半減された。七〇年代、九〇％以上が高校で学んだ物理が、今はわずか一〇％強。本も読まず、授業にもついていけない大学生は、昔の高校生並みである。教壇の立花氏も、ついつい説教口調になる。

講義のテーマは自然科学を柱にした、人間の知の発展史だ。脳研究から理論物理、ヴァレリー研究まで、これまでの著者の探索の成果を惜しみなく紹介する。受験勉強ばかりやってきた東大生には、かなりショックかもしれない。

文系の人間に、理系の知識がまるで足りない。文学や歴史も自然科学も、両方わからないと本物の知性ではない。授業をさぼってもいいから、本という本をめちゃめちゃ読みなさい。大賛成である。

という著者のサーヴィス精神あふれる本だが、この講義シリーズがよく売れるなら、それはそれで心配である。

まず、文系／理系にまたがるスケールの大きな講義が、それだけ珍しいということ。この講義には原典が何冊もあるが、それを読まずにこれ一冊ですませる横着者が多いためもあろう。難解な本を山と読み、友人と徹夜で議論する代わりに、この講義本でああそうかそうかと、わかったつもりになられても困る。

旧制一高の伝統も、エリートの気概も、駒場から消えて久しい。いまやただの学生にすぎない若者に、著者はけっこう昔ふうの教養を求める。専門に進む前に教養を押しつけても、抑圧としか感じないのではと心配になる。

立花氏は「純粋観客」、外野からの知の世界の全体像をながめる専門家を自認する。いっぽう学生たちは、これから細分化された専門に進み、その先端で知の全体像を求めて苦しむ当事者である。それならこの授業に出てお説教を聞く暇に、下宿で山ほど本でも読んでいるほうが正解かもしれない。

世界を読む

『鳥になった少年』
――カルリ社会における音・神話・象徴
スティーブン・フェルド（山口修 他訳）
平凡社・4300円
▼『ポリフォーン』1989.6

文句なしにすばらしい、とまず言おう。ある民族の音の世界を、まるごととりあげた本なんて、世界で初めてである。著者スティーブン・フェルドが、本職のジャズ・ミュージシャンであること。しかも、人類学の訓練もみっちり積んでいること。優れた音楽家の感性と専門家の調査能力とが幸福にとけあって、稀にみる〝音の民族誌〟が誕生した。

調査地は、パプア・ニューギニア中央部の熱帯雨林。色どりも鮮やかな極楽鳥や他の鳥たちが、こずえに葉蔭に鳴き交わしている。そこに住むカルリ社会の人びとは、とりわけこの鳥たちに、自分たちの世界の象徴的なあり方を見ているのだ。

フェルドはたまたま録音テープで、カルリの人びとの歌ごえを聴き、彼らの音楽のとりこになった。それでわざわざ、ジャングルの奥まで調査に出かけていった。

フェルドが幸福だったのは、カルリ社会の言語や文化について、かなり予備知識があったことである。テープの持ち主は、人類学者のシェーフェリン夫妻だったが、彼らはひと足さきにカルリ社会を調査して、『孤独なる者の哀しみと踊り手の火傷』なる書物を出版していた。そして手取り足取り、フェルドにカルリ文化の手ほどきをしてくれた。だからフェルドは、社会構造がどうのといった、いわゆる民族誌は彼らにまかせ、音環境や音文化に関する調査・研究に集中できたのである。

異文化に飛びこんで、音のことしか調査しないなんて、ずいぶん突飛かもしれない。しばらく前の人類学なら、そんなもの受け付けなかったろう。けれども、時代は変わった。J・ブラッキングやC・カイルの仕事は、音楽の人類学がみのり豊かなことを教えてくれたし、M・シェーファーが唱えたサウンド・スケープ（音風景）の考え方も、すっかりおなじみになった。構造主義このかた、ヨーロッパ調性音楽の優位をうかつに信じられなくなった。それと対極的な音風景、音文化をありのままにみつめる仕事が、待ち望まれていたところだった。

＊

フェルドはどちらかと言えば、オーソドックスな構造人類学の立場に立ち、レヴィ＝ストロースやE・リーチの方法に忠実である。それを補う意味で、C・ギアツやD・ハイムズも援用している。

そういう分析は、手堅いけれども、型にはまってむしろ窮屈だ。カルリの音風景や音文化に素直に感動しているフェルドのほうがのびやかで、持ち味がよく出ている。

ところで『鳥になった少年』とは、うまい題をつけたものだ。この本は、少年が見捨てられてムニ鳥（ハトの一種）になるという、印象的な物語から始まっている。ここにすべてのテーマが凝縮されていて、絶妙の導入である。


とある川岸で、少年とその姉がザリガニをとっていた。姉はつかまえたのに、弟にはつかまらない。「アデ、僕のザリガニがないよお！」そうやってねだっても、姉はわけてくれない。とうとう悲しみのあまり、少年は鳥になってしまう。姉は驚いて謝るが、遅すぎた。少年はエエエエ……と歌って、飛んでいってしまった。


カルリの人びとは、互酬（贈与のやりとり）の網の目で結ばれている。食べ物は、手に入り次第、みなで分けなければならない。なかでも姉－弟の関係はアデとよばれ、互酬の絆がいちばん緊密なことになっている。

この互酬の関係から切り離され、孤立してしまったら、不幸のどん底だ。それはほとんど、死に等しい。だから見捨てられた少年は、鳥になった。死ぬと人間の霊は鳥に姿を変えると、人びとは信じている。

霊の種類が違うので、鳥の種類も違う。若い女性の霊（ヒクイドリ）、老年の男性の霊（パプアオウギワシ）……。姿がみえなくても鳴き声で、カルリの人びとは、鳥の種類を識別できる。鳥たちは場合に応じ、いろんなことばを語りかける。「きけよ。あんたにゃ鳥でも、おれにとっちゃ森の声なんだ」（七一頁）

＊

鳥たちの世界は、もうひとつの世界だ。人間社会と鳥たちの世界は連続で、しかも、対立している。生／死。文化／自然。カルリの人びとは鳥たちの世界を通じて、自分の社会を認識する。そして、それを素材に、自分たちの音文化を組み立てる。

ムニ鳥になった少年の物語を分析すると、この二つの世界の関係がみえてくる。フェルドによると物語は、七つのエピソードからなる：①拒まれたアデ関係、②もらえない食べ物、③見捨てられた少年、④少年はムニ鳥になる、⑤ムニ鳥の声＝泣きの声、⑥ことばの組み込み＝詩、⑦旋律的な泣き＋詩＝歌。
①〜③が原因（人間社会の不幸）で、⑤〜⑦はその結果（鳥たちの世界）である。④はこの二つの系列を仲介して

いる。
フェルドはこのあといろいろ、構造主義流の分析を試みている。なにしろこの本の原題は、*Sound And Sentiment* といって、その昔R・ニーダムがレヴィ＝ストロースを擁護して著した『構造と感情 *Structure And Sentiment*』のむこうを張っているくらいである。ただ、本筋を離れるから、ちょっと省略。

*

カルリには、歌ないし詩の形式が六つほどある。どれも下降する旋律からなるが、いちばん大事なのは、儀式や交霊会のときに歌われる、ギサロである。「ギサロの構造は、ムニ鳥の旋律と同じで、しかも泣きの音律構造とも合致している」（五八頁）

葬式のときには、ロングハウス（細長い大きな木造の小屋）に遺骸が安置され、女たちが集まって泣く。女たちの泣きは、下降する旋律をもち、パターン化している。音程やリズムが微妙にずれ、ポリフォニックな効果がある。

一方男たちは、儀式や交霊会のときに泣く。夜、ロングハウスは人びとで満員になる。暗闇のなか、霊媒師は鳥の扮装をして、ギサロを歌い踊る。人びとは次第に恍惚となり、死者たちの霊（鳥）がその場にいると信じる。

カルリの美学では、悲しみが大きければ大きいほど、その儀式の価値も高い。人びとは、ギサロのかもし出す悲しみの感動に酔いしれ、泣きくれ、最後には興奮のあまり我を忘れて、踊り手に火傷を負わせるのだ。

*

カルリの詩と歌は、一体で、切り離せない。ギサロは、日常使わない独特の語形をもち、複雑な構造をそなえている。ことばにはみんな、表の意味と裏の意味（象徴的含意）があって、詩的効果をたたえている。

ほかに、地名も重要である。ゆかりの場所が歌われるたびに、故人と過ごした日々が想いおこされ、ひしひしと哀惜の念がつのる。地名をどういう順序で折り込むかが、ギサロの劇的構成にとって、重要な要素だ。こんなふうに地名が、人びとの共同体験を喚起するのは、和歌の枕詞もかつてそうだったろうと思わせて、興味深い。

*

この本で面白い点を、二つあげておこう。

ひとつはフェルドが、出版されたこの本を、カルリの人びとに読んで聞かせたことである。人びとは、内容に興味を示し、そのとおり、いや違うと、ひとしきり議論になった。カルリの人びとが考えてもいなかったようなことまでいろいろ聞きこんで、都合よく作文したのではないか。『鳥になった少年』があまりみごとな体系なので、そういう嫌疑をかけた学者もいるという。やりすぎもないとは言えまい。だが、カルリの人びとが、鳥の分類に通じ、彼ら流の音楽の理論を持っているという事実のほうが重要だ。ふつう人類学者は、自分の研究結果を現地の人びとに聞かせたりしないが、そういうことをやっても平気なのがフェルドの強みである。

もうひとつは、カルリの音環境や音風景を、読者に彷彿としてもらう目的で、本と別に、レコード「森の声」を作成したことである。これは生の音そのままでなく、カルリの典型的な一日をフェルドが三十分に編集したものだ。鳥たちの鳴き声や水音など、カルリの代表的な自然音（標識音）が、カルリの音文化にどんなふうに反映しているか、読者が自分の耳で確かめられるようになっている。

＊

ついでに、気になる点もいくつか。

音をことばで説明するのは、やはり限界がある。ギサロを五線譜に採譜してみても、伝わる部分と、失われる部分があるはずだ。

素材のとりあげ方が、バランスを欠いている疑いもある。民族誌がデータを切り縮め、話を簡単にするのはやむをえないのだが、音環境や音文化の一部分を、恣意的に切り取ったと文句が出てはまずい。カルリの人びとは、鳥のほかにカエルだっている、ムニ鳥以外に他の神話もあるのに、と不満だったそうだ。

交霊会のクライマックスも、歌でなく、霊媒師の口を通した霊との対話であるという。カルリの社会構造がわからないと、音文化の奥行きもつかみにくい。シェーフェリンの本を読めばいいのだろうが、何かヒントぐらい書いてあってもよかった。

＊

それはともかくとして、この本は確実に、ひとつの時代を拓いた。

レヴィ＝ストロースが野生の世界へ迷いでた哲学者なら、S・フェルドは、野生の世界へ飛びこんだ音楽家である。彼は、ギサロの作り方を習って、作曲や演奏も手がけたという。そういう才能が、われわれに大きなおみやげを手渡してくれたことを喜びたい。

▼『月刊アーガマ』1990.1

『神秘主義のエクリチュール』

五十嵐一

法蔵館・1942円

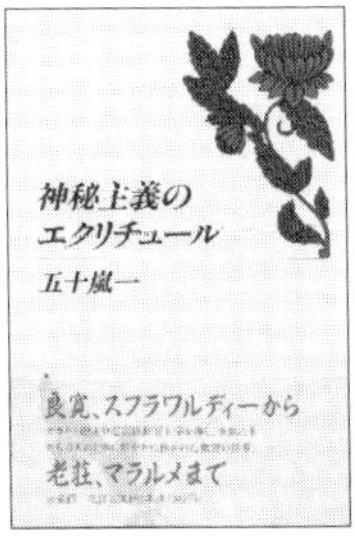

「神秘主義」と聞けばすぐ、超能力や秘伝・秘法の類を

思い浮かべてしまうわれわれだが、それは誤りだと著者は言う。一風変わった修業方法でも、高尚な知識のジャングルでもない、ごくまっとうな宗教体験のいちばん大事な部分こそ、神秘主義でできている、というのがこの本の主張だ。

と言われると、意外な気もする。著者五十嵐氏は、子どもの頃から神道に馴染み深かったという自身の体験もおりまぜながら、そういう読者の戸惑いをほぐしていく。取り上げられているのは、宮沢賢治、ルーミー、荘子など多彩なテキストだが、中心になるのは、良寛、そして何と言ってもスフラワルディーである。

スフラワルディー。十二世紀イランの神秘思想家。彼のテキスト『幼児性の状態について』に五十嵐氏が出会ったのは、いまから十年あまり前、テヘランに留学中のことだった。《このとき以来、神秘主義の秘密が見えてきたと同時に、これを軸として宗教的知恵の佇まいが窺えるのではないかと確信できた》（三二頁）という。本書は、スフラワルディーのこの小さな書物に対する、彼の解題とも言えるだろう。

そこでこの『幼児性の状態について』だが、こんな内容だという……ある少年が、知識を得ようと思いたち、砂漠へ出て長老にめぐりあう。そして文字のイロハから、知識の手ほどきを受ける。が、ある日、ろくでなしの男の言葉に気をとられて、長老を見失ってしまった。それから少年の、悟達にいたる道行が始まる――。

この書物が、神秘主義の本質を尽くしている。著者の言によると、《神秘家……の書き残したもの》には《一つの味わいが感得される》《Presence 感覚…… absence 感覚……両感覚をもって、神秘主義を特性づけ、定義しよう》（四七頁）と言うのだ。

Presence 感覚とは、《「ここに今」hicetnunc こそすべてという態度》のこと。たとえば良寛と貞心尼の相聞歌も、ソクラテスやイエズスの言行もその発露である。もう一方の absence 感覚は、《「何かを忘れてはいませんか?」との裡なる声》（七三頁）とも言うべきもの。《absence 感覚の拓けとは、自己はもとより身のまわりのものに過度に執着、愛着することを避けよ、という戒めに近い》（七四頁）、《知識を身に着ければ着けるだけ、そのように身に着けられるものの限界を了解し、いつでも脱ぎ捨てられるような状態へと心境の変化が認められる》（五九頁）その極まるところ、《自分で自分を養っているのではない、反対に自分は養われているのである、との自覚》（九一頁）、いわば放下の感覚に至るであろう。これこそ宗教の内外を問わぬ、神秘的体験の核である。と著者は見るのだ。《それ故にこそ、開祖の理念や情熱から遠く離れて宗教各派の派閥抗争や、繁瑣な教理論議の悪しきスコラ化が浸透すると、必ずといって宜しいほど神秘主義の動きが誕生もしくは復活してきた》（四九頁）

こうして《悟達に入った人は、舞うが如くに生きる》《Presence 感覚と absence 感覚とがほぼ同時に、あるいは一瞬一瞬のフラッシュ・バックの裡に生起し共鳴しあう姿》（一二九頁）が舞いである。良寛もブッダも、舞うように人生を送り、人生を閉じた、と著者は言う。

このような読解を試みる、五章からなる本文に、三つの断章をつけ加えた本書は、《筆者である私個人の感性と知的興味だけで出来上がっている》（四頁）という。論旨は明快であり、五十嵐氏が日頃下敷きにしている宗教理解が率直に語られていて、読者にも有益であろう。

ただ一つ疑問が残るのは、ここでのべられているような知のあり方を、果して「神秘主義」とよぶのが適当か、という点だ。良寛やスフラワルディーは、宗教という巨大な運動の全体から見ても、そこから派生するいわゆる神秘主義の運動から見ても、ごく小さな部分にしかすぎない。筆者がそこに読みとる知の運動を、「神秘主義」とよび直すのは自由だとしても、それがどの宗教にも共通する土台だと言うのなら、その論証が必要になる。そして、従来神秘主義とよばれてきたものの実態は何で、なにゆえその名に値しないのか、という議論も必要だろう。

神秘主義の本場であるイスラム教についても、仏教やキリスト教の神秘思想についても、私はあんまりよく知らない。それでも、本書でのべてあるのとはだいぶ違ったものではないか、と想像がつく。そういういわゆる神秘思想について、何か書いてあるのではないかと思って、本書を手に取った読者も多いはずだ。読んでみたら五十嵐氏の主張にかなり納得してしまったとしても、どこか肩すかしを喰ったような、割り切れない思いが残るのではないか。

《祖父が神主を兼ねていて……私は今でも神社の前を通ると自然と頭が下がり、拍手をうつ心構えになる》（四頁）と書いてあったりするので、筆者の言う「神秘主義」は、ひょっとすると、日本的な宗教感性の別名か、などという疑問も頭をかすめる。外国の神秘思想研究家が、本書をどのように評するか知りたいものだ。

『私の紅衛兵時代』
——ある映画監督の青春

陳　凱歌（刈間文俊訳）
講談社現代新書・７００円

▼『週刊読書人』1990.7.2

ページを繰るなり引きこまれ、夜の更けるのを忘れていた。書かれてあるのは著者の体験した事実ばかり。いたましく、愚かしく、陰惨で狂気じみた出来事の連続だが、人間の崇高な真実に触れたような衝撃を覚えて、魂を揺さぶられる。

これは、ひとりの誠実な中国人の、半生をかけた証言である。

著者・陳凱歌氏は、一九五二年北京生まれ。父も映像作家。北京の中学に入るとすぐ文化大革命に遭遇し、のちゴム園に下放、七年間を過ごす。再開された北京電影学院に入学。『黄色い大地』、『大閲兵』、『子供たちの王様』を監督、中国ニュー・ウェーヴの旗手として世界の注目を集めている。

映画も素晴らしかったが、文章も素晴らしい。抑制の利いた簡潔な文体が、古く懐かしい追憶のなかの北京——下町（胡同）の路地裏、中庭に面した生家、病気がちな母親、……をカメラのように的確にとらえていく。

ささやかなものたちへの甘美な愛惜を、これほど美しく描いた文章を、ベンヤミンの小品『ベルリンの幼年時代』以外に知らない。ベルリンはやがてナチズムの狂気に蹂躙されるのだが、同じ運命が、もうひとつの都を待ち受けていた。

そして破壊が始まる。「右派分子」として狩り出された父の、批判大会で自ら父を糾弾する著者。紅衛兵の乱入と、家宅捜索。壊される家具、中庭で燃やされる書物。抵抗すれば逆に惨殺されたかもしれない。《私は恐かった。……人々の群れから拒絶されること……が恐ろしかった。……文革とは、恐怖を前提にした愚かな大衆の運動だった》。こんどは著者も紅衛兵の群れにまじり、「不良」狩りをして、彼らを殴った。《私は暴力の快感を知った。……満たされずにいた虚栄心と気づかずにいた権力への幻想が……あっという間にかなえられた》。それから、混乱と虚脱と絶望が蔓延していった。

幹部の子弟だった同級生たちを、苛酷な運命が待っていた。迫害され、離散する家族。虐殺され、あるいはみずから死をえらぶ知識人たち。著者の父も労働改造のため施設へ送られ、見るかげもなく憔悴してしまう。

やがて下放の日がやってくる。十年間に二千万人もの若者たちが、都市の戸籍を強制的に抹消され、辺鄙な田舎に送りこまれたのだ。

十七歳の著者がたどりついた、雲南省の下放先で目にしたのは、またしても破壊である。

元紅衛兵たちはナタを手に、あらんかぎりの樹木を切り倒す。《切り尽くされた山肌には、万を超える木々が横たわり、……乾ききった薪の山となった》。こうして千年にわたり生命をはぐくんできた熱帯雨林は、焼き尽くされる。戦略物資のゴムをとる、ひょろひょろのゴムの木を植えるために。

著者は、灰の積もった山の斜面に、ある日一輪の花をみつける。風の運んできた種子が芽吹いたのだ。《人間性も植物と同じなのだ。美しい環境、たとえば水や音楽のようなものに育まれて、はじめて香りを放つのだ》。こうして、幸運にも北京へ戻った著者は、人びとのために映画を作ることを決意する――。

陳凱歌氏のおおらかな人間味と繊細な観察眼を通して描かれた文化大革命。何という時代をわれわれは生きていたのだろうと、慄然たる思いがする。そして、智恵と勇気だけがわれわれの財産なのだと、痛切に悟らされる。

著者（および訳者）の名文を、書評のつたない文が汚したのではないかと心配だが、すべての人びとに読んでもらいたいと心から願う一冊である。

『世紀末の社会主義』
――変革の底流を読む

長崎 浩

筑摩書房・1495円

▼『週刊読書人』1990.11.19

去年から今年にかけ、中国で、東欧で、ソ連で、社会主義体制を根幹から揺るがすニュースが相次いだ。十分に予想されてきた事態とは言え、半世紀近くに及んだ冷戦がいよいよこのようなかたちで終結をむかえると、これが日本のわれわれにとってどういうことなのかと、改めて考えさせられる。

《良かれ悪しかれ、社会主義は二十世紀の人類最大の経験だった。……この世紀を通じて、社会主義は膨大な人びとの夢と熱情とを貪り喰って、あげくはそれを上まわる悪の累積を残した》（まえがき）。かつてマルクス主義者として若い日を送り、しかも早くから社会主義、共産主義、左翼運動の救いがたい内実についてリアルな批判の眼差しを向けてきた長崎浩氏が、社会主義の崩壊にあたってまとめた論文集が本書である。

「社会主義を上手に眠りこませる」と第二章の題名にも

ある通り、著者長崎氏は、マルクス主義の崩壊に幻想を持つことをいましめる。《「共産党」という政治的カテゴリーが消滅すべきなのであり、眠りこまされるべきなのである。その歴史的な負の遺産に目をつむって、共産党本来の理念、あるべき共産党の理想像だけを救い出す手口は、もう不可能である》（一九一頁）。かと言って氏は、《この「大いなる失敗」を最終的な資本主義の勝利と捉える》（一八一頁）論調にも与しない。《「東欧革命」とは要するところ「共産党」を打倒する「革命」》、つまり《精算過程》にほかならない。《これを上手に、つまり民衆の不幸をミニマムにしながら遂行する仕方だけが問題なの》だ（五七頁）。

レーニン、エコロジー派、ジャック・モノー、連合赤軍、……。かつて大衆の反乱に信を置いたことのある著者が、その苦い反省をこめて、同時代史への冷静な視線を向けていく。たとえば、レジスタンスに加わった社会主義者、モノーの『偶然と必然』を著者はこう読む。《マルクス主義を科学として……純化……することにより、伝統的な革命の物語をその「欄外」に放り出す……。なら、この欄外の物語を引き受けようじゃないか、というのが私たちの構え方だった。かくて、科学主義の徹底の果てに、主観主義的な反乱主義が転がり出る。……モノーの論法にひき比べて……それはとても「危険」なことだった》（一六五～六六頁）

エコロジー派でもなく、社会民主主義でもなく、「真正」の共産主義でもなく、さりとて、資本主義万歳でもない。それらのどれでもない先鋭な境位が、本書の魅力である。そして同時に、本書のわかりにくさでもある。

《共産党体制の崩壊……は……私には何もインスピレーションを与えない》（一一頁）。自壊した日本の（新）左翼は、東欧やソ連の今日の現実をなにほどか先取りしていたのかもしれない。だがそれなら、いまさらなにをそこから学ぶことがあろう。たとえば著者は「自然の終焉」を語り、社会主義の崩壊のあとでも、異常気象などの被害が《まず貧しい人びと、貧困を脱しえない国ぐににたいして選別的にふりかかる》（一一〇頁）はずだとのべる。そのとき、われわれの手許にどういう価値観や行動原理が残っているのか。何かを著者が摑んでいるらしいことは、行間から察せられるが、それはまだ暗黙のまま。読者に積極的なかたちで伝わるには、もうしばらく時間がかかる、という印象をもった。

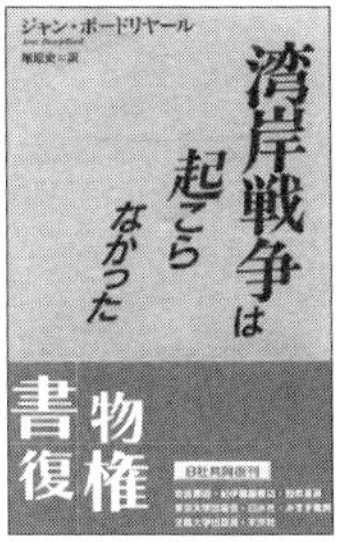

『湾岸戦争は起こらなかった』
ジャン・ボードリヤール（塚原史訳）
紀伊國屋書店・1200円

▼「産経新聞」1991.8.20

今春出版された、フランスの現代思想家ボードリヤールの新著。開戦直前に書かれた「湾岸戦争は起こらないだろう」、空爆開始後の「湾岸戦争は本当に起こっているのか」、地上戦がすんだ後の「湾岸戦争は起こらなかった」、の三つの文章を収める。

訳者も最初は、本書が〈はずれた予言を強引にはずれなかったと言いつくろったテキストにしか見えなかった〉という。評者（私）もまず同様の印象を持ち、それから、なぜボードリヤールがこういう文章を書かなければならなかったのかと、不思議に思った。

湾岸戦争が戦争でないのは、それが冷戦の後の〈死んだ戦争〉、〈合意にもとづく最初の戦争〉だからだ。〈戦争も、勝利も、敗北もひとしく非現実で、ひとしく存在しない〉。テレビという名のスペクタクルへの意思が、戦争を巨大なシミュレーションに変えてしまったのだと思う。

ボードリヤールは、論理というより、レトリックとアナロジーを連ねて文章を展開していく。日本の現代詩と似ていると思った。自分の紡ぐ言葉でしか現実と関われないのに、その言葉が非現実であるという背理。

冷戦の現実やマルクス主義の世界像を、適切にずらして見せることで、彼は現代資本主義社会の実像に肉迫してきた。彼の紡ぐレトリックが、時代の虚ろな現実と呼応していた。ところが、冷戦そのものが解体した九〇年代、ボードリヤールのレトリックが現実との接点を失ってきたようなのだ。彼の目には現実の戦争が、存在しないはずのものとしか見えなくなっている。

わが国のポストモダン論者の多くが、湾岸戦争を機に良心的民主主義者に鞍替えしたのと比べれば、ボードリヤールは一貫している。だが、彼は何が言いたいのか。少なくともこの本から、積極的なメッセージを読み取ることは難しい。時代がシミュレーションの塊に堕したのか、それとも彼が現実を見失ってしまっただけなのか。

『メシアニズムの終焉』
——社会主義とは何であったのか

桜井哲夫

筑摩書房・2136円

▼「日本経済新聞」1992.2.2

《本書を貫くキー・ワードは、サン・シモン主義である。……本書は、マルクス主義の名前のもとに、マルクスの思想とはまったく異質の思想が、世界を支配した歴史を語る試みでもある》（七頁）。ゴルバチョフ退陣、ソ連邦の解体と時を同じく出版されたタイムリーな書物だ。

サン・シモンは、フランス革命後に登場した初期社会主義者。科学者が産業社会の精神的権力を握るべきだという彼の思想が、のちにソ連、東欧の権威主義的独裁体制の原型となったと、著者は言う。それどころか、サン・シモン主義は《「社会主義」と限定されるような思想ではなく、むしろ、「産業主義」と規定すべき》（一三五頁）もので、ナチス・ドイツやアメリカを含む、現代世界の大半を支配してきたとまで、著者は分析する。

マルクス主義が、資本家／プロレタリアの二大階級の対立から出発するのに対し、著者は第三の中間階層（知識労働者）こそ問題だとする。

彼らは、①産業社会に順応し、専門家としてやっていく「テクノクラシー」か、それとも②「選ばれた人」として理想社会をめざす「メシアニズム」かの、どちらかを迫られる。いまソ連とともに崩壊しつつあるのは、後者の行き方である——ごくおおまかに言うと、これが本書の見取り図だ。

なるほどと思う反面、疑問もわく。メシアニズムが終焉しても「広義の社会主義」の命脈は尽きていないと著者は言うが、その根拠は何か？　そして何より、マルクス自身、このメシアニズムの系譜と無縁だったのか？　マルクス・レーニン主義が、西欧マルクス主義からみて異様な変種だということなら、何十年も前から常識だった。ただマルクスの思想にしても、結局「権威主義的サン・シモン主義国家」に帰着するしかないものだったのかもしれない。読者がいちばん知りたいこの点が、本書では明らかでない。次著で一層の踏み込みを期待したい

『シク教の教えと文化』
——大乗仏教の興亡との比較

保坂俊司

平河出版社・2718円

▼「産経新聞」1993.6.24

本書はわが国で初めて書かれた、シク教の本格的な研究書である。

シク教の信者はインドのパンジャブ州を中心に千四百万人あまり。人口比で二%にすぎないが、「インドのユダヤ人」とも言われ、近代化に果たした役割は大きい。シク教と聞けばわが国では、ガンジー首相を暗殺した過激派というイメージしかないが、著者は、イスラム教とヒンドゥー教を止揚するシク教本来の教えの骨格を、インド文明の文脈の中で平易に説明している。

本書のもっとも重大な仮説は、シク教と大乗仏教のつながりを指摘している点である。どちらもカースト制の不条理を乗り越えるため在家主義を掲げ、現実社会の改革を目指した。のみならず、大乗教徒はイスラム教に改宗してインドで姿を消したというのが著者の推定であるから、両者は系譜関係によってもつながっていることになる。

シク教の開祖ナーナクは十五~十六世紀の人。イスラムもヒンドゥーも同じ神のもとにあるとする彼の教えは、以後十代にわたるグル（教主）に受け継がれた。十一代のグルには人間でなく『グラント・サーヒブ』（聖典）そのものが任じられて今日に至っている。こうした聖典崇拝は、大乗教徒の経典崇拝にも通じると著者は言う。

さて、本書を貫くモチーフに注目したい。著者は、日本の仏教研究が偏っていると言う。日本人は仏教に関心を示すが、ヒンドゥー教にはほとんど興味を示さない。そのため仏教を、インド文明全体のなかに位置づける視点を持てない。インド文明をたとえばイスラム教との交流の面からもとらえ直し、イスラム側の資料を用いるなら、『大唐西域記』によるよりずっと明確に晩期インド仏教の姿をつきとめることができる。なまじ仏教という共通項があると思って安心せず、インド文明を正面から異文化として見すえよう。それが本書のメッセージである。

シク教の知識は、インド文明のみならず、インド・パキスタンの現代史を理解するうえでも、欠くことができないのは明らか。にもかかわらず、わが国にシク教の研究者はほとんど著者一人という状態だという。これはわが国が、宗教など精神文化への取り組みを疎かにし、その系統的な研究を怠ってきたツケだと言えよう。シク教に限らずイスラム教、ユダヤ教のごく基本的な文献にふれることさえ、わが国ではむずかしいのだ。儒教やキリスト教の研究にしてもお寒い状態である。本書のそこここに、そうした現状に対する抗議の声を聞くように思った。やがて中国を追い抜き、人口世界一になる日も近いインドとインド文明の真実の姿を理解するための、最低限の補助線を与える本書が、多くの読者に受け入れられるように願ってやまない。

『中国』

――高成長経済への挑戦

小林實・呉敬璉編著

日本経済新聞社・1942円

▼「産経新聞」1993.7.22

八〇年代を通じて年平均九％の高成長を記録。昨年末には「社会主義市場経済」を正式に掲げ、経済規模はすでに日本に匹敵する。《本書は隣国中国で生じているこのような変化の全貌を、日本人読者に幅広く知ってもらおうと企画したものである》（「はじめに」）

本書の大部分を執筆した小林實氏は、日本興業銀行調査部長などを歴任した専門家であり、七九年以降中国側と頻繁に接触して中国経済の発展を見守ってきた。共編著者の呉敬璉氏は、著名な経済学者で、「社会主義市場経済」路線の採用に影響力をもったという。日中の「老朋友」二人が手を携え、まさに東アジア産業圏の中核として発展しつつある中国経済の実像を浮かびあがらせる好著ができあった。

本書第一部は、改革開放以後の中国経済発展の足あとをたどる。第二部は、九〇年代に中国経済の直面する課題を分析する。第三部は、経済協力の一層の発展のため、日中が今後なにをすべきかを提言する。どの章の分析も信頼でき、専門外の読者でも、激変する中国の経済・社会の現状がすんなり頭に入ってくる。

中国の経済改革は、農村から始まった。人民公社を解体し、個人経営を復活したことで、農民の生産意欲は増大し、郷鎮企業（農村工業）の大発展をみた。第二段階は、深圳をはじめとする経済特区・沿海地域の工業発展である。国外からの華僑資本の導入が、この段階での高成長の呼び水になった。しかし同時に、国営企業の不振や地域格差の拡大、景気の過熱やインフラ整備の立ち遅れも目立つようになる。現在はそれに続く第三の段階。内陸開発に資金を振り向ける一方、国内の法・経済制度を整備して、アジアNIES各国みたいな経済発展の雁行《がんこう》体制を、中国国内にうまく立ちあがらせるのが課題である。そのための具体的提案が豊富に盛られているのが本書の特徴だ。

中国経済についてよくある誤解は、中国が貧しいというもの。人民元が過小評価されているのを補正すれば、統計の三倍程度の実収入があるとみるのが妥当だ。また外資への依存度は、かなり低い。八九年ごろからの供給力過剰を受け、民衆の貯蓄率はきわめて高く、それが高成長の原資となっている。国営企業の合理化をはかると同時に、サーヴィス部門の強化をはかり、就業機会を創出すること。長期資金を社会資本の充実に振り向ける金融機構を整備すること。人民元の交換性を回復すること。これらはどれも、社会主義市場経済の死活を制する重要な提言である。日中文化の違いを十分わきまえつつ、中国市場の将来性を真剣に考慮して、共存共栄のための道を今こそ真剣にさぐるべきだとする、小林氏の日本企業への苦言も傾聴に値する。

『忘れられた人々』
——中国精神病人的生存状況

馬　小虎（李　丹訳）
第三書館・３３００円
▼「産経新聞」1993.8.19

『忘れられた人々』と題するこの写真集は、その名とうらはらに、忘れがたい印象を読者の心に刻みつける。ある者は鎖につながれ、ある者は家族に去られ、ある者は入院の費用もない。中国で精神を病む人びととその家族が、医療や社会から見放されて二重、三重の苦悩を背負わされている現状を、カメラがきっしりと直視する。

《病院から病院への旅路で……自問した、……何を探しているのだと。苦難を偏愛する癖でもなければ、不正を告発するだけでもない。私を引き寄せたのは……精神病患者たちの人間としての尊厳、その粘り強い生の意志だ》（「まえがき」）。馬小虎氏は、何かの直感から、カメラマンとしての最初の対象を、精神を病む人びとに選んだ。それは期せずして、中国の現代化にとどまらず、人間存在の根源を照らしだす大きな仕事になった。

馬小虎氏は三十歳と、まだ若い。北京の高校卒業後、待業の数年を経て暗室作業員となり、カメラを学び始める。八八年に退職、借金とカメラを背に、まる二年かけて全国三十八の精神病院を回った。八〇年代後半、北京は「芸術青年」の熱気にあふれていたが、彼はそんな中の目立たぬ一人だった。彼は、他の若手が「決定的瞬間」をとらえようとするのと反対に、じっくり腰を落ち着けて病院にとけこみ、患者の信頼を得てからシャッターを切ったのだった。

どの国でもそうだが、精神病患者と家族は、病気のほかに、社会の偏見や経済的困難とも闘わなければならない。中国の場合は特に、全国で一二六〇万人と言われる患者に対し病床は八万と少なく、しかも大部分は人里離れた場所にある。経済的な理由などで入院すらできず、家族の崩壊→流浪生活→横死といった悲惨なケースも少なくないという。ふつうの人びとがとりたてて関心を持たない社会の底辺に、事実存在する人びとの実像から目をそむけないこと。

本書は、高度成長にわくこの社会の基盤が、どれだけもろいものかを気付かせてくれる。

　文化大革命の混乱の十年の最中、多くの人びとが精神に異常をきたし、身体に障害を負った。そうした人びとは傷の癒えないまま、どの横町にもどの村里にもひっそりと生きている。改革開放政策の下、国営企業の合理化や国家保障の大幅カットが避けがたいのだとすれば、そのしわ寄せをまっ先に被るのがこうした人びとでないのか。「社会問題」などないとされていた国に、社会調査が興り、報道の自由が芽生えつつある。職も収入もなげうって、誰も目を向けない部分にレンズを向けたこの若いカメラマンに、私は信頼を覚えた。九二年からは中国農村のキリスト教を求めて旅立ったというが、その第二作も大いに期待したい。

『やがて中国との闘いがはじまる』
R・バーンスタイン、R・H・マンロー
（小野善邦訳）
草思社・2000円
▼「朝日新聞」1997.10.12

『タイム』誌の北京特派員だったバーンスタイン氏らが、急速に台頭する中国への警戒をよびかけた書。表題の「闘い」はコンフリクト、すなわち単なる「紛争」の意味だが、台湾をめぐる米中の軍事衝突もありうるという、最悪のシナリオも含まれている。

　中国の将来については楽観論が多い。だが両氏はあえて悲観論をとる。中国は九〇年代に方向転換し、アジアの覇権を求め始めた。両氏は、中国要人ら多数を取材し、新聞雑誌を丹念に調べて、そう結論する。ならば、米中対立は必至だ。

　本書の描く中国の戦略は明快だ。冷戦時代、ソ連と敵対した中国は、アメリカと手を結び、日米安保を歓迎した。ソ連を包囲できて、日本の再軍備も防げるからだ。ところが最近、強大となった中国は、南シナ海に勢力を伸ばし、台湾への圧力を強めた。すると、駐留米軍や日米安保が邪魔になる。そこで戦争責任をむし返し、日本が軍事的に「普通の」国家にならないよう仕向けている。《中国の目標は、アジアの卓越した強国となる》こと、アジアからアメリカの影響力を排除することなのだ。

　日本はどうすればいい？

　著者らの診断はこうだ。冷戦時代と反対に、これからは、強い中国／弱すぎる日本こそが問題。そこで日本はアメリカと協力して、駐留米軍を維持し、中国の核軍拡に反対し、台湾を防衛する。この線で、中国との友好をはかるべきだという。そして、日本自身が軍事力を強化すべきだとも。先ごろ合意をみた日米安保の新ガイドラインは、本書が下敷きではないかと思うほど、基本認識がぴったり一致している。最近アメリカは、悲観論に傾いているのかもしれない。

日本政府は、新ガイドラインは中国を敵視するものでないとし、加藤幹事長や橋本首相が説明に走り回った。アジアの将来を見通す長期的視点もなく、腰もすわっていない。本書をよく読んで、変動する国際情勢を頭に入れてもらう必要がありそうだ。

『ユダヤ人の歴史』上下

ポール・ジョンソン（阿川尚之他訳）
徳間書店
上2300円・下2200円
▼「朝日新聞」1999.11.28

アブラハムから現代まで約四千年の、ユダヤ民族の歴史を概観する。ユダヤ人がまとまって住んでおらず、ユダヤ教に無知なのは先進国で日本だけ。妙な陰謀説の本より、本書をまず読むべきである。

上巻の前半、古代ユダヤ教の部分が鍵である。欧米人と違って聖書、特にモーゼ五書（旧約聖書冒頭の五書）を読みつけない日本人には、とっつきが悪いかもしれない。異民族との紛争やバビロン捕囚の苦しみの中から、ユダヤ教の律法（安息日や食物規制）が成立した。神との契約、預言者、救済などの考え方は、キリスト教、イスラム教にも継承される。日本社会と対極的な世界がそこにある。

続いて、ユダヤ人差別の歴史。イエスを神の子と認めないユダヤ教徒は、キリスト教社会から排除され、高利貸しなどの職業にしかつけなくなる。『ヴェニスの商人』のシャイロックのイメージが出来あがり、たびたび暴力による迫害（ポグロム）を受けた。実際には、識字率が高く、勤勉で、平和な人びとであったのにと著者は嘆く。

本書の焦点。なぜナチスによるユダヤ人のホロコースト（大虐殺）が起きたのか？　著者はこの問いに《完全には判然としない》と答える。第一次大戦、大恐慌、共産主義の脅威……原因はいろいろあった。人びとはヒトラーが政権を取っても、昔ながらのユダヤ人差別だと甘くみた。

だが、違った。ヒトラーは差別どころか、ユダヤ民族を地上から抹殺することこそ自分の使命だと異常にも信じこんだ。だから戦争をあと回しにしても、ユダヤ人を絶滅収容所に送り続けた。多くのドイツ市民が協力し、黙認した。連合国も気づいたが、特に手を打たなかった。これらの事実が戦後に判明し、キリスト教・西欧世界は、罪の意識に苦しんでいるという。

原著の出版は一九八七年。その後冷戦が終わり、民族紛争が多発した。そしてコソボの「民族浄化」。ナチスの過去を忘れるのは早すぎる。ユダヤ人の歴史は、彼らを迫害した人類の過ちの歴史であることを、苦い思いでかみしめる必要がある。

『毛沢東秘録』上下

産経新聞「毛沢東秘録」取材班

扶桑社・各1619円

文庫（上中下）・各648円

▼「朝日新聞」2000.1.16

天安門広場を埋めつくす百万人の紅衛兵に、手を振ってこたえる毛沢東。劉少奇国家主席の失脚→林彪のクーデター未遂→江青ら四人組逮捕と続く、激動の文化大革命十年の幕開けだ。

共産革命で成立したはずの中華人民共和国の政府と共産党を、攻撃せよと党主席の毛沢東が命じた。なぜこんな奇妙な「革命」が起きたのか。文革に熱狂した大衆がなぜ後では、改革開放路線を支持したのか。疑問はつきない。

中国で最近、ようやく続々出版されるようになった当時の証言や実録約二百五十冊を、毛沢東という人物に焦点をあてて編み直したのが本書である。これまで知られていた内容も多い。けれどもそうした断片をつなげると、巨大な隣国・中国のもうひとつの素顔が浮かびあがってくる。

中でも圧倒されるのは、政治の舞台裏に渦まく、権力闘争のすさまじさだ。生き残りをかけて敵と手を結び、腹心を切り捨てる。そして、毛沢東の底知れない恐ろしさは、いつも複数の勢力を争わせ、自分の地位を脅かすとみれば容赦なく打倒することだ。

毛沢東が指導した無謀な大躍進政策が失敗すると、劉少奇・鄧小平ら実務派が後始末に乗り出し、毛沢東の出番が減った。折からフルシチョフがスターリンを批判。毛沢東は自分も死後批判され、革命の成果が無に帰すのではと恐れる。そこで党内から修正主義を一層しようと、解放軍の林彪を味方につけて文化大革命を発動したのだ。

文革の主役・紅衛兵はやがて農村に追われる。米中国交に反対した林彪は、退けられる。冷酷な政治に無数の人びとの運命がもてあそばれた。もうこりごりだという民衆の実感が、鄧小平の復権と文革の終結、改革開放路線を歓迎することになる。

本書は「産経新聞」の連載にもとづく。同紙は、文革に好意的な報道が多かったなか、これを権力闘争と断定して、中国政府に北京支局閉鎖を命じられた。以来三十一年間、一昨年再開するまでの空白を取り戻そうとする取材班の意気込みが、迫真のドキュメントに結実した。

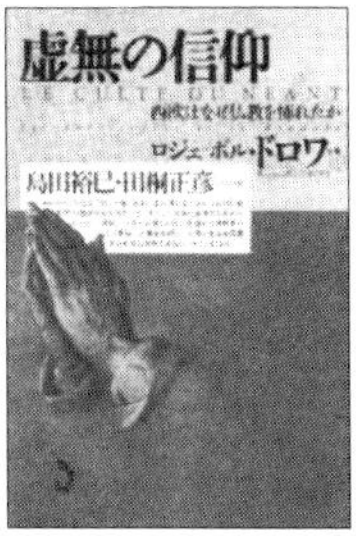

『虚無の信仰』
――西欧はなぜ仏教を怖れたか
ロジェ＝ポル・ドロワ
（島田裕巳・田桐正彦訳）
トランスビュー・２８００円
▼「日本経済新聞」2002.5.26

十八世紀の末から十九世紀の末までの百年間、仏教がどのようにヨーロッパ世界で誤解されたかを、丹念に調べた本である。

サンスクリット語の研究が進むにつれ、インド哲学や仏教の詳しい内容が知られるようになり、仏教学も徐々に進展していった。けれども、専門家でない人びとは、あやふやな知識にもとづいて、仏教の怪しげなイメージをふくらませていく。仏教は、涅槃（＝魂が存在しなくなること）を待望する恐るべきニヒリズム、つまり、虚無の信仰だというのである。ヘーゲル、ショーペンハウアー、ニーチェといった思想家たちも、こうした偏ったイメージに多かれ少なかれ影響されていた、と著者は言う。

なぜこのような誤解と偏見が生じたのか。それは、ヨーロッパのキリスト教社会が、無神論に脅かされていたからだ。《ブッダの無神論が問題とされるとき、真の問題は、ヨーロッパの無神論なのである》。救済されるべき魂が、仏教の覚りでは消滅してしまう。永遠の生命なしの、むきだしの死。それを願う信仰。ヨーロッパの人びとは、仏教という鏡に映る自分の姿をみて、恐怖したのだ。

著者ドロワは、一九四九年生まれのフランスの哲学研究者で、インドにも詳しい。花山信勝編『仏教文献目録』（一九三〇年代までの欧文文献一万点あまりをまとめたもの）に触発されたという。仏教はともかく、当時のヨーロッパ思想の舞台裏について、細かなことまでよくわかる本である。

そこで、こんな想像をしてみる。日本の幕末から明治維新にかけての時期、本書が紹介するように、西欧世界は仏教に対する偏見と恐怖のピークにあった。それならば、西欧世界と接触した日本人は、仏教に対するマイナス・イメージをことあるごとに吹き込まれたのではないだろうか。それが、廃仏毀釈の背景になったのではないか。神仏分離はもちろん、日本のプレ近代社会の内発的な必然にもとづくものだが、西欧世界の仏教に対する偏見も、その後押しをしたと考えてみてもよいのかもしれない。

『金儲けがすべてでいいのか』
N・チョムスキー（山崎淳訳）
文藝春秋・1429円

▼『現代』2002.12

天才的な言語学者チョムスキーが、経済のグローバル化を徹底非難する評論集。9・11テロ後にぴったりの内容だが、出版は一九九九年だ。

チョムスキーが反対するのは、新自由主義（ネオリベラリズム）という名の怪物である。これは弱肉強食の、十九世紀の帝国主義が再来したもの。当時の帝国主義と違うのは、民主主義の装いをとっていることだが、そのなかみは「同意なき同意」にすぎない。大企業がメディアを通じて繰り広げるプロパガンダに、人びとが操られているのが実態だ、という。

たとえば、九六年の選挙で共和党のギングリッチは人びとの支持を集めたが、彼のいう「アメリカとの契約」の内容をよく知っている人ほど支持率は下がっている。すなわち、新自由主義のブームは、よくわかっていない有権者の盲動、ということになる。

新自由主義は、ひと握りの金持ちがますます金持ちになる市場万能の政策で、大多数の人びとの人権は無視される。そればかりか、アメリカの企業は利益を求めて世界に進出し、独裁政権を支持したり、第三世界の貧困を拡大させたりしている。アメリカに対する全否定が、本書の基調である。

本書を読んで思い出したのは、映画『ビューティフル・マインド』のジョン・ナッシュだ。ゲーム理論の「ナッシュ均衡」に名を残す天才数学者ナッシュは、あるときアメリカ政府の諜報機関から任務を託されたと思い込み、日夜、暗号解読とレポートの作成に明け暮れる。本人が善意に満ち真剣であるだけに、その痛々しさは倍加する。社会生活の不得手な数学的天才、しかも旺盛な倫理観にもとづいて課題に邁進するという点で、チョムスキーに通じるものがある。

もうひとつ似ているのは、新左翼過激派の機関紙だ。景気指標や政治情勢など客観的なデータをつなぎあわせ、断末魔の資本主義システムが明日にも崩壊するかのような主観的な図柄が描かれる。どこかにトリックがあるはずだが、偏執狂的な書きぶりが、それに蓋をしてしまう。

アメリカでのチョムスキーの受け取られ方は「プッツン系知識人」といったところではないかと思う。理論言語学の輝かしい業績は別として、まともに相手にされないのだ。

チョムスキーの主張に幾分かの真実が含まれることを認めつつ、私がそれに同意しない理由を考えてみよう。アメリカの存在とふるまいは、そんなにも否定すべきものなのか。

　アメリカという国が存在することには、世界史的な必然があると思う。

　産業革命から二世紀あまり、アメリカの覇権が確立したのは、どのようにしてだったか。

　産業革命はヨーロッパで始まった。歴史と文化伝統が豊かな旧大陸でなければ、それは不可能だった。そして産業革命は、物資の移動を容易にする。それまで移住が困難だった新大陸に、伝統の束縛を離れた移民の新国家ができあがる。人口が稀薄なぶんだけ、一人あたりの資源は豊かだ。比較優位によって新大陸（アメリカ）が富を集積するのは自然のなりゆきだ。アメリカの優位は、旧世界に対する新世界の工業文明の優位なのだ。

　旧世界は、歴史と文化伝統の差異によって、宿命的に分裂し対立する。それに対してアメリカは、そうした対立から相対的に自由である。その結果、ますます強大となり、軍事的な覇権を握り、自由貿易にますます大きな利益を見出すようになる。

　チョムスキーは、アメリカが世界の人びとを貧しくすると言う。だが、もしもアメリカとその工業力が崩壊すれば、まっさきに生存が危うくなるのはその貧しい人びとなのだ。六十億を超える世界人口は、アメリカに象徴される高度な工業力なしに支えられない。この現実を認めるなら、アメリカを非難し攻撃するより前に、アメリカの行動原理を丁寧に少しずつ組み換えるのには、どういう種類の忍耐強い努力が必要なのかを考えるほうが大切だ。

『旧約聖書』

（『聖書（新共同訳）』より）

日本聖書協会・2700円

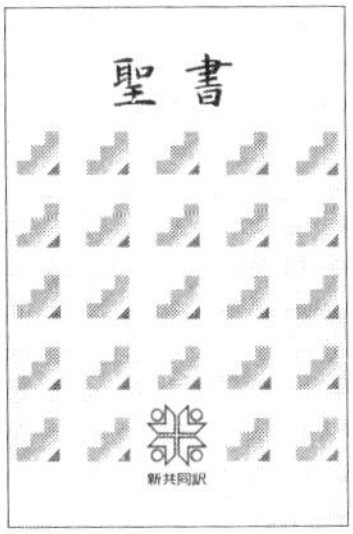

▼『オブラ』3-6　2003.6.1

冒頭の創世記。天地創造に、アダムとイブ、アブラハムの物語だ。その次は出エジプト記。映画『十戒《じっかい》』でおなじみだ。でもその先は、何だっけ？　宗教にうとい日本人の悲しいところである。

　『旧約聖書』を開いてみると、以下、レビ記、民数記《みんすうき》、申命記《しんめいき》と続いている。

　ここまでをモーセ五書（トーラー）といい、ユダヤ教の根本聖典である。その後にも、歴史書や預言者たちの書、詩篇などがぎっしり並んでいる。

イスラエルの民を率いたモーセは、約束の地を前にして、生涯を終えた。代わって人びとを率いたのは、ヨシュアである。申命記の次に収められているヨシュア記を読んでみた。

ヨシュアはまず、エリコの町を偵察させる。町に忍び込んだ斥候は、遊女ラハブの家にかくまわれる。ラハブは一族の命を助けてくれと頼み、斥候は約束して陣営に戻る。いよいよ攻撃。城壁は崩れて、エリコの住民は皆殺しとなり、ラハブの一族だけが助かる。エリコに続き、アイ、エルサレム……と、多くの都市国家が同様の運命をたどっていく。

先住民にしてみれば、ユダヤ人たちは突然やってきたよそ者だ。けれども彼らは、そこが神の与えた約束の土地だという。そこで、王や兵士はもちろん、女や子どもや老人まで皆殺しにしてしまう。

残酷なようだが、古代の都市国家同士の戦争はこうしたものだったらしい。

子どもの頃から『旧約聖書』を、すみずみまで丁寧に読んでいると、やはり世界観に影響するのではないか。

たとえば、ユダヤ人がパレスチナの一帯を手に入れた様子は、入植者たちがアメリカを手に入れた様子と、なんとなく似ている。そして、イスラエルの建国とも似ている。

だからアメリカ人は、イスラエルびいきなのだ。

また、情報と内部通報を大事にする。遊女ラハブの一族は、きっとエリコの町で差別され、不満を抱いていたのであろう。そんな人びととの約束も、きちんと守る。約束は神聖なものなのだ。

エリコの近くのギブオンの町は、ヨシュアと平和協定を結ぼうと思った。一計を案じ、まるで遠路はるばるやってきたかのような姿の使節を送ったので、ヨシュアは安全を約束した。あとで攻撃予定の町だったとわかり、イスラエルの人びとは文句を言ったが、ヨシュアはギブオンの人びとを殺すことを許さなかった。不正な協定も守らなければならない。

軍法も厳格である。兵士のアカンは、神の命に背いてエリコの町で、きれいな着物や貴金属をくすねた。ヨシュアはアカンを石打ちの刑（死刑）に処した。

ヨシュア記は、まるでCNNみたいな戦争のパノラマに満ちており、しかも、戦争に関わる正義や決断や戦略・戦術の宝庫なのだ。しかもこれは、小説ではなくて、ノンフィクション。こういうものを読み慣れている人びとは、お人好しになるのは無理というものである。

時代を読む

『東京、ながい夢』 猪瀬直樹

河出書房新社・1942円

▼「産経新聞」1989.9.12

『天皇の影法師』、『ミカドの肖像』など、立て続けに問題作を世に問うているノンフィクション作家、猪瀬直樹氏の書き下ろし。一月七日の天皇崩御、二月二十四日の大喪の礼の両日をピークとする東京の表情を、的確な筆致と写真で、虫ピンでとめるように蒐集《しゅうしゅう》した記録編である。撮影は、写真集『東京』などで知られる北島敬三氏。廃墟とも未来都市とも見まがう東京の一瞬の非日常を、ピンホール・カメラで狙ったみたいな即物的なたたずまいに写しとる。

《いちばん早く未来にたどり着くのは……東京かもしれない。欧米の都市は、東京に較べるとあまりにも正しいプロセスを踏みすぎている》。この野放図な東京の最も先端的な部分（サイバーシティー）と伝統的な部分（インビジブルシティー）とは、どのように複合しているのか、そこに肉薄すべく猪瀬氏は、ものごとの表面とディテールに拘泥する。微細な観察とエピソードの積み重ねにより、天皇という空虚な中心をめぐって回転する東京、いや日本という全体を浮かび上がらせる作戦なのだ。

この行き方は、ともすれば散漫に拡散してしまう危険と背中合わせでもある。だがそれを敢えてする猪瀬氏は、事実に語らせる腕力にかけて、同時代の誰にもひけをとらぬという自信がある。加えて東京（日本）は、目に視える構造や明示的な思想で形づくられていないらしいのだ。われわれの天皇制は、局在する何ものでもない。それを気付かせるように、猪瀬氏の文章はさりげない。観察者の淡白な関与を表に立て、天皇制が日常に与える亀裂（自粛）を書きとめていく。

昭和という時代も結局まとまりのつかぬまま、過去のページに埋もれようとしている。そんな時、猪瀬氏のような、天皇への持続的なこだわりは貴重だ。《敗戦直後の憲法改正で、天皇および天皇制が大きく変質したとする……錯覚を……訂正しなければ、と僕は考えていた》。彼の仕事は、天皇の国日本が、安易な想像の及ばないかたちでわれわれの上に拡がっていることを、改めて気付かせてくれる。と同時に、われわれの知の内部に、実は大きな欠落が隠れていることも。

思想というものは本来、自分を包みこむ社会の全体を遠望できるもののはずだが、その種のものをわれわれは持ち合わせていない。当分の間は、見慣れぬ事実の衝撃に揺さぶられ続けるしかあるまい。

逆に言うと、思想の地歩を一歩ずつでも前進させようと全力を傾けるあたりから、猪瀬氏の仕事はものごとの表面に終始し迂遠《うえん》でないか、との声も上がりそうだ。たしかに猪瀬氏の仕事は、天皇制の解剖学でも病理学でもない。しかし、いらつくには当たるまい。構造的な理解に先立ってまず必要なのは、診断学ではなかろうか。この本は、猪瀬氏が多少の茶目っ気をこめて投げた変化球である。悔しかったら、どうとでも打ち返したらどうだろう。

『プレイバック「東大紛争」』

北野隆一

講談社・1262円

▼「産経新聞」1990.2.27

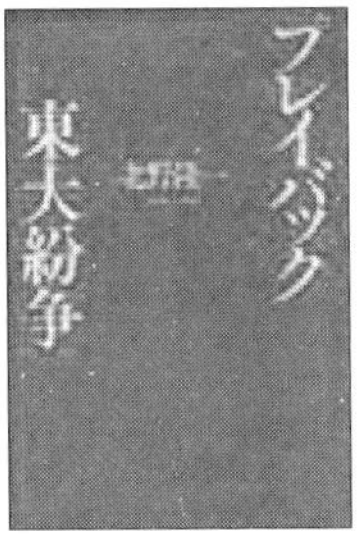

現役の東大生が、二十年前東大を吹き荒れた〝学園紛争〟の嵐を回顧する。往年の主役たちを軒並み取材と聞けば、どう料理したのかと興味が湧く。全共闘をやっていた私は、なおのこと期待して頁を開いた。

だが読んでみると腹が立った。滅多にないことである。そのうち怒りを通り越してがっかりし、読み終わるころには筆者が気の毒になった。複雑な心境である。

この本だけ読んで、あの時代をわかろうとする若い読者もいるだろう。注意を喚起する意味で、どうして腹が立ったかきちんとのべておくことにする。

まず題名「東大紛争」がけしからん。大学当局や文部省にとっちゃ迷惑な「紛争」だったかしれないが、当時の学生はひとり残らず「闘争」と言っていた。筆者は《二十年前の一連の動きを、どう評価したらいいのかいまだわからない……あれを自分のものとして「闘争」と呼ぶ勇気はない》、《自分なりに距離をおいて「東大紛争」に取り組みたかった》とのべている。だがその割に新しい発見はない。よくあるイメージをなぞっただけで終わった。

本書は、「東大新聞」の連載をもとにしている。連載を読んで写真家の浅井慎平さんが《僕は正直言って、物足りなく思った。当時何があったのかということはもう分かっていることだ。大事なのは、それをとらえた君の世代がどう受け止め、考えたか。そこが一番知りたい》と感想をのべたと言うが、同感である。

この種の書物が成功するには、①過去の事実を丹念に集め、②その時代を生きた人びとの現実感覚を再現すること、が必要だ。しかしこの本で目につくのは、《大人が誰も教えてくれなかった》という甘えの感覚と、《ここまで取材・執筆をやってきて思うのは、自分の掘り下げの甘さ、

″限界″のようなものである》と書く、手回しのよすぎる自己防衛の一つである。これを振り切れなかったのが著者の本当の限界である。

全共闘が特にわかりにくい、と著者は繰り返す。

私に言わせれば、全共闘くらい単純なものもない。公刊された資料や今回のようなインタビューから、容易に実態を再現できるはずだ。でも本書の与える印象は、私の知っている全共闘や東大闘争と、相当距離がある。この本を読んでなにかわかったような気になられても困ると思った。

事実関係でも、オヤと思う記述が多い。《全共闘から生まれた赤軍派》はでたらめ。《全共闘と民青の反目は……結局感情的な近親憎悪を論理でカムフラージュしたもの》とあるが、両者の体質が正反対なことは組織原則の違いからも歴然だ。全共闘＝《新左翼のセクトの連合体》が誤認。

著者北野氏は、法学部四年に在学中。東大闘争の前年、一九六六年に生まれ、入学後ずっと「東大新聞」の記者だった。新聞社に入社が内定とあるが、本当のジャーナリストを目指すなら、しばらくフリーターで筆一本の修業をお勧めしたい。

▼「産経新聞」1991.4.16

『近代日本の批評 Ⅱ』——昭和篇［下］

柄谷行人編／浅田彰・蓮實重彦 他

福武書店・１４００円
講談社文芸文庫・９８０円

雑誌『季刊思潮』に連載された座談による昭和批評史の展望。この下巻は、戦後（一九四五〜八九年）を収める。昭和四十年までを三浦雅士氏、以後を浅田彰氏が分担し、冒頭に問題提起を行っている。

このメンバーなら、という期待にたがわず刺激的だ。大勢の批評家への論及を通して、戦後精神世界の起伏や断層や煩悶が浮き彫りとなっている。語り口も率直で妥協がなく、批評が本来、厳しい戦いの一種であることを再認識させてくれる。

文学についてては不案内なので、個々の評については判断できない。そこで私が興味深く思った点だけを論じてみる。

四人は一致して、ある時期までの戦後批評は、戦前に比べてさえ読むに耐えなかったとする。その後七〇年代に大きな断層があり、わが国にもようやく世界的な水準の批評が現れたとみる。たとえば、彼ら四人だ。

四人のなしとげた仕事からすればこうした自信も当然だ

と思うが、固有の困難もあろう。浅田氏も言うように《対象が……近い過去で……自己言及的なバイアスもかなり大きくならざるをえない》。そして三浦氏も言うように《批評史とは批評の批評》であり、《批評されるべき第一は……自身の方法》のはず。では、本書を導く批評の根拠は何か。

　浅田氏や蓮實氏が最後のところで確認しているように《この座談会は、マルクス-アルチュセール的な理論に支えられ》ている。マルクス主義にならえば、自分たち四人の登場も、日本社会の変容（消費社会）と構造的に結びついていることになろう。柄谷氏がこれにいちばん自覚的なようだ。

　突出した個性が批評史を形づくるのに違いないが、必然がその個性を導くとも言える。批評する側も、批評の対象と同じ社会を生きている。だがそれにしては、同時代の批評家に対して、愛情が足りなくはないか。自分をかく語らせているものに対す畏怖の欠如でなければ幸いだ、という小さな危惧を抱いた。

『「論壇から見た」激動の時代、日本の選択』

中谷　巌

PHP研究所・1262円

▼『朝日ジャーナル』1991.6.28

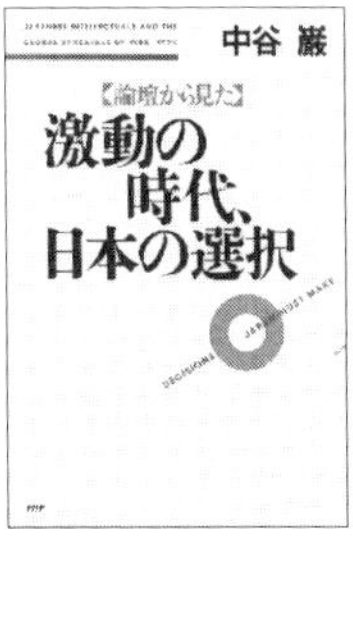

一九八八～九〇年にかけ、文字通り時代の激動にもまれた三年間。その間の日本の周章狼狽ぶりが、中谷巌氏の筆致から浮かび上がる。「日経」の連載コラム「経済論壇から」は、いわばこの嵐を定点観測していたわけである。〈そのとき、日本はいかなる状況にあり、日本人は何を考え、何をしようとしていたのか。本書は……このことを始めから終わりまで一貫して追求している。そして、三年間の格闘によって私が確信したことは、「日本人はまだ目覚めていない」ということだった〉（本書「まえがき」）。確かに、著者の抱く危機感に、まったく共感する。

　では日本人は、何に目覚めていないのか。何よりまず、日米関係の危機的な実態について。そして、アジアと日本のあり方について。著者は、専門の経済の論説にしぼって、この三年間の論壇を評する。そういう限られた枠からでも、日本社会が、変動する世界のなかで針路を決めかねている現状が、手に取るように見えてくる。

中谷氏のコメントは、決して辛口でない。評価できる部分を拾いあげ、今月もこんなに興味深い文章がありました、と親切に論を進めていく。にもかかわらず、本書から痛感されるのは、経済を含めた日本の針路について国民の選択を導けるだけの、力強いオピニオンリーダーの不在であり、毎月これだけの論説が並びながら健全な世論を形成するに至らない空しさだ。

　この数年いよいよ明らかになっているのは、日本の経済力と政治力の極端なアンバランスである。はじめ日本の経済力は、誇るべきものと考えられていた。ところがバブル経済が崩壊し、湾岸戦争で日本が国際的な非難を浴びると、日本の孤立を危ぶむ声が大きくなった。日本はアメリカとも、アジアの国々とも価値観を共有していない。国際的な責任も行動原理もわきまえていない。そんな国が、こんなにも大きな経済力を持っていること自体が異常であり、危機なのである。

　これが、かつての日本の失敗と重なって見えるのが、なお一層不安である。昭和初期の日本は突出した軍事力を国際秩序のなかに位置づけられず、日英同盟を解消して国際的に孤立し、破局へ突き進んだ。軍事力を経済力、日英同盟を日米関係と置き換えると、いまの日本の窮状にぴったり当てはまる。日本が相変わらず貧弱な政治力（自己コントロール能力）しかもっていないことが、最大の問題だ。――著者が毎月取り上げた論調をつないでいくと、ジグソーパズルのように、こういう図柄が明らかになる。

　では処方箋は、あるのだろうか。

　本来なら国民世論の成熟が、この答えを出すべきであると考えられる。けれども、リクルート事件へのヒステリックな反応や、湾岸戦争での一国平和主義へのこだわりぶりから見て、世論にまだ多くを期待できそうにない。そう診断する中谷氏は、今の段階で、明確な見通しを語りかねているようだ。日本の言論界に課せられた宿題は、それだけずしりと重いと言うべきだろう。

『共同研究「冷戦以後」』
中曽根康弘・佐藤誠三郎
村上泰亮・西部　邁
文藝春秋・1748円

▼『朝日ジャーナル』1992.4.3

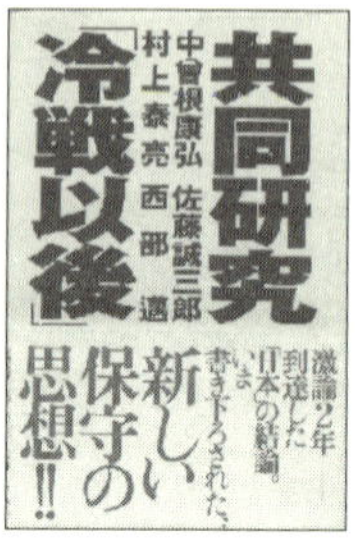

湾岸戦争、ソ連邦崩壊という歴史の大きな節目に当たって編まれるべくして編まれた、日本を代表する「保守派」の論客四人の大部な論考である。左翼・革新勢力に精彩なく、ポスト・モダン派が「反戦声明」で腰くだけたあと、めぼしい議論は見当たらない。そんななか、まとまった著

書を世に問うた著者たちの積極的な姿勢に共感する。適当なレッテルを貼って本書を読まず嫌いする向きは、必ずしっぺ返しを食らうだろう。

毎月最低一回、二年間にわたって続けられた研究会が、本書の土台であるという。《本書はわれわれ四人がかろうじて互いに同意できる部分をまとめ上げたものである》（「あとがき」）。序～中曽根、第一章と第七章～西部、残る各章のうち、政治の部分～佐藤、経済の部分～村上、という分担で原案を執筆したあと、互いに再三の加筆をへて成ったという。おのずから著者たちの議論が収束していく緊密感が行間から伝わってくるが、話の筋がやや強引に思える部分もないではない。私個人は、本書の主張のほぼ七割がたに、賛成しながら読み進んだ。

さて、「冷戦以後」がどのような世界になるかを考えるには、冷戦そのものを冷静に分析し直すところから出発すべきだろう。著者たちもその手順を踏んで、戦後の日本をかくあらしめた世界について、オーソドックスな考察をめぐらしている。

重要と思われる論点をいくつか確認しておこう。

まず、冷戦が終結した結果、今回の湾岸戦争を機に、《侵略戦争は違法であるという限りにおいて、世界的な合意ができつつある。その結果、否認さるべき戦争と是認さるべき戦争が国際ルールに基づいて定まるということになった》（一六二頁）。このことを理解しない日本人の《歪んだナショナリズム》が「一国平和主義」のような反米的《対外強硬路線》をうんでいる。《「開かれたナショナリズム」を確立していくためには、まず、現憲法をいかに改正するかという議論に着手しなければならない》（一六九頁）

また著者たちは、《冷戦を支えた二極構造が崩壊したあとに訪れるのは一極構造でも多極構造でもない……。各国民国家が……さまざまなレベルで……国際ルールに基づく国際秩序を漸次的に形づくっていく……のが国際社会の実相》（二一六～二一七頁）だとする。ここで、中国など《東アジアの発展モデルが欧米の市場モデルと抵触》（三二〇頁）する可能性があるが、日本はアメリカと責任をわかち合って、ルールの多様性をある程度許容する国際新秩序の実現をめざすべきだというのが、本書の指し示す方向だ。

こう聞くと、すわ「日本再軍備」かと身構える読者もいるだろう。そういうきわどい政治的選択に通じる議論とも言える。しかし本書の価値は、《保守主義》の立場を日本の選択に即して明らかにした、原則的な姿勢にこそある。

そもそも《保守主義》とは何か？　名前がよくないが、自由主義と言ってもだいたい同じ。戦前・戦後を通じて、リベラリズムの伝統がないに等しいわが国で、もっと評価されてよい思想だ。

理性（人間の作為の能力）に信を置きすぎる民主主義・社会主義とも、虚無主義に転落するほかない価値相対主義とも一線を画し、社会の伝統やルールのもつ合理性に根拠を置こうとする立場が《保守主義》である。五〇～六〇年代の左翼的熱狂から、七〇～八〇年代のシラケた内向へ。そういう精神の振幅しか経験していない世代の、エア・ポケットでもある。ルール＝自由の観念によるなら、吉本隆明氏の言う「共同幻想の逆立」のような屈折をへないで、個々人の人生の場所から大状況へ、思考の道筋を歩めるのかもしれない。著者たちの言う「開かれたナショナリズム」と、ルールを重視する私の立場は近いのかもしれないと思った。

湾岸戦争にあわてて「反戦声明」を出した「若手文学者たち」のどうしようもなさに比べれば（比べること自体、失礼なのだが）、著者たちはずっとまともである。それは当然として、最後に本書の悪口を言っておこう。

第一に、分厚いわりに繰り返しが多く、読後感がすっきりしない。〝マニフェスト〟の要素と〝国際関係研究書〟の要素とが、どっちつかずにまざってしまったためだろう。

第二に、それと関係するが、日本人が「冷戦以後」どういう選択をすればよいのか、十分具体的な提言を期待して読むと、ややがっかりする。また思想書として読むには、提言に至る思考の運びが人びとを導くだけの高雅な弾力（規範力）に欠けるうらみがある。

要するに、少し作り急いだ感があるが、本書は後世、九〇年代の思想の転換点として振り返られる書物となろう。

『ダイアナ妃の真実』

アンドリュー・モートン（入江真佐子訳）
早川書房・（完全版）２０００円

▼「産経新聞」1993.3.18

本書がイギリスで発売されたのは去年の六月。チャールズ皇太子との不仲がここまでとはと、世界中が大騒ぎになった。だが本書は《決してスキャンダルな暴露本ではない。……一人前の女性になる前に皇太子妃となってしまった少女が、逆境のなかでほんとうの自分を発見していく物語》なのである。
著者A・モートンはベテランの王室担当記者。長年にわたる関係者へのインタビューを通じて本書を書きあげた。ダイアナ妃周辺の取材が充実しているので、一方的に事実をねじまげているのではないかと、憶測を生んだが、むしろそれは、ダイアナの苦悩を見かねた友人たちが進んで口

を開いたことによるものだという。十分な裏付けのある信頼すべきドキュメンタリーの読後感である。

私が個人的に興味をひかれたのは、ダイアナ妃が結婚直後から重い過食症にかかっていたこと。「ちょっと太めだね」というチャールズの心ないひと言がきっかけで、この病との戦いは十年あまりに及ぶ。それは、学業もぱっとせず、人目につかない少女だったダイアナ妃が、自我を確立し、生きる自信が持てるまでの避けられないプロセスだった。立ち直りのきっかけは、王室の伝統である慈善活動。彼女は施設の慰問に喜びを見出す。自分も傷ついた彼女だからこそ、自然な優しさで振るまえるのだった。

去年の暮れ、ダイアナ妃は正式に別居したが、今年わが国では、皇太子妃内定のニュースが飛び込んできた。小和田雅子さんは多くの点でダイアナ妃と対照的だが、特別な家柄に嫁ぐという苦労は共通していると言えるかもしれない。

本書を読んで痛感するのは、王室（皇室）をめぐるジャーナリズムのあり方の違いである。

イギリスにも大衆に迎合する夕刊紙や、猛烈な取材合戦がある。しかしその一方で、王室を率直に論評する伝統があり、「自粛」と無縁の歯に衣着せぬ語り方ができる。この伝統は、なかなか健全なものだと思う。

王室や皇室といった近代以前の制度が現代に生きながらえていれば、いろいろ矛盾もある。もちろんそれなりの理由があって、そうした制度は存続しているのだが、これが憲法のもとで機能するには、残りの部分が近代社会の原則できちんと動いていることが大切だ。英国の王室の場合、続発するスキャンダルは成熟した市民社会と王室の旧弊とのあつれきだとも言えよう。

わが国の場合、皇室が市民として成熟に向かっているのに、政府や国民のほうがむしろ過去の幻影に囚われているとも言える。スキャンダルがないからと言って、手放しで喜べない。そんな折、人間サイズで問題を考えるべきだという原点を、本書は指し示してくれたようだ。

『民営化の政治過程』
——臨調型改革の成果と限界

飯尾　潤

東京大学出版会・４５００円

▼「産経新聞」1993.9.16

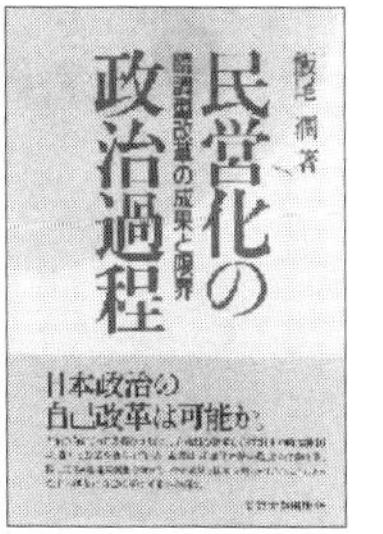

中曽根、サッチャー、レーガン。八〇年代を特色づける新保守主義は、わが国でも行政改革・民営化の大きな流れをうんだ。本書は、国鉄・電電公社・専売公社の民営化プロセスの全体像を、初めて詳細に記述・分析した研究書で

ある。
鈴木内閣のもと、行政管理庁長官に就任した中曽根康弘氏は、一九八一年早々、土光敏夫氏を会長とする臨時行政調査会（第二臨調）をスタートさせる。「増税なき財政再建」を旗印に、土光臨調は国鉄の分割民営化、電電公社のNTTへの移行など、ドラスティックな改革をなしとげた。その事実経過を克明にあとづけたうえで、どういう条件が揃えば《日本政治の自己改革能力》が発揮されるのか考察しようというのが、本書である。

八〇年代は《政治の制度化傾向》が極まった時代だったと著者は言う。自民党の長期政権のもと与野党の役割分担が固定し、国会審議が形式化した。自民党が実質的な立法機能を担い、派閥や族議員が大きな権力を握った。だが、微細な利害調整が制度化すればするほど、根本的な改革はできなくなる。当時のそういう政治の閉塞を突破する試みが第二臨調だったと著者は言う。

著者飯尾氏は、気鋭の政治学者。東大大学院の博士論文が本書のベースである。臨調、国鉄、NTT、各省の当事者数十名に聞き取り調査を実施し、日本型行政改革の実像をあぶり出した。意思決定プロセスの裏面に迫る膨大なデータを時系列に整理したのが第一部、改革を成功させた要因を評価・分析したのが第二部、の構成である。

事実関係を再構成した第一部が、今後この問題を考えるスタンダードな資料となるのは間違いない。だが、それにも増して興味深く思えるのは、民営化の国際比較を試みている第二部だ。《日本では赤字だから民営化する……のに対して、イギリスでは黒字だから民営化する》のが基本であるという。なるほどと違いがわかる。また最近、中国では国営企業の合理化を進めるため、日本の行政改革（特に国鉄の分割民営化）に関心が高まっている。本書が中国語に訳されたら、極めて重宝されるはずだ。民営化を誰が構想しどう実現するか国際的な比較をもっと行えば、有益な知見が多くえられると思う。

臨調の成功はまた、限界でもあった。著者が指摘するのは、臨調の権力が八〇年代という《時代状況・政治状況によって作られたもの》であること。《日本の政府・政治を改革し、時代の変化に合わせるという点については失敗した》とする。折から自民党政権が解体して、八〇年代には起こりえなかった政治改革・構造変革の時代が始まった。本書の手法で「九〇年代の政治過程」を考察する続編を望みたい。

『「超」価格破壊の時代』

長谷川慶太郎
東洋経済新報社・1359円

▼「朝日新聞」1994.8.7

疾走するような読後感を残す好著だ。「価格破壊」をキー・ワードにした歯切れのよい分析。主張が明快で、飽きさせない。

著者が強調するのは、今の価格傾向が景気後退に伴うものでなく、むしろ構造的で全世界的な現象だということである。そのロジックを私なりに整理してみよう。

冷戦の集結からすべてがスタートする。冷戦は、過剰な軍備・大きな政府・活発な労働運動などをもたらした。その終結（社会主義体制の崩壊）はまず、国際分業の猛烈な再編成を引き起こす。ロシアや東欧や中国を含む全世界が、単一の市場経済に組み込まれた結果、企業はいまや生き残りをかけて、生産拠点の最適配置（多国籍化）を追求しなければならない。日本を見舞っている産業空洞化もその一環だ。つぎに、軍備の解体・小さな政府・賃下げの進行。企業のリストラと中間管理職の失業、国営企業の民営化も進む。これは全世界を巻き込む不可避なプロセスで、これに対応できない企業も国家も生き残れないだろうというのが、著者の診断だ。

特に日本に、著者はこう警告する。日本は《官僚制度のもとで、戦後一貫して「保護政策」を実行し》経済大国の座についたが、こうした《過去の「成功の経験」》ときっぱり決別し《徹底した「小さな政府」を目指す》のでないと、今後の発展は望めないと。

これは「普通の国」への道でもある。行政改革や規制緩和を進め、他のG7各国と足並みを揃えて制度を変革していくことが、これからの政治の重要な課題となる。そのために小選挙区制度が大きな役割を果たすだろうと期待する著者に、私も共感した。

なお、著者・長谷川慶太郎氏がかつて「財テクをやらないのは世捨て人だ」などと発言してバブルをあおった、と非難する向きがあるという。氏の発言が、本書のような分析を下敷きにしたものだったとすれば、真意はそこにはなかったとも言えよう。

『ナニワ金融道　カネと非情の法律講座』

青木雄二監修
講談社・1300円
▼「朝日新聞」1994.9.25

『週刊モーニング』に連載中のマンガ「ナニワ金融道」をベースにした、金銭トラブルをめぐる法律講座だ。と言っても、ありきたりの法律解釈ではない。ヤクザ絡みの紛争の実態や抜け道、奥の手をバッチリ解説する、裏街道の指南書である。

全部で十四話。原作のマンガは挿絵がわりで、意外に読みごたえのある本文だ。サラ金の「書換え」、「まわし」の手口。強制執行や競売のウラおもて。いいことずくめの自己破産。白紙委任状や念書の落とし穴。裁判所の裏をかく「合法」的妨害手段のかずかず。どれも、関係「ギョーカイ」の人々の「ジョーシキ」であり、彼らが公然とは口にしない真実である。

となれば、そんな内情に接する機会の少ないサラリーマンが、喜んで本書を手にするのも当然だろう。これはもう、立派な教養書である。

加えて本書は、日本の法文化の一級資料だと私は思う。このまま翻訳しても、日本を理解するのにうってつけの書物として注目を集めそうだ。

本書は金融トラブルの実例を、面白おかしく追いかけているだけではない。そのリアリズムの根底に、傾聴すべき批判がある。

《端的にいえば法律そのものが債権者に圧倒的に不利にできている》、《問題は手続法（裁判法と強制執行法）だ》、《債権者が裁判に訴えるまで持ちこたえられれば、これはもう勝ったも同然なのである》（エピローグ）

まるでブラックユーモアだが、これが実態だ。裁判に勝っても債権取り立ての役に立たない。司法が無力な分だけ、ヤクザの出番が増える。こうした病根に人々の目を向けさせる、得難い書物ではある。

ひとつだけ文句を言えば、著者はだれなのか？　青木雄二「監修」とあるからには、本文を書いたライターがいるのだろう。手抜かりのない仕上がりだけに、著者として名前を掲げてあるとなおよかった。

『1995▼2010 世界大恐慌』
――資本主義は爆発的に崩壊する

ラビ・バトラ
（藤原直哉、ペマ・ギャルポ訳）
総合法令・1553円
▼「朝日新聞」1994.11.6

名前で、著者はユダヤ人かと思ったら、インド・パンジャブ州出身のヒンドゥー教徒、米国南メソジスト大学で国際貿易を講ずる経済学者だという。日課の瞑想を通じて、近未来を予知したのが本書。終末論のインド版だ。

著者は、ソ連崩壊やホメイニ師のイラン革命、ブラックマンデーを予言した著名人である。その彼が、一九九五年、ニューヨーク株式市場の暴落を引き金に世界恐怖が発生し、日本に波及するのはもちろん、資本主義そのものも崩壊すると断言するのだから、不況にあえぐわれわれとしても心中穏やかでない。

予言の根拠は、まず経済学的分析。著者はデリバティブ（先物の投機市場）を諸悪の根源とみる。富裕者の余剰資金で膨らんだアメリカ経済のバブルが、来年にもはじけるだろう。もうひとつ、著者の恩師サーカー氏の唱える社会循環論（軍人→知識人→富裕者→……の順に支配者が交代する）も予言の根拠だ。二つをミックスすると、間もなく資本主義が解体して「プラウト」という新システムが出現するという大胆な予測が導かれる。

「プラウト」とは聞きなれないが、物質の進歩は有限でも精神の進歩は無限だと自覚する社会体制のこと。富の配分を平等に改め教育や医療を無料にするなど、共産主義とそっくりだ。著者の立場は、カースト制を下敷きにした社会循環論といい、瞑想で意識を神と合一させるところとい、「ヒンドゥー神秘主義」の名にふさわしい。

こう見てくると本書は高級なオカルト本ということになるが、瞑想で直感力を高めた著者の予言がまた当たって、国際経済の不均衡が信用不安（恐慌）に行きつく可能性は大いにある。ただそれが、資本主義の終わりなのか？ 著者は《資本主義の終わりとは……富裕者たち……が社会を支配する時代が、終わること》だと定義する。要するに「バブル崩壊＝資本主義の終わり」だそうだが、針小棒大もほどほどにと言いたい。

『トム・ピーターズの経営破壊』

トム・ピーターズ（平野勇夫訳）
TBSブリタニカ・1553円

▼「朝日新聞」1995.1.22

『クレージーな時代にはクレージーな組織が必要だ』が原題。型破りな売れっ子経営論者トム・ピーターズの、「経営セミナー」講演録だ。

とにかく威勢がいい。いわく、従業員はひとり残らず起業家になりなさい。分権制など生ぬるい、巨大企業も数人規模の独立採算単位に分割しなさい。社外の人脈や通信ネットワークを頼りに仕事をしなさい。社内の仕事はあらかた外注し、競争相手の仕事を請け負いなさい。クレージーで普通の組織にとけ込めない人間を雇いなさい。これでもか、これでもかというハチャメチャな提案に、邦訳題名が『経営破壊』となっているのも、なるほどと納得する。

世の中の「経営セミナー」には独特のノリがあるらしく、これにうまうま乗せられて自分の会社を潰してしまった経営者も少なくないだろう。それでも私が、ピーターズ氏の機関銃のような語り口に説得力を感じるのは、彼が、いまマルチメディア時代を迎えつつある企業環境の厳しさをしっかり見すえているからだ。新製品はすぐ真似される。情報が一瞬に世界を駆けめぐる。それなら、現場に権限をもたせ、速戦即決で顧客のニーズに応えていこう。これがビジネスの基本だというのはその通りである。

ピーターズ氏はリストラやリエンジニアリングの先を読む。マルチメディア環境は、垂直型組織そのものを破壊するだろう。中間管理職やトップはおろか、本社もあらかた不要になる。ごく少数の常勤スタッフのもと、数カ月単位でさっと集まりさっと散る事業チーム。バーチャルコーポレーションがその究極の姿だ。

そこまでいく企業は多くなかろうが、時代がどちらに進むかは明らか。本書で紹介されているヘーグ氏（オックスフォード大）は、未来の大学は人材バンクと電子図書館を組み合わせたものになると言うが、まさに同感。日本の大学も徹底的な「革命」が必要だ。

『制服少女たちの選択』

宮台真司
講談社・1650円

▼『週刊読書人』1995.1.27

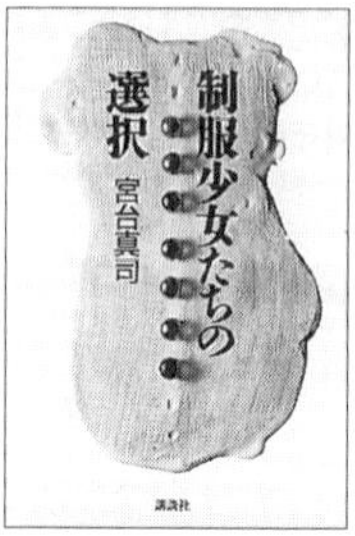

一九九三年夏、「ブルセラ（＝ブルマー&セーラー服）

ショップ摘発、女子高生補導」の新聞報道をきっかけに、いわゆるブルセラ論争が巻き起こった。その渦中でひとり気を吐いた社会学者が、宮台真司氏である。九四年の暮れに発売の『制服少女たちの選択』には、同氏がその前後に雑誌などに寄稿したブルセラ関係の論文五篇が収められている。

この現象は、いろいろな意味で注目を集めたが、そのひとつの焦点は宮台氏が、ブルセラ現象をめぐって生み出された言論はあらかた無効であると、明快に断じたことだった。事件そのものは「たかがブルセラ現象」とやり過ごせばよいとしても、宮台氏の分析が正しいと考えると、自動的にその他の言論の効力が疑われる仕組みになっている。この論文集は、そうした挑戦状でもあるのだ。

それでは、宮台氏の自信はどこから来るのか？ 本書の第Ⅱ部（「新人類とオタクの世紀末を解く」『中央公論』一九九〇年）が、その根拠である。この論文で著者は、現代の若者の性格類型を五つに分類し、各々を高度消費社会への異なる適応戦略と分析してみせた。この仕事は、彼のコミットする「社会システム理論」にもとづくものだという。

十年以上前からテレクラを継続的に調査し、《自己改造セミナー・超能力セミナー・テレクラ・伝言ダイヤル・宗教団体・社会運動団体・風俗産業などに潜りつづけている》という宮台氏の仕事ぶりは、きわめて現場主義的だが、依拠するのがこの社会システム理論である。これは、システム理論と統計的手法とを両論とするもので、現場主義によくある、珍しい事実の紹介に終始して《徹底した分析という負担を免除》されようとするのとは正反対の行き方だ。

社会システム理論が具体的にどういうものなのか、少なくとも本書には詳しい説明がない。それなのに、黄門様の印籠のように、本書のあちこちにその名が登場する。宮台氏のほかの著述を読んだことのない読者は、狐につままれた気がするだろう。残念である。

＊

『制服少女たちの選択』を通読すると、高度消費社会以後の日本がいま置かれている状況が、そこから透けて見えてくる。

本書は、ブルセラ現象のなまなましい実態の紹介よりも、むしろ理論的な考察を中心とする。具体例に裏打ちされた見るべき指摘が多いが、論理の骨格のみ取り出すとこうなる。

まず最初の前提として、日本社会の《「自分と周囲がちがわないことによる安心」をコミュニケーションの支えにするという、明白に共同体的な作法》がある。これは、西欧近代市民社会の倫理と対極的なものだ。江戸後期にさかのぼるこの作法は、明治以後、企業、学校に入りこみ、高度成長期には「会社共同体」として確立した。日本の倫理・道徳は、共同体の人びとの視線に支えられており、共同体のはざまでは「世間」が機能していた。親の子供に対する権威も、これらを背景に成立していた。

自分と異質な他者との出会いを想定しない日本社会には、そもそも《社交技術ならびに階級文化が欠落》している。七〇年代の「団塊世代」には、ジーンズ・長髪などといった共通コードがあり、彼らのコミュニケーションの前提となった。消費社会の高度化にともなってこの共通コードが細分（差異化）し、ついには解体する。複雑性の増大（予期可能性の低下）をともなうこのプロセスへの適応として、さきの人格五類型が現れた。新人類やオタクも、こうしたプロセスの産物である。ブルセラ女子高生の分析も、この延長にある。まず注目されるのが、郊外。村落を押し潰し都心から離れて立ち並ぶ清潔な新興住宅街は、《コミュニケーションチャンスの空白地帯》だ。はじめ彼女らは、表面的に同質性を確認できる「かわいい共同体」にたわむれたが、それも解体すると、倫理・道徳の届かない遊離身体となって、ささいなきっかけから電話風俗や都心のエッチ系バイトにのめりこんでいく。性的であるのに性的であることが許されない制服をまとった「女子高生ブランド」の成立。彼女らの行為様式は、本質的に、同時代人（新人類、オタク）やその親たちと変わらない。総オタク化現象は時代の必然であるというのが、宮台氏の結論である。

＊

女子高生を倫理・道徳的に非難しても無意味だと、宮台氏は言う。なぜならいくら非難しても価値観は伝達できず、女子高生たちは「親ばれ」後もパンツを売りつづけるだろうから。むしろそうした言説は、親たちの自己満足にしかならず、現実から目をそむけさせるだけ有害だとされる。

では、親たちはどうしたらいい？　親たちも〝宮台氏は（まだ）女子高生の親ではないから、「社会調査をしている」というスタンスで彼女らに向かえばすむ。書斎を出て現場に飛び込むと称しながら、その実「社会学者」という役割のかげに身を隠しているだけではないか〟と逆襲するかもしれない。

宮台氏がとるのは、《ワクチン戦略》だ。これは、社会システムがどう作動するかを本人に学習させ、最適の選択をさせる方法（寝た子を起こす方法＝社会学的啓蒙）である。《何がよいのか、悪いのか、といった「価値判断」は、それ自体としてはシステム理論のあずかり知らぬところである。……選択をするのは理論ではなく、あくまで人格システム自身であり、社会システム自身である》。本人（少女たち）によりよい選択をさせるところに、この戦略の実効性がある。

＊

この戦略は価値中立的にみえるが、いまあげた《社会システム》には著者の社会システム理論も含まれるので、実は微妙である。

著者の感性や学問も、社会システムの一部である――社会システム理論はそう考える。テレクラ開始直後からその研究にのめりこんでいった著者は、やはり時代と《共振》したのだ。九〇年代的な《総〈オタク〉化》の渦のなかには、《学術系〈オタク〉》も含まれる。本書は繰り返し、《凡庸》な数多の言説と異なる《敏感》さを強調しているが、それは著者自らが、《学術系〈オタク〉》であるがゆえの表明とも読めるのだ。

こうした位相で見れば、本書は著者の自己分析でもある。著者も少女たちも時代の無規範のなかを浮遊していた。そこで倫理的であるために、彼女らと同じく《自分勝手》に引いた《境界線》（少女／著者）が、社会システム理論をうみだしたのかもしれない。

宮台氏の言論は、他のあらかたの国内言論に勝利できるほど強力だ。しかし、世界性をもつだろうか？　著者は、日本的に作動する社会システムに内属し、そこから自生的に社会システム理論を立ちあげた。これは見事だが、同じやり方で異なる社会システムが分析できるとは限るまい。社会システム理論が、こんなに日本的でもよいのだろうか。

▼『こころの科学』1995.5

一九九三年夏のブルセラ騒動。警察の摘発・補導をきっかけに、マスコミの取材合戦と女子高生の新規参入があいつぎ、またたく間に特異な社会現象にふくれ上がった。その渦中で論調をリードしたひとり、社会学者・宮台真司氏の新著である。当時、雑誌に掲載されたポレミカルな論文五編を前半に収め、その理論編とも言うべき消費社会の若者分析を後半に収めている。この一冊で、ブルセラ騒動の見取り図と、それがわれわれに投げかけた問題の拡がりを俯瞰できるはずだ。

著者が本書でベースとするのは、社会システム論。N・ルーマンの所説を宮台氏がさらに展開したもので、これによれば、女子高生がパンツを売りエッチ系バイトに群がる必然性をわかりやすく論証できるという。

本書を別な機会に書評したところ（「週刊読書人」九五年一月二七日）、著者の反論が寄せられた（同二月一〇日）。以下ではこれを踏まえて、論点を掘り下げてみよう。

まず著者は、奥井智之氏や松原隆一郎氏らの批判に反論する。両氏は「宮台はブルセラ女子高生たちと《共軛的》なものの見方をするがゆえに《市民》的な成熟や《倫理》を説くことができない」としたが、宮台氏はこれに対して、「ブルセラ女子高生たちと《共軛的》な場所に立ちたかった……それこそ私自身が確信犯的にやりたかったことなのだ」と切り返す。どんな営みも「自分が内属する社会システムと共振」せざるをえない以上、それ以外の選択があろうか、というわけだ。

宮台氏のこの選択は、社会システムの高みに立って倫理を説けると信じる《戦後知識人的な言説》に対抗するためである。だが、ここで氏をとらえている二分法——システムの高みに立ったお説教か、さもなければ女子高生たちと《共軛的》な場所か——こそ、戦後知識人的な発想ではないだろうか。知識人たちは、ブルセラ女子高生と《共軛》しては大変と、なんとか高みに立とうとした。氏が論理を棚あげにしてとにかくシステムへの内属を選択しても、単なるその裏返しである。欠けているのは第三の可能性、すなわち、システムと共振するその場所で倫理的であることなのだ。本来の倫理は、システムの高みでなく、その只中にしかありえない。

そこで気になるのは、システム理論をとる宮台氏が、十年以上も「自己改造セミナー・超能力セミナー・テレクラ・伝言ダイアル・宗教団体・社会運動団体・風俗産業などに潜りつづけ」るのはなぜかということだ。

「システム理論が社会システムの一部である以上、社会や時代と《共振》するのはそれこそ当たり前」だと氏は言う。その事実を踏まえるのがまっとうなシステム理論だとしても、その作業はどこでも実行できるはずだ。

それならなぜ氏はここまでこだわって、ブルセラ女子高生を取材し続けるのか。たしかに女子高生は、同時代の社会システムを敏感に映すかもしれない。しかしそれは、女子高生に限らないはずだ。システム理論への内在だけからは、この熱中を説明しにくい。

本書によれば、テレクラや伝言ダイアルでアポを取り、街頭や場合によってはホテルで女子高生と会うのが取材だという。謝礼を渡すこともあろう。いかにも危うい。

著者も指摘するように、ブルセラ現象とマスコミは共犯関係にある。摘発を報じたマスコミのおかげで、ブルセラは広まった。日本の社会システムは正当化の観念を欠いているため、マスコミが報道すれば、何となく市民権をえたような感じになってしまうのだ。

とすれば、本書の位置も微妙である。宮台氏の戦略、「《社会システムの作動の実態》を本人に学習させて各自に選択してもらう社会学的啓蒙」そのものが、ブルセラ現象の拡大（救済すべき女子高生たちの増加）を招いている可能性はないか？　氏が謙虚に認めるように、「システム理論……の正当性は端的に無根拠でしかありえず、それが実効的なコミュニケーションに結びつくかどうかも……『現実による審判』を待たなければならない」のなら、ここらが手をひく潮時だと思う。私を含む多くの友人が、著者の才能の無駄づかいだと憂えていることを付け加えておこう。

『デリバティブ・新しい金融の世界』

日本経済新聞社編
日本経済新聞社・1359円

▼「朝日新聞」1995.3.19

デリバティブ（金融派生商品）という名の妖怪が、英国の老舗証券ベアリングズ社を破産させた。東京の株も暴落した。その正体とは、何だろう？

本書は、「日経金融新聞」の連載をまとめたもの。豊富な事例やインタビューに、巻末のキー・ワード、これ一冊で妖怪の素性がわかる仕組みになっている。

とは言え、敵は手ごわい。なにしろ、高度な《金融数字》を駆使しないと理解できない代物なのだ。

そこをあえて言えば、デリバティブはまず、経済の国際化の産物だ。世界にまたがる企業は、為替や金利の変動に悩まされてきた。そこへコンピュータ取引が普及。市場に敏感に反応する複雑な組み合わせの金融商品を、瞬時に売り買いできるようになった。昔だったら為替の先物を買わなければならなかったのを、デリバティブだとわずかの手数料で、買う「権利」（オプション）を予約しておくだけですむ。キャンセルもできるし保険代わりになる。しかもこれが財務表に載らない簿外（オフバランス）取引ときている。経営者も知らないあいだに担当者が大穴を開けている、なんていうことが起こるのもそのためだ。

経済の先行きが不透明ないま、デリバティブを組み込めば、安いコストでリスクを回避できる。でもそれは、ババ抜きのババが回ってきたときの用心に、ババを押しつける相手をあらかじめ見つけておくようなもの。みんながデリバティブをやり始めれば、だれかにババが集まって倒産、かえって市場の混乱が拡大する危険も覚悟しなければならない。

デリバティブは、正常なリスク回避のはずがいつの間にか投機になってしまう危険な商品だ。しかし、いったん始まった流れは止められまい。日本の会計・税制度が時代遅れでデリバティブ取引に不便だからと、外資が逃げ出し、東京市場が空洞化し始めている。下手に規制しても、その動きに輪をかけるだけ。やっかいな金融商品と付き合わなければならない、資本主義の新しい段階が始まった。

『平時の指揮官　有事の指揮官』
――あなたは部下に見られている

佐々淳行

文春文庫・524円

▼「朝日新聞」1995.5.14

阪神大震災、地下鉄サリン事件と、信じられない突発事態が続発し、強力なリーダーの必要性をだれしも感じ始めた。折しも、初代内閣安全保障室長・佐々淳行氏の書き下ろしが店頭に並ぶ。いいことが書いてあるかもと、人々の手が伸びるのも不思議はない。

類書も多いなか本書の特長は、著者の経歴（警視庁警備第一課長など）を踏まえ「現場指揮官」の視点で一貫していること。もうひとつ、平時／有事の違いがくっきり対照させてあることだ。著者は『海軍次室士官心得』や『部下から見た監督者論』などの非公式マニュアルにのっとり、リーダーの心得を説いていく。

具体的な提案は決してむずかしくない。部下の名前を覚える、時間厳守、身だしなみから始まって、部下のほめ方しかり方など、結構細かい。危機管理らしい点と言えば、有事の際にショートサーキット（職階を飛び越して報告・命令すること）をためらうな、というくだりぐらいだ。

著者は阪神大震災に対応できなかった村山首相に、リーダー失格を宣言する。だが日本のリーダーたちはたいてい、現場指揮官の出身ではないし、危機管理教育も受けていない。閣議も自民党総務会も企業組織も、根回しと全員一致型コンセンサスでできている。決裁しても決断しないのが、日本の組織文化なのだ。

佐々さんの本を読んで歯がゆく思うのは、現場指揮官が頑張ったぐらいでは、リーダー不在の日本の組織をいかんともしがたいことだ。現場指揮官のノウハウは、たしかにすべてのリーダーに参考になる。けれども、上から下まで国民がこぞって決断を回避したがっているこの国で、果たして敢然と意思決定を下すことのできるタイプのリーダーが現れるだろうか？

唯一の解決は、すべての企業や官庁が「危機」をまず念頭におく組織に編成替えすることだろう。それには国民が「危機管理」に高い優先順位を与えることだ。そういう提案として、この本を受け取りたい。

『ハイト・リポート　新家族論』上下

シェア・ハイト
（ハーディング祥子、青山陽子訳）
同朋舎出版・各３２０４円

▼「日本経済新聞」1995.6.11

女性が性的満足をうるのに男性は不要という衝撃の調査結果で有名なあの『ハイト・リポート』が現れたのは、一九七六年。著者シェア・ハイト氏はその後も研究を続け、四冊目のテーマに選んだのが家族である。

今回の調査にも、著者一流の手法が活かされている。アメリカほか十六カ国の三千二百八名から足かけ十五年にわたって集めた記述式の解答が、「体罰が残した心の傷」、「男になるための訓練」といった主題にそってずらりと並ぶ。解答を順に読めば、さまざまな家庭のなかで愛と権力がせめぎあうさまが浮きぼりになるはず、というのが著者の意図だ。

あとがきによれば、ハイト氏に対するマスコミの攻撃が近年激しさを増し、研究がしにくい状況だという。『ハイト・リポート』のころの追い風は去り、「家族の価値の復権」が声高に叫ばれている。そんな中、「母親ひとりに育てられた少年のほうが……女性といい関係をもつ可能性が高い」、父権的な家族でなく「より寛容でより多様な家族のあり方を支持する」とのべる本書は、家族の崩壊を後押ししていると見られてしまうのだ。

もうひとつ私が感じた危険は、著者がフェミニストとして著名になりすぎて、いわば駆け込み寺（アンケート＝ハイト氏のファンからハイト氏への匿名の手紙）として機能し始め、彼女のもとに集まるデータがかたより始めたのではないかということだ。著者は本書で、自分の信念（父権的な家族を解体すべきだ）をますます前面に押し出しながら、アンケートの解釈を展開する。しかし、この図式はフェミニズムではとっくにおなじみのもので、それを繰り返すだけだとけっこう保守的な言論にも見えてしまう。

日本の家族病理はアメリカのそれと同じではないけれど、ハイト氏の仮説の当否はわれわれにとっても無視できない。アメリカ家族の「崩壊」は、ハイト氏の言うような家族のルネサンスなのか、それとも単なる混乱か？　やがて歴史がそれに結論を出すだろう。

『「引き潮」の経済学』
――新しいお金の発想を持ちなさい

邱　永漢・竹村健一

PHP研究所・971円

▼「朝日新聞」1995.7.2

金もうけの神様・邱永漢氏の名は中国でも有名だ。対するは、ズバリ直言の竹村健一氏。両氏のクロストークが「引き潮」金欠状態にあえぐ不況日本への処方箋を明らかにする。

世界人口の二％にすぎない日本人が、世界の預貯金の何と四〇％、千兆円を保有している。戦後半世紀、営々と働いた汗の結晶だ。だがその割に、豊かさの実感がない。金の使い方を知らず、米国債を買い漁るのが関の山なのだ。

不況は根が深いとみる点で、両氏は一致している。大恐慌は、世界経済の中心がイギリスからアメリカに移る過程で起きた。同じように始まった世界経済の変動が、今回の不況の原因。低金利の日本と逆に、双子の赤字に苦しむアメリカはもう一段の金利上げに踏み切ろう。たまりかね、アジアに投下されたアメリカの年金資金が還流しだした。それが「引き潮」の正体だという。大恐慌の際もポンドの暴落で、イギリスに金を貸していたアメリカがひどい目にあった。今度は日本が苦しむ番だ。

と言っても、アメリカの次の大国が、すぐ日本というわけではない。当分は米・独・日の「三国志」時代が続くと両氏はみる。その間、世界は海図のない海をさまようのである。

とすれば、八〇年代のピークを過ぎた日本経済が、もとの成長軌道に戻ることはありえない。ビジネス環境が根本的に変化した。従来の常識にとらわれない頭の切り替えが必要だ。

本書でもっとも説得力を感じたのは、ビジネス・チャンスが今後ますます少なくなる日本を抜け出し、若者は成長センターのアジアで起業すべきだという、邱氏の激励の言葉だった。簡単ではないだろうが、国境にこだわって仕事をしていても、じり貧になるのは目に見えている。

海外勤務は仕事を覚えるチャンスだから、喜んで引き受けて、折をみて独立しなさい。――そんな勧めに応える企業人が続々現れるなら、日本の先行きも心配ないのだろう。

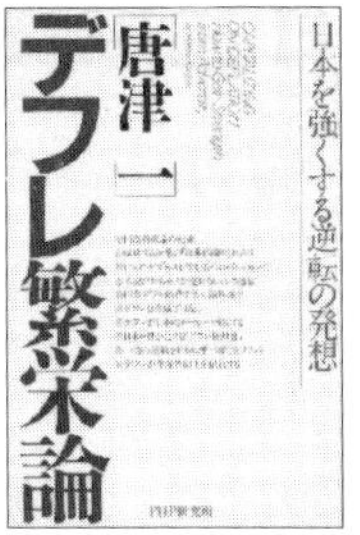

『デフレ繁栄論』
――日本を強くする逆転の発想
唐津 一
PHP研究所・971円
▼「朝日新聞」1995.10.29

不況は五年目を迎え、しかも今年はいやなニュースばかり。嘘でもいいから景気のいい話はないものか。そんな読者にぴったりなのが、この一冊だ。

著者は今回の不況を、多分に心理的なものと診断する。国内総消費の《五十七％の個人消費が……活性化すれば、日本の経済はいっぺんに回復する》。本書は、日本経済ガンバレの応援歌なのだ。

円高で製造業が国外に脱出、空洞化が進んでいる。いよいよ日本経済もじり貧との声に、唐津氏は、円高恐るるに足らずと答える。たしかにテレビや造船などの組み立て産業は、海外との競争にかなわない。だが、工作機械や工業素材の分野は、ますます日本の独壇場だ。技術力を磨き、生産性を向上させること。それにはボトルネックを探せばよい。そこにビジネスチャンスが隠れている。生産性の向上は失業を生むが、これも心配なし。新しい産業がそれ以上に雇用を吸収してくれるはずだという。

何とも頼もしい話だが、本当にそんなにうまく行くのか。著者のあげている京セラ、村田製作所、ニッポン高度紙などは小回りのきく創造開発型企業だからいいけれど、もっとずうたいの大きいマンモス企業が行き詰まったら（そういう業種も多い）どうなるのだろう。個々の企業の生き残り戦略としては説得的だが、マクロ経済への処方箋としては簡単すぎよう。

もうひとつ本書で納得できるのは、サービス産業は生産性も賃金水準も低いので、今後徹底した合理化をはからなければならないとする点。例えば役所は、不要になった規制をどんどんやめ、仕事を少なくしなければだめだという。

デフレ―物価の値下がりは、生産性向上のたまもので、お金の価値が上がったのだからむしろ喜ぶべきだと著者は言う。物価の一種である賃金も下がるから、私は素直に喜べないが、インフレの時代が去りデフレ時代が到来したという著者の指摘は正しい。企業環境はいよいよ激しい。

『ビル・ゲイツ　未来を語る』
ビル・ゲイツ（西　和彦訳）
アスキー・1748円

▼「朝日新聞」1996.3.3

ウィンドウズ95発売の狂騒劇、マルチメディア時代到来のかけ声もやかましいなか、マイクロソフト社の創業者ビル・ゲイツ氏が、初めての著書を出版した。新興ベンチャー企業の活力が本書にみなぎっている。

当年四十歳の氏は、MS－DOSやウィンドウズといったコンピュータ・ソフトの成功で、いまや世界一の大富豪だ。高校でコンピュータに熱中した十七歳の思い出から、激烈な企業競争を勝ち抜いた日々、情報ハイウエーが駆けめぐる未来社会の展望まで、どのページからも、脈うつ時代の躍動が伝わってくる。

本書の前半、コンピュータ業界栄枯盛衰の戦国史がまず、手に汗を握る面白さだ。チップの性能は二年で倍々に向上すると予想された（ムーアの法則）。計算コストがどこまでも安くなるのなら、死命を制するのはソフト。すべてのパソコンによりよいソフトを提供することが、マイクロソフトの企業戦略となった。この戦略の正しさは、同社の成功が証明している。

だがゲイツ氏は、時代ははやパソコン期からハイウエー期に移りつつあると言う。本書の後半は、情報ハイウエー構想を展望する。

インターネットは情報ハイウエーのほんの入り口だ。今後、通信コストが劇的に安くなると、想像を絶する社会変動がまき起こる。同時に大きなビジネスチャンスも開けるだろう。通信ビデオ、電子マネー、電子出版、ビデオ会議……。管理職の仕事はなくなる一方、都市から農村に移り住む人びとも多くなる。一時は失業も出るが、長い目でみれば人びとの生活は向上していく。新たな雇用も生まれるはずと、ゲイツ氏の予測は楽観的だ。

《世界で最高の仕事をしていると公言してきたけれど、ほんとうにそう思っている》と語るゲイツ氏のたくましさ。先端の研究者が激烈な競争の火花を散らすアメリカの底力はあなどれない。オウムや住専のぬかるみに足をとられているわが国は、まただいぶ水をあけられてしまった。

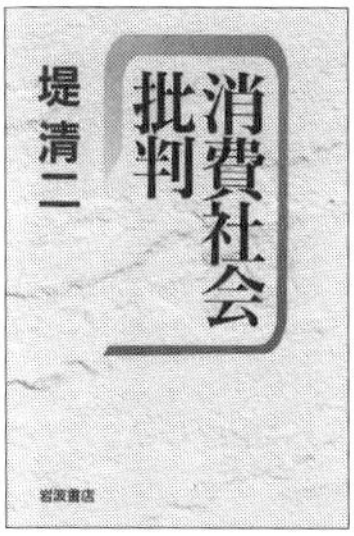

『消費社会批判』

堤 清二

岩波書店・1600円

▼「東京新聞」1996.3.10

西武セゾン・グループを率いてきた堤清二氏が、混迷する現代日本社会を正面から論じた意欲作。一九八〇年代言論の多くが失速しつつあるなか、経済学、経営学、社会学、人類学ほかを縦横に踏まえた、消費社会分析の本格的な論考の登場だ。

東京大学ほかで行った講義が、本書のベースだという。大量生産・大量消費の高度成長期から高度な消費社会への変容を、流通業界の経営現場で誰よりもよく見届けてきた著者ならではの、根底的な消費社会「批判」が本書の眼目である。

システム理論、記号論、レギュラシオン理論、ポスト構造主義、バタイユ、ボードリヤール、ポランニー、ブルドュー……。さまざまな議論を著者はじつに旺盛に消化し、消費社会の解明に役立てる。その方法はじつにオーソドックスで、むしろお行儀がよすぎるのではと思えるほどだ。

それでは著者は、消費社会をどう批判するのか。二つの指摘が目を引いた。一つは、消費は人間本来の活動だったが、産業社会では資本の生産した商品を買うことに矮小化されてしまったという指摘。もう一つは、消費が広告のなかで実体のない欲望に変容してしまうという指摘。消費から社会を批判する視点と、社会から消費を批判する視点が、絡まっている。ひと筋縄で片づかない問題なのだ。

加えて著者は、日本的経営にも批判の目を向ける。経営者の思想基盤が貧弱なこと。従来の集団主義や共同体意識のままでは、情報化社会や国際化の障害になること。日本企業の実態をこのように厳しく見すえる著者に、良質の近代主義者を見る思いがする。

終章「消費社会を超えて」で、著者は《経済社会を全体として分析しうる理論》の必要性を説く。本書はその作業の一環だろうが、あえて言えば、素材となった理論がまだばらばらで有機的に結びついていないうらみがある。仕事はまだ始まったばかりなのだ。

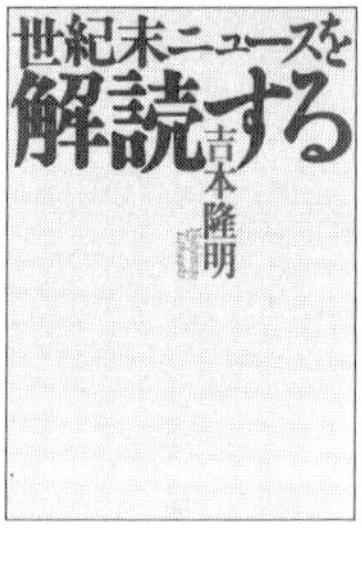

『世紀末ニュースを解読する』

吉本隆明
マガジンハウス・1553円

▼「朝日新聞」1996.5.5

中年男性向け雑誌『自由時間』に、一年あまりにわたって連載されたインタビューの集成。折からのオウム・サリン事件、阪神大震災を柱に、憲法問題、いじめ問題、大江文学から円高まで、戦後五十年の日本を取り巻く問題群を、吉本氏一流の視角から自在に論じる。聴き手は三上治氏。

戦後日本を代表する思想家・吉本氏と三上氏の組み合わせは、どこかラ・マンチャの男とサンチョ・パンサを思わせる。

日本経済が絶好調だった一九八〇年代、吉本氏はマス・イメージ論、ハイ・イメージ論で時代を解明してみせた。十年後の本書も、相変わらず手慣れた運びだが、微妙な留保が付されている個所が気になった。

たとえば安保条約。《自分のなかで最終的な結論は出ていません》とためらいながら、相手国の兵器が半減したら《アメリカ軍の兵力や基地も半減しろという要求》はできるはず、とのべる。ロシアの軍縮をにらんでの議論だが、この論法だと、相手が軍拡に転じたら今度はアメリカ軍の増強を要求しなければならなくなる。それでよいのか。

麻原教祖については《なぜ無差別に無関係な人を殺傷する行為をしたのか》疑問が残ると留保しつつも、あとは《すべてを解明しているつもり》という。でも、彼の宗教思想が犯罪に結びつく必然性を解かないと、事件の急所を押さえたと言えないのではないか。

これまで吉本氏は、文学者と思想家の二役で、冷戦下・日本の言論をリードしてきた。資本主義／社会主義の硬直した対立の構図をゆるがすところに、氏の本領があった。だが、そうした構図は解体し、現実が思想と呼応して動き始めた。思想はこれまで以上に、具体的な解決策を示すことを求められるようになった。

いくつかの留保は、動き出した現実と吉本思想との「誤差」を、氏が書きとめたものとも言える。多くの読者も、そうした微細な言い回しから、時代の動きを読み取りたいのだろう。

『ヒュウガ・ウイルス』
——五分後の世界２

村上 龍

幻冬舎・1456円／文庫・533円

▼「朝日新聞」1996.6.23

日本は無条件降伏しなかった。本土決戦で大半が戦死、連合国に分割占領されながらも、地下トンネルを掘って戦い続けた。それを取材しに、CNNの女性記者が単身潜入するところから、物語が始まる。

歴史のイフ。枝分かれの向こうのもうひとつの世界は五分間だけ時間がずれている。日本国軍・UG（アンダーグラウンド）の兵士たちを描いた前作『五分後の世界』の、続編である。

今回も戦闘シーンは、ランボーか地獄の黙示録さながらに勇ましい。ロケット弾がうなり、人肉が焼け、はらわたがとび散る。兵士たちの任務は、突如現れた奇病ヒュウガ・ウイルスの感染源、ヒュウガ村を全滅させることだ。だがこのウイルスは、エボラ熱とエイズとペストを合わせたように凶暴で、ついに女性記者も感染してしまう。

この小説は、人間を描くことを徹底的に放棄している。国軍兵士は、必要なことを簡潔に口にするだけの戦闘マシン。混血の準国民はスラムにたむろする犯罪者、原日本人は文化もない動物のごとき存在だ。身体を吹きとばされ奇病に侵され死んでいく彼らを、作者は外側から眺めるだけだ。

「五分後の世界」は、植民地のように卑屈にアメリカに従属する戦後日本の象徴だろう。要するに、村上氏はデビュー作『限りなく透明に近いブルー』と同じテーマを、この連作で描いている。違っているのは、基地の町のけだるいセックスと麻薬の日常が、とめどない暴力と破壊への衝動に置きかわっていることだ。

兵士たちは、あくまでも規律正しい。しかし、彼らは任務を果たしたのか。本書は《UG兵士がヒュウガ村を焼き払ったかどうか》知らない、という女性記者の手紙で結ばれる。UGの究極の敵はアメリカだというのに、頼まれればどんな任務にもつく。戦術はあるが戦略がない。彼らもわれわれ同様、規範を見失った日本人なのだ。彼らが戦った目にみえないウイルスは、自分をむしばむ虚無感だったのでは？

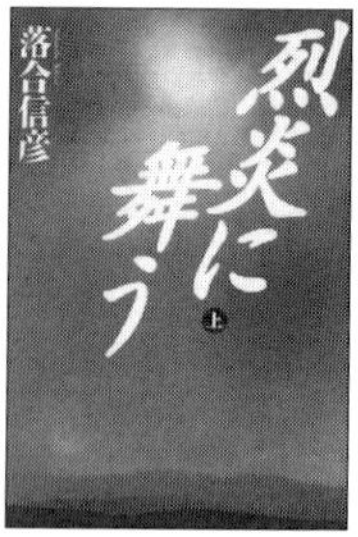

『烈炎に舞う』上下
落合信彦
集英社・各1359円
文庫・900円

▼「朝日新聞」1996.7.28

天安門事件前夜、CIAの陰謀に立ち向かう日本のヒーロー・富島新五。大学に進学せず世界を遍歴し、商社を設立、社長を務めるかたわら、裏では国際情報ビジネスを営む。公安筋やマフィアのボス、人民解放軍参謀と、世界中に人脈を張りめぐらしている。

対するは、アントニオ・ガルシアーノ。グアテマラの貧民街からアメリカに留学、優秀な特務工作員となった男だ。いまは、CIAが表に出られない対中国工作を、一括〝パッケージ〟で請け負う大物である。

息のかかった留学生や武器を送り込み、民主化に油を注いで中国の解体をはかるアメリカの策謀を知った富島は、首相の意を受けて行動を開始する。マフィアに手配し、香港のCIAエージェントを次々暗殺。アントニオもこれに応戦、壮絶な戦いの中から二人に友情が芽生えるのだ。

これは劇画だな、と私は思った。登場するのは、成績抜群のエリートやずば抜けた特技の持ち主ばかり。彼らはいともやすやすと、組織の壁や面倒な手続きを乗り越えて動く。「課長島耕作」にあこがれるタイプの、入社間もない男性社員が喜びそうなストーリーだ。

加えて、メロドラマ仕立て。アントニオは父が日本人で、新五と兄弟だったという結末。出来すぎだ。

ところで主人公新五は、著者の分身とも言える人物だ。苦労してアメリカに留学、独力で国際ジャーナリストへの道を歩んだ落合氏は、ひ弱な日本のリーダーにいら立っている。情報の価値を理解せず、決断できず、国際的な視野からものを考えられない。指摘はいちいちもっともだ。

実体験を踏まえているぶん、落合氏の文章にはパワーがある。ただし本書に限れば、人物や設定がワンパターンすぎる。せっかく舞台が中国なのに、中国のにおいがしない。民主化を支持する人びとの顔も見えない。現場に飛びこむのもよいが、地道な背景分析を踏まえれば厚みも増すのに、と思った。

『脳内革命 ②』
——この実践方法が脳と体を生き生きさせる
春山茂雄
サンマーク出版・1553円

▼「朝日新聞」1996.12.22

約四百万部という驚異的な売り上げの『脳内革命』の続編。これも百三十万部に迫る勢いという。

前著と同じく本書でも、著者・春山茂雄氏（田園都市厚生病院院長）は、西洋医学と東洋医学を結合した医療の理想を熱く語る。いわく、プラス思考を実践して脳内モルヒネを分泌させよう。免疫力を高め、健康と長寿を手にしよう。人間はだれでも百二十五歳まで生きられるのだ、と。

日本は豊かになった。結核や伝染病に代わり、糖尿病やがん、心臓病など慢性の病を抱えた患者が主流になった。病院で治療を受けても劇的な効果は望めない。薬づけ、検査づけで医療費もかさむばかり。これでいいのかと不安のつのる中高年への福音である。病気を治すのは西洋医学でなく、自然治癒力だ。それを促進するのが脳内モルヒネである。薬に頼らなくても、あなたの気持ち次第で健康が戻るのだ――。

『脳内革命』の成功で、著者は一躍時代の寵児《ちょうじ》となった。そのせいか、控えめだった前著に比べ、今回は根拠のない非科学的な断定が目立つ。たとえば、左脳・右脳論。左脳が理性や感情をつかさどるのに対し、右脳には先祖の知恵が遺伝子情報として蓄えられていて、瞑想すれば取り出すことができると言う。コメントしようもない珍説である。

こういう独断があちこちに交じるものの、本書は要するに、よくある健康法の集成だ。読者がこれを読んで、食事に注意し、リラックスして規則正しい生活を送るのなら、それでめでたしなのかもしれない。

にもかかわらず本書を有害だと思うのは、カリスマ的な著者の独断がひとり歩きして、ふつうの人びとが医学の助けを求めるタイミングを遅らせるのでは、と恐れるからだ。著者はあくまで善意で、脳内革命を唱えているのだろう。しかし、科学的根拠のない「仮説」を真理と説いてしまう本書は、オウムと同様の危険な一線を超えつつあるのである。

▼「朝日新聞」1997.4.20

『コリアン世界の旅』

野村 進
講談社・1748円
講談社＋α文庫・880円

通名を名のり、日本社会に融けこんで暮らし、隣人なのに視えない韓国・朝鮮系（コリアン）の人びと。その真実の姿を、たんねんに敬意をもって取材した、出色のノンフィクションである。
まずこの本で素晴らしいのは、さまざまな人生をまっとうしてきた在日の人びとの存在感。そして彼らのさりげな

いひと言もしっかり受けとめていく、著者の柔軟な感受性だ。

　決して明るい題材ではない。差別があり、貧困があり、祖国の分断があった。一世、二世、三世はそれぞれの怒りや苦悩を抱えている。同じ在日でも、済州島出身の人びとに対する差別もある。けれども、読後感はさわやかで新鮮だ。それは著者が、問題をタブー視するか告発するかどちらかだったこれまでの見方に満足せず《できるかぎり相対的・普遍的な視点》（「あとがき」）をとることに成功しているからである。

　もうひとつ本書が優れているのは、構成である。

　Ⅰ「コリアンとは誰か」では芸能界、焼き肉、民族教育、パチンコにかかわる在日の人びとの生き方を紹介。Ⅱ「コリアン世界の旅」ではロサンゼルス、旧サイゴン、ソウル、済州島に取材し、日本のコリアン社会を地球大の文脈のなかに置き直す。Ⅲ「コリアン　終わりと始まり」では朝鮮総連など在日の人びとの戦後の歩みを振り返る。

　あくまでも在日コリアンの人びとに焦点をあてることで、日本社会の実態を別な角度から照らし出している。その結果、単なる在日の問題を超え、グローバルな人類社会の共存の問題を提起することになった。

　文体も魅力的だ。抑制が利き、それでいて読者に熱く訴えかけてくる。足かけ三年にわたる取材の間、《これほど知的興奮が持続した経験は滅多にない》と著者は語るが、それは読者にも伝わってくる。コリアン世界の旅は、日本人が自分自身を知る旅でもある。なるべく多くの人が読んで欲しい。野村氏の今後も大いに期待しよう

『顔をなくした女』
——〈わたし〉探しの精神病理

大平　健

岩波書店・1800円

▼「朝日新聞」1997.6.15

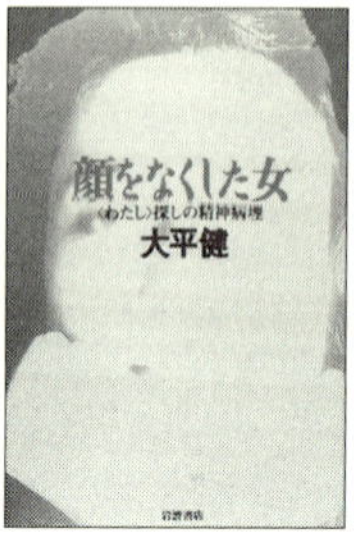

精神病という心の病に、なぜひとは魅せられるのだろう。自分でもさらけ出すことのない心の奥底を、のぞいてみたいという好奇心だろうか。それとも、見失いそうな自分を確かめる、鏡のようなものなのか。

　精神科医師・大平健さんの『顔をなくした女』が、女性読者を中心に読まれている。ショッキングな題名の第一章を皮切りに、診察室での問診を再構成した七人の患者とのやりとりだ。自分もその場に立ち会っているような、緊張を覚えて読み進むうちに、患者に共感がわいてきて、やがて治療が終わるとやわらかな余韻が残る。読者も本書を通じ、カウンセリングを受けているのだろう。

患者の病相は、まちまちだ。順調に成功しすぎて、理由のない不安に襲われたコピーライター。現実から逃れようとマンガを描いているうちに、作中人物が乗り移ってしまった多重人格の女性。発病した息子のため、偽患者となって薬をもらいに来る初老の父親。切実でよくある状況の一歩先に、健康人の想像もつかない闇の世界がぽっかり口を開けている。

そんな世界で孤立している患者と、著者は果敢に交流を試みる。空き箱をプレゼントされれば、「空っぽの私」という意味だと考えてみる。奇妙な発言も「自分の（心を守る）顔が（でき）ない」などと翻訳してみる。翻訳はあくまで翻訳だが、そうやって患者の心を想像してみると、交流の糸ぐちが見えてくる。

本書は、おおぎょうな理論をふりかざさない。多重人格など流行のテーマも、あっさりと扱う。そのかわり、言葉やふるまいによる患者と医師との真剣勝負である問診の場面を、あたかも一幕の演劇であるかのように描き出す。医師が患者を探ろうとすれば、患者も医師を試そうとする。両者がかみ合い、不思議な協力関係ができあがるときに、患者は癒されていくのだ。精神が病むことの不思議さを、軽みのある文体でしっかりと伝えてくれる好著である。

『子どもと悪』
——今ここに生きる子ども

河合隼雄
岩波書店・1400円

▼「朝日新聞」1997.8.31

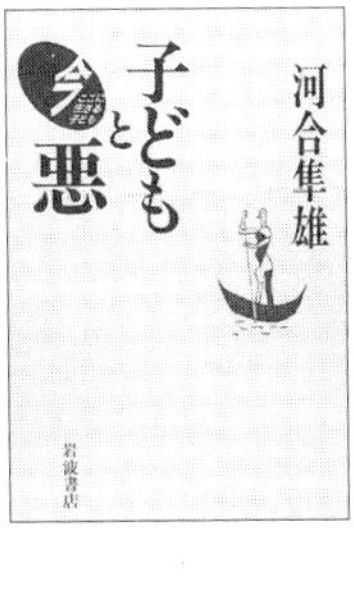

神戸の小六殺人事件。その猟奇的犯行に驚き、容疑者が十四歳の中学生と知ってまた驚いた。彼は病的で特異なケースなのか、それともごく普通の少年なのか？　いったい、いま子どもたちに何が起きているのか？　親も教師も戸惑っている。

神戸の事件のことは、河合隼雄氏の新著『子どもと悪』に出てこない。事件より前に書かれたからだ。けれども、普通の子どもたちはみな「悪」を糧として成長していくという不変の真理を、本書はわかりやすく説明する。息子や娘のちょっとしたうそや盗みに驚き、このつぎは猟奇殺人でもしでかすのでは、と取り越し苦労をしたくなかったら、本書をひもとくことだ。

河合流の臨床心理学は、まず相手をじっくり見て、理解しようとする。そのあと、具体的に解決策をさぐり始める。不登校、暴力、いじめ……。問題を解決してくれる、手軽な公式などない。ケースごとに相手と協力して、一歩ずつ進むのだ。忍耐と真剣さと、大人の人生経験が大事になる。

子どもはなぜ、大人が悪と考えることをわざわざするのか。それは、《大人に対する一種の宣戦布告……「大人の言うとおりに生きるのではないぞ」という表現である》。悪は、大人の社会の共同利害やルールを踏み破る行為。子どもはもともと、その外にいた。大人に言われてルールに従っているだけだった。だから大人になる過程で、しばしば「悪いとわかっていてやってしまう」悪の魅力に取りつかれる。成長に必要なステップなのである。

子どもを悪と絶縁し、善意のみで育てようとする親が、いちばん子どもをだめにすると河合氏は説く。善悪の基準をはっきり示すことは、もちろん大切だ。だが、それでも子どもは悪を犯すもの、天使でも何でもない。自立を強いて他人に依存しない子に育てようとすれば、薬物に依存する。親の関心が足りなければ、物を盗む。ひと筋縄でいかないのが人間なのである。

読みやすく収穫の多い好著である。

『特捜検察』
魚住　昭
岩波新書・740円

▼「朝日新聞」1997.12.14

東京地検特捜部。ロッキード事件をはじめ、戦後をいろどる数々の政治家がらみの汚職事件を手がけてきた敏腕検事たちの集団だ。元担当記者だった著者が、さらに調査を重ねて、そんな特捜部の全貌に迫る。

現役時代の取材を踏まえた本書の前半、田中元首相逮捕をピークとするロッキード捜査の部分が一気に読ませる。《一生に一度でいいから、悪い政治家をこの手で捕まえ》たいといった正義感を胸に、エリート検事たちが寝食を忘れ、懸命な捜査を続ける。だが明るみに出せるのは、真相のごく一部にすぎなかったという無念――。

こう書くと、特捜検察は正義の味方そのものだが、それは幻想であると著者は言う。《国家中枢の腐敗を摘発する独立の捜査官であると同時に、国家を守る中央官僚群の一員だという二面性》をもつ、矛盾した存在なのだ。それは占領下、FBIを手本にしつつも、妥協のなかで生まれた特捜検察の宿命である。保守党の腐敗をむやみに摘発して政権を追い詰めることはタブーなのだ。

このような著者の指摘が正しいとすれば、特捜検察が巨悪を摘発できるのは、政治の追い風がある場合に限られよう。例えば、不可解な「偶然」から火のついたロッキード事件には、ワシントンの意向が働いたはずだ。本書は、組織の人間模様をよく描いているわりに、こうした背景の踏み込みに欠けるうらみがある。

本書を通じて実感されるのは、特捜検察がいくらがんばっても政治はよくならない、国民がそんな期待を抱くのは間違いだということだ。検事たちは、職務権限のない（実質的な権限ならある）族議員への金の流れを、指をくわえて見ているしかない。贈収賄の罪は問えない。そこで脱税、外為法違反といった小細工を使うわけだが、それより、政治資金の流れを公然化し、その代わりに裏金を根こそぎ摘発できる、新しい法律・制度を作るほうが先決なのである。

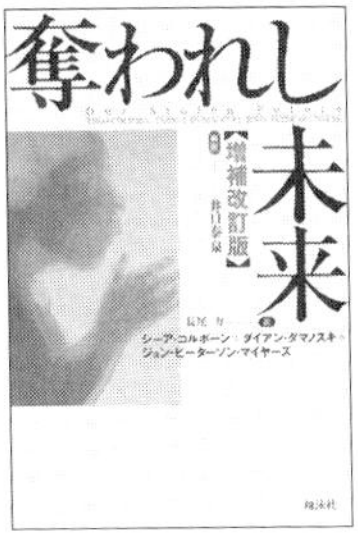

『奪われし未来』
T・コルボーン、D・ダマノスキ、J・P・マイヤーズ（長尾 力訳）
翔泳社・（増補改訂版）１４００円
▼「朝日新聞」1998.2.22

レイチェル・カーソンの『沈黙の春』が、発がんを誘発する合成殺虫剤の危険性を訴えてから三十年あまり。環境に蓄積され生物のホルモンを乱す、新しいタイプの化学物質の危険を警告する書物が現れた。

ハクトウワシ、セグロカモメ、ゴマフアザラシなどの野生動物が、子どもを産めなくなり、奇形が増え、伝染病にかかるなど激減しつつある。原因は、ダイオキシン、ＰＣＢ、ＤＤＴをはじめとする合成化学物質が、体内に入ってホルモンそっくりの働きをし、生体の営みを混乱させてしまうせいだ。しかも困ったことに、こうした物質は、①なかなか分解されないで環境に残留し、②自然界の食物連鎖をたどるうちに元の数千万倍にも濃縮され、③妊娠ごく初期の胎児に致命的な打撃を与えてしまう。

よく調べてみると、いくつかの野生植物にも「擬似ホルモン」があり、それを食べた動物のメスを不妊にして自然のバランスを保っていることがわかった。もっともそれらは、動物の体内ですぐに分解される。それに対し、人間の合成した「擬似ホルモン」は分解されにくく、環境にたまるいっぽうなのだ。

雑食性で、地球の食物連鎖の頂点にあるヒトに、影響はないのか。実は人体にも、こうした合成物質がかなり蓄積されており、母乳からも検出されている。この三十年で男性の精子が半分に減ってしまったのも、その影響らしい。

著者は、野生動物の専門家やジャーナリストの三人組。野生動物の異常の原因を探ろうと膨大な文献を調べていくうち、ＰＣＢやダイオキシンにたどりつく。本書はその曲がりくねった道筋を、探偵が犯人を追い詰めるようなサスペンスに仕立てている。

ゴア副大統領が序文を寄せているのは、アメリカ政府が本書の警告を重視している表れだろう。妊娠初期の食べ物に注意すれば子供への影響は防げる。日本政府もぐずぐずせず、この問題に真剣に取り組んでもらいたい。

『大蔵官僚の復讐』
――お笑い大蔵省極秘情報２

テリー伊藤

飛鳥新社・１３００円

▼「朝日新聞」1998.7.26

キャリア官僚の驚くべき本音を引き出し、「ノーパンしゃぶしゃぶ接待疑惑」の伏線となった『お笑い大蔵省極秘情報』から二年。奇才テリー伊藤氏が再び、大蔵省の内情をあばく。

今回新たに匿名で証言したのは、キャリア（公務員試験Ｉ種合格者）二名、ノンキャリア二名の計四名。捜査に揺れる省内の様子や、次官、局長ら幹部の評判、検察やマスコミへのうらみ言など、やっぱりと納得、いやはやとあきれる実態が赤裸々に語られた。

なかでも興味深いのがノンキャリ側からの証言だ。専門実務を一手に切り盛りするノンキャリ官僚を「オイ、お前」呼ばわりし、わざわざ土足を机にのせて報告を聞く若手のキャリア。自尊心を日々痛めつけられるノンキャリは、他省庁いじめにうさを晴らし、大蔵省を陰で支えるのはわれわれだと胸を張ってみせる。戦前そのままの組織病理をかかえる官僚機構に、いったい国民のためのまともな行政を期待できるのか、ほんとうに疑問だ。

さらに言えば、「これは大蔵省の話」ですまないのが本書の恐ろしいところである。公務員試験の点数や出身大学（東大法学部）があとあとまでついて回るのは、いったん組織にもぐりこめば競争で実力を証明しなくてよい「入り口」文化だから。日本の企業も、政党も、学校も、その点は大蔵省と大差ない。そして、外部からうかがい知ることのできない「組織文化」に守られている。それになじまないと、一人前の「日本人」と言えないのだ。大蔵官僚の信じがたい生態は、読者の日常に重なる。

それゆえ、テリー伊藤氏の『お笑い』シリーズの着眼と手腕に私は敬服する。組織文化になじもうと必死な日本人の姿は、外から見るなら滑稽である。それを「お笑い」として成立させる絶妙な距離を戦略的に保ちつつ、伊藤氏は関係者の証言を再構成する。そして取材源の秘密を《死んでも守る》のだと言う。まことにあっぱれである。

『淳』

土師　守

新潮社・１４００円
文庫・４３８円

▼「朝日新聞」1998.11.8

日本中をゆるがせた事件の被害者・淳君の父が、なきわが子の思い出や、犯行への怒り、取材の横暴、少年法の不合理について綴った手記。あの衝撃的な事件の意味を受け止めかねている世の親たちにとって、何かヒントはないかと手に取りたくなる内容である。

放射線科医師という職業にふさわしく、著者の文章は簡潔で端正だ。淳君の誕生に始まり、成長の歩み、運命の日、懸命の捜索、遺体発見、葬儀、少年逮捕、家族の悲しみと憤り……。時間の経過を追って、淡々と筆は進む。冷静で抑制された文体がかえって、その裏に潜む切々たる思いを、読者につきつける。

これほど不条理な出来事に、人間は耐えられるものなのか。極限のかたちで淳君を亡くした著者が本書を執筆したのは、行き場のない嘆きと怒りを乗り越え、無意味な犠牲に意味を与えたいと願ったからだろう。わが子の実像を言葉で丁寧にたどりなおし、世の人びとにしっかり伝え残す。淳君を失った悲しみを人びとが共有できれば、マスコミがあおり立てた無責任な好奇心から、淳君を取り戻すことができる。

こうしたねらいを、本書は十分に達成している。売り上げの伸びが、読者の共感を示している。

ただ、読んでいて辛いのは、著者の冷静な筆致が、ときに乱されることだ。たとえば、逮捕されたA少年一家に話が及ぶ場合。A少年の母が電話番の手伝いに来たとき、なぜたまごっちを二つ持ってきたのか。彼女は本当にA少年の犯行に気づかなかったのか。少年が逮捕された後、なぜすぐ謝罪に駆けつけなかったのか。――情としてもっともな疑問ではある。しかし、一部伝聞にもとづいて、A少年の家族を人格的に非難するような言い方は、一方的すぎはしないか。A少年の両親も、極限状況の中を苦しんでいるのだ。

現行少年法の問題点についての指摘は、議論に一石を投じた。今後の慎重な検討に、活かされるとよいと思う。

『痛快！　経済学』
中谷　巌
集英社・1700円
文庫・571円
▼「朝日新聞」1999.5.9

ソニー重役就任をめぐる渦中の人、中谷巌・一橋大教授の書き下ろしである。

読者は《中学生以上》とあるとおり、確かに読みやすい。経済学のエッセンスを、数式を使わず、的確に論じてある。高校はもちろん、大学のテキストとして立派に通用する。

マンガが挟まっているからと甘く見てはいけない。本体は活字で、サミュエルソンの『経済学』を噛み砕いた内容と思えばよい。価格法則、有効需要、比較生産費説……基本はしっかりと理解できる。

このように「わかりやすい教科書」なのだが、同時に本書は、明確なメッセージを発している。読者が経済学をよく理解し、賢明な責任ある市民として新たな日本社会を築いてほしいという願いである。

著者によれば、戦後日本はいびつな発展をとげてきた。マーケットの利点が十分に活かされず、不必要な規制や無駄な政府支出が多すぎる。政・官・業の「鉄の三角形」が幅をきかせ、経済のグローバル化に後れをとっている。《自己責任のないところに選択の自由はない。……市場経済は発展しない》ことを、多くの日本人（特に若い読者）が理解し、自分の生き方とすること。それが、日本再生の本当の出発点になる。

偏差値につられて大学に入ったが、何をやりたいのかわからない。大企業に就職でもしようか。そんな情けない人間になるなと、著者は歯ぎしりしている。まったく同感である。

《「挑戦すること」に拍手を送ろう》とのべる中谷教授自ら、こうした生き方を実践している。細川、小渕内閣のアドバイザーをつとめ、今回は民間企業の取締役に就任が内定。すると人事院から、国立大学教授の兼業は認められないと横やりが入った。アメリカなら当たり前のことが、日本では不可能なのだ。

これで話が終わるようなら、日本に未来はない。政府がどこまで自己改革に本気で取り組むつもりか、国民は注目している。

『日本の秘密』
副島隆彦
弓立社・１８００円
▼『正論』1999.8

冷戦が終わり、保守／革新の対立は過去のものになった。しかし代わりに、どういう図式になって政治の世界を考えればよいのか、誰もはっきりイメージできないでいる。

副島氏はここに、大胆で新しい構図を提示する。それは、現代アメリカを染め分けているさまざまな政治思想の潮流である。伝統保守派（バーキアン）、現実保守派（ロッキアン）、現代リベラル派（人権派）、急進リベラル派（反体制派）、リバータリアン派（ベンサマイト）、ネオ・コン派（グローバリスト）。この六大潮流を踏まえなければ、世界覇権国家アメリカの思考や行動を理解できるはずがない、と副島氏は言う。

これら潮流は、遠く近代初頭のイギリスの政治思想に発している。そしてその対立は、戦後日本の政治にも、色濃く影を落としている。イギリス～アメリカ～日本とつながる、政治潮流の対立軸とからみあいを描いてみせることが、本書の眼目である。

こうした構図を下敷きにすると、戦後日本は、まったくちがった姿をあらわす。

まず、マッカーサーとＧＨＱの人権派理想主義者・対・トルーマン、ダレスらアメリカ権力中枢の抗争。前者と組んで鳩山、岸、石橋ら政敵の党人派政治家たちを公職追放させていた吉田茂は、マッカーサーの失脚で孤立する。そして講和の際、日米安保条約と地位協定を押しつけられ、属国としての道を歩むことになる。このあたりの分析は、片岡鉄哉氏の『さらば吉田茂』に多くを負うという。

戦後政治は、ここから出発した。その対立軸は、鳩山、石橋、岸、田中、中曽根、小沢へと続く党人派・対・吉田、池田、佐藤、大平、宮沢、竹下へと続く官僚派（吉田学校）の、保守政界内部の抗争だった。国会でキャスティング・ボートを握る社会党を抱き込んだ側が、政権につく。保守／革新の対立はうわべだけで、裏で手を握るのが自社の国対政治だった。二大政党制が成り立たず、派閥抗争に明け暮れるのは、社会党など「平和・護憲勢力」を戦後日本に組み込んだマッカーサーの呪いだ、と著者は言う。

岸信介、児玉誉士夫、笹川良一は、巣鴨プリズンで同房だった。官僚派→田中清玄→安保全学連に資金が流れ、「安保反対」が「岸を倒せ」にすり変わった。その背後でＣＩＡが暗躍した。小沢一郎は、覇権国家アメリカが育てた日本の国王だった。自社さ政権は、それに反対する土着派の反アメリカ反乱だった。そんな補助線を引きつつ、副島氏は戦後の保守／革新の図式を根底から破壊する。

氏の断言は、しばしば一方的で、文体も激越である。そのため、品の悪い暴露ものと思う読者もいるかもしれない。だが本書には、多くの真実や洞察が散りばめられている。そして政治を、人脈や人間関係ではなく、思想によって営もうではないかという、呼びかけがこめられている。本書を軽くみると、やがてしっぺ返しを喰うであろう。

『憂国呆談』
浅田　彰・田中康夫
幻冬舎・１８００円
▼「朝日新聞」1999.9.19

日本の八〇年代をリードした論者二人の対論集。一九九四～九八年にかけて、混迷する時代と並走しながら雑誌で毎月語り合った記録である。

論壇、文壇、政官財界の裏事情など話題は盛りだくさん。なかでも注目すべきは、田中氏自身がかかわった神戸空港建設反対運動だろう。

田中氏は、阪神淡路大震災の被災者にバイクで日用品を届けるなど、独自のボランティア活動を展開してきた。負債をかかえる神戸市が〝市営〟空港の建設を計画すると聞き、氏は敢然と、住民投票条例の制定を求める署名運動に立ち上がる。土建国家日本の矛盾が神戸市に集中して表れていると、浅田氏も賛同。高度成長体質やバブルなど過去のツケを、総決算しなければという両氏の使命感が、本書の基調になっている。

もうひとつ興味深いのは、今年五月に行われた結びの対談。ここで浅田氏は、八〇年代ポスト・モダンの功罪を振り返る。《ポストモダンなものが知らぬ間にプレモダンなものにつながって、いい意味での相対主義が悪い意味でのなし崩しのあいまいさに転化し》、《「小さな物語」の散乱と交錯……が、実際はタコツボ的な細分化と自閉に転化した》のが、八〇年代以降の現実だとする。これに対して両氏は、多様性の承認、個人の確立、地方分権などを提案。ポスト・モダンを経過した、ひと味違ったモダンの手ごたえが感じられる。

最後に本気で気になるのは、同時代の知性への個人批判が厳し過ぎる点だ。八〇年代の《豊かに流れた空虚》を《生理的に肌で感じて、そこから出発した》という両氏の鋭い感性には、誰しもが敬意を払っている。本当に自分が《豊》なら、同時代の知性にもう少し寛容でもよいのにと、不思議になる。

両氏が体感した《豊かに開かれた空虚》も、戦後社会の歴史的産物だ。それを特権視すれば、世代抗争で終わる。異質な他者、異なる世代を許容し、《多様性を持って開かれた個》のネットワークに日本を再組織することこそ、ポスト・モダン世代読者の課題だろう。

＊本書評の初出時に、不注意にも第三段落を「神戸出身の田中氏は……」と書き出し、誤って紹介してしまいました。田中氏は神戸市出身ではありません。田中氏および読者にご迷惑をかけたことをお詫びし、訂正します。

『お笑い創価学会　信じる者は救われない』
——池田大作って、そんなにエライ?
佐高　信・テリー伊藤
光文社・1200円／知恵の森文庫・495円
▼「朝日新聞」2000.9.24

北朝鮮、大蔵省、共産党。「お笑い」にかこつけてタブーに踏み込み、問題の急所をとらえるテリー伊藤氏が、今度は創価学会を標的にした。辛口の評論家・佐高信氏との対談である。

創価学会、公明党への国民のはてな?は多い。かつて反自民連立政権、新進党に加わり、いまは自民党と手を結ぶ公明党のわかりにくさ。選挙は創価学会の丸抱え、池田大作名誉会長も絶大な影響力をもつのは周知のことなのに、政教分離を言う不可解。自公連立をめぐる不安をとらえた、タイムリーな企画だ。

井田真木子さんらの雑誌論文を資料にはさんで、両氏の対談が進む。これまで取り上げられた論点も多い。いくら批判しても、創価学会のコアの信者は動揺しないので、頼まれて公明党に投票する周辺（フレンド票）をまず引きはがそうというのが、本書のねらいなのだという。

創価学会が池田氏を頂点とする上位下達の組織で、一般社会の常識からかけ離れていると、両氏は批判する。重すぎる財務（寄付金）の負担。池田氏をとりまく女性幹部の大奥状態。候補者や委員長まで上からの指名で決まる公明党。その通りだとすれば、戦後民主主義社会と相いれないのは明らかだ。

こうした批判に創価学会は正面から向き合い、答えてほしいと思うが、同時に私は、両氏の批判のスタイルにも違和感を持った。

宗教は、一般社会の常識とは一致しないもので、そこが値打ちである。常識のほうが間違っていることもある、信者がそう主張すると水かけ論になり、その先に進めない。常識がいつも正しく、宗教は弱い人間だけがすがるもの

――日本人によくある誤解と偏見だ。著者らの批判もそれをなぞる。しかも、成仏と天国をごっちゃにする（一五六頁）など、議論が雑。創価学会を問題にするなら、やはり信仰の根本である日蓮正宗を少しは理解すべきだし、批判も仏教の論理を踏まえるべきだ。批判するなら本格的に批判しつくす覚悟でないと、批判の相手に対して失礼ではないかと思った。

『勝つ日本』

石原慎太郎・田原総一朗
文藝春秋・1143円
文庫・476円
▼「朝日新聞」2001.2.4

『勝つ日本』とは威勢がいいが、ご心配なく。中身はまっとうな対談だ。足ぶみするこの国をどう立て直せばよいのか、論客の二人が、政治、経済、外交、憲法など、二十一世紀の課題を総ざらいする。

作家・東京都知事・元代議士の石原慎太郎氏。ジャーナリスト・TVキャスターの田原総一朗氏。立場の違う二人だが、共通するのはこの数十年、自民党政治家をはじめ指導的な立場の人びとのふるまいを、間近に見続けてきたことだ。その上での診断は、ピシャリ急所をついている。

診断の第一は、自民党「経世会」政治の行き詰まり。利権や裏金で、派閥・野党・官僚・財界を意のままに操り、首相の首をすげかえる。竹下元首相が完成させた手法は、国内でしか通用せず、一九九〇年代の停滞をもたらした。

第二は、世界についての無知と誤解。冷戦のあとの国際秩序を、日本も加わって、再構築しなければならなくなった。けれども、アメリカに対する甘えと反発、中国・アジアに対する後ろめたさと侮りに、芽が曇ってしまう。自分勝手な希望的観測を織りまぜないで、他者を認識し、世界を考えるのが苦手である。

第三は、構想力の不足。日本の長所を評価し、欠点をみつめる自己認識が不徹底だ。二十一世紀の国家戦略を立て、国民の幸せと人類の発展をはかる政策論争はなお不徹底。このままだと日本は、じり貧になるしかない。

こんな調子で、石原氏と田原氏の応酬が続く。集団的自衛権の是非、対中国ODAの是非などをめぐっての対立もあるが、全体としてここまで議論が噛み合っていることのほうが驚きだ。

本書が浮き彫りにするのは、わが国の、国家としての統治能力のなさである。なぜ政治は時代の変化に追いつけないのか。国民はもっと率直に、どんな課題も議論しよう。もっと政策を勉強してもらおう。両氏の対話を通して、読者はあるべき政治の姿を思い出し、現状への不満をかき立てられる。保守／革新という古びた構図のその先の、新しい政治を創りだすのはこれからだ。

『からくり民主主義』

高橋秀実
草思社・1800円

▼『文藝春秋』2002.8

ノンフィクション作家・高橋秀実《ひでみね》氏の、丁寧な取材が光る。沖縄の米軍基地、諫早湾の干拓、若狭湾の原発……。マスコミをにぎわわせ、人びとによく知られた事件を追いかけて、その裏側を掘り下げた。

高橋氏の取材力に、私は唸ってしまった。

高橋氏は、取材を拒否された経験がほとんどないという。《現地の人々はマスコミに話し足りなかった様子で、出遅れてきた私をむしろ歓迎してくれます。マスコミ批判から始まり「実は……」とえんえんと話をしてくれるのです》（終章）

現実の世界は複雑だ。取材をすればするほど、わけがわからなくなる。そこでまた、取材する。ますます混沌としてくる。そうやって悩み苦しんだ挙げ句、その先に突き抜ける。マスコミがふり回す単純な図式など、まったく当てはまらない。にもかかわらず、とりあえず単純な図式が通用してしまうという「からくり」が、戦後民主主義の正体ではないのか。

高橋氏の取材は、取材する側の単純な図式をくつがえし、解体するための作業である。単純な図式をひきはがしてみると、現実をたくましく生きる人びとの等身大の姿が浮かびあがってくる。

たとえば、第六章「反対の賛成なのだ」。マスコミは、沖縄の米軍基地をめぐって、反対派／賛成派が対立しているという構図をまず前提にする。ところが基地の前で反対を叫ぶ人びとは、地元民から「赤ハチマキ」、「赤旗ふやー（ふる人）」と呼ばれるよそ者だったり、米軍基地用地の借地料（総額で年間八二一億円）に反対派を含むかなりの人びとの生活がかかっていたりする。反対運動が盛んなほど借地料が値上げになるという皮肉な関係もある。沖縄の「美しい心」、「苦難の歴史」も、《踏みつぶされてきた、という考えを増長させること。……日本人全体と対比させることにより、自分たちのグループとしてのアイデンティティを持たせる方向づけをする宣伝活動、懐柔策》など、アメリカ軍が進めた沖縄占領の心理作戦に後押しされたものだという。

第九章の「ぶら下がり天国」は、富士山青木ケ原樹海の地元を訪ねる。あまり自殺が多いので、住民は「自殺」と聞くとぷっと吹き出し、消防団はなるべく余計な遺体（おまけ）をみつけないように捜索を行う。自殺志願者のマナーの悪さと身勝手。マスコミが作り出したイメージと、現実とのギャップが検証されていく。

高橋氏の文章は、適度に乾いていて、軽妙で、よく考えるとおかしい。じっくり相手に耳を傾けるけれども、のまれてしまうことはない。適度な距離感と平衡感覚があって、読んでいて安心できる。

本書に解説を寄せている村上春樹氏は、つぎのようにのべている。《僕には高橋さんの感じていること、言いたいことがとてもよくわかった。……僕がサリンガス事件をあつかった『アンダーグラウンド』（講談社）を書いたときにも思い知らされたことだが、世の中のものごとには多くの場合、結論なんてないのだ。……でも、僕は確信しているのだけれど……物書きの役目は……単一の結論を伝えることではなく、情景の総体を伝えることにある……》。高橋氏の方法に共感し、その本質をよく伝えていると思う。

消費社会とポストモダンと冷戦崩壊と、価値相対主義と湾岸戦争とオウム事件を経た日本では、戦後民主主義が歯周病にかかってぐらついている。それでも、持ちこたえているようにみえるのはなぜか。高橋氏はそれを、「からくり」とよんだ。ポスト団塊世代がくぐり抜けた特有の困惑と、それに対する特有の足のふんばり方を、私はそこにみる。

生活文化を読む

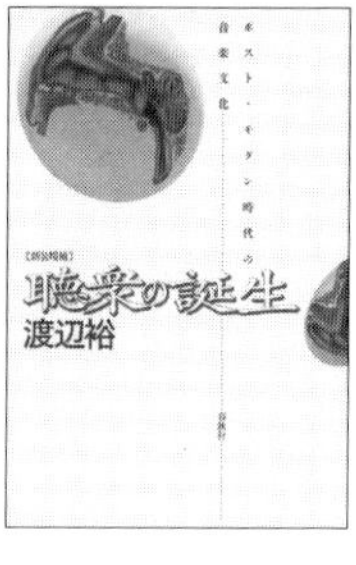

『聴衆の誕生』
——ポスト・モダン時代の音楽文化
渡辺　裕
春秋社・（新装増補版）2000円
▼『朝日ジャーナル』1989.5.26

私のように、とんとクラシックに素養のない人間も、最近の現象には首をかしげる。なぜかサティがはやる。マーラーが売れる。ブーニンの大人気……。ところがそれを感性の地殻変動として描き切る、好著の登場だ。いまは時代の曲がり角である。バロックからポストモダンにいたる《耳の制度史》。自分たちはいままで何を聴かされてきたのか。読者の目（耳？）から鱗の落ちる本である。

著者渡辺氏はまず、聴取のあり方に的をしぼる。音楽でなく、聴き方から考えるというのは迂遠なようだが、これが実は、クラシック音楽の制度を支えてきた社会的条件をあぶり出す、絶妙の切り口になっている。

そのうえで氏は、三つのトピックをとりあげている。

第一に、十八世紀の末から十九世紀にかけて、いわゆる聴衆が誕生したこと。音楽文化の担い手が、貴族から市民階級（音楽愛好家）に移った結果、真面目な聴取態度やコンサート・ホールの演奏会、巨匠の神話が定着する。それ以前は、同時代の曲ばかり演奏して、しかも社交のつけたりみたいだった。それが今度は、過去の大作曲家の作品ばかり演奏する、というふうに変わっていく。ベートーヴェンが巨匠にふさわしく、だんだん深刻な顔つきに描かれるようになったという話も面白いし、軽薄なノリが排除されたというのも、さもありなんである。

第二に、一九二〇年代の、聴取態度の動揺。音楽の複製手段が現れると、それをたちまち消費文化が組みこんでいった。アメリカで普及した自動ピアノは、レコードやラジオの陰に隠れがちだが、演奏－聴取の結びつきを解体してしまう装置のさきがけとして、注目に値する。

第三に、最近わが国でも顕著になっている聴衆の崩壊。古楽器ブームやグールドのピアノ奏法、キャスリーン・バトル現象、環境音楽ブームといった、一見脈絡のない現象の底を探ると、聴取のあり方が根本的に変質してしまった事実が見えてくる。構造主義は、テキストを差異の束に解消し、「テキストは伝達のためにある」と信じる機能論を粉砕した。同様に、音楽作品を差異の束に解消してしまうのが、いま起こっている聴取の変容である。

上すべりしがちな題材を、骨太の構図のなかに収めていく著者の手腕に、拍手を送るのは私だけではあるまい。書名こそ『聴衆の誕生』だが、本書は、クラシックを支える聴取の制度の誕生から崩壊までを見渡す、本格的な音楽社会学の業績だ。

巨匠・天才・作品・精神性・美。そんなごてごてしいクラシックの粉飾に、音楽を閉じこめてきた聴取のあり方。それを批判する著者の気迫が行間ににじみ出る。そういう垣根を取り払い、音楽を楽しむ感性を取り戻すこと。そこに新しい出発点を求める著者に、若々しさを感じた。もっとも、クラシックの価値こそ永遠だと信じたいむきは、苦々しい思いで本書を読んだかもしれないが。

クラシック研究の最新動向を縦横に参照しながら、消費社会論、複製芸術論、記号論なども使える部分は使って、本書は優れた同時代論になっている。それでも、コンパクトにまとめるという制約のため、も少し書きこんでもらえたらという思いも残った。

本書があえて省いたポピュラー音楽については、やはり近ごろ出版された『音楽する社会』（小川博司著、勁草書房）、『ニューミュージックの美神たち』（竹田青嗣著、飛鳥新社）あたりを合わせ読むと、いっそう得るところが多いに違いない。

『戒　名』
――なぜ死後に名前を変えるのか

島田裕巳
法蔵館・1748円

▼「河北新報」1991.9.9 他

日本人なら死ねば必ず、戒名のお世話になるはず。ところがこの戒名ほど、奇妙な代物もない。「良い」戒名だと目の玉が飛び出るほど根が張るのも変だし、そもそもどの経典にも、戒名を付けなさいとは書いてないのだ。もともと仏教とは、何の関係もなかった戒名。恐らく江戸時代に根付いた、わが国独特の制度なのだろう。

本書は、こんな戒名の謎や成り立ちを、宗教学の切れ味鋭く、縦横に解き明かしていく。これまで戒名はまともに研究されたことがなかったらしいが、著者も言うように、仏教界の「職業上の秘密」に触れるためなのかもしれない。とすれば、仏教を沈滞させている原因こそ、ずばり戒名であると言ってもいいはずだ。

戒名はその昔、家代々の墓や個々人の信仰を、幕府が寺に管理させた名残。明治になっても仏教は、日々心の糧となる近代宗教に脱皮できないで、葬式仏教に安住してきた。そのため戦後、都市化が進んで檀家とのつながりが薄くなると、戒名に依存する度合いがいやがうえにも高まってくる。著者は、この辺をばっさり切って捨てるのでなく、寺側の苦渋や肉親を思う遺族の心情にも目配りして、血の通った考察を見せている。こう見てくると戒名は、キリスト教の改革者ルターがかつて批判した、あの免罪符に似た存在であると思われてくる。今日の仏教を考えるうえで、避けて通ることのできない関門だろう。それを正面から議論する、意欲的な仕事が現れたことを歓迎したい。

戒名にしがみつく仏教界に未来はあるのか？　われわれは戒名とどう付き合っていけばいいのか？　――本書はこういった疑問の答えを、読者にゆだねている。もちろんこの問いは、現代に生きる宗教であることを放棄した、既成の仏教界に向けられた批判の刃でもある。真剣な改革の模索が、仏教界内部の心ある人びとの間から、生まれることを願ってやまない。

▼『マルコポーロ』1991.10

陽光院天真寛裕大居士、慈唱院美空日和清大姉、彰武院文鏡公威居士。それぞれ、石原裕次郎、美空ひばり、三島由紀夫氏の戒名だそうである。

故人を偲び、冥福を祈って、戒名をつけていただく。うるわしい習慣かもしれない。しかし、葬式が済んで、「布施料一五〇万円、戒名料三〇〇万円也」などと要求されては、たまったものではない。

身近なもののはずなのに、よく考えるとその由来も、その実態も、ちっとも明らかでない戒名。それを丁寧に解き明かしてくれる本が現れた。著者の島田裕巳氏は、気鋭の宗教学者。戒名はもちろん、日本仏教の秘密について根本から考え直したいという読者に、ぜひお勧めしたい好著だ。

戒名とは、そもそも何なのか？

あえて定義するなら、①俗人である死者に対し、②死後、仏弟子となることの証しに、③僧侶（寺院）が与える特別の名称、だ。生前に戒を受け、あわせて戒名も受けるのが本当だという主張があり、それを実行しているグループもある。だが、日本で「戒名」と言えば九九％、死後戒名のことである。

ところでこのような戒名は、日本にしかないものらしい。インドでは、出家しても俗名のままで、特別の名前をもらうことはなかった。中国の僧侶は、特別の名前（法名）を授かったが、これは戒名と関係ない。まして在家の信者が、死んだら名前をつけるなんていう習慣はない。

これは中国仏教が、葬式に関与しなかったこととも関係しよう。中国では道教が、民衆の間にしっかり根を下ろし、葬式もとり仕切ってきた。だからそこに仏教が割りこんで、死者に戒名を与える余地などなかった。

日本では、伝統的に死を〝穢れ〟として忌みきらってきた。そこで、その種の偏見の少ない仏教が、葬送の儀礼をとり行うようになったものらしい。そして、江戸時代に幕府の政策によって、家単位で代々どこかの寺の檀家になるという、われわれの常識となっている制度の原型が成立した。

明治以降、社会の流動化が進むにつれ、檀家制度は次第に実情に合わなくなった。江戸幕府の制度は、人びとが移動しないことを前提にできあがっているからである。最近では都市生活者の場合、檀家などすっかり有名無実化してしまい、身内が亡くなってから、はて、家の宗旨は何だったろうか、とあわてることになる。

それでも、葬式は家単位の行事だとか、宗旨の同じ寺に葬式を頼むものだとかいった固定観念は、相変わらずわれわれを支配している。寺側としても、檀家制度が揺らいでいるだけになおさら、葬式と戒名をとっかかりに、その後の納骨、法事……と続く安定した収入のチャンスにしがみつかざるをえなくなっている。

戒名は、寺院経営を成立させるためにある。おまけにそれは、仏教のどんな経典のなかにも、まったく根拠を持たないものなのだ。


戒名と絶縁しない限り、日本仏教に未来はない！

ヨーロッパの近代は、宗教改革によって口火を切った。そしてルターが、真っ先に槍玉にあげたのが、免罪符。『聖書』に何の根拠もない免罪符が、キリスト教の信仰を歪め、堕落させているとローマ教会を攻撃した。これを通過すればこそ、人間は教会の呪縛から解き放たれ、信仰の自由と精神の独立を手にしたのである。

戒名は、現代の免罪符である。こんなものがある限り、仏教が宗教として自立できる見込みはない。死んだあとでなく、生きている間に、信者の心の糧となり、そのことの見返りに人びとから経済的支援をうるのでなければ、何の宗教だろう。江戸時代、布教による新しい信者の獲得も、寺院の外での自由な活動も禁じられ、葬送儀礼に閉じこめられてしまった仏教。そんな情けない状態に安住したまま、今日まで来てしまった。仏教の教理や原則からみて、どんな正当化もできない戒名にとらわれたままであるとすれば、もはや仏教の名に値しない。

宗教改革はヨーロッパ世界にとって、教理上の争いにとどまらない、精神史上の一大革命だった。それを経ることで、個々人の精神の独立と、人格の尊厳がかち取られた。われわれ日本人は、それに匹敵する革命（精神的事件）をまだ経験していない。だから日本の近代は、底の浅いいびつなものになっているのである。

何を信じるか（宗旨）が、個人単位でなく家族単位で決まる、などということがあってよいのか？　それでは個々人の精神の独立など、望むべくもない。だが、明治維新でもなくならなかった戒名とは、要するにそういうものなのだ。日本人の多くが心の底で宗教を馬鹿にし、しかし実際には宗教について何も知らず、自分が何を信じればよいのかについて、突っこんだ疑問に直面しないですませているのは、戒名のせいである。

日本の仏教界は、こうした戒名の問題性にうすうす気づきながら、口をつぐんできた。仏教研究者や宗教学者も、あえてその点を衝かなかった。戒名の研究を始めてみて、先行の研究がまったく存在しないことに驚いた、と著者は言う。誰も口にできないタブー。著者の指摘するように、戒名は、フーコーのいう「権力」でもあるわけだ。

現実問題として、戒名をなくせと言っても急になくなるものではない。まして、戒名料が高くていやだという、うしろ向きの姿勢では何も解決しない。人間が死んだらどういう儀式を行うのが正しいのか。これを正面からつきつめることで、仏教の新しい教義や組織も見えてこよう。本書をきっかけに、この次は仏教界の内部から、戒名を厳しく問い直す声が上がることを期待したい。

『美人コンテスト百年史』
──芸妓の時代から美少女まで

井上章一

新潮社・1165円／朝日文芸文庫・760円

▼「産経新聞」1992.4.7

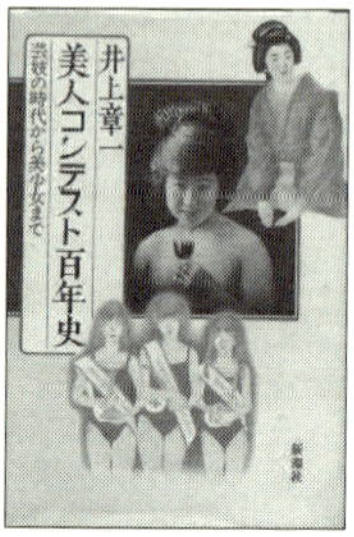

ミス・コンテストをめぐる論争が世上にぎやかな折から、タイムリーな好著。著者は「あとがき」で《ミスコンの成立背景を、歴史社会学的に解明する》はずが《風俗史めいた読みものになってしまった》と謙遜しているが、議論の組み立てがしっかりしていて、実に面白く読ませる。

ミスコンの通史は海外にもなく、本書が世界初という。欧米文化の影響や女性の社会進出につれて、写真による「美人共進会」や応募者の「水着審査」が日本に受容されていく過程は、事実として面白いし、当時の一般人の日常感性を知る史料としても一級である。

それを踏まえた著者井上氏の結論は明快だ。百年前「美人くらべ」は、くろうとの女性（芸妓や女優）の間でしか可能でなかった。以後は、しろうとがそれにとって代わる歴史、つまり、《コンテストは、性を商品化しておりと売春につうじる》という明治の通念が解体しつくす過程である。この観念を思い出させようとするミスコン反対運動は《アナクロ的な啓蒙》（一八四頁）にしかならないと著者はいう。

美人コンテストが近代化、女性の社会進出にともなう現象だということは、著者の発掘した史料からだけでも明らかだ。それは当時から、そういう文脈で受け取られていた。高群逸枝が「世の醜男醜女に与ふ」という論文で《女に経済的な実力がつけば、ますます美人の価値が高くなる》（八〇頁）と予言したそうだが、この先駆的フェミニストの洞察はさすがに鋭い。著者は、この予言の延長上で《女の能力や才能……ルックス……にたいして代価がしはらわれる》ことは近代社会、市場経済の必然で《フェミニズムの立場からも、積極的に肯定されるべきこと》（一八八頁）だとする。評者も異論はない。

著者の本領はしかし、こうした結論よりも、個々の歴史的な事実をていねいに掘り起こす手際の優しさにある。反ミスコンの方々にもぜひ一読をお勧めしたい。

『レコードの美学』細川周平
勁草書房・3800円

▼『群像』1992.7

W・ベンヤミンが先駆的な論文「複製技術時代の芸術」を発表したのは一九三六年のこと。当時はまだ、LPレコードもなければカセットテープもなく、ステレオもビデオもウォークマンもCDももちろんなかった。二十世紀後半に登場したこれら複製技術の氾濫は、われわれの音楽世界や美的感性をどう変化させたのだろうか？

著者細川周平氏は、こうしたまっとうな疑問に取り組む。『ウォークマンの修辞学』の著者でもあり、音楽のあらゆるジャンルに貪欲な関心をもつ彼は、この変化の本質を《ほとんど全ての音楽が「ポピュラー化」しつつあること》（iv頁）ととらえる。本書が「レコード」と呼ぶのは、そうした動きを支えるあらゆる複製技術、すなわち《音楽的時間を書き込む機械》のことだ。

本書は三部からなる。

第一部は、レコードの考古学。エジソンによるフォノグラムの発明からCDに至る録音技術の歴史がスケッチされる。重要なのは、複製技術が音を「再現」するのでなく、まったく新しい美的体験を創造する点。ビング・クロスビー以降のポピュラー・シンガーたちは、ハイデガー風に言えば《マイクロフォン－内－存在》（八五頁）であり、『サージェント・ペパー』以降のビートルズやグレン・グールドは、スタジオ録音でしかありえない音作りを始めて、オリジナル／コピーの神話を撃ち破ったのだ。

第二部は、聴取と複製技術。自律音楽（いわゆるクラシック）は、聴取の特別なあり方（自発的な受動性）に支えられていた。複製技術は、音源を複製することを通じて、この聴取のあり方を変化させる。レコードの普及は、コンサート自身を一種の「模像」に変質させてしまった。

第三部は、美的経験としてのレコード聴取。ここで細川氏は、複製技術とともに隆盛をとげたポピュラー音楽の本質を、「サウンド志向」と規定すべきだと提案する。〝ポピュラー〟かどうかは、音源の美的な性質によるのではなく、そこからどういう「効果」を受け取るかという聴衆の問題なのである。

本論以外に、テクノロジーや聴取をめぐる付論三篇を収めた本書は、二十世紀消費文化の動向を音楽を軸に解明する、もっとも正統的な書物である。

不幸なことに、日本の音楽アカデミズムは〝ポピュラーなもの〟に対する感受性を欠いてきた。ポピュラー音楽がこれまできちんと考察されなかったのは、それが論じるに値しないからではなく、それを論じるだけの準備が既存の音楽学になかったからである。著者は、批判的マルクス主義、現象学、社会学、記号論など、およそ役に立ちそうな議論を総動員として、複製技術が音楽の第一線でまさにひき起こしつつある変化に肉薄している。その力量に驚くと同時に、〝ポピュラーなものが美的である〟という当たり前の事実が、これほど厳密に立論されたことを喜びたい。

『メディア時代の音楽と社会』

小川博司

音楽之友社・２２００円

▼「産経新聞」1993.11.12

音楽は国境のないことばであるという。だがうらはらに、日本人は自分たちの好みにあわせた、独自の流行音楽の世界を築いてきた。そんな戦後五十年の音楽シーンの厚みを、著者小川博司氏はフィールドとする。

ここでぶつかりあうのは、欧米発のポップスと土着の感性、テレビやMTVなど国際的なメディア・ネットワークとローカルで自己中心的な欲望だ。さらに、日本語という言葉の壁。幾重にも折り重なったヒットチャートから、著者は日本人の集合的心性のダイナミズムを解読していく。

たとえば、女声デュオ・アイドルの系譜。ザ・ピーナッツ→ピンクレディー→うしろゆびさされ組（おニャン子クラブ）→Winkへの変遷は、異界からの使者が次第に欲望の対象に変容してゆき、最後にアイドルの消滅（誰でもアイドルになれる時代）を迎えるという、消費社会の成熟と並行している。またたとえば、日本ポピュラー音楽史のなかの「沖縄」。仲宗根美樹→南沙織→喜納昌吉とチャンプルーズ→りんけんバンドへの流れは、「東京と地方を結ぶ流行歌」の遅れた波にすぎなかったものが、アメリカ的なるもの、さらにアジア的なるものの窓口へと、ベクトルをシフトさせていく過程でもある。一人ひとりの選好の集積にすぎないはずの流行音楽の変遷から、このように精確に集合心理の底流を計測することができるのだ。

　本書の大部分は、雑誌「教育音楽」に連載した文章が元になっている。主に中学・高校で音楽を教える教師を対象にした雑誌だ。これまで音楽教育を支配してきた「西洋芸術音楽至上主義」と、ウォークマン少女、バンド青年の集まりである生徒の音感や音文化とは、絶望的に隔たってしまっている。そのあいだで悪戦苦闘する教師たちを応援することも、本書のねらいのひとつである。

　ロック、ジャズ、歌謡曲、演歌、CMソング、……。西洋芸術音楽の正統からはずれたこれらの音楽は、これまで、どれほどわれわれの心をとらえていようと、まともに議論する価値がないと考えられてきた。が、事情は変わりつつある。世界でも、日本でもポピュラー音楽学会が組織され、一九九七年の世界大会が金沢で開かれることも決まった（本書「あとがき」）。

　わが国はソフトの売り上げからみて、世界第二位のポピュラー音楽大国だという。ウォークマン、カラオケといった世界商品の発祥地でもある。しかし、そうした日本の音楽文化の実態は、これまでほとんど世界に知られないままだった。本書にカラオケについての一章をもうけた著者は、近くカラオケについての本格的な研究をまとめる予定という。それが世界へのメッセージとなるよう、期待して待ちたい。

『日本らい史』

山本俊一

東京大学出版会・（増補版）８８００円

▼『週刊文春』1994.4.28

　ハンセン病のことをかつて、癩といった。われわれ日本人はこれまで、この病とどのように向き合い、つきあって来たのか？　本書はそれを正面から振り返る、おそらくわが国で最初の書物である。書名の「らい」は、差別や偏見と結びついてきたこの病気の歴史を背負って重く響く。

　著者山本氏は、永らく東大医学部教授をつとめ、現在は聖路加看護大学副学長。疫学関係の著書も多い。本書のべースとなったのは、一九八五年から五年あまりにわたって、ハンセン病療養所の機関誌に連載された同題の原稿である。全国の療養所の患者や職員との交流、特に年配の患者へのインタビューが、記述の厚みを増している。

古い記録によると奈良時代、政府や有力者は各地に悲田院、施楽院を作り、病者の救済を行った。ハンセン病もその対象であったと思われる。それには、金光明最勝経や薬師経が慈悲の功徳を強調したという思想的背景があった。しかしその後、鎌倉時代の一時期（律宗・極楽寺の忍性の活躍）を除けば、救済活動は低調となる。むしろあべこべに、「法華経」の一章にハンセン病は前世で法華経をそしった報いと記してあることから、「業病」視されていく。これが、今日にいたる根深い偏見の底流をかたちづくった。

これに対してキリスト教は、『新約聖書』がハンセン病にかかったラザロの救済の物語を含んでいるので、患者の救済に熱心である。開国した当時の日本を訪れた欧米人は、街頭を浮浪する患者の悲惨な状況に驚いた。政府はこれを恥じて、徐々に対策を講じるようになる。条約改正のため、文明国としての体裁だけでも整えようと、憲法や民法をこしらえたのと同じロジックである。

ハンセン病は伝染力の弱い伝染病で、家族内感染（特に親・祖父母→子）が多い。明治・大正期までは、ハンセン病が遺伝するとか、その家系があるとか信じられていた。だから当初は、伝染病であることを啓蒙すれば、差別はなくなりそうに思われた。だが今度は、伝染への恐れが差別の理由となる。政府も患者を強制的に隔離する方針をとった。ハンセン病は当時不治の病とみなされていたから、収容の目的は治療にあるというよりも、患者が死に絶えるのを待つことで病気の根絶をはかるという、社会防衛的なものだった。

著者はこうしたハンセン病の社会史を、豊富な資料を用いて丹念かつ客観的に描き出していく。頻発する患者の闘争。強制労働と低賃金。繰り返される患者の集団抗議行動。理由なく行われた不妊手術。特別病室という名の監禁施設……。戦後「らい予防法」が改正された際も、こうした戦前のいまわしい実態が深刻に反省されることはなかった。治療薬プロミンの登場によって、軽癒した患者は施設を去り、新しい患者も発生しなくなって、療養所の患者は高齢化している。ハンセン病患者がどれだけ大きな犠牲を払ってきたのか、このまま永遠に忘れ去られようとしているのだ。

ハンセン病がいつの日か地上から消え去るとしても、伝染病にまつわる差別と偏見が簡単になくなるわけではない。たとえばエイズ。社会防衛の観点から患者の強制収容と隔離を唱える「絶海孤島主義」。差別と偏見を恐れる患者の潜伏。伝染するのではないかという過剰な恐怖と、人権の無視。業病視。われわれの社会はまたもや、病者に対する適切な行動のモラルを欠いたまま、情報に翻弄されている。そんなとき、慢性伝染病としてのハンセン病の歴史に、もう一度光を当ててみるべきなのだ。患者の人権と、伝染の抑止を両立させることに失敗した、苦い教訓がそこにはある。

『新・建築入門』
——思想と歴史
隈　研吾
ちくま新書・７００円
▼『建築文化』1995.3

薄手の新書でありながら、周到な構想のもとに書きあげられた、重量感のある一冊。著者の道案内で頁を繰っていくだけで、なんの予備知識のない読者でも、建築の概念や、その歴史、背景となる時代思潮について、コンパクトで体系的な知識をうることができる。

著者・隈研吾氏は、『グッドバイ・ポストモダン』という本もある、元気のよい若手建築家だ。現代建築が迷走の果てに行き詰まり、深刻な危機にあえいでいる現状を、彼はまず引き受ける。そして、この混迷を乗りこえるため、あえて建築の原点に立ち戻ってみようという戦略的な「足場固め」の狙いが、この一見するとじつに初歩的な入門書の背後に隠されているように思った。

著者による建築の定義は、まことに明快だ。建築とは、構築である。構築であるからには、主体が意志して行うことである。構築は物質的素材を必要とし、その内部に空間を実現する。

こうした見方は、建築の世界ではすでに言い古されたことなのかも知れない。しかし、著者の要約はじつに的を射ており、柔軟な思考の足腰を感じさせる。わかりきったようなことでも、それをわかるように表現するのは大切だと思う。

となれば、建築はシェルターではありえない。したがって洞窟は、建築ではない。それは構築でなく、分節されない内部空間があるのみで、形態がないからである。

建築は、メンヒル、ストーンサークルといった巨石を、垂直に直立させた新石器人とともに始まる。それは、重力に抗する構築、柱なのだ。その上に平石を渡す楣《まぐさ》構造、丸石を積み上げるアーチ構造も、この時期出現する。内部空間の誕生である。

そのあと、ギリシャ建築↓ローマ建築↓ゴシック建築↓

ルネサンス建築→……と展開する建築史の流れはたぶん、世界中の大学の建築学科で講義される標準的な内容なのだろう。著者もあえて、通説から極端に逸脱する見解をのべてはいないようである。しかし本書のよいところは、まず、そのバランスの良さ。思い切り材料やエピソードも切りつめて、ぎりぎりのエッセンスだけをのべていく。第二に、論理の筋が一本通っていること。自己矛盾に陥り、そこからつぎの展開を生み出す建築史のダイナミズムを、著者がしっかり押さえている。こうしたことは、執筆の動機がきちんと意識されているからこそ可能である。そう、本書はまことに構築的で、それ自身があたかも建築であるかのように感じられる。

ギリシャ建築は、神殿建築で、外部形態が整っていればよかった。内部が円柱だらけで狭くるしくても、問題とはならなかった。ローマ建築は、内部空間を人びとに開放した。アーチやドームを多用した建築は、外部形態と内部空間の統一を目指した。ゴシック建築は、アリストテレス〜スコラ哲学の体系に照応する。全体は部分に分割され、さらに細かな階層に再分割される。その内部空間は、非物質的な、純粋な内部空間にどこまでも近づこうとした。

ゴシック建築の構造は、中世スコラ哲学に対応する。だから、ウィリアム・オッカムら唯名論者（普遍は実在しないと主張する人びと）のまき起こした普遍論争がやがてスコラ哲学を解体させたように、ゴシック建築も透視図法（新しい主観主義）の登場とともに終焉をむかえたのだ。こうしてミケランジェロが登場する。彼にとっては建築も彫刻と同じで、自分の主観のみを手がかりに物質に立ち向かう作業にほかならない。

ヨーロッパの建築史と思想史を、一体のものとして追えるのが、本書の嬉しい点である。たとえば《反宗教改革によって、再び生気をふきかえした普遍こそが、バロックを生み出した》、《啓蒙主義の建築的な対応物は新古典主義であった》《構築物に対する外部の優位性と、カントが唱えた意志と物自体の切断とは、同義である》、《モダニズムとは……マルキシズムとフッサールの実存主義の間に宙づりにされた建築運動であった》、《モダニズム以降の建築は、保守化の途をころげおちていった。ポストモダニズムの建築とは、その保守化のひとつの到達点であった》といった明快な断定は、単なるキャッチフレーズでなく、なるほどと思わせる考察に裏打ちされている。建築もひとつの表現である以上、ヨーロッパ文化の総体を離れて理解できるわけがない。本書の簡潔な指摘から、読者は今後掘り下げるべき多くのヒントを受け取ることができる。

さて、最後に強いて難をあげれば、やはり本書も、〝西欧〟建築史でしかないこと。桂離宮の平面図が一枚紹介されるきりで、アジアやそれ以外の建築がほとんど触れられていない。イスラム建築は、多柱室の伝統を受け継いだと位置づけられ、《イスラム教の本質にひそむ非構築性が、この多柱空間を生み出した》とあるが、広々とした内部空間をもつモスクはどう考えればいいのだろう。

建築（建築という行為）は、自然の殺傷であると同時に、自然への捧げ物であった。それゆえ脱構築の思想（構築への批判）によって、建築は原初の問いにひき戻される。《構築にかわる建築の方法論というものが、果たして可能であるのか。……この問いがわれわれを押しつぶすところにまで来ている》とのべる著者だが、これをはねのけて前進することを期待しよう。

『時にはうどんのように』

椎名 誠

文藝春秋・1165円

文庫・448円

▼「朝日新聞」1995.12.24

『週刊文春』連載のコラム「新宿赤マント」約一年分をまとめた六作目。ぶ厚い固定ファンに支持されて毎回のベストセラーだ。ページを開けばそこはシーナ・ワールドという、安心感がえがたいのであろう。

売れっ子の椎名氏は、締め切りに追われつつ全国を駆け回る。愛用のバッグに原稿用紙と身の回り品を詰めこみ、旅先のホテルだろうとタクシーの中だろうと書きまくる。いきおい、とりとめない身辺雑記風のスケッチが多くなる。その文章の、絶妙のふわふわさ加減が著者の持ち味だ。

なぜそういうものを、人びとが読みたがるのか？　一つは椎名氏がサラリーマン憧れの「自由人」であること。気が向けば離島に飛び、釣った魚を刺し身に仲間と一杯。ハンで押したような通勤の毎日からすれば、うらやましい限りだ。もう一つは、椎名氏が元サラリーマンであること。自分のおじ（おば）さんぶりが気になる読者としては、もの知りぶらず偉ぶらない椎名氏が、やっぱり似たような生活の瑣事《さじ》に一喜一憂してくれていると、なんとなく仲間のようで安心する。たまに批判されても、ぬいぐるみのクマさんみたいな氏のことだから、トゲがない。

こんなになぐさめてもらわないといけないなんて、サラリーマンも主婦も、そんなにつらい毎日なのか。『時にはうどんのように』の書名のとおり、椎名氏と読者の共同体は、温かいが自閉的だ。《二十代の頃は「赤旗」日曜版を配達していた》という椎名氏だが、その後は意識して社会情勢から身をひいてきた。折からの震災やオウムも、このエッセーにはわずかの影を落とすのみ。食べ物をたべるシーンがやたら多く、あとはどうやって眠ったかなど身体感覚の話題が大部分の本書は、大状況に流されない個人生活の手ごたえを信じさせてほしいとどこかで願っている、郊外に住む典型的な中産階級の人びとの神話か呪文ではないかとも思えてくるのだ。

『決戦前夜』
――Rord to FRANCE
金子達仁
新潮社・1300円／文庫・438円
▼「朝日新聞」1998.4.12

敵味方十一人ずつがグラウンドを走り回り、相手ゴールにボールを蹴り込む。そんな単純きわまるサッカーの、何がここまで人びとを熱狂させるのか。

　ワールドカップ・フランス大会出場を賭けたアジア地区最終予選。最後の切符を争った日本とイランの試合は、四八％という空前の視聴率をあげた。逆転また逆転の死闘のゆくえに、日本中がブラウン管の前に釘づけになった。

　あれから三カ月。序盤でふがいない試合が続き、どん底からはいあがって最後に出場をかちえた日本代表チームの七十一日間を、本書はひとつのドラマのように振り返る。ボールを蹴る、ただそれだけのことに、全力を尽くす男たちがいる。そこにさまざまな物語を読み取る人びとがいる。

　著者は、サッカー誌記者出身のスポーツライター。GKの川口、MFの中田ら有名選手と交友が広い。彼らへのインタビューや関係者への取材を重ねつつ、最終予選と同時進行で本書をまとめた。加茂監督の更迭と岡田新監督の誕生、FW三浦カズから城への交代劇を軸に、監督選手の人間模様や、試合の流れを決定づける戦略戦術など、ファンなら誰でも知りたい舞台裏をあまさず紹介する。サッカー中継が二度楽しめるぜいたくな内容だ。

　サッカー門外漢の私が最も興味をひかれたのは、傷だらけの日本代表が「戦う組織」へと脱皮していく過程だった。指導力のない監督、過去の実績だけでレギュラーに居すわる選手。そんな状態から《誰でも、調子さえよければ出場することができ……悪くなれば外される》という、サッカー界の常識が通用するチームに生まれ変わる。「フランスへ！」の大合唱が重いプレッシャーとしてのしかかる中、結果がすべての過酷な世界で勝利を自ら手にしようとする若い選手らの執念が、幸運を招き寄せた。

　改革は、やればできる。日本を覆うもやもやを吹き飛ばす奇跡の逆転劇を、ファンは見たかったのかもしれない。

『ゴールドラッシュ』

柳　美里
新潮社・1700円
文庫・552円
▼「朝日新聞」1999.1.24

神戸の事件に心底から衝撃を受けたという柳美里氏が、十四歳の少年を主人公に渾身のフィクションを書き上げた。舞台は横浜。少年の家庭は裕福だが、母親は離婚同然で不在、姉も高校に通わず遊び歩くなど崩壊している。孤独な少年は、パチンコ店チェーンを経営するワンマンな父親と衝突して、衝動的に殺害。札束を手につかの間の全能感に浸るが、次第に追いつめられ、ついには罪の意識に目覚めるまでが描かれる。

ドストエフスキーの『罪と罰』と展開が似ている。著者の愛読書だそうだが、狂乱のバブル経済や戦後の年輪を刻む裏街を背景に、今の日本を生きる人びとの心の空虚を問いかける小説に生まれ変わった。

作品としての完成度は、いまひとつかもしれない。人物や筋の運びが類型的だし、文体もどこかまとまりがない。にもかかわらず本書が読ませるのは、十四歳の少年が平気で人を殺すなんて、心の中はどうなっているのだろうという人びとの疑問に、正面から答えようとしているからだ。

いくつかの夢の描写が効果的である。地の文がいつの間にか夢のなかに入り込み、少年の恐れや願望や、無意識が渦巻くように展開してゆく。少年なりの論理や感情が、痛ましいほど大人たちに無視され、拒否されていくさまも描かれる。少年は、突発的な怒りに自らをゆだねるしかない。

こうして浮かびあがるのは、少年が少年なりに家族を再生させようとしていたことだ。少年は、中年ヤクザの金本に父親を、若いお手伝いの響子に母親を求める。しかし二人は、殺人を許さない。少年の自己中心的な世界は揺らぐ。そして苦悩の末、二人と共に生きるには、罪を引き受け自首するしかないと悟るのだ。

《わたしを信じて。なにかを信じなければ生きていけない》と迫る響子に、少年はとうとう《あぁぁ　しんしる　しんしるよ》と答える。捨て身で時代に立ち向かった著者の営為が到達した、感動的な結末である。

『教師をめざす若者たち』

大橋 功

プレジデント社・1500円

▼「朝日新聞」2000.4.2

教師志望の大学生九人が、ボランティアとして中国・敦煌の小学校の教壇に立つ。思い立ってから四カ月あまり、ついに授業を成功させるまでの感動の記録である。

著者・大橋功氏は、長年の教師経験を活かし、いまは仏教大学で美術教育を教える。同大学が、敦煌に小学校校舎を寄付した平山郁夫画伯の展覧会を催したのが縁で、大橋ゼミの学生たちが、このプロジェクトを思いついた。

本書は、山田太一氏脚本の『ふぞろいの林檎たち』のような集団ドラマだ。純粋だが傷つきやすく、自分をさらし他者を受け入れるのが苦手なふつうの若者たちが、「シルクロードの空に和凧を揚げよう」という目標に向かって、挫折を乗り越え、集団としての連帯を培っていく。ありそうでなかなかないそうしたチャンスを、読者も追体験できる。そして、大空に手づくりの凧が揚がる日。言葉の壁を乗り越えて子供たちと心で交流できた手ごたえと喜びが、学生たちを変えていく。

教師の適性は、子供の姿を心にどこまで想像できるか。それには教室を離れて「非日常」を体験し「自分の背中」を見つめることだ。異国の地がまたとない舞台となろう。大橋氏が学生の思いつきを後押しし、精魂こめて指導したのは、そんな直観による。私も毎年数十人の学生を連れて中国を旅し、敦煌も訪れている。全面的に共感したい。

そんなことは、教育の現場とかけ離れた、たった四日間の夢物語ではないかと、言えば言える。教員採用は狭き門で、この春から教職に就くのは九人のうち三人だけ。学級崩壊やいじめなど、暗い話題にはことかかない。子供の純粋さに教えられるという教師像も昔ながらで、日本の現実の前に無力かもしれない。

でも、こんな時代だからこそ、教師を志す若者の存在は貴重だと思う。彼ら自身、学校で傷ついた世代である。本書が支持されたのは、資質のある教師まで押しつぶすいまの学校制度に、誰もが疑問をもっているからだ。彼らが和凧の代わりに、新しい学校を日本で手づくりできるなら素晴らしい。

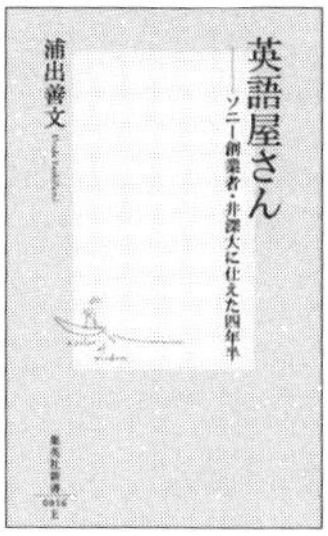

『英語屋さん』
――ソニー創業者・井深大に仕えた四年半
浦出善文
集英社新書・６６０円
▼「朝日新聞」2000.5.21

受験英語が得意で英検一級も取ったけれど、帰国子女でも何でもない入社二年目の新人社員が、ソニーの名誉会長井深大氏の「通訳兼カバン持ち」に選ばれた。それから四年半、自称「英語屋」のすべった転んだがつづられる。

仕事は、暇なようだが忙しい。「格調高い」英文の手紙を書く。旅行や講演のお供。ＶＩＰとの会見を通訳。幼児教育や東洋医学などの話題もこなさなければならない。下調べやメモ作り、テープで聴き取り能力のアップと、時間がいくらあっても足りない。

英語以前に伝えたい内容がないと、コミュニケーションは成り立たないこと。外国王族の訪問で緊張する舞台裏の苦労話。退職して独立した著者のもとに、井深さんの訃報《ふほう》が届く終章など、しみじみ余韻を残すエピソードもちりばめられている。

本書は、通訳・翻訳専門誌の連載を、一般向けに書き直したものである。地味で軽めの英語本が、十万部以上も売れているのはなぜだろう。

国際化にゆれる企業の困惑が、ひとつの背景だろう。海外ビジネスが増え、インターネットも英語が勝負。苦手と言ってはいられない。

もうひとつは、巨大組織の行き詰まり。戦後の町工場から出発したソニーは、いまや世界有数の大企業だ。創業者井深氏は神様のようにまつりあげられ、仕えているのはふつうのサラリーマンたちだ。予算や社内手続きに縛られ、ちっとも融通がきかない。

もうひとつは、専門家の誇り。ジェネラリストの天下は去り、英語屋などの職能が重視される時代になった。

本書は、新入社員の目で見た、変わりゆく日本企業のスケッチである。井深氏の人となりや、ソニーという会社のカラーより、電話の応対、上司のお供、資料の整理や会合の準備など、どの会社でも役に立つノウハウが中心だ。新入社員教育用にまとめ買いする会社もあるかもしれない。

著者はその後、「管理職になれ」でも「満足できる仕事をしていなければ人生は無意味だ」と、ソニーを辞めて独立する。原因不明の腰痛も、退職して治った。

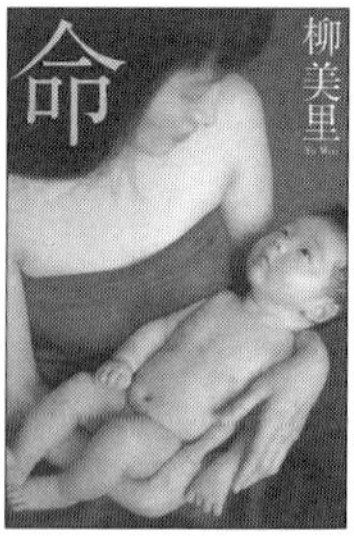

『命』

柳　美里

小学館・1238円
新潮文庫・476円

▼「朝日新聞」2000.7.30

未婚の母として新しい命をはぐくみながら、癌と闘う東由多加さんを支える。壮絶な一年を、同時進行で週刊誌につづった「私記」である。

よくある話と、言えなくもない。妊娠がわかったとたんに男は逃げ腰となり、中絶できないか、妻に知れたら大変だとうろたえる。認知や養育費の交渉も難航する。

それでも出産を決意したのは、東さんが末期の食道癌であと七カ月の命とわかったからだ。柳美里さんは高校をとび出して、東さんの劇団・東京キッドブラザースの研究生となり、東さんと十年間生活を共にした。師であり、かけがえのない友である東さんの最期を看《み》とろうと柳さんは覚悟し、再び一緒に住むことにする。激情に身を任せるばかりで愛されることの下手な柳さんは、東さんに同じ孤独を見たのかもしれない。

こうして、やがて生まれる「丈陽《たけはる》」君を交えた、三人の共同生活が始まる。抗癌剤の副作用に耐え、祈るように過ごす一日一日。執筆と看病の疲れから切迫流産しかけ、無事出産するまでの不安と感動。二人がかりで不慣れな赤ん坊の入浴。互いをほんとうに必要とする三人は、「聖家族」のように侵しがたく思える。

著者はあえて淡々と、スナップ写真のように、日常のひとこまや心象風景、夢の断片を書きとめていく。これほど切実に、濃密に時間が過ぎていくものかと、読者は自らを振り返らざるをえない。

これは小説ではない。著者は《この〈物語〉を書くことで、生きていく決意を固めたかった》という。圧倒的な現実に、言葉を武器に立ち向かう。全力でか弱い二つの命を守り、自分の命も救われる。この〈物語〉は、そんなぎりぎりの場で紡がれた、前例のないノンフィクションだ。

現実の人間関係をそのまま〈物語〉として公表していいのかという問題がある。赤ん坊の父親は匿名だが、写真週刊誌の餌食になりそうだ。彼は自業自得でも、妻は大きな痛手を被ろう。ほかにも傷つく人々が大勢いるはずだ。これ以外になかった柳さんの必然は必然なのだが、心の痛むことである。

解説・論文とブックガイド

吉本隆明はメディアである

▼『現代詩手帖』1986.12

1

吉本隆明氏（以下敬称略）のさぼり気味の読者でしかない私が、特集の執筆依頼を受けてしまった。「メディアと社会システム」につき、社会学的に論ずるように、という。そこで、『**重層的な非決定へ**』、『**マス・イメージ論**』、連載中の「**ハイ・イメージ論**」、そのほかを、読みとおしてみる。そして――。

まずひと安心。吉本は、健在である。脳軟化の声も一部にあるようだが、まあ根も葉もなかろう。文体も相変わらず。そして、書くものの量の多さも（多すぎだ！）。

にもかかわらず。吉本にはどこか、変化がみえる。言ってることが、新しくなったとかいうのではない。そうではなくて、吉本自身が〈新しいもの〉に、特になみなみならぬ関心を示すようになっている。そこがまた目新しくて、注目を集めているらしい。それでこの特集になったのか。……と納得がいく。

＊

俺はこの二十年間、一線に出ずっぱりなんだぞ。と、どこかで吉本がタンカをきっていた。たしかにそりゃ、大したことだ。社会党がダサかったり、知識人が無学だったり、を背景にすると、ひときわ光るというものだ。

最近の彼の仕事は、それなりに面白いし、刺激的である。でもね。「吉本さんすごいですね、社会はこうも変わっていくんですか、いやぁ勉強になりました」と、おだてあげる気にはならない。そんなことより、別の疑問が、だんだん頭をもたげてくる。なぜ彼は、こんなに〈新しいもの〉に吸引されるのか？　またどうして、そんな吉本がみんなのなかでいちばん現代的だ（それ以上に現代的な知のありかたが見つからない）、という構図になってしまうのか？　それに最近よく言う、「アジア的」っていったいどういうことなんだ。そりゃあないでしょう、吉本さん⁉

こうなれば、編集部の依頼の筋などうっちゃらかして、生意気を言わせてもらおう。私が彼に何を言っても、生意気にならずに済むわけないんだから、いまさら悪びれることはない。

2

「ハイ・イメージ論」のなかでは、「映像都市論」が印象的だった。吉本のモチーフがよく現れている。というよりこれは、最近の彼の自画像になっているのではないか。

吉本が愛着してみせるのは、映画『ブレード・ランナー』の、近未来都市の映像だ。その映像を斬新にしているのは、上方からの視線（世界視線）である。ポイントは、《この世界視線を高層ビルのすぐ上方を飛ぶ空中カーからの視線として作れる場合でも、この空中カーをさらに上方からみている視線を設定して、空中カーとその下の高層ビルを同時に鳥瞰する映像を作ることだ》（『海燕』八六年一月号）。この世界視線はあとで、人工衛星ランドサットの位置にまで高められ、地質学的な過去と未来を、如実に見取るものとなる。

こうした指摘は映像技法からみて、当をえているのだろう。しかし私は、それはさておき、この空中カーを吉本（の占める位置）と考えたくなった。そう読みかえてみると、こうなるはずだ——ポイントは、「この世界視線を近未来社会のすぐ近くを生きる吉本（ないし知識人誰でも）の視線（世界認識）として作れる場合でも、彼をさらに上方からみている視線を設定して、彼と近未来社会を同時に鳥瞰する構図をつくることだ」。吉本は、自分の背に、同時代の人びと（読者）が与える「世界視線」を感じている。だからこそ「ハイ・イメージ論」を、もっとも先端的な知の光景として、自信をもって構成できているのではないか。そう、思われる。

＊

世界視線と対極的なものに、普遍視線があり、原っぱのような空き地の地べたから、上方に向けてつき出ているのだという。このあたりから議論は錯綜してきて、私の頭ではすっきり理解が行きとどかない。だがこれが、超近代的なもの／アジア的なもの、という対比と繋がっていることは、わかる。

吉本が未来社会を遠望するとき、なぜ世界視線を背にすることを有効と感じるか？　それはたぶん、彼が、客観的な歴史というものを信じたことがあるからだ。マルクス主義の描くような、客観的・目的論的に確定した歴史のルート——これが信じられれば、未来の存在と方向は明らかである。それは、資本主義の向こうに、ない。それがどんなに豊かで、矢のように進歩していくとみえても。しかし、この歴史を信じつづけるためには、今日、あまりにも多くのことに目をつぶり、不条理な教条の鎧を身にまとわなければならない。どうにも、苦しすぎる。

そこで、この歴史の外に出てしまう。と、その途端に、こんどはすべてが現象の渦巻きとみえるだろう。現象の渦巻くところ。そこでは、同時代が互いに覗きこみあう構造（情報化）がうまれ（それしかうまれず）、メディアがそれを加速する。過去の健忘症＋未来への本質的無関心。関心が同時代へ圧着される。新人類の基礎的症候群。

こうしたなかで吉本は、まだ客観的歴史の記憶を保っている。それをどうにか、この時代の足許から発掘しようとする視線を手放さない。そういえば彼は、宮沢賢治と同じ、自然科学の訓練を受けたのだ。ランドサットからの空間的視線がもたらす、時間の拡張。ここに流れる時間はもともと、歴史を堆積してゆく社会過程と関係がない。それでも吉本は、同時代を離脱する方法を手にしたと気をよくする。ただしこれは、「批判的」方法でない。現象を現象のサイズのまま、自在に（重層的に）観察・記述するばかりだ。背に世界視線を負いながら。あたかも、空中カーのように。

＊

この構図によると、吉本が注目を集めるのは、彼がなにか、近未来について「新しいこと」を教えてくれるからではない。二次資料を使っているのだから、どこかで聞いたことのある話がほとんどだ。そうではなくて、ほかならぬ彼が、いまのべたような脱イデオロギー的空中姿勢をとり、観察・記述をおこなう（ようにして社会を眺める）ことが「新しい」のである。そのため、彼は現在見聞きすることをのべるだけなのに、それが近未来の報告のように思われてくる。

ではなぜ、吉本ばかりが、世界視線の所在を感知できるのだろう？　それは、逆説的だが、彼が「アジア的」ということを信じているからだ、と思われる。これはかつて、歴史が出発するまえの原点の位置を与えられていた。それゆえ、歴史が疑われるようになっても無傷なのである。

3

共産主義は、共同体の記憶（楽園追放）を、歴史意識の羅針盤としている。吉本は、この共同体の位置に、アジア的な共和社会（の像）をおくのだ。そこではたとえば権力が、存在理由を喪って、作用しない。また共同幻想が極小化され、対幻想の延長上にあるかのように描かれる。ひたすら生活だけが営まれ、民衆・大衆のあるがままに位置する場所。日本をはじめとするアジアの一帯に、微細な胞子のごとく一面に分布している。それはいわば、歴史の原点であり、同時に、歴史が回帰すべき永遠の終着点なのだ。

私はまえから、吉本の所説について疑問に思っていたことがある。それを、この「アジア的」という概念との関連から、つぎのように整理してみた。

（1）権力がなぜ、悪いのだろう？　どうして権力は、最後に消滅しなければいけないのか？
（2）これと関連するが、いわゆる「逆立テーゼ」への疑問。共同幻想が自己幻想や対幻想に対して逆立する、とどうして言えるのか？　そもそも共同幻想という概念は、どういう方法的根拠をもっているのか？
（3）なぜ、「アジア的」であって、「土着的」、「日本的」と言ったのではだめなのか？　一方で、西欧的土着性を視野の外においやり、もう一方で、アジアを日本の延長線上にひきよせてしまう、そんな区画になっていないか？

吉本が知の批評的根拠として、アジア的な原イメージをあらためて手にしたのは、敗戦の体験（とくにそれを契機に転向の問題を深く追究したこと）を通じてだと思われる。愛国少年には、アジア的な共和社会（の像）がそのまま、もっとも近代的な国家の態勢に直通する（できる）、と信じられる一瞬がある（あったはずだ！）。その虚妄がもろくも崩れ去ったとき、すべての知や権力の形態を、けっしてくずおれることのない原点によって照合しなければならない、という当為が受け取られる。この世代的な共通体験を、吉本は誰よりも深く掘り下げていった。

＊

吉本の批評的営みは、知の疑態を効果的に暴きだす。私らがやむなくあてもなく大学であばれまわっていた当時、彼の存在そのものが、数少ない励ましであった。ただ私は、「大衆の原像」という、彼の批評的根拠が、呑みこめなかった。理解できないのは自分が悪い、と思っていたが、そのうちずうずうしくなって、吉本の議論のほうに（も）おかしいところがあるのではないか、と考えるようになった。で、まず、第一の疑問——権力の是非——から、考えていくとしよう。

権力がないほうがいい（なくせる）かどうか。答は、権力をどう定義するかにかかっている。

吉本がとくに定義を掲げているわけではないので、この点はよくわからない。ただ彼が、およそ権力と名のつくものを肯定したことがないのは、たしかである。私に印象ぶかいのは、政治権力の担当が、町内のゴミ掃除の当番のようなものになってしまうことを、吉本が理想として描いたことだった。権力を正当化しようとする契機が極小である。これは特に〈日本〉的な知の有り様ではないか、と疑いたくなる。

マルクス主義の公式見解によれば、共産主義段階にいたって国家は死滅する。権力と支配の制度は最終的に解体するわけだ。けれどもこの主張は、西欧の伝統からいささか異端的なのだ。キリスト教は、主なる神の絶対の僕《しもべ》たるべきことを説く。その理想は、神の権力の完全な実現にある。人びとの身体はおのおの、侵すべからざる神の神殿である。政治的自由主義は、もともとこのことを根拠に、世俗の権力に闘いを挑んだ。いずれにせよ、自己権力は肯定されてきた。

これに対して、日本の知識人は、権力の正当化に失敗してきた。江戸幕府の正統性根拠は薄弱である。もともと非合法な武装勢力でしかない武士は、自分の支配を正当化することができない。儒教論理を厳格に適用しようにも、それはかえって崎門学→尊皇思想のような系譜をうむ。そして、近代天皇制。これは、自己権力の解除をいよいよ全域化した。〈日本〉で作用する権力工学は、西欧的なものとたしかに異質である。アジア的とよぶべきかどうかは別としても。

＊

私は想像してみる。もしも私が、自分にかけがえのない人びとをひとり残らず、ここで口にするにもしのびないようなむごたらしいやり方で、惨殺されてしまったなら、私はどうするだろう。そして吉本も同じめにあったなら、彼の思想の名において、どうふるまうだろう。

法が有効に機能して、犯人が相応しい刑に服するなら、私はなにも言うまい。また、法ないし制度が不備で、犯人がたまたまその網をのがれたとしても、おそらく私はなにも言うまい。だがもし、なんの法もなく、制度的な制裁措置もとられず、犯人がのうのうとあたりをうろついているのなら、私はだまっていない。武器を手に復讐におもむくだろう。その結果、犯人が死ぬのでも私が死ぬのでもどうでもよい。とにかくこのままではおかぬという積極性が、私には生きることと不可分に思える。無常を悟って我執を離れようとする者。それもいてよい。ただそれは、万人に要求するにはあまりに酷な境地である。

この生存の自己肯定を、自己権力とよぼう。こうした素朴な権力に立脚しない社会はあるまい。法規範は、自己権力の均衡（と変形）のうえに張られるのである。吉本の思想は、この自己権力を是認するのか、それとも否認するのか？

警察にも、治安警察と公安警察があって……という議論も成立つ。これは、「よい権力」（必要な権力）／「悪い権力」を分ける発想にほかならない。この発想に立てば、必要にして十分な、つまり「正しい」権力の樹立を、課題としなければおかしい。

（近代）民主制とは元来、ごくごくふつうの民衆が、必要にして十分な正しい権力を、自己権力の延長上に樹立できるよう工夫された制度であり、思想であった。しかし、わが国の伝統には、自分が権力をもつことを肯定する思想が育たなかったため、権力の行使にともなう責任や倫理の観念が欠けている。権力は、個々人の利害や社会的威信と分離していない。権力は汚らわしいもの、悪である。誰も自分がそれをもっていることを信じようともしないし、他人がそれを持っていようものなら、羨望と侮蔑のいり交じった目で眺める。

私が大統領レーガンをばかにする気がしないのは、彼がアメリカの統治権力のルールを意識的に体現し、それに忠実だからである。SDI計画は、その責任にもっとも端的に応えようとするものだと思われる。

いっぽう吉本（とその読者）には、権力を肯定する発想がない。文学者なら、それでも通るかしれない。けれども、社会を理論的に考察しようとする思想家としては、ないがしろにできないことである。むしろ吉本こそ、「アジア的」な思想家の名でよぶにふさわしいのではあるまいか。

4

第二の疑問。共同幻想の逆立というが、証拠がないではないか。

共同幻想なるものをつかみだして、観察できれば、逆立テーゼの検証（反証）が可能だろう。しかし、共同幻想の概念は、社会学者デュルケームの集合表象の概念もそうであるが、実体視してしまうと方法論的に問題である。

ではそれを、一種の仮説構成体とみなし、そのうえで公理のように逆立テーゼを要請した、と考えればどうか？それだと、逆立テーゼは、権力は消滅すべきだ、というさきの命題と、大体同じ内容の主張になってしまう。つまり、それ以上の根拠がない。心身相関や憑依現象は、とくに逆立テーゼによるのでなくても、いくらでも説明の方法があろう。また、対幻想と共同幻想の離反の証拠を、近親相姦の禁忌にみるような主張が『共同幻想論』にあるが、この論理は奇妙である。インセスト・タブーは、吉本のいうように社会過程のなかで二次的に導出される（たとえば、氏族的な共同性が家族を抑圧する、という具合に）のではなく、もっと深く、社会の基盤に遡る深度を持つ現象とみるべきだ。この点については以前、詳しく検討したことがある（橋爪〔一九七七〕）。

＊

第三に、「アジア的」というが、なんのことか？　このことばの意味あいは、調べれば調べるほど判らなくなる。

二十世紀中葉以降とくに、社会人類学の知見が飛躍的に豊かになった。まず、系譜集団・婚姻交換など、諸々の分析概念の普遍性と有効性が示された。また、その上にたって、民族的・地域的な社会生活の種差と異質性について、精密・微細な知識も積み重ねられた。この段階になると、アジア的という概括的な規定の出る幕など、実はもうない。〈構造〉主義から出発した私には、こうした知見との接続に耐えないような議論は、空振りとみえてしまう。

吉本の用法に注意してみると、たいがいの（つまり、明瞭にロシアやインドを指すのでない）場合、「アジア的」でなく「〈日本〉的」と言った方が、話が通じる。それなら解るのに、と私は思う。彼はどこに目を向けているのか？　私とそう異なるとは思えない。日本資本制の異様でハイブリッドな実態を、きちんと切りわけること。これは、掛値なしに第一級の仕事だ。土着の堆積とその飛沫が、このシステムの部品装置のどこをどう支えているのか。私がそれを探索しようとして動きまわると、彼の捜査の足どりとあちこちで交叉するのがわかる。ただ彼は、この同じ土着の手触りを、なぜか「アジア的」と呼ぶのだ。

吉本がこの「アジア的」ということばに、どんな意味の拡がりをこめようとしているのか、もう少し追ってみよう。

＊

「アジア的」なものへの吉本のこだわりは、なんとか自分を古典的左翼の磁力圏（レーニン以降のロシア・マルクス主義）から解き放ちたい、という動機と通じているようだ。

「アジア的」とは、マルクスに義理立てした言い方に違いない。ヘーゲルがそれに先立ってこのことばに与えた含意や、マルクスの「アジア的生産様式」論の効力が剝げ落ちてしまったことをふまえながらも、なお吉本は「アジア的」ということばに重大な意味あいをこめようとする。〈『試行』の連載論文「アジア的ということ」などから、彼のいうところを押さえてみよう。

マルクスとレーニンのあいだに、彼は深い線をひく。これはいわば、西欧とアジアを分かつものなのだ。そもそも《マルクスの「プロレタリ独裁」の概念は、コンミューン型国家、死滅へと開かれた国家の形成と不可分な理念》（『試行』八〇年十一月）のはずであった。しかも、《農業のアジア的共同体の残存は……資本主義が……到達すべき画像の範型》となるだろう、とまでマルクスは考えた（同八一年十月）。ところがレーニンは、それを（意識的に）曲解し、《〈生産手段の国有化〉と〈生産手段の社会化〉とをただちに等式記号で結》ぶという錯誤を犯す。彼とその党派は、《線型の〈進歩〉史観》によって、アジア的＝ミール共同体的ロシア社会を、単に遅れたものと捉え、そのうえに彼らが実権を握る民族国家をうち建てた。これらのことから《ロシア・マルクス主義の〈アジア的〉な停滞の様相》が宿命づけられる（同八〇年十一月）。

吉本の描くこの見取りを、逐一論破するだけの用意がいまあるわけではない。だが私は、素朴な疑問を感じてしまう。マルクスとレーニンは確かに違うが、それ以上に大きな共通の基盤に立っているのではないか。マルクスの理念を現実に移すのに、レーニン以外のやり方があることを示すのでない限り、片方のマルクスだけをすくい出すのは、いかにも無理ではないか？　もうひとつ。ロシアの特殊性を「アジア的」と、マルクスは考えたかもしれない。けれどもウェーバーなら、そこに東ローマ（ないしギリシャ正教）の遺産をまっさきにみとめるだろう。言うまでもなくそれは、西欧的な聖俗分離の原則によらない、聖俗一致の体制である。この指摘のほうが、一次近似としてはるかに的確ではないか？

＊

さて、アジア的な農村共同体を底辺に配する民族国家。このロシア社会の基本性格は、そのまま日本にもひき移してくることができる、と吉本はみる。「アジア的」農耕共同体とはだいたい、〝血縁の人びとが集まって集落を構成し、共有の耕地と、個々の家族の私有耕地とを擁する〟ようなものをいうらしい。そうした共同体相互の結びつきは、希薄である。こうしたところに支配共同体の権力がうちたてられると、「アジア的」専制という統治形態が出現する。その統治は、貢納制や灌漑を柱とする。支配共同体が交替しても、底辺の農耕共同体に格別の変化はない。《アジア地域では、アジア的農耕共同体の段階のまま数千年過ぎてきた》（『試行』八二年三月）――こう考えるのである。

吉本が知っているのは、日本社会である。「アジア的」という場合、彼のイメージがそこからとられているのはたしかだ。私も日本人だからすぐわかる。しかるに彼は、日本とそっくり同じ型の共同体が、中国にも、インドにも、ずうっと拡がっていると考える。このことを彼は確信するようだが、その証拠がどこにあるというのか。

私はここに一瞬、江戸庶民的、あるいは大東亜共栄圏的な想像力を感じてしまって、背筋に寒いものの走るのを覚える。異民族・異文化は、ことごとく異質である。――最初はそう想定しておくほうが、とにかく健全であること。これは、現代人類学が与えてくれた貴重な教訓だった。なぜ彼は、あえてその逆を行うのだろう。

吉本は、韓国に行くのが少々怖いという。《かつて（＝戦争中に）韓国と日本の差異、違いというのを、おれはぜんぜん知らなかったという体験がある》から（『**不断革命の時代**』五一頁）。ではその後、その知識の欠落を埋めたかといえば、《具体的な、微細なイメージになってくると、僕はあまり追究していないんです》（同一〇四頁）。こういうことでは即座に、「アジア的」もなにもないものだ、で片付けられてしまっても文句は言えない。

5

吉本がこの二十年、多くの読者に読みつがれてきたのは、どういう理由によるのであろうか?

六〇年安保からしばらくのあいだ、日本共産党や、共産同、革共同などの政治的諸党派（革命の日本的正統性）に召喚されないことの証明（弁解）として、それは読まれた。これはむろん、吉本の意図と関係ないことである。彼は先頭をきって、思想の新たな可能性をひらこうと、風圧を一身にうけただけである。多くの者は彼の後ろに従うことで、風圧をしのいだ。吉本は追随者を甘やかすことなく、「自立」という厳しい薬を与えたが、人びとはまたしても、このことばをただ口先で唱えて免罪符にする始末であった。

これに対し、最近十年は、別の読まれ方が前面に出ているように思う。知識人の構想力の停滞を埋め合わせ、サラリーマンの漠然とした不安を解消するものとして。かつての党派が有効であると、もう信じるものはいなくなった。資本主義は変化の度を速め、つぎつぎに新しい貌をみせていく。ここでなお、「左翼的」でありうること、時代と独立な歴史＝時間感覚を持ちうることが、証明されるだろうか? 先進社会について吉本は言う、《ただ左翼や進歩などというものは、泡沫としてしか存在しない。左翼とは何かを探しつつあるものだけが左翼なのだ》（「ハイ・イメージ論――映像都市論（2）」『海燕』八六年二月）。こう聞くとき、自分はもうどの左翼にも属さない（属することができない）、そのくせ、生活保守主義と言われてまで現状を肯定する根拠を持つわけでもない、と感じる誰もが慰撫される。

＊

「左翼とは何かを探しつつあるものだけが左翼」だ――とはもっともだ。私が不思議なのは、左翼とは何かを探すことまでして、なぜ左翼でなければならない（と吉本が信じている）のか、である。

一度でも左翼であった人間が、倫理的なあまり、左翼でありつづけようという話なら、ありきたりでよくわかる。しかし吉本の場合、思想の解体の度合が、もう、左翼とよぶ必要もないほど、徹底してきている。

とくに最近、彼が自然の観念を放棄したことは、重要だと思う。《マルクスが言う自然主義的人間主義というのとぼくが違うということは、マルクスがそこに時代的限界があるとぼくが考えていることは、自然的自然よりももっと自然である自然というものを、人間は人工的に作れると考えているんですよ》(「都市の変容・詩の現在」『現代詩手帖』八六年五月)ここで彼は、人為的な社会制度である資本制が、その外部である自然に対する操作性を高めて、つぎつぎ内部にとりこみ、システムとして完結するであろう、という予想をのべている。エコロジー運動の可能性に引導を渡すいっぽう、シミュレーションの概念によって資本制を批判的に把握する試みにも水をさし、資本制はますます現実味をましていくであろう、としている。

実をいえば私も、吉本が描こうとする資本制の未来像に、ほぼ一致する認識をもっている。資本制の究極を、私は「機械主義」と名付けた。現在、資本制以外の社会システムは事実上存在せず、資本制を上回るどんなプランも提案されていない。資本制はその完成(機械主義)へひた走る以外にない。資本制がちっとも悪くないと考えるのなら、どこに(政治的)左翼を名乗る必要があろうか?

＊

むろん、われわれの社会は、完全でない。まずいところだらけだと言ってよい。ただ、これは、言うなれば、資本制を支えるインフラ・ストラクチュア(歴史的・文化的基盤)の不備の問題である。見つけ次第に、それを取り除いていけばよいのだ(吉本はこれを、不断革命という)。しかし左翼がありえないのに、これをトロツキーの永続革命になぞらえることはないのだ)。

〈日本〉資本制の特徴はといえば、土着の堆積を巧みに温存しながら、生産システムを効率的に作動させてきたところにある。これをもし「アジア的」と称するなら、最近の傾向は、この資本制が「アジア的」な特性と共棲し、それをシステムのなかで再現するという戦略をもつようになったことである。吉本はこの点をとらえ、世界都市＝東京のもっとも先端的な様相として、アジア的なものと超モダンなものとの同時共在による異化効果をあげるわけだ。

さて、多くの人びとは、日々こうした変化を実感しながらも、それを、自分を育んできた過去(たとえば、左翼運動の体験、資本制の古典的把握)との関係で捉え、うまくことばにすることができない。吉本は、それを代行する。人びとは、時代をじかに見すえるよりは、吉本の言動にふれ、彼を通して「そうか、時代はもうここまでわれわれを許容しているのだ。自分の過去はこのように連続的に変化してきたのだ」と考えるほうを好むのである。

資本制がやがて、自然的自然よりも自然な自然を、人工的に作るに違いない、という。ならば、アジア的共和社会よりも共和的な社会をかたどることぐらい、朝飯前のはずだ。吉本は、資本制のまばゆい先端(の像)のなかに、彼の批評的根拠(「アジア的」なもの)が奪われてしまうのを見る。彼の思想は、もう新しさの源泉でない（かもしれない）。新しさは、外部にしかない（かもしれない）。その真偽を確認することに、いま吉本は吸いよせられているようにみえる。彼の根拠とともに、「解体の思想家」吉本隆明が解体を演ずる。人びとはそれをみて、時代を感得する。このいみで、吉本こそ、時代の最大のメディアなのである。そう言うべきだろう。

【文献】橋爪大三郎、一九七七「《遠隔対称性》をめぐって」（未発表）／一九八六「来るべき機械主義」『現代思想の饗宴』：一八八―一九三／"*Mr. Takaaki Yoshimoto As Media*" by Daisaburo Hashizume 1986

＊本稿は、橋爪大三郎『永遠の吉本隆明』（洋泉社新書y、二〇〇三年）に再録された。

オースティンからハートへひと筋の道

▼『木鐸』1987.3

H・L・A・ハートが、彼の『法の概念』だけでなく、もっと多彩な拡がりのなかで理解されるようになるのは、まことに結構だ。その拡がりは、L・ヴィトゲンシュタインやJ・L・オースティンなど、言語行使と社会現象との関連を探ったパイオニアたちの悪戦苦闘と繋がっている。

ところで、オースティンに造詣の深い土屋俊氏が、さきごろ興味ある展開を示された（**『心の科学は可能か』**東京大学出版会）。私はここに、オースティンの発話行為論からハート（ないし〈言語ゲーム〉論）にいたるひとつの明確な見通しが与えられているように思った。ぜひこれを紹介したい。

同書の一～三章は、特にこの十年の間に進展した「心の科学」をめぐる諸業績の、批判的検討にあてられている。いわゆる表象主義にいたる諸流派が順に論破されるのだが、圧巻は何と言っても、それに続く第四章であろう。ここに重要な貢献が凝縮されている。

前章までの検討で、結局「心」が言語とともにある（しかない）――それは、なされた行為の理由を説明するためのあるものである――ことを確認したあと、土屋氏はオースティンの周知の区分に立ち戻る：A・発語行為／B・発語内行為／C・発語媒介行為。このうち理解しにくいとされてきたのは、B（命令・約束など）／C（脅迫など）の区別であろう。だが、それぞれの行為についての報告も考えてみることにすれば、両者の違いがよくわかるはずだ、と彼は言う。

土屋氏によると、Bは「私は発語内行為する」というかたち、いわば「すなわちの関係」に対応する行為である。一方Cは、「目的と手段の関係」に対応する行為だ。Cの場合、その行為の成功とそれを報告する行為の成立とは無関係である。ところが、Bでは「行為の成立が自己循環的である」。つまり、発語内行為の成立は、それについての報告＝「誰それが発語内行為した」の真偽（成立／不成立）に依存してしまっている、という。これは重大な指摘だ。

なぜこのようなことになるか。それは、発語内行為の成立する条件を、事前にのこらず列挙しつくすことができないからである。「さまざまな条件が満たされていないことを示す事実が存在しない」かぎりで、発語内行為というものは、さしあたり成立しているだけだ。こうして、ことばが（他の）ことばの行使を参照する、自己参照的循環が生じている。このような事態は、従来の科学論が想定していなかったものだ。

議論はさらに、知識、ひいては記憶・知覚といった現象にも同様の着眼が用いられることを示唆するところで終わっている。

以上の行論は非常に刺戟的だった。かつて土屋氏は私宛ての私信のなかで、「ハートに対しては（ヴィトゲンシュタインよりも）オースティンの方が方法・内容とも重要でしょう」と走り書きしておられたが、理解できなかった覚えがある。けれどもいまや、その含意は明らかとなった。同書の最重要概念である自己参照的循環を、〈言語ゲーム〉論の言い方に直してみると、要するにルール環（行為の効力が身体のあいだを循環すること）にほかならない。発語内行為は、何らかの言語ゲーム（を成立させる慣習の共同体）を想定することによってしか、理解できないと言っているのと同じだ。

ハートの法理学は、この理解にとどまらず次のようにも主張した――紛争を解決するための明示的な裁定機構は、紛争が出現するのと同じレヴェルでは実現できない。一次ルール／二次ルールが分離する。これはオースティンにはない、ハート独自の論点だ。

だが注意すべきなのは、ルール（に基づくゲーム）の分離が、必ずしも言語の分離（たとえば、言語／メタ言語）の分離を意味しないことである。普通の社会生活も、専門家の裁定のゲームも、大体同じ言語の用法によって営まれている。だから、行為としての発話の類型にまず注目したオースティンがハート流の展開をみせなかったのは、当然といえば当然なのだ。

本質的に局所的な作業である、オースティンの発話行為論。これが、より全域にわたる（たとえばハートの）議論とどう関連するかは、これまで必ずしもはっきりしなかった。土屋氏の仕事は、一見対極的な両者の隠れたつながりを指摘した点で、まぎれもなく画期的である。こうした仕事によって法現象の微細な基礎づけが与えられていくことは、ハートに限らず理論法学に関心をもつ誰にとっても、喜ぶべきことである。

“A Path From J.L.Austin to H.L.A.Hart”, by HASHIZUME Daisaburo 1987.

団塊ジュニアのサイバーリアル・ワールド

▼『RIRI 流通産業』1988.12

団塊の世代とその子供たち（団塊ジュニア）の共通項。それが、ファミコンだ。子供に買ってやったはずなのに自分が夢中になり、家族の寝静まった深夜、ABボタンをあやつる大勢の父親たち。彼らはワープロやパソコン通信の、最大の顧客でもある。新人類は、この親子軍団に上下を挟まれて、もう旧くなりかかっているプレ・ファミコン世代なのだ。ファミコン世代はいま高校生、彼らにとって代わろうと、機をうかがっている。

まだ自分の言葉をもたないこの団塊ジュニアの、感性的な土壌をいち早く探りあてるのを商売にしている大人たちがいるらしい。彼（女）ら若い感覚人間の、最近の仕事をジグソーパズルにつなぎあわせてみると、どんな図柄が浮かびあがるのだろうか？

＊

玖保キリコ『**アレルジィ**』（白泉社）。話題のコミック・シリーズ『シニカル・ヒステリー・アワー』（白泉社、既刊七巻）のなかから、「ロジカル・アレルギー・アワー」

編を抜き出し、続編若干をつけ加えてなった単行本だ。おなじみビートルズの「マジカル・ミステリー・ツアー」なんかそっちのけで、一郎&みちこのふたごの兄妹がはねまわる。これはたしかにロジカルなパニック・ストーリーである。

一卵性双生児でもない（男／女！）くせに、なにをとり違えたか瓜ふたつのふたり。彼らはそれを楽しんでいる。ふたごは楽しい。なんだって楽しんでしまうのが、このふたりの天性なのだ。

「シニカル」に登場する子供たちは——キリコちゃんも、ツネコちゃんも、ののちゃんもしーちゃんもツン太くんも花子ちゃんも、学《まなぶ》くんだって——みんな、ひとつのことで悩んでいる。難しく（もないけど）言うと、自己同一性の危機。ツネコちゃんは自分をカワイイと思っているのに、ほんとはちっとも可愛くない。自己と自己イメージとのギャップ。このギャップをツネコ本人がうすうす感じているから、そこをつかれるとヒステリーがつのる。でしゃばり花子ちゃんもおっとりしーちゃんも、タレント願望のとりこだ。ツッパリのツン太くんは二重人格。泣き虫ののののちゃんは、自分がいやで仕方がない。みんなリアリズムの世界の住人であり、欲望と自己イメージによって動く人びとなのである。

それにひきかえ一郎&みちこは、キリコちゃんやツネコちゃんの同級生のくせして、この種の悩みと無縁である。ふたりはまるで、ラカンの〝鏡像段階の危機〟を迂回して大きくなることができたみたいだ。一郎はみちこと、みちこは一郎と自己同化している。そうして結ばれる円環は、どちらがどちらのオリジナルでもコピーでもない、ハイパーリアルな世界なのだ。本物とイメージの区別がない、リアリズムからの脱却。それが、かれらの快楽の源泉である。

一郎&みちこの両親は、あきらかにギョーカイの人間で、ニューファミリーを絵に描いたようである。母親（文子さん）はしかし、このふたごを理解し、受け入れることができない。なぜならふたりは、彼女のイメージをつねに裏切るからだ。ふたりの挙動は反復と模倣と思いつきでできており、予測も制御も不可能である。ちょうど、団塊ジュニアの動向をつかみかねる、広告マンのような苛立ち。

一郎&みちこは、自己をもっていない（何も考えていない!?）ために、ツネコたちより幼くみえる。またファミコンに興味を示しているわけでもない。けれども、原宿やギョーカイ人や、ふたごの母親（文子さん）のような職業人にもあこがれるツネコなどよりも、「進んで」いる可能性がある。作者、玖保キリコさんのアンテナは、そういう可能性をぴっくんぴっくんとらえているみたいな気がする。

＊

いとうせいこうのデビュー作『**ノーライフキング**』（新潮社）。話題のコンピューター・ゲームソフト「ライフキング」が日本中の小学生を熱狂させている折から、現実社会が異様に歪みはじめ、リアルな呪われたゲーム「ノーライフキング」に変貌するという筋立てだ。

主人公は小学四年生のまこと、コンピュータを使って商店の売上分析とアドバイス業をしている母親と二人暮らし。あすなろ進学塾と学校を往復するごく普通の子どもだ。かれは噂のネットワークで、無数の子どもたちとつながり、また通信回線で、北海道の洋太……とつながる。ある日朝礼の最中、校長がなぜか、「ライフキング」開始の合図の言葉を発して急死する。同時に伝わってくる、究極のゲーム「ノーライフキング」の噂。「ライフキングV」は、失敗すると、キャラクターが消えてしまう。「ノーライフキング」はそれどころか、プレーヤー当人が消えて（死んで）しまうというのだ。「コワイケド、トカナキャシヌカラ、ガンバリマス……」。噂となって子どもたちを脅かすのは、正体のない破滅と死の影のごときものだ。

竹田青嗣さん（文芸批評家）が、あるところでこう言っていた。なるほどゲームは、現実を巧みにシミュレート（近似）できる。マリオがジャンプすれば、自分もジャンプしているみたいに、手に汗握ってハラハラする。ゲームなら失敗しても、どうしても違ってしまうところがある。しかし、ても、もう一度最初からやり直すことができるかもしれない。けれど人生で、そうはいかない。ゲームには死がないから、〝死を賭したかけがえのない生〟の構造をもつこともないはずだ――。

これはあまりにまっとうな指摘なので、ゲームの「古典的」理解と言ってもいい。だが、これを裏返すところに『ノーライフキング』の世界がある。まず、主人公まことの日常はキーボードに取り囲まれていて、どこまでがゲームでどこからが現実なのか、境界があいまいになっている。つぎに、ゲームのほうも変化して、現実と同じ構造をもったもの（ライフキングV）があらわれる。そのうえで、ゲームと現実との相互浸透が始まるのだ。まことたち子どもは、はじめて現実を、ゲームのような真剣さで生きはじめる。だが大人たちは、それを妨害する。なぜなら彼らから見れば、まことたちがゲームを現実と混同しているとしか見えないからだ。ゲームソフトを取り上げろ。しかしまことたちからみれば、あべこべにそれも、ゲームの進行の一部、つぎつぎ襲いかかる敵のたくらみなのだ。

『ネバーエンディング・ストーリー』や『ドラゴンクエスト Ⅲ』や『東京トンガリキッズ』や『トムソーヤの冒

険』や……を足してnで割ったようなこの物語が、作品として成功しているのかどうか、私はよく知らない。しかし、その成否と別に、いくつかの特徴的な感覚が、この作品を支えているのは確かだ。まず、キーボードや通信機器に対する、一体感ないし愛着。まことは、ほとんどE・Tのような聖域な感覚で、キーボードにタッチする。これと対照的に、ぶざまな大人たち（人間）には、乾いた絶望のまなざしが向けられる。

第二に。ひと昔まえのパソコン少年といえば、ひとり部屋に閉じこもって孤独でネクラな妄想にふけるのが相場だった。だがまことたちは、連帯のネットワークへの信頼に生きている。これが、もうひとつの特徴的な感覚だ。こうした社会性は、まことたちが時代のサイバーリアルな環境のなかで正気を保って成長していくために、欠かせないものらしいのだ。

この連帯は、邪悪な敵と戦うための、同志的結合である。しかし敵は、最後まで姿を見せないし、まこともその実態を知らない。敵は、物語（ゲーム）を信ずることでしか見えてこない。だから本当は、まことたちが自分の「死」を実感できることが、この連帯の支えなのである。ゲームのなかで、ライフキングの分身であるハーフライフは、敵と刺し違えて自爆するかわりに、賢者の石をのこす。賢者の石。それは、自分の「死」を大きな脈絡のなかに書き残すメッセージなのだ。ばらばらの「死」が、ひとつの物語（ゲーム）のなかで脈絡をかたちづくり、互いに支えあうこと。これが、まことたちの夢想である。この（古きよき日本の、と言ってもよい）共同性と倫理性が、この作品の緊迫感の土台になっている。

＊

都市の超人工的（サイバーリアル）な環境が、「死」のイメージを引き寄せてしまう――この想定に、中森明夫さんも執着する。

中森明夫／中森明菜〜一郎／みちこ。この比例式は、収まりがいい。筆名からして、自己同一性などどこ吹く風の彼の新作、『**おしゃれ泥棒**』（マガジンハウス）は、いとうせいこうの『ノーライフキング』と相互浸透する、ふたごの物語である。いとうさんと中森さんは、まことと北海道の洋太のように、通信回線でつながっているのだろうか。

中森さんの前作『東京トンガリキッズ』（JICC出版局）のなかの、注目すべき短編ふたつ。ひとつは「いつかきっと狼が」で、《ウワサのネットワークがファミコンの機械とするでしょ、そうするとドラえもんやサザエさんのウワサはスーパーマリオやドラゴンクエストのゲームソフトとおんなじで、それを日本中に流しちゃうワケ》というアイデアが『ノーライフキング』そのもの。もうひとつは「帰ってきたローリー」で、《短髪、長身、……まるで男のコのような女のコ》と《私》が《退屈な午後の授業を抜け出して。二十四本ひだスカートをひらめかせてガッコを飛び出した》というプロットは、『おしゃれ泥棒』の原型なのである。

ミッキーとミニー（私）は、学校を抜け出して、カワイイを超えたモノ、〝愛〟以上のモノを求める旅に出る。ふたりは代官山、原宿……界隈のブティックをつぎつぎ襲い、カワイイ（服や小物）を盗み出しては女の子たちにプレゼントする。それを警視庁きっての洒落者、坂本龍二警部らが追い詰める。――こんな筋立てを、ケストナー風に味付けしたのがこの作品だ。

『おしゃれ泥棒』は、ふたつの矛盾した動機を含んでいる。ひとつは、カワイイ（をイノチと考える女の子たち）の全面肯定。中森さんの分身でもある、坂本警部のお洒落哲学（とその追跡ぶり）に、それが表れている。もうひとつは、カワイイを否定し、それを超えたものへの志向。それは〝凛々〟と形容されるが、どんなことかいまいちはっきりしない。ただ、「死」と関係あるとだけは言えよう。とげぬき地蔵のおばあちゃんたちをカワイイと思う想像力の拡がりもそうだし、夢の島（すべてのカワイイの墓場）で「負けるとわかっている戦い」を二人が覚悟したときもそうだし。

カワイイを超える志向なしには生き苦しい、という感覚は理解できる。それは、消費や欲望がリアルな実態をもたないことの、苦悩に起因する。実際問題として、年端のいかぬ女の子たちが大挙、このような志向に目覚めるとは考えにくい。だが、生まれてからずうっと《「カワイイ」がイノチ》だと思っていた《私》が、どこか一郎&みちこを思わせるミッキーとミニーの二人組になったとたんに、行動力を獲得したのは示唆的だ。この行動力を与えるのは、自同律（ミッキー＝ミニー）のもたらす軽さ（リアルワールドからの離脱）である。

＊

団塊ジュニア世代が、「死」を共感する共同性への志向によって、消費社会を超えていく可能性。それを、これらの作品は描いている。

団塊ジュニアが成熟したあかつきには、現実はサイバーリアル・ワールドに変じているのだろうか？　それは知らない。また、そういう世界が不断に「死」のイメージを喚起してやまないのか、それも知らない。しかし、「死」を共感しないと結べない連帯など、弱者の夢想以外の何であろうか。団塊ジュニアは、それほど弱っちい世代なのだろうか。そう決めつけることはあるまい。私はむしろ、彼らが強靭な勇気をもって、ハイパーリアルな現実を語り始めるであろう語り口に、興味をもっていたいと思う。

自己指示形式の壮麗な宮殿

大澤理論の導きによるスペンサー＝ブラウン

▼『月刊アーガマ』1989.8

自己言及は、摩訶《まか》不思議な世界への入り口。きらびやかな万華鏡のように、眩暈《めまい》を誘う魔力を秘めている。たとえば、ホフスタッターの『ゲーデル、エッシャー、バッハ』（白揚社）は、自己言及をめぐる盛り沢山な話題を、メビウスの帯のようにたどる本だった。数年前、翻訳が店頭に並ぶとたちまち、飛ぶような売れ行きを見せたが、今また、大澤真幸氏の**『行為の代数学』**（青土社）が、この問題に正面きって挑みかかり、読者に快い興奮の渦を巻きおこしている。

＊

「自己言及」（自己参照、自己準拠、自己指示……などとも言う）なる言葉は、長いあいだ嫌われものだった。「矛盾」と背中あわせだからである。

〝クレタ人は嘘つきである〟のパラドックスを思いだそう。これはその昔、クレタ人であるエピメニデスが言ったことになっているのだが、この発言を、この発言自身に適用してみると、クレタ人が嘘つきであると考えても、嘘つきでないと考えてもおかしい。真偽が不決定な、自己言及のループができあがっている。

〝ポスター貼るな〟というポスターも、似たようなループをつくっている。も少し複雑な例では、一枚の紙の両面に、〝裏に書いてあるのは嘘〟、〝表に書いてあるのは本当〟と書いてある場合。ここにも、真偽を不決定にするループができあがっている。

論理学や数字のような、形式化されたシステムでは、たとえ一カ所に矛盾が現れただけでも、全体が汚染されて、使いものにならなくなってしまう。そこで、自己言及のような怪しげなループは、システムから放逐《ほうちく》してしまおう。ラッセルの階型理論も、こういう作戦だった。ラッセルがヘーゲル流の弁証法を攻撃したのも、システムのなかに矛盾（＝非論理）を持ちこむことになるからだった。

ところが、ラッセル晩年の弟子、スペンサー＝ブラウンは、自己言及の問題を、劇的なかたちで再発掘した。**『形式の法則』**（朝日出版社）が、それである。この仕事は、いったん忘れられかけたが、オートポイエーシス（自己生成）がブームとなり、ヴァレラやルーマンもこの書を参照に掲げるにおよんで、またがぜん注目を集めている。

＊

『行為の代数学』はこの、『形式の法則』についての解題である。

社会学や社会システム論の分野では、最近「自己組織」がホットなテーマとなっている。たとえば、アンチ・コントロールの立場から、社会のリフレクシヴ（自己反省）モデルを唱える今田高俊氏の仕事などが、評判をよんでいる（**『自己組織性』**創文社）。『行為の代数学』は、解題のかたちをかりて、このテーマに、新しい角度から大胆な接近をはかっている。

ところで『行為の代数学』は、よい本である。手にとって数日、いつになく嬉しかった。

「よい本」の条件は、①自己包括的（ほかの本を見ないでも、その本だけでいちおう完結した世界になっている）、②独創的（ほかの本には絶対書いてないことが書いてある）なことだと思う。しかも、③刺戟的（発想が洞察にあふれていて、その先を自分でも考えたくなる）なら申し分ない。『行為の代数学』は、この三拍子がそろっているから、じつに「よい本」なのだ。

とくによい点は、原著の解説にとどまらず、スペンサー＝ブラウンにかこつけて、自分の言いたいことを、かまわずどんどん言っているところだ。『形式の法則』は、かなりかっちりしたフォーマルな書物だが、そのフォーマルでない含意（数式から汲みとるべき部分）を、十二分にひきだしているあたり、並々でない(もちろん、フォーマルな部分の紹介も、きわめて的確である)。

そこで、『行為の代数学』を批評するに先立ち、まず、スペンサー＝ブラウンの仕事がどんなものか、ひと通り押さえておこう。

論理学と代数学

スペンサー＝ブラウンの『形式の法則』の頁をめくれば、知っている人ならだれでも、ヴィトゲンシュタイン(の特に『論理哲学論考』)と似ているなあ、と思うだろう。時代こそ違え、二人ともラッセル門下の才人である。そしてなにより、その精神に、相通ずるものがある。

私は、ヴィトゲンシュタインをだしにして、これまでいろいろ仕事をしたので、ここでもとりあえず彼を補助線にして、スペンサー＝ブラウンの仕事の特徴を理解するのが早道だと思う。

で、二人はじゃあどこがいちばん違うのか、と考えてみると、こう言えそうだ。(前期の)ヴィトゲンシュタインの仕事は論理学だが、スペンサー＝ブラウンの仕事は代数学である、と。

論理学は、リアル・ワールドなり、数字の体系なり、とにかくその外に完結したひとつの世界があると前提する。そのうえで、その世界を、正しく記述することを考える。「正しく」とは、使っている記号が、その世界の構造をちょうど反映していることを意味する。これが、ヴィトゲンシュタインの言う論理学だ。

これに対して、代数学には、外などない。それ自体が完結した世界である。この世界は抽象的なものなので、具体的な内容を与えるには、それをまるごと、リアル・ワールドと読み換えるしかない。その場合にかぎって、それがたとえば、社会学になったりする。

『行為の代数学』も、このような読み換え(解釈)によって成り立っている。

＊

この違いは、二人の書物のあり方にも反映している。

ヴィトゲンシュタインの『論理哲学論考』は、われわれ誰もが生きているこの世界(リアル・ワールド)について の書物である。どうしてこの世界のことを考えられるのかを、この世界を前提にして考える。それゆえこの書物のキーワードは、「同型写像」である(後期のヴィトゲンシュタインは、多少様子が違うが、それでも、この世界を前提にしている点は変わりない。『哲学探究』はそのままで、世界を示す書物になっている)。

いっぽう、スペンサー＝ブラウンの『形式の法則』は、宇宙の根源的な分割（＝判断）から始まる。それ自身が全体であることを、求めてやまない書物である。その外側に、何の世界も存在しなくてかまわない。だから、この書物のキーワードは、自己言及（スペンサー＝ブラウンの用語では、「再参入 re-en-try」）である。

このように、書物と世界の関係をどう考えるか、構想のおおもとが違っているので、たとえば同語反復（トートロジー）に対しても、二人の態度は異なっている。ヴィトゲンシュタインは、まったく価値を認めなかった。しかし、スペンサー＝ブラウンは、aの二重否定は、必ずしももとのaと同じでない、と言う。aは、aでないものではない。こう主張することで、ある種の理解（世界のあり方に関する洞察）が生まれる可能性がある、と言う。

もっと重要なのは、矛盾や無限についての態度の違いだろう。次に、この点を考えてみる。

有限主義・対・弁証法

ヴィトゲンシュタインはもともと、記号は世界を写像する、という考え方から出発した。論理実証主義に共通の発想である。彼によれば、世界は、出来事の集まりである。思考は、ちょうどそれと対応する、有限な記号列で表わせないといけない。ここから彼は、厳密有限主義という立場に進んだ。人間が経験できるのは、有限の出来事である。無限については、思い悩まなくていい、と言うのだ。

ヴィトゲンシュタインも、矛盾を否定的なものと見る点は、ラッセルや一般の論者と同じである。けれどもそれは、厳密に有限な範囲のことだ。無限集合では、ε＝ε＋1だったりするわけだが、彼はそんなことを、はなから思考可能でないとした。だからラッセルの階型理論のような、矛盾の解消法をまるきり必要としなかった。

いっぽう、スペンサー＝ブラウンの記号観は、ソシュールと似ている。

クロス（囲い）から、すべてが始まる。何もないところに、区別が生じ、その区別が指示作用の根拠となる。これはソシュールの、シーニュ（記号）の理論とそっくりだ。区別以前には、どんな実体もないのだから、クロスは自分自身にしか根拠を見つけられない。それを象徴するのが、「書かれざる囲い」（どんな囲いの外側にも必ずあると考えられる、目に見えない囲い）だ。指示作用は、この内部で確定する。

＊

その先『形式の法則』は、こんなふうに展開する。どんなクロスも、もっと大きなクロスに囲まれることで、その意味を確定する。ゆえに世界は、無限の規模を持ったクロスの集まりである。ここから、自己指示形式（再参入）について考える必要が生ずる。（これは本質的に、ε＝ε＋1と同じかたちをしている）。するとただちに、矛盾が生じる。クロスは、否定（〜でない）と理解できるので、自己指示形式では肯定と否定が等しいことになってしまい、真偽価が確定しなくなるからだ。

この矛盾を「非問題化」するために、〝時間〟が始まる。矛盾あるがゆえに、世界には時間も空間もあり、生成もある……。こんなふうに、矛盾をしりぞけないで、積極的に世界のなかに位置づけるやり方は、ヘーゲルの弁証法にそっくりだ。

*

スペンサー＝ブラウンの「指し示しの算法」は、形式化された代数学でありながら、矛盾をとりこんで、こんなふうに意外な方向に展開していく。大澤氏は、もうひとまわり大胆に、これを社会理論に読み換える。

読み換えのポイントを、順に押さえていくと――。

まず、クロスを「行為」と読み換える。なぜなら、行為は有意味であって、そのつど世界の何ごとかを指し示すからである。

つぎに、無限の規模をもったクロスを「第三者の審級」と読み換える。この概念はなかなか理解しにくいが、「他者」のことだと思えば、まあ当たらずといえども遠からずだろう。無限はけっして現前しないのに、個々の指示を意味あらしめている。同様に、他者も決して現前しないのに、個々の行為を意味あらしめるものだ。無限も他者も、その意味でここにある。

無限も他者の存在も、矛盾である。そこから時間や振動が生まれたが、これを、贈与ないしコミュニケーションと読み換える。内部と外部の反転を可能にするメカニズムを宿しているからだ。

自己指示は、このように、矛盾の生成と解消のドラマを生む。世界は、それが重層することで、複雑になっている。この重層を、こんどは、権力や制度の重層と読み換える。それによって、複雑な社会へむけてのダイナミズムを記述できるように。

こうやって、スペンサー＝ブラウンの体系に潜りこみ、要所要所で、奥行きのある社会学的含意を示して見せる。そんなふうに、この体系をたくみに自分の議論に書き換えていくのだ。

楽天的な、あまりに楽天的な……??

大澤理論の全貌は、近著『身体の比較社会学』（勁草書房）を見てみないとわからない。『行為の代数学』からうかがえる範囲では、こんなことが言えるはずだ。

大澤理論とスペンサー＝ブラウンとは、解釈によって結ばれている。言い換えると、スペンサー＝ブラウンの体系は、そのままだと、全然社会学でない。

これは、ヴィトゲンシュタインの場合と対照的だと思う。たとえば後期のヴィトゲンシュタインは、言語ゲームのアイデアをふくらませているわけだが、これは解釈の余地もなく、それ自体が、人間の社会活動のことである。言語ゲームを論ずると、そのまま社会を論ずることになる。

スペンサー＝ブラウンが社会理論になるのは、読み換えと解釈を通じてである。解釈は本来、多義的なものなので、ひと通りに限らない。別な解釈も可能なはずだ。では、大澤理論はどこがひと味ちがうのだろう。

＊

大澤理論は、スペンサー＝ブラウンと無関係に、彼一流の社会学的直観によって着想されたものだ。広松渉の現象学説や見田宗介の存立構造論を滋養分としている。その彼がたまたま、『形式の法則』に、これだと思った。その運命的な出会いが、『行為の代数学』の生まれるきっかけになった。

大澤理論はもともと、スペンサー＝ブラウンの体系と同型なところがあるようだ。だから、その読み換えに説得性があるのだが、なにかスペンサー＝ブラウンの側に問題点があった場合、それも一緒にかかえこむかたちになる。

そんな問題点として、こういうことが考えられよう。

＊

第一に、指し示しの算法がどんな空間で定義されているのか、という疑問。

スペンサー＝ブラウンの世界では、意味するもの／意味されるもの、の区別が最初にあったりしない。指示作用がさきに成立し、区別はそのあとにやってくる。これはソシュールが描いた記号の特性だ。『行為の代数学』は、この指示作用（クロス／囲い）を、行為と読み換えた。そうやって、指し示しの算法を、『行為の代数学』、すなわち社会学に変換した。

この読み換えでは、指し示しの算法の展開する世界が、ふた通りに解釈できる。世界は、一切の意味作用が生成していく現象学的な地平（＝身体）ともとれるし、記号の流通する最大の圏域（＝社会）ともとれる。代数学が成立するのっぺりした空間を、社会と読み換える関係上、このような両義性は避けがたい。けれども、この二つをそもそも区別しないとしたら、社会学としては問題だ。

もしかすると、これは、個人（身体）と社会を同型と見る、大澤理論の楽天的な前提を反映するのかもしれない。誤解を恐れずに言うと、彼の議論は、主観主義的に構成されている。そのため、他者の位置づけの収まりがわるい。

＊

第二に、無限の取り扱いについて。

無限は本来、有限の時間・空間のうちに現前しないはずで、「……（以下同様）」のような、特定できない記号のかたちで〝理解〟されるのがせいぜいだ。ところがスペンサー＝ブラウンは、無限にひとつの記号を与え、指し示しの算法を無限のうえに拡張した。自己言及を形式的に表現できるのも、こうした工夫のおかげである。

他者も定義上、この時間・空間のなかには現前しない。経験できるのはせいぜい、他者の徴候にすぎない。だから『行為の代数学』が、無限を他者の象徴と見るのは、もっともだ。無限を知ることも、他者を知ることも、逆説であり矛盾である。けれどもそれは、この世界の成り立ちの根幹にそなわっているはずだ。大澤理論は、そのように世界を描きだす。

現前しないはずの他者が、自己に対して積極的な（＝規範としての）位置を占めるようになること。これが、「第三者の審級」らしい。要するに、他者の与える効果なのだが、では他者それ自体をどう語るのか。これは、手のつかない問題のように思った。

（よく考えてみると、クロスを〝行為〟と解釈し、スペンサー＝ブラウン代数の空間を〝社会〟と解釈することに、そもそも無理があったのではないか、という疑惑もわく。この疑問は根本的だが、なお検討を要す）

＊

第三に、もっと素朴な疑問。スペンサー＝ブラウンではどうして、時間が唐突に、途中から導入されるのか。空間（指し示し、ないし行為）が先行し、時間（波動、ないし記憶）が後続する、という構図になっているが、むしろ初めは、時間とも空間ともつかない根源的な差異があって、そこから時間・空間が分かれてくる、と考えたほうがすっきりするはずだ。

第四に、大澤理論と自己言及のループとの関係がよくわからない。すべて指し示しや行為が、自己言及をまねきよせるのなら、社会を描き出す大澤理論もやっぱり、自己言及に絡まれているはずだ。それにどう対処するのか知りたかった。

……などなど。と、問題の種は残るが、それは楽しい宿題にしよう。

＊

『行為の代数学』の最大の功績は、自己言及に形式的な表現を与えたスペンサー＝ブラウンにいち早く注目して、自己言及を、社会理論のど真ん中にすえたことである。本書は、八〇年代後半を代表する社会理論の一冊として、長く読みつがれるにちがいない。

"An Amazing Labyrinth Named Self-Reference : The World of Spencer-Brown guided by Masachi Osawa", by Hashizume Daisaburo 1989 March

現代思想として仏教を見直す本

▼『仏教 別冊』1990.6

仏教への関心の高さに比べると、わが国の、インド思想への関心ははるかに低い。

仏教という枠を守り、その内側で問題を掘り下げるのもよい。けれども、日本人のものの見方を相対化しようと考えるなら、仏教が本来のインド思想のなかで、どの程度の位置を占めていたのか、きちんと見直しておくことも大切だ。

仏教はわが国で、古来よりなじみ深い。人生の苦悩を背負う人びとが、いまでも仏教に心の拠りどころを求めるのも、無理からぬことだ。思えば千年以上にもわたって、わが国の哲学・思想・宗教・社会運動等々の問題はほとんど、仏教の知的言語を借りて表現されてきたのである。明治以降、仏教の相対的な影響力はさすがに小さくなったとはいえ、日本社会の根底、庶民の信仰や、人びとの死生観には、仏教の厚い沈澱が見られるのだ。ここを十分に掘りおこすのでなければ、日本思想が自律的に展開するのはむずかしい。

インド社会でもっとも強力な思想は、ヒンドゥー教である。とうとう仏教を吸収同化してしまった。

仏教は数あるインド思想のなかの、ワン・オブ・ゼムにすぎない。インド思想には、他の民族と異なる顕著な特徴があり、その大部分を、仏教もそのまま引き継いでいる。仏教は、輪廻やカースト制など、インド社会の常識的な現実を前提としている。その現実と格闘する思想であることを見なければ、仏教の肝腎な部分はわからない。

仏教を、インド思想の大きな枠のなかで考え、他の思想圏とも対比しながら捉え直していくという方法論を、比較思想論とよぶことができる。比較思想論を最も系統的、かつ精力的に展開している研究者として、いまわれわれは幸いにも、中村元の業績を手軽に目にすることができる（**『中村元選集・決定版』**春秋社、全三十二巻・別巻八巻）。

＊

文化の比較は、人類学の領分でもある。ただ、人類学は、神話や分類体系のような単純な構造の文化項目を扱うことは得意でも、発達した宗教のような、複雑な知識の体系を扱うのは苦手だ。仏教にも、まるで歯が立たない。

そこで、もう少し伝統的な研究方法——宗教学や、比較社会学——に頼らなければならない。

M・ウェーバーが、比較社会学・比較宗教学の輝かしい業績をあげてから、もう一世紀近くたつが、それを上回る仕事は、まだ出てない。

ウェーバーは、世界の主要宗教の比較を試み、それと経済倫理との関係を追求した。ただ、彼の仕事は未完である。ユダヤ教、儒教、仏教・ヒンドゥー教についてはまとまった記述が残ったが、キリスト教、イスラム教については断片的な考察しか残されていない。その中では、**『古代ユダヤ教』**（みすず書房）がいちばん出来がよく、**『ヒンドゥー教と仏教』**（日貿出版社）はあまりよくない。利用できる資料や基礎知識が、あまり十分でなかったのが一因だろう。いっそう根本的には、分析概念の偏りがあると思う。ウェーバーの概念は、たとえば「救済」、「予言」などといった概念のように、ユダヤ＝キリスト教の分析に都合のよいように出来ている。

もう少しバージョン・アップした、仏教への比較社会学的アプローチが必要だ。

＊

中村元は、ウェーバーと比較にならないくらい、インド思想や仏教圏の思想に通暁している。そして、ウェーバー以降の新しい方法論や研究成果を、十分に踏まえている。彼の仕事は、選集の第一巻が**『インド人の思惟方法』**から始まることでも判るように、仏教をインド文明の宗教的伝統全体のなかに置きなおそうというものである。このような位置づけこそ、仏教研究に欠落していたものなのだ。

もっとも、『インド人の思惟方法』について言うと、やや不満も残る。そこでとられているのは、サンスクリット語を素材とし、ヨーロッパ語との比較を試みるという方法で、「普偏の重視」、「否定的表現」、「個物および特殊の無視」、「万物一体観」……といったテーマを順に追うものだ。それらはなるほど、インド思想と仏教の重要な特質に違いない。しかしそれらが、言語の表層的な文法的特徴に即して論証できるものなのか、疑問に思うのである。現在の記号学や、文法理論からは、別の結論も導けよう。それでも、今世紀の半ばに早くも、言語に立脚した「思惟方法」の比較研究を着想した点で、中村元の業績は卓越している。

*

仏教の教義の内容を、文字どおり真に受けるのでなく、仏教の言説がどういう場所から出てくるのかに注意を払った考察、つまり、比較思想論の先駆は、江戸時代に早くも現れた。富永仲基の『出定後語』（岩波「日本思想大系」第43巻）である。この奇蹟的な書物は、フーコーの系譜学にも通じる言説分析の視点を、数世紀さきがけて実践したものだ。

言説分析の観点から仏教をみると、いちばん問題になるのは、非仏説論である。明治以降でこそ、大乗非仏説は常識であるが、江戸時代に早々とそれを主張した富永仲基は、乏しい資料を自在に読み抜くなかから、初期仏教の置かれていた状況（インド社会の知的編成）を再構成したわけで、天才的と言わなければならない。

彼がインド思想のなかに認めた、言説が増殖するダイナミズムは、「加上」の原理だった。加上とは、すでに流布している言説に対して、それと差異化をはかりうる言説を対置し、その先を行こうとすること。有→空、須弥世界→小千世界・中千世界・大千世界→そのほかの十万世界、などはみな「加上」による言説の膨張の例である。

大乗非仏説論のゆえに、信仰としての仏教は、特に知識階層の人びとのあいだで、深刻な打撃を受けた。信仰と科学のあいだで苦悩するのが、すぐれた宗教学者の条件だとすれば、すぐれた仏教学者が現れにくい理由は、ここにあるかもしれない。だが、キリスト教の場合にも、似たような事情はあるのであり、仏教学者の言い訳にはならないと思う。キリスト教徒の場合、聖書は神の言葉、イエス・キリストの言葉として、信仰の中核に位置する。それを、聖書史学や聖書考古学は、歴史的に構成されたもの、他の宗教、他の伝承の影響下に、人間たちが形成したものとみなす。死海文書の発見によって、その方法は万全の根拠をもった。でもそのために、キリスト教の信仰が、精彩を失ったとは聞かないではないか。

＊

日本の仏教が変質し、信仰として、思想としての命脈を断たれたのは、幕藩制の成立によるところが大きい。その淵源をさらにさかのぼると、政治と宗教との関係が、仏教とキリスト教とではまるで異なっていたことがあげられると思う。しかもそこに、日本人に固有の宗教上の心性——日本教とでもいうべきもの——がつけ加わる。この懸隔をしっかり踏まえないと、西欧思想の受容を試みるにしても、日本思想の自立的な発展を引き受けるにしても、狂いが生ずる。

その点、刺戟を受けながら読めるのは、山本七平の仕事だ。ユダヤ教の理解がずさんである、などの批判もあるが、そういう点に注意して読めば、きっと有益だろう。

たとえば、**『勤勉の哲学』**（ＰＨＰ研究所）。副題を「日本人を動かす原理」というのだが、企業活動の前提となる発想や日常の信念で、日本人の経済倫理の核心をなす部分を、ウェーバーのエートス論を補助線にしながら、追求しようというものである。そして俎上にのぼせるのが、鈴木正三の禅の思想、石田梅岩の心学の思想だ。

キリスト教の場合、世俗の経済活動に宗教上の価値を認め、社会的にも承認を与えるには、宗教改革を待たなければならなかった。ルターの職業召命観が、資本主義を準備したと言ってもよい。

日本の場合、厳密に宗教改革に匹敵する変動は、経験されなかった。それなのになぜ、勤勉はこれほど社会的に正当化されているのか。もともとそうだったのか。

禅宗がそのすべての原因であると言えないにしても、日本人が、禅のなかに、自分たちの職業観、労働観の表現を見出してきたことはあきらかだ。禅は、仏教の言説の展開の系譜の正流に位置せず、中国で開始された新しい展開である。その断層が、日本の勤勉の倫理に接続されているとするならば、日本の近代の可能条件のひとつとして、近世仏教の果たした世俗的な機能に、目配りは欠かせないだろう。

＊

仏教の蛇行し伏流する水脈をさかのぼることは、日本人の精神世界の歴史を再構成するうえで、欠かせない作業だ。その作業には、仏教の信仰を客観的な出来事として語り直す言葉が、どうしても必要なはずである。

最後に手前味噌の宣伝をしておくと、私の**『仏教の言説戦略』**（勁草書房）は、そうした試みのひとつだ。あまり読みやすい本ではないが、書いてあることは明快なはずである。

問題は、信仰を、外的視点から理解することである。そのために、哲学者ヴィトゲンシュタインの、言語ゲームのアイデアを援用してみた。このアイデアは、社会のもっとも簡単な記述手段を与えるので、仏教にとどまらず、イスラム教、キリスト教、儒教と、各宗教の比較を試みる場合に、有効だと思う。西欧思想のめまぐるしい流行にいたずらに敏感であるよりも、そういう基本的な作業を積み重ねることのほうが大事ではないか。

『仏教の言説戦略』では、初期大乗の段階までしか取り扱っておらず、大きなことは言えない。いずれ密教、中国仏教、日本の諸宗派まで追いかけることができれば、日本をもう少し深く、もう少し分かりやすく、たとえば外国の人びとにも提示することができるかもしれない。

外国人労働者問題が教える〝国際化時代〟ニッポンの現実！

▼『月刊 Asahi』1990.8

一九八九年。このわずか一年で、戦後数十年続いた米ソの冷戦構造の崩れ去ったことが、誰の目にも明らかになった。その後ドイツ統一、ヨーロッパ統合のピッチが早まるいっぽう、ソ連はいよいよタガがゆるんできている。ポスト鄧小平の中国の進路も予断を許さない。東欧の激変がアジアに揺れもどし、朝鮮半島に変化が起こりそうな気配もある。

日本の巨大化が、こうした大変動の原因のかなりの部分を占めていることを、よく肝に銘じなければなるまい。日本は、大東亜共栄圏の当時と比較にならない規模で、世界中の資源を呑みこみ、世界中に製品を吐き出している。日本の資金や技術がちょっと移動するだけで、たちまち他の国々に大きな影響が及ぶまでになった。

日本は、否応なしの国際化時代を迎えている。とまどいがちなわれわれのために、さまざまな処方箋を掲げた書物が店頭に並んでいる。

そんな新刊の一冊が、澤田昭夫・門脇厚司編『**日本人の**

国際化――「地球市民」の条件を探る』（日本経済新聞社）だ。編者らを中心とする、三年間にわたるプロジェクト「日本人の国際化推進に関する研究」をふまえており、入門書として好適だ。知日派外国人二百人へのインタビュー、海外駐在員、英語教員、一時滞在外国人子女の受け入れ校などの調査をまとめたのだそうだが、ご苦労さま。巻末には、「国際化のための緊急提言」二十項目が掲げられている。指摘はごもっともだが、〝心構え〟だけでは仕方がない。おりこうさんの提言を一歩踏み出る具体性が欲しい。

深刻な労働力不足

「国際化」しなければならないとまでは、みんなわかっている。しかしその実、浴衣のままホテルのロビーをうろうろしている感じで、わが身のどこをどう国際フォーマットに直せばいいのか、肝腎のそこがわかっていない。自動車の輸出台数、防衛予算、ココム違反、農産物輸入自由化、半導体交渉、構造協議、ODAから、昨今は公共投資、選挙制度改革や、土地政策にまで、アメリカやECの目が光る時代である。

そして去年は、「偽装難民」がどっと上陸の強烈パンチ。いままでのほほんと日を送ってきたツケが、回ってこないはずがなかったと、遅まきながら気づかされた。

難民のふりをして、日本に入国しようとするのは、偽装難民なのか、それとも、政治難民に準ずる経済難民か。ボートがつぎつぎ漂着した去年の夏、われわれ日本人の反応はヒステリーじみていた。そのあたりの周章狼狽《しゅうしょうろうばい》、混乱ぶりは、たとえば**『東京難民戦争――外国人労働者問題が喚起するもの』**（同時代批評ブックレット3、青峰社）や、「朝まで生テレビ」を採録した**『激論‼ 外国人労働者――難民？ 不法入国者？』**（全国朝日放送）にもよくうかがえる。

それが一段落したあと、法体系や政策論議の立ち遅れにも、ようやく目が向いていった。単純労働力の流入を建前上、認めない現行の入管法と、就学ビザ、観光ビザで入国する「不法労働力」との矛盾。その背景にある、若者の3K（キツイ・キタナイ・キケン）業種離れと極端な人手不足……。

今後、労働力不足はますます深刻になっていきそうだ。それを埋めるため、夥しい数の外国人を日本に招きいれる、一時の西ドイツみたいな選択をすればよいのだろうか？ 問題の歴史的、社会的背景を考えるうえで、長谷川慶太郎著**『国家が見捨てられるとき――難民・外国人労働者の背景』**（東洋経済新報社）が、まず参考になる。

戦争と難民は、昔から密接不可分の関係だった。ロシア革命も、二回の世界大戦も、ベトナム、カンボジア戦争も……、多くの難民をうんでいる。彼らは、その後どのような経過をたどって、現地の社会に受け入れられていった（いかなかった）か。過去を学ぶことから、未来への指針が得られる。それをふまえて、長谷川氏は、労働力受け入れの原則禁止を提言する。

「低賃金で長時間労働に従事……する『外国人労働者』を無条件に自由に日本に受け入れ……れば、労働力市場の構造変化を一挙に阻止するだけでなく、日本の労働力市場を日本人だけのものと外国人の市場とに……二分する結果を引き起こす」

難民の人びとは日本で、どのような生活を送るのか？十年前に到着したベトナムの一少女トラン・ゴク・ランはさまざまな試練を乗りこえ、援助の手にも助けられて、このほど医師の国家試験を見事パスした（**『ベトナム難民少女の十年』**吹浦忠正構成、中央公論新社）。

産業構造改善の好機

もちろん誰もが、こううまくゆくわけではない。目に見えぬ差別。ラオス人、ベトナム人、中国人など、難民相互の民族的反目。遠藤允の**『難民の家』**（講談社）は、決してまとまりがよいと言えない大冊だが、それゆえかえって、難民を迎えてギクシャク右往左往の日本のありのままを描き出している。

正規に入国した外国人で、不法に就労したり残留したりするケースのほうが、難民よりも、実ははるかに人数が多く、問題が根深い。

フィリピンに的を絞り、日本の盛り場やドヤ街、海外現地取材をまとめたルポとして、石山永一郎の**『フィリピン出稼ぎ労働者――夢を追い日本に生きて』**（柘植書房新社）は、不法就労の裏側をよくえぐっている。ただし、外国からの労働移動を、すぐに「出稼ぎ」（いずれは帰国することを前提にした就労形態）だと考えてしまうとしたら、そもそもそこに問題がある、と最近気がつかれはじめた。

手塚和彰著**『労働力移動の時代――「ヒト」の開国の条件』**（中公新書）は、小冊子ながら、考えるべきポイントをよく押さえている。西ドイツに一家で三年居住した経験を踏まえて、同国の例を中心に、出稼ぎ型労働者の受け入れ→滞在長期化→第二世代誕生→第二世代が受け入れ国文化に同化→受け入れ国の文化伝統との不整合→下層労働への定着→「内なる開国」の失敗、というシナリオを描いてみせる。

単純労働者に限って入国を自由化しようという、よくある安易な発想の、問題点はここだろう。

英仏などヨーロッパの外国人労働者事情や、パキスタン人、ベトナム人、ブラジル日系移民の出稼ぎ組、留学ブローカーなど、素材はごった煮的だが目配りが行きとどいていて楽しく読めるのは、**『日本が多民族国家になる日』**(『別冊宝島』一〇六、宝島社)だ。

題名が奇抜で、表紙も突飛な割りに、中身は手堅くバランスがとれている。巻末で駒井洋氏がのべている見解も説得的だ。「いま外国人労働者に依存しはじめている産業構造を改善すべき絶好のチャンスが日本にきているんです」。確かに、労働力不足で建設業などの工賃が上がっているけれども、これを機会に、従来、陽の当たらなかった職種の労働条件を改善することもできる。

もうひとつ、日本人が外国人とつきあい下手なのには、いろいろ歴史的背景もあろう。在日外国人のトップは、言うまでもなく韓国・朝鮮人。われわれの、つぐないようのない過去の愚行の証左であり、その後もほとんど有効な手立てを施せないでいる怠慢の、なによりの証人でもある。外国人と日本人をつなぐ共通の原理——市民権なり人権なりを、われわれがよく理解していれば、そして、日本社会がその原理に忠実だったら、こういう愚かさは避けられたに違いないのだが。

吉岡増雄・山本冬彦・金英達の**『改訂版・在日外国人と日本社会——他民族社会と国籍の問題』**(社会評論社)は、公民権・市民権の問題から始めて、なかなかしっかりした書きぶりである。外国人の「分類」、〃帰化〃許可用件の一覧などは、基礎的な整理だが、この問題を考えるウォーミングアップとして結構役立つ。先の盧泰愚大統領の訪日で一応の前進をみた、在日韓国人・朝鮮人の法的地位の問題や年金問題、外国人登録法にもとづく指紋押捺《おうなつ》の問題など、丁寧にフォローされている。

手近な範囲での実行

岡義昭・水野精之編**『外国人が公務員になったっていいじゃないかという本』**(径書房)は、そのものずばり。在日外国人の地方公務員・教員就職マニュアル」という副題が示すとおり、ヤッタネ!という本である。

在日韓国・朝鮮人の人びとが、いざ公務員をめざそうという場合、実に重宝。まことに丁寧、かつ実践的な努力には敬服する。県庁・市役所・教員とも、一九八八年の採用状況にもとづくデータで、ちょっと古いが、この本を編集する段階で、問い合わせにあわてて国籍条項を削除した市もあったといい、戦術もよかった。そのあとでもどんどん採用が広がっているなら結構だ(教員の項で贅沢を言えば、大学に触れていないのはちょっと残念)。

先ごろペルーで、移民二世のフジモリ氏が大統領の要職に選ばれた。それを同じ日本人として喜ぶ心があるのなら、ちょうどその逆の可能性にも、門戸を大きく開くのでなくてはウソになる。

ところで、日本に暮らす外国人たちは、日本人や日本社会を、いったいどう見ているのだろう？

友達に外国人がいなくて、聞いてみるわけにいかない人のためには、江崎泰子・森口秀志編 **『「在日」外国人――35カ国100人が語る「日本と私」』**（晶文社）が便利だ。聞き取りそのままの率直な発言から、さまざまな外国人が日本をどう感じているか、路地裏の交流がナマの声で伝わってくる。

最近私も、遅まきながら中国語を習い、留学生の保証人を務めている。外国からの友人も増えた。手近な範囲で手をさしのべ、理解を深め合うことがまず大切だ。

そのうえで、単純労働者よりもむしろ、技術者や研究者、教員、ビジネスマン……あらゆる職種の外国人を、日本社会のフルメンバーに迎えることを考えるべきだろう。もちろん日本語の習得を条件にはするが、それ以上、暗黙の日本文化に同化を求めたりしない。外国人に理解できないことは、日本人にも桎梏《しっこく》となっているはずだから。

日本を少しずつでも、国際フォーマットの社会に変化させていくことは、世界に占める日本の大きさからみても、待ったなしの対外的な責任であると言えよう。

日本社会の危機の構造

▼小室直樹『危機の構造』中公文庫版解説　1991.2

本書は、小室直樹『危機の構造――日本社会崩壊のモデル』（ダイヤモンド社、一九七六年十月刊）の再刊である。一九八二年には同じくダイヤモンド社から、同書をベースに『増補版 危機の構造』が出版されているが、今回はその増補版でなく、初版そのままを採録した。

＊

本書の論旨は、一読まことに明快である。したがって、それをここで繰り返す必要はないが、あえて一言で要約するなら、本書は、現代の日本社会が直面せざるをえない危機の本質を、その社会構造にさかのぼって科学的に解明するものだ。われわれ日本人の思想と行動が、相も変わらず《集団の機能的要請にもとづく、盲目的予定調和説と構造的アノミーの所産》にすぎないことが、この危機の根源である。

読者の方々の多くが驚かれたことと思うが、本書は十五年も前に出版されたにもかかわらず、あたかもつい昨日書かれたかのように、新鮮である。著者の指摘は、現在の日本社会にもそっくりそのまま当てはまる。もちろんそれは、日本社会がこの間、本質的な部分で変化していないからだが、それよりむしろ、その変わることのない日本社会の本質を見すえ、日本社会の（危機の）構造を鋭くえぐり出している、著者の洞察をこそ賞讃すべきだろう。

＊

本書は、一九七〇～七五年にかけて書かれた幾編かの論文が元になっている。この時期はちょうど、六〇年代を通じて高度成長をとげてきた日本が、ニクソン・ショック、二度のオイル・ショックという世界情勢の激変に直面して、それまでの行き方を見直し、新しい進路を模索していた時期にあたる。

当時の日本の人びとは（今もそうだろうが）外部からおとずれる環境の激変そのものを〝危機〟ととらえた。それに対して、本書の著者小室直樹氏は、危機が日本社会に内在すると考える。外部環境の変化にうまく適応しようとすればするほど、かえって問題が深刻になる。この逆説にこそ本当の危機が潜むのだと、本書は看破する。

なぜそうなるのだろう。著者は、歴史にその根拠を探っていく。

＊

戦前～戦後の日本社会は連続的なものだ、というのが本書の中心をなす指摘である。

戦前と戦後とは、まったく性質の異なった社会だ――そのように、戦後の知識人たちは主張してきた。敗戦を境に、日本社会は過去を払拭して、新しい段階に入った、と。人びともそう信じたいと思った。戦後の思想界は、ずうっと、戦前／戦後の断絶史観に立っていたのである。

ところが小室氏は日本社会の構造が戦前とちっとも違っていないと指摘する。たとえば、商社マンの行動・思想は、帝国陸軍と瓜二つではないか。戦前社会が、坂道を転げるように破滅への道を突っ走ったのなら、戦後社会も、同じ構造的な危機を免れないはずだ。

戦後思想の虚妄を明快に語ったという点で、『危機の構造』の登場は、八〇年代のポスト・モダンの台頭（戦後知識人の凋落）に先がけたものと言えよう。

＊

戦前と戦後の連続性。この別名こそ「構造」なのだが、小室氏がこの主張を戦後社会科学の文字どおり「正統」を踏まえて提出している点が、注目に値する。

小室氏は、アメリカ留学から帰国ののち、東大大学院で政治学を研究。その時期に、丸山眞男（政治学）、大塚久雄（経済史）、川島武宜（法社会学）、中根千枝（社会人類学）といった、戦後日本の最高レベルの学者たちから、直接教えを受けた。そうして吸収した戦後社会科学の精髄が、本書の随所に活かされている。

小室氏は、（一）個々の学問の枠にとらわれず、学問横断的な議論を展開する。そして、（二）論理性を重んじ、一貫した方法論にもとづいて議論を進める、という点で、稀有の人である。

右の二点は、社会をトータルに考察しようとすれば、ぜひとも踏まえなければならないことのはずである。けれども、並みの研究者にとっては、自分の専門で一人前になるのさえ、ひと苦労なのだ。専門分化が進んだ現在、複数の学問分野を股にかけ、縦横に議論をするなど容易でない。ところが小室氏は、持ち前の旺盛な探究心によって、それをあっさりとやりとげてしまう。のみならず、それぞれの学問の限界も十分にわきまえたうえで、それらを総合し、現実を鋭く分析し、今後を大胆に予測する。余人には真似のできない仕事だと言えるだろう。

本書のつぎに著者が世に問うたのは、**『ソビエト帝国の崩壊――瀕死のクマが世界であがく』**（カッパビジネス、一九八〇年、光文社）だった。当時、ペレストロイカの兆候など何もなく、逆に日本では、ソ連の軍備増強が心配されていた。そんな折しも、小室氏は、公刊されたデータやいくつかの学問上の根拠のみから、ソ連帝国の来るべき危機を、はっきり予言したのである。経済の恐るべき非能率と、民族問題。その後の展開は、まさしく小室氏が予測した通りであった。

＊

『ソビエト帝国の崩壊』以降の読者は、小室氏の研究者としての側面を知らないかもしれない。まして、教育者としての氏を知らないに違いない。

私が小室氏のゼミにはじめて参加したのは、一九七四年の春だったと思う。ゼミと言ってもいわゆる「自主ゼミ」で、大学院の正規のカリキュラムではない。壊滅状態にある日本の〝社会科学を復興する〟ことを旗じるしに、社会学などを学ぶ各大学の院生などを相手にする特訓ゼミである。以来十年あまり、毎週一回、社会科学のさまざまな理論を学びながら小室氏と議論するのが、私の楽しみであった。

ゼミはだいたい、こんな具合である。朝九時、ヴェーバーの『プロテスタンティズムの倫理と資本主義の精神』の講義が始まる。十時半からは、川島武宜『民法総則』をテキストに、法社会学の演習。昼休みを挟んで午後は、ヒックスの『価値と資本』、サミュエルソンの『経済分析の基礎』などを教材に、理論経済学の入門コース。線型数学や抽象代数学、数理統計学のコースも毎年のように開かれた。夕方からは、社会学、宗教学などのディスカッションを主体とする、アドヴァンス・コースだ。

絵に描いたようなハード・スケジュールだが、小室氏はどんなに疲れていても、白墨を手に黒板の前に立つと、とたんにシャキッとして、滔々と流れるような熱っぽい講義を繰り広げ、われわれを感嘆させた。学問に対する情熱という点で、小室氏の右に出る者を私は知らない。

長年のあいだこのゼミで教えを受けた者は、優に数百名を越えるだろう。大学で現在教授、助教授の職にある者も多い。変わり種では、TVキャスターに転じて活躍中の者も何人かいる。一時、小室氏が体調を崩したあと、現在ゼミはお休み中だが、いろいろなかたちでこのゼミが学界に大きく寄与したことは間違いない。

＊

いわゆる戦後知識人とは系譜が異なるが、昭和七（一九三二）年生まれの小室氏もまた、戦後精神を体現する知識人だろう。氏は、物理学、経済学、心理学を、「先進」的な学問だと考える。そこから、有益な概念セットや理論化のアイデアを持ち込んで、社会学の急速なレベルアップを図る。そのためには、優秀な才能と超人的なエネルギーを集中的に投下することだ――これが小室氏の作戦である。いかにも戦後復興期の、傾斜生産方式（資源を鉄鋼と石炭産業に集中させ、経済の急速な成長をはかるやり方）にそっくりではないか。

小室氏が念願してやまない、社会科学の「ブレークスルー」（＝突破：ニュートンやアインシュタインみたいな、画期的な理論展望が開けること）が、先進的な学問を総合しさえすれば即、約束されるものかどうか、それは知らない。だがそれが、飛躍の必要条件であろうことは確かだ。学問に王道なし。オーソドックスに学問を身につけ、そのうえで、つねに問題の根本に立ちかえって、ものごとを解明していくこと。そういう原則的で科学的な態度を、小室氏は誰よりも強調し、自分でも体現している。本書にもその精神が、脈々と波打っているのが感得されよう。

日本人がもっとも苦手とする、社会科学。その理由も、それを克服しなければならない必然も、本書には明瞭に分析してある。すでに古典と呼ぶにふさわしい本書が、文庫に収められ、新たな読者を獲得していくことを喜びたい。


（一九九〇・一二・三〇）

＊この解説を書きおえた今朝、『危機の構造』の編集を担当したダイヤモンド社の、曽我部洋氏が十二月二十二日に亡くなられたという報せをを受けた（享年四十六歳）。小室直樹氏のよき理解者であり、親友であり、記念すべき第一作の編集者でもあった、氏の冥福を祈りたい。

日本論を解読する

▼『朝日ジャーナル・ブックガイド'91』1991.4.25

旧日本軍隊の現実の前に社会科学は無力なのだ

日本人だからといって、日本のことを分かっているなどと錯覚してはいけない。それは子供が、子供のことをちっとも分かっていないのと同じだ。だから、われわれは「日本人論」を読み、自分が何者かを学習しなければならないのである。

ただし、外国人なら日本をよく分かるかというと、そういうわけでもない。それなのに日本人は信じやすくて、外国人の書いたものを有り難がる。ルース・ベネディクトの『菊と刀』（現代教養文庫）このかた、横文字の日本論が読みつがれている。

今から二十年ほど前、イザヤ・ベンダサンという正体不詳のユダヤ人（？）が書いた、『日本人とユダヤ人』（角川文庫）がベストセラーになった。ユダヤ人と対照させて日本人を描く手法は、なかなか新鮮だった。著者と連絡をとることができるのは、山本書店店主の山本七平氏だけだったので、どうやらベンダサンは、氏のペンネームらしい。だいぶ経ってから、浅見定雄『**にせユダヤ人と日本人**』（朝日文庫）という本が出て、ベンダサンの本がどんなに出鱈目かを暴露した。読んでみると論旨は説得的だし、ベンダサン側も反論しなかったから、浅見氏が正しいのかもしれない。

というわけで、問題もあるのだが、私は山本七平氏の仕事を評価している。砲兵将校としてフィリピン戦線に従軍した経験から、日本人のつくる組織を鋭く分析した『**一下級将校の見た帝国陸軍**』（文春文庫）。それを日本の意思決定メカニズム一般に敷衍した『**「空気」の研究**』（同）。とりわけ重要なのは、幕末維新の尊皇攘夷思想がどのように成立したのか、その起源を山崎闇斎の学統（崎門学）に求めた『**現人神の創作者たち**』（文藝春秋）。山本氏の強みは、ユダヤ・キリスト教神学特有のねばりつくような人間洞察でもって、日本人の無自覚な行動前提をあぶり出す技術に長けている点だ。小室直樹氏との対談『**日本教の社会学**』（講談社・絶版）も粗削りながら、日本の組織神学を構築しようとする意欲的な試みである。

日本がたった百年かそこらで近代化してしまい、経済大国にのし上がったのはなぜか。この謎は、いろいろに考えられてきた。マックス・ウェーバーは、西欧が近代化した条件として、宗教的なエートス（行動様式）の重要性を強調している。しかし日本では、宗教の社会的な影響力たるや微々たるものなので、説明に窮してしまう。

丸山眞男『**日本政治思想史研究**』（東京大学出版会）は、ウェーバーの仕事も参考にして、江戸儒学のなかに自生的な近代化の芽を見つけようとした野心的な試みである。丸山氏が注目したのは、荻生徂徠の学統（徂徠学）だった。そして彼の政治思想に、近代社会に不可欠の「作為の契機」（人びとの意思によって社会制度を作り出そうという姿勢）が認められるとした。あまりに堂々とした業績なので、その後の研究に圧倒的な影響を与えたけれども、難点もある。徂徠学はその後、明治維新の際に、何の役割も果たさなかった。むしろ決定的な役割を果たしたのは、山本七平氏が注目しているように、崎門学なのである。丸山氏もこの点を気にして、岩波の「日本思想体系」三十一巻『**山崎闇斎学派**』（品切）の解説で解明を試みているが、どうも要領をえない。

ところで山本氏、丸山氏に共通しているのは、軍隊の経験を日本社会の考察の原点に据えていることだ。日本人のつくる組織、とりわけ軍隊の現実ほど、西欧から移入した社会科学の無力さを思い知らされる場所はない。元独立工兵第三十六連隊一等兵・奥崎謙三氏の日常を描いたドキュメント映画『ゆきゆきて神軍』（原一男・疾走プロダクション編著『**ゆきゆきて神軍――制作ノート＋採録シナリオ**』（話の特集編集室）は、日本の軍隊が極限状態でどこまで異様なものになりうるかを、衝撃的に描き出した。ニューギニアの密林を敗走する部隊は、弱い者から順番に食べてゆき、帰還した兵士は極くひと握りだった。立花隆『**日本共産党の研究**』（全三巻・講談社文庫）は、日本人のつくった組織（党）の、別な意味での極限状態を再現している。

日本人はなぜ、社会を作る原理・原則が、西欧世界の人びとと異なるのか？　この点が、よく分からない。

Ｋ・Ｖ・ウォルフレン『**日本／権力構造の謎**』（上下・早川書房）は、日本の社会実態を〈システム〉と呼ぶ。西欧的な意味での「人間」不在、意思決定不在の〈システム〉。欲望や世界観まで集団に管理される、昆虫社会のような不気味な感触を表す言葉だ。そしてこの本の強みは、それを単なる感触に終わらせないで、徹底的に日本人を取材し、われわれも知らなかった事実の積み上げによって論証していることである。

米誌の分析に接して思う自己客観化の不足

私は、まったくウォルフレン氏の言う通りだと思う。この本は、外国人が手軽に日本社会を知るための、定番となるだろう。そして重要なのは、日本を奇妙で異様な社会と見る、その視線のあり方である。発達した産業社会なのに、そして技術水準も高いのに、政治や経済の運営の仕方が外部の人びとにはよく分からず、自分たちだけの殻に閉じこもっている。日本が「特殊」で国際性を欠いた、問題の多い社会であるという認識が、これからますます海外の人びとに共有されていくだろう。

ウォルフレン氏は、戦後日本社会に的を絞っているが、ほぼ同じ手法によって、明治〜戦前期の日本を丹念に押さえた本としては、Ｊ・Ｇ・ロバーツ『**三井――日本における経済と政治の三百年**』（ダイヤモンド社・絶版）がある。この本は、三井文庫そのほかの資料を駆使して、戦前最大の財閥の動きに焦点をあて、近代日本の財界・政界・軍の結びつきがどのように形成されていったかを実名のレヴェルで追いかけたもの。わずか一冊の書物であるが、日本近代の現実がくっきりと浮かびあがってくる。こういう実証的な執念が、日本のジャーナリストや歴史家に欠けているのはなぜだろう。

外国人であることの利点を痛切に感じさせるもう一冊は、フォーチュン編集部編『**〔大日本帝国〕の研究**』（徳間書店・品切）だ。

これは、太平洋戦争開戦から二年あまり経った一九四四年四月、早くも日本の敗戦を見越して、戦後処理をテーマにした雑誌の特集号の翻訳である。データの精度はともかく、分析の骨格ががっちりしている。そのため、当時の日本人に思いもつかなかった、その後の戦局の推移や、戦後日本の復興プランが、これほど早い段階で見事に予測できている。

天皇を中心とする国家体制、民主主義が未発達であること、財閥の経済支配、軍部の横暴、貧困な農村、硬直した教育……。これらを、太平洋を隔てて冷静に見つめ、分析する視線に触れると、日本人の自己理解の「甘さ」が情けなくなってくる。自分を客観化することがこうも下手なら、再び日本が世界の問題児になるのは、理の当然と言えよう。この視線は、現在のイラクを見据えるアメリカの視線でもある。日本も、かつてのイラクと同様、狂気じみた支配者に導かれた民衆が、無謀な排外主義に結集したのだ。戦後半世紀が経ったが、その視線は忘れられていない。日本人がその過去を忘れただけだ。

倫理もない観察眼もない日本論だけが多すぎる

中谷巌『**ジャパン・プロブレムの原点**』（講談社現代新書）は、日本人が自らの手で、日本社会の実態を問題として剔《えぐ》り出した好書。これは、将来の本格的な理論編に備えて、ひとわたり現象を記述してみただけの「原点」だというが、ここでの指摘に私は賛成する。八〇年代に、京都学派の人びとを中心に、日本社会の優先を唱える論調があったが、私にはとても賛成できなかった。湾岸戦争でのどたばたぶりに、世界中がその思いを深くしたに違いない。

日本の社会構造を、ニュートラルに記述するものとしては、中根千枝『**タテ社会の人間関係**』（講談社現代新書）がある。また、日本人特有の心性を分析するものとしては、土居健郎『**「甘え」の構造**』（弘文堂）がある。

どちらも、ベストセラーであり、日本を解読する古典としての地位を占めたもの。けれども、今日から振り返るなら、日本を「問題」と捉える切迫感が欠けている。これから日本をどう動かすかが問われるとき、どう解答を与えればいいか。

日本社会の虚焦点としての天皇制を息長く追いつづけているのは吉本隆明氏である。氏の『**共同幻想論**』（角川文庫ソフィア）は、柳田国男、折口信夫の仕事を踏まえ、それを天皇制の起源の問題に結びつけようとした意欲作。

最初の発表は六〇年代の半ばで、衝撃をもって受け取られた。日本民俗学の成果を、現代社会のあり方とどう結びつけていくかは、手付かずの課題である。

日本社会の伝統を象徴する天皇と、戦後民主主義の拠り所である憲法。その関係を考えてみたものとして、私の『冒険としての社会科学』（毎日新聞社）がある。あわせて読んでいただければ幸いだ。

日本について論じた本は、山ほどあるわけだが、記述をどこまで普遍化できているかが問題だ。論理もなく観察眼もなく、ただ現象を撫でただけの日本論が多すぎる。そういうものは読み捨てよう。

願わくは、日本の制度改革に結びつき、日本人の心性（行動パターン）を改めることのできるような、倫理性の高い日本社会論の登場を持ち望みたい。

ポピュラー音楽研究、日本発

▼『季刊ノイズ』1991.9

日本が、レコード、CDの売上げからみて、アメリカに次ぐ世界第二位の〝音楽大国〟であることはまぎれもない。折からのワールド・ミュージック・ブームで、レコード・ショップにもラジオ・TVにも街頭にも、世界のあらゆる国々の音楽がふんだんにあふれている。

けれどもこの光景は、よく考えてみると、かなりいびつだ。日本のポピュラー音楽は、いったい世界にどれだけ知られているというのだろう？　英語圏の国々では、「YMO、ナニ？　松任谷由美、ダレ?」という状態である。『ビルボード』のヒット・チャートで、坂本九の「スキヤキ」がトップに輝いて以来ほぼ三十年、日本のポピュラー音楽は世界的なヒットとまったく縁がないままだ。日本人が世界のポピュラー音楽にこれほど関心を持っている割に、日本のポピュラー音楽はまったく世界に知られていない。

このギャップは、あまりに大きい。世界的にヒットしないのは仕方ないにしても、少なくとも外国の音楽専門家には、日本にどんなポピュラー音楽があるのかくらい知っておいてもらいたいものだ。

こうした情報の欠落を埋めるためには、世界に向け、日本のポピュラー音楽をきちんと紹介するデータを、とりあえず英語で発信することである。

――と、誰もが考え始めていた矢先に、うってつけの紹介書が登場した。しかも嬉しいことに、出来栄えが素晴らしい。今号ではぜひ、これを紹介したい。

というわけで、表紙の写真〔省略〕を見ていただいているのが、恐らく世界で最初に英文で日本のポピュラー音楽を紹介するパンフレット“A Guide To Popular Music In Japan”（A4判二六頁）だ。編集したのは、国際ポピュラー音楽学会日本支部（IASPM-Japan）。スウェーデンに本部を置く国際学会（八一年創設）の日本ブランチとして、五年前から活動を続けている。執筆陣には同会の会員から、細川周平、松村洋、小川博司、村田公一、北川純子、木村篤子、三井徹、河端茂、坪能由紀子、中河伸俊の各氏が加わっている。

さて、このパンフレット（略称JPMガイド）は、「明治以前」、「一九四五年以前」、「一九四五年以後」、「メディアと教育」の四部に分かれていて、全部で四十一の項目からなる。通読すれば、予備知識が全然なくても、かなり正確な日本のポピュラー音楽の見取りがえられる仕組みになっている。どの項目も、いちばん大事なことから順に嚙んでふくめるように書いてあって、配慮が行き届いている。基本に忠実なので、読んでいてすがすがしく、感動的でさえある。

たとえば、「一九四五年以後」の部分はどうなっているのか？

かなりのスペースを割いて紹介されているのが、「歌謡曲」、「演歌」、「戦後のジャズ」、「ロック」なのは順当なところ。ほかに「歌声運動」、「グループ・サウンズ」、「ロカビリー」、「アイドル」などの項目が並んでいる。「ロック」のさわりの部分を適当に訳してみると、《日本のロックの歴史は、五〇年代半ばのロカビリーにまで遡る。六〇年代にベンチャーズ、ビートルズが来日すると、エレキを手にした長髪の若者バンドが沢山現れた。……彼らは、自前で新曲を作れなかったので、歌謡曲の作詞家・作曲家に曲を依頼せざるをえなかった。……七〇年代の終りにデビューした世良公則とツイスト、サザンオールスターズ、原田真二、チャーは、ヒット曲をつぎつぎに生み出して、ロックと歌謡曲の境界を分からなくした。……》といった具合で、内田裕也からイカ天まで、六〇年代以降のロック・シーンを丁寧にバランスよくフォローしてある。その他の項目も、読めばなるほどと納得し、そうだったのかと新鮮な驚きがある。

日本支部の上部団体である国際ポピュラー音楽学会は、世界中の研究者のネットワーク作りを目指している。その一環として、研究論文のデータベースも試作しているが、英文で発表された日本の業績はほとんど皆無で、データベースにもごくわずかが登録されているだけ。日本語の文献は、海外に全然知られていない。世界のポピュラー音楽についてまとめた概説書や事典類でも、日本関係の部分はまったく手薄なのが現状だ。今回の『ＪＰＭガイド』をきっかけに、かなり事情は改善されよう。

ところで、日本のポピュラー音楽は、英語圏でヒットしない代わりに、中国、台湾、香港、シンガポール、フィリピン、インドネシア……といったアジア圏ではそこそこ流行している。「北国の春」、「恋人よ」、「昴」などが人気だ。日本のポピュラー音楽事情を紹介する雑誌やラジオ番組も盛んである。これは、逆の「一方通行」であろう。

『ノイズ』の読者を除けば、どんな音楽好きの若者でも、アジア各国の音楽事情についてまとまった知識を持っていることは稀だし、関心も薄い。英語圏の場合と逆に、こんどはわれわれがアジアのポピュラー音楽を無視しているのだ。

こんな一方的でいびつな関係は不毛である。なぜなら本当は、日本のポピュラー音楽も、西欧音楽を受容して変形した、アジア圏の音楽的な感性のひとつと見るのでなければ、よく理解できるはずがないのだから。

日本のポピュラー音楽を、アジア圏の拡がりのなかに位置づけること。それには音楽を、商業主義の流れに任せておくだけではだめだ。資本や情報を独占するアメリカを頂点に、がっちり固まった音楽産業のヒエラルキーからわれわれを解き放つのは難しい。だから少しずつでも、音楽に関する情報を自覚的に、あらゆる方向に発信し、また受信していかなければならない。それを踏まえて初めて、日本のポピュラー音楽が、世界に占める独特な位置も自覚できる。それでこそ、日本のポピュラー音楽も、ポピュラー音楽研究も、やっと本物になるのではないか。

ジャズは不可思議な天国《パラダイス》

▼『マルコポーロ』1992.7

JR四谷駅から新宿方向へ歩いて数分。右手のビル地階にあるのが、ジャズ・ファンにはお馴染みの喫茶「いーぐる」だ。

そのマスターの後藤雅洋さんが、毎土曜日の午後三～五時、ジャズの名盤をかけながらDJ風に解説してくれる連続講座を始めたと聞いて、さっそく出向いてみた。《毎回二人のジャズメン、各々三枚計六枚のアルバム片面を紹介し……一年五〇週で『ジャズ・オブ・パラダイス』に掲載したすべてのアルバムをひととおりご紹介する予定》という、人柄そのままに大河のようにゆったりとした計画である。私が顔を出したのは第六回目、ABC順でマイケル・ブレッカーとクリフォード・ブラウンの組み合わせだ。

「いーぐる」は、二十数年前に開店した当初から、店内の造作もほとんど変わっていない。当時は雨後のタケノコのように乱立したジャズ喫茶もいつしか淘汰され、いま都内に十数軒を残すばかりという。そんな時流にとらわれないで、こよなくジャズを愛する後藤さんがカウンターでじっくり聴きこんできた想いが、簡潔に刈り込まれた言葉で伝えられるのが快い。

マイケル・ブレッカー（ts）は、初めて聴く。八〇年代のアーチストで、フュージョン・アルバムに多く登場するスタジオ・ミュージシャンという。団塊の世代の私はフュージョンと聞くだけで敬遠しがちだが、そこを見透かして、それなりに骨のあるところをちゃんと聴かないとダメだと後藤さんが釘をさす。八七年の初リーダー作は、たしかにコルトレーンそっくりの指づかいだが、全体の印象はカラリとして別物だ。コピーで配られた『ジャズ・オブ・パラダイス』の後藤さんの解説を目で追いながら音を聴くと、的確にポイントを押えた文章であることに舌を巻く。三枚目の『シティスケープ』はもの憂い都会の心象風景をメロディアスな旋律にのせて、いまも耳に残る一曲だ。

クリフォード・ブラウン（tp）は言うまでもなく五〇年代、ハード・バップの天才的トランペッター。後藤さんはマイルス・デービスより、彼の才能を高く評価すると言う。お世辞にも録音状態がよいと言えないLPだが、その溝の間からでも《炸裂する音色の輝かしさ》は手にとるように伝わって来た。最後のLP『ザ・ビギニング・アンド・ジ・エンド』は、突然の事故死直前の録音。一瞬ごとの跳躍に賭ける二十代半ばの彼の《即興に臨む姿勢のいさぎよさ》を堪能した。

たっぷり二時間、いつものコーヒー一杯の値段でジャズの醍醐味を心いくまで満喫できるとあって、店内はほぼ満員の入り。私のように友人からの聞きかじりで、ジャズの全体像がまるでわかっていない不真面目なファンには、おあつらえ向きの企画である。若者や女性の姿も目立って、新しいファン層の拡がりがうれしい。

音源がCDへと急速に切りかわりつつある今、スタンダードなジャズの名盤を自分の耳で聴くこと自体が非常にむずかしくなっているのだという。音のアルヒーフ（資料館）としてのジャズ喫茶の役割に目を向けた、今回の企画に拍手を送ろう。

後藤雅洋さんには、今回の連続講座の種本**『ジャズ・オブ・パラダイス』**（JICC出版局）のほか、**『ジャズの名演・名盤』**（講談社現代新書）、**『ジャイアンツ・オブ・ジャズ』**（JICC出版局）の著書がある。そしてつい最近、語り下ろしの対談集**『ジャズ解体新書』**（JICC出版局）が出た。さっそく頁を繰ってみると、これがまた対談という極めてジャズ的な形式（即興の妙味）を活かしたスリリングな面白さ。たかがジャズ、されどジャズである。この不可思議な音のパラダイスに魅入られた人びとの語りに耳を澄ませると、ジャズの文明史的な拡がりと奥行きがひしひしと感じられる。

というわけで、お暇があれば土曜日の午後は四谷の「いーぐる」へ、読むなら後藤さんの本をというのが、最近のお勧めなのであります。

文明の差異を解く鍵　山本七平氏の聖書学

▼『波』1992.8

『禁忌の聖書学』と聞くと、何のことかと戸惑うが、「禁忌」とはタブーの意味。聖書学が通常あまり触れたがらない角度から、聖書のテクストを読み直してみようという趣旨である。

聖書学は、キリスト教の聖典である旧・新約聖書を、その成り立ちや内部構造に立ち入って解明する学問である。わが国では想像しにくいが、欧米社会でこの学問は、比類のない伝統と知識の蓄積と権威とを誇る。

ところで、聖書学はふつう、キリスト教の立場から研究されるものである。けれどもよく考えてみると、旧約聖書はもともとユダヤ教の聖典でもある。そこでユダヤ教の伝統から聖書をみると、また違ったように読める。

さらに同じ旧約聖書と言っても、現在正典とされる聖書のほかにも、初期キリスト教の成立に大きな影響を与えながら、そののち忘れられてしまった七十人訳の旧約聖書（ギリシャ語訳）もある。聖書ではないが、同様にキリスト教の形成にあずかって力があったヨセフスの著作や、新約聖書と同じ頃に成立した死海文書のような資料もある。これらを縦横に参照しながら、山本七平氏一流の斬新な切り口でキリスト教信仰の本質に迫る——これが『禁忌の聖書学』（一九九二年八月、新潮社）である。

＊

著者の山本七平氏は、昨年十二月に亡くなった。本書は生前、氏が『新潮』に連載していた原稿をまとめたもの。今回頁を繰ってみて改めて、わが国知識界のもっとも苦手な部分で息の長い仕事をのこしてくれた氏の不在を、惜しんでも惜しみ切れない気持になった。

本書は六つの断章からなる。

最初の「裏切者ヨセフスの役割」は、『ユダヤ戦記』などヨセフスの著書を通じて、西欧世界がキリスト教を受容していった事情を丹念に追う。ルター以降の聖書中心主義に、知らず知らず影響されてしまっているわれわれには、初期のキリスト教がむしろヨセフスの書を通じて広まっていったという事実は意外である。たとえばセシル・B・デミル監督のハリウッド映画『十戒』では、ファラオの王子だったモーゼがエチオピアに遠征したことになっているが、それなどはヨセフスの書を通じて信じられていることなのである。

第二の断章「マリアは〝処女〟で〝聖母〟か」は、パウロがマリアを聖母と考えていなかった事実に注意をうながすことから話が始まる。ではなぜ、マリアは処女とされたか。処女懐胎信仰の起源が、《実は『七十人訳』の誤訳(ヘブライ語の「おとめ」→ギリシャ語の「処女」)にもとづくマタイの引用にある》ことを、キリスト教学者のハルナックが明らかにした。ここからニケーア信条(《聖霊によって処女マリアから受肉し、人となった》)に至るキリスト教の発展プロセスを、山本氏はヘレニズムの濃厚な時代思潮と絡めて描きだす。

——という具合に、本書の六つの断章は、ただひと塊りのテクストとみえる聖書を、その立体構造において照らし出していく。

＊

私はこのように、山本七平氏の仕事を高く評価しているわけだが、氏の仕事の本質はどこにあるのか。それは、日本人の行動様式と西欧文明の行動様式とを構造的に対照させ、その差異を鋭くえぐり出す独特の方法論にあると言えよう。

氏は、フィリピン戦線従軍の経験から、日本軍の行動様式について深い洞察をえた。そしてそれを、聖書を通じて解明できる、キリスト教(あるいはもっと広く、一神教)文明圏の人びとの行動様式と、比較することを試みた。そうした仕事の精華が、山崎闇斎学派と天皇制との関係を論じた『**現人神の創作者たち**』である。これは、日本人の思考・行動様式(氏の言い方を借りれば「日本教」)の「組織神学」である。それは、西欧世界の人びとが日本を深く理解しようとすれば、こう考えるに違いないという意味での「規範性」をそなえた、マックス・ウェーバーや丸山眞男に比肩する仕事であると思う。

国際化とは、異文化・異文明の緊密な接触を意味する。それは、西欧世界と日本社会とがどう共通の基盤を見つけられるかという課題を、われわれに突きつける。この課題を解く鍵は、双方の暗黙の前提——宗教にこそあると考えざるをえない。本書を読んで、その課題を終生追い続けてやまなかったのが山本氏であるとの思いを深くした。

自己組織性と情報の社会学

吉田理論・三部作を論ず

▼『社会学評論』1992.12

戦後日本の理論社会学シーンを、文字通りリードしてきた一人である吉田民人氏が、まとまった著作をこれまで公刊していなかったのは意外である。そんな吉田氏の論集が、一九九〇年から翌年にかけて、相次いで出版された。これで、吉田氏の主要な論文のほぼすべてを誰もが容易に読めることになり、学界の財産となったことを大いに喜びたい。

吉田民人氏が学界内でどれほど大きな地位を占めているかについて、いまさら私がのべるまでもない。ここではまず、今回まとまったかたちで読めるようになった氏の著作――これを便宜上、三部作とよぶことにする――をひととおり概観しよう。そのうえで、その論理構成に即して、主だった論点について私の見解をのべることにしたい。これは、吉田氏の全業績（しばしば「吉田理論」とよばれている）を評価するという作業に似てくるかもしれないが、そうした評価は後世の人びとにゆだねるべきことだ。私はただ、同時代の研究者としての吉田氏に対し、率直に自分の疑問をいくつか尋ねたいだけである。

*

さて、三部作にはそれぞれ、著者自身による丁寧な解題（まえがき、はしがき）がついていて、読者に便利である。それを参考に、各冊の構成を確認していこう。

『自己組織性の情報科学』（以下『自の情』と略）は、一九六七年の長大な論文「情報科学の構想――エヴォルーショニストのウィーナー的自然観」に、一九九〇年の「情報・情報処理・自己組織性」を付け加えたもの。《「情報科学の構想」は、一九六二年から一九六九年にかけて培風館から刊行された全六巻のシリーズ『今日の社会心理学』のなかの、第4巻『社会的コミュニケーション』に掲載されたものである》（『自の情』ⅰ頁）。吉田氏によればこの論文こそが、《研究者としての私の原点》（『自の情』ⅴ頁）であったという。

つぎに、**『情報と自己組織性の理論』**（以下『情と自』と略）は、《〈情報〉と〈自己組織性〉の主題を核》（『情と自』ⅲ頁）にする十一篇の論文を、ほぼ年代順に並べたもの。吉田氏自身の整理によると、《全体は大きく三つの時期に分けることができる。第1～4章は……第Ⅰ期の論考で……ミクロ社会学理論の代表的な三レヴェルというべき、行為（1章）・関係（2章）・集団（3章）をめぐって、私なりの一般理論をのべたものである。第4章は、これらの三レヴェルに通底する理論の一般形式を……抽出した論文である》(『情と自』iii頁)という。また、《第5~7章は……第Ⅱ期の仕事で……〈構造-機能理論の日本的展開〉が、精力的に推し進められた時期に対応している》(『情と自』iv頁)。《第8~11章は今日にいたる、なお未了の第Ⅲ期の論考である。……それは、〈情報-資源処理パラダイム〉の個別的テーマへの適用をはかり、そのことを通じて〈自己組織性〉理論の具体的展開を試みた時期である》(『情と自』v頁)、と位置づけられている。

最後に、**『主体性と所有構造の理論』**(以下、『主と所』と略)は、《広い意味で主体と主体性にかかわる》第1編の論文七篇と、《広い意味で体制と制度にかかわる》(『主と所』iii頁)第2編の論文四篇とを、おのおの発表順に並べたもの。さきほどと同様、吉田氏自身の整理によると、《1~3章は、私の主体性理論の先行的・原型的な部分》、《第4章は……〈意味学派〉……などから発せられる反システム的な言説に対抗しようとしたもの》(『主と所』iii頁)。第5章は《主体および主体性の一般理論のための、枠組構築のデッサン》、第6章は《自己現象の日本的形態とされるものについての……仮説》、第7章は《フェミニズム社会学……の問題提起を受けて、女性の主体性の抑圧状況を……記述・説明しようとしたもの》(『主と所』iii頁)であるという。第2編には、「大衆社会の理念型」、「生産力史観と生産関係史観」、「資本主義・社会主義パラダイムの終焉」、「所有構造の理論」の四論文が集められている。

これまでに書かれた吉田氏の主要な論文は、以上の三部作にほぼ網羅されていると考えてよい。このほかに、《私の自己組織パラダイムの、現時点での一応の総括的叙述となるものとして、岩波市民セミナーの連続講義『自己組織性とは何か——資源・情報・システム』(岩波書店、近刊)》(『自と情』xi頁)があるというが、それ抜きでも、吉田理論の本質にふれる議論ができることはたしかである。

*

さて、前後三十年あまりにわたって、多様なテーマをめぐり多彩な方法論を駆使して展開された吉田理論の、全容を要約するのは容易でない。

私が吉田氏の論文を系統的に読むようになったのは、氏が京大から東大に移った一九七五年ごろのことだったろう。当時私は、東大大学院の博士課程に進んだばかりであった。高橋徹教授が周到に「院生諸君はなるべく吉田さんのゼミに出るように」とアドヴァイスしたが、そんな気配りは必要ないくらい、吉田ゼミはたちまちにぎやかなゼミとなった。それは吉田氏が討論を好み、ものごとを徹底的に掘り下げないと気がすまない性分だったからだと思う。論争好きで自由勝手な院生たちに、吉田ゼミは居心地がよかった。

当時、吉田氏は、構造‐機能理論の代表的論客の一人とみなされていた。それプラス、独自の情報理論の主唱者というのが、私を含めた院生の受け取りかたであった。吉田氏の回顧によれば（『情と自』「はしがき」）、そのころ氏は第Ⅱ期から第Ⅲ期へと進みつつあったわけだが、そのことを当時の私は知るよしもなかった。以後、吉田氏から直接教えを受ける機会がなくなったので、私の理解は、どちらかと言えば吉田理論の第Ⅱ期に偏っている可能性がある。

吉田氏の三部作を通読してみて、やはりまず誰でも感じるのは、ふつうの社会学者の関心の範囲を超えた、情報概念への思い入れの深さである。このことをどこまで社会学にとって本質的と考えるかで、吉田理論のイメージが違ってくるだろう。これをまず第一の論点としたい。

次に、吉田理論の理論の中核である、自己組織性論（あるいは社会学に限定すれば、構造‐機能理論）の論理構造である。「自由発想と主体選択」を中心概念とする吉田・自己組織性論は、どういう主張なのか。これを第二の論点としたい。

第三には、吉田理論の発展形態である、主体と所有構造の理論である。とりわけ、現象学、日本文化論、フェミニズム、仏教などへの吉田理論の応用は、妥当で有望なものだろうか。最後にこれを、第三の論点としたい。

以上を繰り返しておけば、取り上げたい論点は、⑴汎情報論的視座、⑵自己組織性のロジック、⑶吉田理論の応用問題、この三つである。これらの論点は、吉田理論の発展の三つの時期にほぼ対応している。それらを順に考えることで、吉田理論の全体像が過不足なく浮かび上がると期待している。

＊

そこで第一に、吉田理論を根底で支える情報論的視座について。

吉田理論が一部の人々にとっつきにくいのは、吉田氏の独自の言葉づかいもさることながら、氏がベースにしている論理実証主義の伝統が、わが国の学界に必ずしも十分に受け入れられていないという事情のせいであろう。

吉田氏は「情報科学の構想」の執筆に至る道筋を回顧して、こうのべている。《こうした私の道行きの背後には、学生時代から故武田弘道先生の手ほどきで親しんできた〈論理実証主義にもとづく統一科学（unifield science）〉への関心と、同じく武田先生に導かれた〈パースやモリスの記号論〉に対する興味があった。これらの土壌のうえに……遺伝情報に関する知識の衝撃が加わり、そして最後にすべてを決定したのは、ノーバート・ウィーナーとの出会いであった。……20代から30代にかけての私の発想にもっとも深い影響を与えたのは……この、情報哲学の祖先ウィーナーであったといわなければならない》(『自の情』iv頁)。吉田理論の全体を貫通する、厳密に分析的な研究態度は、氏の論理実証主義体験に由来すると考えて間違いないだろう。

ところで私も、昔からヴィトゲンシュタインをひもとき、その関係で論理実証主義の著作にもふれてきた。そして、そこから受ける印象と、吉田氏の著作から受ける印象とは、微妙な点で違っているように思う。それはどこから来るのだろうか?

論理実証主義は形而上学を敵視し、厳密で論理整合的で有意義な言語を構築することを目指した。そこは共通している。けれども論理実証主義や、その系統をくむ分析哲学の場合、その最も重要な成果は、命題のレヴェルで、哲学的な言説を検討するところから生まれている。それに対して吉田氏の仕事はあらかた、用語(もしくは概念)のレヴェルでのもので、命題のレヴェルでの仕事は目立たない。それゆえ《私の構想は、単なる分類学ではないかとの批判をしばしば受けてきた》(『情と自』viii頁)のではなかろうか。

この点について、吉田氏はこう反論する。《そもそも理論的営為の革新には、第一に、伝統的な概念による革新的な命題の表現、第二に、革新的な概念による伝統的な命題の表現、第三に、革新的な概念による革新的な命題の表現、という三つのタイプのものが存在する。このうち第一タイプは社会的にもっとも受容されやすい革新であるが、私は、むしろ第二、第三のタイプの理論的革新を志してきた。新しいカテゴリー体系の構築に比重をかけてきたのである。……自然言語の桎梏に縛られるかぎり、新たな科学的世界像の構築は不可能である》(『情と自』viii頁)

私はこう考える。まず、「三つのタイプ」が存在するという吉田氏の前段の主張は、完全に同意できる。ただ、そのあとがよく分からない。吉田氏の《理論的革新》は《革新的な命題の表現》にあるのか、それとも《新しいカテゴリー体系の構築》にあるのか。もしも前者だとしたなら、少なくとも第二のタイプの革新(周知の事実を目新しい用語で言い換えただけ)は有害無益なはずである。だから吉田氏は、自分の仕事が第二、第三のタイプのどちらなのか、はっきりさせてほしい。その上で、第一のタイプをもっと評価するべきだ。伝統的な概念によって革新的な命題が表現できるものなら、それは目新しい用語による誤魔化しが利かないぶんだけ人びとによって棄却される可能性が高く、したがって論理実証主義の指針に照らして、仮説の提示の仕方としてすぐれていると思う。また、このことが不可能であるとして（すなわち、引用した最後の命題を承認したとして）も、それは「自然言語の桎梏に縛られさえしなければ、新たな科学的世界像の構築が可能になる」ことを直ちに意味しないはずである（論理的に同値ではない）。

結局のところ私は、吉田氏が《新しいカテゴリー体系の構築》に情熱を燃やし続ける理由を理解できない。それは、《革新的な命題》を樹立するために、必要でもないし十分でもないように思われる。

＊

吉田氏の《新しいカテゴリー体系の構築》がどのように進められているか、もう少し詳しく検討してみよう。

一般に、吉田氏の作業はつぎのような手順を踏む場合が多い。

①独立な二組（以上）の対立軸をみつける（例：均衡／不均衡、許容／非許容）。

②それらの直積をつくって、可能なカテゴリーを枚挙する（いわゆる田の字型のマスができあがる）。

③それらカテゴリーの上位概念を考えたり、それらカテゴリーの間の関係（例：状相変動）を発見したりする。

このことによって、旧来のカテゴリーでは見逃されていた区別が発見されたり、新しい命題の成立する可能性が発見されたりする。

この手続きの特徴は、分析的かつ論理的なことである。このような厳密な方法を、精力的かつ系統的に社会学に持ち込んだのは氏がはじめてである。

二項対立から必ず議論を出発させるのは、論理性を重視したいからである、と私は想像する。その場合、対極として考えられている〝非論理的なもの〟とは、マルクス主義（特にその弁証法）であろう。《私の社会学を、その根底において支えうる確かな思想的・哲学的基盤は、その頃隆盛を極めたマルクス主義にも実存主義にも分析哲学にも見出せなかった》（『自と情』ix頁）。弁証法は、三項図式から出発し、しかも形式論理に従わない。そうした威圧的なドグマの体系であるマルクス主義との格闘のなかから、おそらくいまのべた①〜③の方法は編みだされた。

こうして生産されるカテゴリーの体系は、たしかに網羅的である。けれどもそこに、どれだけ実質的に新しい知見がもたらされるのだろうか。

網羅的枚挙がもたらす新しい知見は、いわゆる「構造的欠落」の発見である。要素の代数学的組み合わせとして当然考慮されているはずのものが、見落とされていた。そうした場合に、この方法は威力を発揮する。けれども、たかだかそこまでである。この方法がなにを発見できるかは、もともと、どれだけの対立軸を設定したかにかかっている。そうした対立軸が既存の概念にもとづくのなら、残念ながらそこには、本質的に新しい発見は何もない。

私が、たとえば「情報科学の構想」を読んで受ける印象は、これに近い。なぜならこの議論の素材となっているのは、すでに別々の学問分野で議論が尽くされた問題だからである。それを所与とする「代数学的組み合わせ」からは、いたずらに複雑なカテゴリーの体系が導かれるだけだ。

《この論文のモティーフは……〈遺伝情報〉なる〈情報〉の概念が……〈自然言語としての情報〉概念にも接続しうる、新たな統一的世界像を啓示する何ものかであるのか、という問いを自らに発したところに始まる。……私が選んだ架橋の戦略は……一つは、これら二つの情報概念を矛盾なく包摂しうる〈情報語句の一般枠組み〉の構築という理論的方法であり、いま一つは、二つの情報概念を〈自然の進化〉の中のそれぞれの段階として位置づけるという経験的方法である。……私は〈情報現象の進化〉についての新たな理論枠組みの構成を要請されることにもなった》（『自己と情』ii～iii頁）。前段は、先に述べた③の「上位概念を考える」ことにあたり、後段は、同じく③の「カテゴリーの間の関係を発見する」ことにあたる。

「遺伝情報」と「自然言語としての情報」との上位概念として「情報」を考えるのは、まったく自由である。ただ、そのことに実質的な意味があるとすれば、それは、「遺伝情報」と「自然言語としての情報」の間に何か法則的な関連が発見できる場合である。そうした法則として考えられているのが「自然の進化」、すなわち、遺伝情報が進化をとげて人間の情報活動に変化したという事実である。

だがよく考えてみると、これは「事実」であろうか。たしかに、ごく初期の生物が進化して人間になった、とは言える。しかしそれは、遺伝情報という情報の形態が進化して人間の情報活動になったという主張（情報現象の進化）とは別のことだ。後者は言うなれば「比喩」であり、経験的事実の裏付けを伴わない「ドグマ」なのである。

結局、情報概念の一般化によって、社会学が豊かになるという保証はない。確実に豊かになったのは、吉田理論の概念セットだけなのである。

ほかの社会学者が吉田理論を継承しにくいのは、ここに理由がある。一般的な上位概念をたてても、それとともになにかの法則性を主張できなければ、そのことの利得がない。用語系が、ただただ使いこなせないほど複雑になるだけだ。多くの場合に人びとはそう感じる。

実質的に新しい主張をするのでなければ、新しい概念を立てない。これが、研究上のルールではないだろうか。

つぎに、第二の論点として、自己組織性について考えてみよう。

＊

自己組織性について、吉田氏は長い考察を重ねてきているが、一九九〇年の論文「情報・情報処理・自己組織性」ではこのようにのべている。《システムの秩序が、当該システムが保有する秩序プログラムによって規定され、システムの秩序の保持・変容も、当該の秩序プログラムの保持・変容に媒介されて実現する、といった特性は、生命の発生以降の進化段階にある存在に共通して認められるものであるが、これをシステムの自己組織性と呼ぶ》（『自と情』一〇頁）。《私自身は……〈自己組織系の一般理論〉の、人間社会のレヴェルでの特殊ケースが社会学的構造－機能理論であり、このパラダイムを社会学の一つの世代的および時代的要請に適用したものが、構造－機能分析による変動論の構築であると捉えていた》（『情と自』iv頁）。吉田理論の場合、構造－機能分析は発展的に解消して、自己組織性の理論に流れこむかたちになっている。

ところで、自己組織性がどの程度まできちんとした説明原理をそなえたモデルであるのかを、ここで考えたい。

かつて吉田ゼミの院生だった志田基与師氏は修士論文で、アローの一般不可能性定理を応用し、つぎのようにのべた。

〝一般に複数の機能要件をそなえたシステムが現実を「説明」するとすれば、同じことをただひとつの機能要件で説明できる〟。別な言い方をすれば、AGILのように複数の機能要件をそなえたシステムは、必ず論理的な矛盾を含んでしまう（複要件問題）。かりにこの矛盾を避けるため、ただひとつの機能要件をそなえたシステムだけを考えることにしたとしても、大きなシステム（たとえば社会システム）のなかに小さなシステム（たとえば個人）が含まれるようなモデルを想定する場合には、同様な問題を生ずる（複システム問題）。これは、当時の構造－機能分析に向けられた批判であったが、同じ批判が、自己組織性の理論にも妥当することになる。

この問題を吉田氏は、自己組織システムの構造変容と結びつけて、自己組織性の理論のなかに位置づけようとする。一九八七年の論文「自己組織性と情報・情報処理」で、吉田氏はこうのべている。《自己組織システムの所与の共変構造と選好構造……が共変＝選好構造解の存在、許容、安定問題を解決しえない場合には、情報変異と情報選択のメカニズムをつうじて、解の存在、許容、安定の三問題を解決しうるような構造へと変容する》（『情と自』二五九頁）。簡単に言うと氏は、選好構造（≒機能要件）が解の存在を与えない（＝モデルのなかで理論値を決定できない＝説明の前提が矛盾している）場合があることを認めたうえで、それが自己組織システムの特徴だとのべているのである。

同じ論文のなかで、吉田氏はこうも言う。《非自己組織パラダイム型の科学論における〈解の一義性ないし一意の解〉にたいして、自己組織パラダイム型の科学論は〈解の自由度と試行錯誤によるその一義化〉を主張する……。……〈システムの自由度〉と〈システムの試行錯誤〉は、一つの対カテゴリーなのである》（『情と自』二六一頁）。自由度／試行錯誤の対カテゴリーは、一九七四年ごろから唱えられ始めた自由発想／主体選択の対カテゴリーを、言い換えたものと考えればよいだろう。《最高次の自己制御系、たとえば知的人間や計画社会の発展原理は、〈自由発想と主体選択〉と定式化される》（『主と所』二四四頁）。自己組織システムは、「自由発想と主体選択」と切っても切れないものなのである。

ここで私は、このような疑問を抱く。「自由発想」は、そもそもそれ自体、与件から説明できないものである。また「主体選択」も、説明できないプロセスによって解が一義的に導かれることをいう。したがって、「自由発想と主体選択」によって現象を説明しようとすると、「それ自体説明しようのないこと」によって「説明すべきこと」を説明するという奇妙な構造を、どうしても持たざるをえない。

一般にどんな説明も、説明項のなかに、それ自体説明されない前提――公理や基本法則や基本概念――を含まざるをえない。だがそれは、理論のごく一部を占めるにすぎず、それさえ承認すれば、あとは説明のためのロジックが現象を説明する。それに対して「自由発想と主体選択」は、それ以外の説明のためのロジックを一切欠いているという点が違っている。こうした場合、人間や社会を自己組織システムであるとみなすとしても、それは単なるものの見方の問題にすぎないことになり、認識上の利得は特にない、と言われても仕方がない。

＊

第三の論点として、吉田理論の応用問題について。その中身は多岐にわたっているので、いくつかにテーマを絞ろう。

まず、所有論について。七〇年代に吉田氏が試みた所有論は、人間が対象をコントロールする能力をただちに所有とみなそうというもので、概念が広すぎ、所有現象の核心を突いたものとは言えなかった。後年氏はそのことを認め、一九八一年の「所有構造の理論」では、《かつての筆者の試みのように所有概念を制御能一般と等置すれば、これはまた広義にすぎて、分節力を失うという批判は避けがたいであろう》（「主と所」三四二頁）とのべている。そして所有は、社会関係を経由した対象のコントロールに限定して概念化されるようになった。具体的には《制御能の帰属と内容に関する……四つの視点……に基づいて、科学的所有概念を多次元的に構成する》(『主と所』三四二頁)。四つの視点(次元)とは、(一)完全排他的/不完全排他的、(二)制御能領域が三段階/二段階、(三)制御能局面の採択性/拒否性、(四)制御能水準の上級性/中級性、の四つである。すべてにわたって前者なら〈所有〉、ひとつでも後者であれば〈準所有〉と呼ぶ。所有概念の常識に即した、妥当な概念セットであると思う。

つぎに、主体分析と自他分節について。「主体性の分析のための一連の視角」(一九八〇)や「人間‐社会システムのIモデルとGモデル」(一九八二)でもっとも興味ぶかい概念は、当体/脱当体、の概念対である。この概念によって、自己組織システムが自己性を構成する範囲とパターンが、多重に分析できるようになった。そのことは、《〈日本社会の集団志向性〉と〈欧米社会の個人志向性〉の理念型的諸特性を記述・説明しうる理論モデルとして……のGモデルとIモデル》(『主と所』一七九頁)といった、社会形態の文化的変異を考察するための仮説に活かされている。GモデルとIモデルは、これまでに提案された同じ目的を持つモデルのなかで、簡潔で理論的で有用なもののの一つだと思う。

吉田理論の周到な概念構成が具体的な問題に新しい切り口を示したもうひとつの例として、フェミニズムがある。「性別‐脱性別文化形成の基軸理論をめざして」(一九八八)で吉田氏は、《性差別の〈開かれた循環構造〉》(『主と所』二〇〇頁)をかたちづくる六つの仮説を列挙し、それらがつぎつぎに他を産出して、結果的に性差別の基本構造を維持していることを示唆した。

これ以外の個別問題でも、吉田理論は多彩な応用可能性を示している。私が個人的にもっとも感心しているエレガントな論文は、一九七四年(第Ⅱ期)の「社会システム論における情報‐資源処理パラダイムの構想」(『情と自』所収)だが、一般理論への志向をむしろ押え気味に、問題の具体性を大切に仕事を進めている第Ⅲ期の吉田理論のほうが、かえって展開力があるような気がする。

＊

これほど一般性をもち、しかもこれほど熱心に読まれた日本の社会理論は、吉田理論をおいてないだろう。氏の三部作が出版されたことで、吉田理論は、同時代の学者やゼミの教え子たちばかりでなく、もっと若い世代の、さらに多くの読者に読みつがれるに違いない。そして、次代、次々代の論客たちに継承されていくことを願う。

【文献】吉田民人『自己組織性の情報科学』新曜社、一九九〇年、二九六頁／同『情報と自己組織性の理論』東京大学出版会、一九九〇年、二九五頁／同『主体性と所有構造の理論』東京大学出版会、一九九一年、三七三頁

改革は〈システム〉との戦いである

▼カレル・ヴァン・ウォルフレン『日本／権力構造の謎』
ハヤカワ文庫版解説　1994.4

一九八九年。この年に、『日本／権力構造の謎』という書物が現れた幸運を、日本国民は深く感謝すべきだろう。ウォルフレン氏は本書で、さながらリトグラフかCTスキャンのように精確な日本社会の像を描いてみせた。そしてその精確さは、多くの日本人を当惑させ、イライラさせた。日本人は浮世絵のように、都合よくデフォルメされた曖昧な自画像を好んできた。そこへ本書が現れて、お前は胴長でにやけた猿顔だと、現実をつきつけたのだ。言われてみればそれが、欧米の正統な理解だろうと納得するしかない。ぐうの音も出ず、不愉快である。

戦後の日本経済の繁栄は、アメリカの傘、冷戦体制の枠組みによって支えられていた。自民党の一党長期政権も官僚たちの許認可行政も、この枠組みのもとで続いてきたものなのだ。冷戦が終われば、こうした戦後日本のあり方も根底から変化せざるをえない。

一九八九年、冷戦の崩壊はすでに確実なものとなってい

た。アメリカは、世界戦略の練り直しを始めた。これまでのように同盟国・日本に遠慮して、甘い顔をする必要はなくなった。いっぽう日本は、ポスト冷戦時代へ向かって大きくうねりだした変化に、まだ何の対応も見せていなかった。日本人は、日本の戦後が永遠に続くかのように信じたがっていた。だから、本書を火つけ役とする「日本見直し論」は、アメリカを中心に幅広い読者を獲得したのである。本書は、アメリカの対日戦略を練りあげようという人びとに、基本認識を提供した。また日本は、欧米からわが国がどう見えるかについて、本書から多くを学んだ。要するに、ポスト冷戦時代の両国関係は、本書からスタートしたのである。

＊

本書（英語版）が出版されてから、五年が経った。世界も日本も、大きく変わった。特に日本では、細川連立政権が誕生し、「五五年体制」に終止符が打たれた。

だがこれで、日本は本当に変わる（変わった）のだろうか。変わるという楽観論もあれば、結局変わらないという悲観論もある。ウォルフレン氏ははたして、そのいずれに与するのだろうか。

昨年（一九九三年）の秋、一橋大学の大学祭企画で、ウォルフレン氏と討論をするチャンスがあった。そこで私は、さっそくこの点を尋ねてみた。氏の答えは、日本の権力構造（〈システム〉）は深く根をおろしているが、改革は可能かもしれないという。まことにバランスの取れたものだった。特に、小沢一郎、羽田孜、江田五月といった改革派の政治家たちを高く評価していることが印象に残った。ここ数年の日本の変化をウォルフレン氏がどう見ているかは、今回新たに書き換えられた、文庫版のための「結び」に詳しくのべられている。

＊

もうひとつ、ウォルフレン氏とのやりとりで印象に残ったことをのべておこう。

本書を読んで私は、昔読んだもう一冊の書物を思い出した。それは、Roberts, John G.1973 Mitsui : *Three Centuries of Japanese Business*, Weatherhill（ジョン・G・ロバーツ『三井——日本における経済と政治の三百年』安藤良雄・三井禮子訳、ダイヤモンド社、一九七六年）で、本書ほど評判にこそならなかったが、三井文庫などに残された膨大な資料をもとに、明治維新から戦後にいたる日本近代の光と影とを、壮大な構想のもとに実名入りで克明に描きあげた大作である。こうした仕事が日本人でなく、外国人の手でようやくなされたことを、恥ずかしく思ったのを覚えている。

ロバーツ氏の『三井』は、戦後間もなくのところで終わっていた。その仕事の後を『日本／権力構造の謎』が、現代まで引き継いでいる――私はこう考えるのだが、こうした印象が正しいか、それをウォルフレン氏に聞いてみた。氏の答えによると、ロバーツ氏は古い友人で、『三井』の仕事にも大いに敬意を払っているとのこと。彼の仕事を覚えていてくれる人がいて嬉しい、という返事だった。さらに氏が、ロバーツ氏がごく最近亡くなったので悲しんでいるとつけ加えたのは、私にとってとても残念な報せだった。

＊

さて本書、『日本／権力構造の謎』は何を主張しているのか？　それは、本書自身が雄弁に語っているし、著者自身による詳しい解説もある。重複するのを承知のうえで、大事なポイントを繰り返しておこう。

まず第一に、〈システム〉とは何かを理解することが重要である。〈システム〉は氏の独特な用語なので、注意を要する。

システムと言えばふつうは、いくつかの要素からなる全体、という意味である。見かけ上は複雑な現象でも、要素（変数）のあいだの関数関係などのかたちで、その正体を突き止めることができるものがシステムである。けれども、本書の〈システム〉は、その反対に、なかなか正体がつかめないアモルフ（無定形）なもの、という意味なのだ。ポスト・モダン派の人びとなら、さだめし「リゾーム（根塊）」とよぶところだろう。

システムの反対物は、（西欧社会の近代的な）「国家」である。国家とは、政治的に責任をとる主体（**a center of political accountabiloty**）であって、誰がどういう根拠にもとづいてどういう権力を行使しているかを、はっきり目にみえるかたちにしたものだ。権力を、権利や権限として可視化・分節化し、法によってコントロールすること。これは、近代社会の根本前提である。しかしウォルフレン氏のみるところ、日本にはこうした前提がそもそも欠けている。日本の社会にももちろん権力現象があるのだが、人びとはそれを権力と意識したがらず、それに法や制度などの明確なかたちを与えることを好まない。民主主義は、権力を法によってコントロールする制度であるはずだった。しかしそうした見かけの裏でも、実はこうしたアモルフな権力が人びとをとらえている。ウォルフレン氏が〈システム〉と名前をつけて描こうとしているのは、こうした日本の権力のあり方なのだ。

つぎのポイントは、具体的な人名を散りばめた、論証の圧倒的なぶ厚さである。政界、財界、マスコミ、犯罪組織など、日本社会のあらゆる領域にわたる切れ味の鋭い分析は、ジャーナリストとして数え切れないインタヴューをこなしてきたウォルフレン氏の、膨大なデータの蓄積に裏打ちされている。それは、ただやみくもに集められたデータではない。〈システム〉の作動メカニズムを浮かびあがらせようという、明確な戦略にもとづいたものなのだ。

こうした戦略的着眼は、どこから来たのだろうか？　人類学に、参与観察という方法がある。人類学者が未開社会に入り込み、原住民と生活をともにしながら、さまざまなデータを集積していくやり方である。その際、人類学者の観察眼をいやがうえにも鋭いものにするのは、よそからその社会に入り込んだという距離感である。私はウォルフレン氏も、同じ距離感で仕事をしていると思う。氏は、西欧文明の正統的な教養の側に立ちながら、日本の〈システム〉をそれに合わないと切り捨てるのではなく、もうひとつの「合理的」な秩序として理解しようと悪戦苦闘する。彼のインタヴューに応じた役人や政治家は、原住民のインフォーマント（情報提供者）である。それを素材とした本書は、良質の人類学者による異文化体験の報告書、とも言えるのだ。

本書は、日本社会に対する異和感、異質感をひとつの基調にしている。このような感覚は、西欧社会を価値の座標軸とするところからやってくる。ウォルフレン氏がこのことをどこまで意識しているか知らない。だが、本書の批判精神が、あるべき国家・対・日本の〈システム〉、あるべき民主主義・対・日本の戦後民主主義、……といった対比のうえに成り立っているのは確かなのだ。氏は、西欧的な価値にコミットしているからこそ、日本人なら問題にもしない社会運営のさまざまなあり方のなかに、権力が潜んでいることに気付くのである。これは、異文化体験としての日本研究の利点である。

では、こうした西欧的な価値へのコミットは、本書の客観性をそこなわないのであろうか？　そこなうどころか、むしろこうしたスタンスこそが、本書を客観的で、公平で、科学的な書物としていると私は思う。なぜならば、西欧的な価値を掲げて地球大の文明を築きあげた西欧社会と、それに伍しながら独自の社会運営にこだわり続ける日本社会とが、異質な他者として互いを発見しあうのは、文明史的な必然だからだ。

日本社会は、日本固有の価値を隠し持ったまま、西欧文明に適応し、近代化をとげてきた。日本の近代化のプロセスは、明治維新から一九四五年までの時期（前半）と、それ以後（後半）とに分けられるだろう。前半は、日本が外国と異質であることを、日本人が十分に意識していた時期だった。独自性を打ち出そうとした日本の自己主張は、破局を迎えて終わった。後半は、日本が外国の価値に順応しようとした（異質性をなるべく意識しまいとした）時期だった。そしてこの時期は、日本社会がほんとうに西欧社会と足並みをそろえてやって行く気があるのかという諸外国からの問いかけによって、終わろうとしている。湾岸戦争とともに持ち上がった国際貢献の問題も、構造協議や市場開放をめぐる問題も、そうした問いかけが形を変えたものだ。

この問いかけが、ピンと来ないという日本人が多い。それは自分たちが、どれだけ西欧社会とかけ離れた社会運営をしているか、想像できなくなってしまったからだ。それもこれも、〈システム〉が現実から目をそむけさせ、権力が知性を麻痺させているせいであると、ウォルフレン氏はみる。日本人をそうした虚偽意識から解き放ち、自分をとらえている前提を気づかせるための書物——それが、『日本／権力構造の謎』なのだ。それは、日本が明治以来対峙してきた、西欧文明からの問いかけだからこそ意味をもつ。

＊

本書の日本語版は、日本のジャーナリズムや読書界でもかなり話題になった。しかし、「日本異質論」、「日本叩きの書」というレッテルを貼られる場合がほとんどで、その内実がきちんと理解されることは稀であった。

本書は、かつての『菊と刀』（ルース・ベネディクト著）に匹敵するような、すぐれた日本社会論であると思う。これほどスケールが大きく、実証的、しかも包括的な書物はあまり例がない。もしも日本について知りたくて、なにか一冊だけ読みたいという外国人がいれば、本書を読むことを私は勧める。

日本の社会で暮らしていると、時として、そのあまりの閉鎖性、萎縮した思考、自己主張の無さ、無原則、退嬰的な幼児性に、うんざりさせられることがある。そういうとき、本書のことを思い出せるのは救いだ。ここには確かに、日本社会を国際的な視野から見すえる確実な視線がある。

日本の国際性とは、外国の情報をいち早くキャッチすることではない。外国語が操れるようになることでもない。日本社会のこの場所で、どれだけ国際社会の批判的なまなざしに耐えられるだけの行動ができるか、ということなのだ。日本人のなかのある割合の人びとが、日本社会を国際的なフォーマットでもって運営していくことを、自分の任務と考える。それが、これから始まる改革の出発点である。改革とは、〈システム〉との戦い、権力との戦いである。そうした改革の課題を、日本人にメッセージとして送り届けた書物、それがこの『日本／権力構造の謎』なのである。

高度資本主義下のテレビ

▼吉本隆明『情況としての画像』河出文庫版解説　1995.10

吉本隆明氏が、本書のもとになる原稿を『ＴＢＳ調査情報』のために執筆・連載したのは、一九八七年から八九年にかけての約二年間。冷戦の崩壊、湾岸戦争の勃発とともにバブル景気がくずおれて、日本経済が不透明な九〇年代を迷走し始める直前のことだった。当時のテレビの華やぎぶりが、吉本氏の筆致を通じて伝わってくる。

テレビは本来、批評の対象にならないものだった。テレビやドラマやドキュメンタリー、コマーシャルなど、一個の作品という体裁をとれば別である。けれども、『マス・イメージ論』、『ハイ・イメージ論』によって、漫画、ニューミュージック、都市環境など、メディア文化の現状理解に独自の思想的課題を見出した吉本氏は、作品ではなく、テレビメディアそのものを批評する必然を手にしたのだった。氏ならではの縦横のテレビ批評を、楽しむことができるのが本書だ。

氏はテレビメディアの現況診断を、冒頭の「テレビはどこへゆくか」でさっそく、精確このうえなしに下している。

《ワイドなニュースやドキュメンタリーの番組は……ドラマに限りなく接近してきている。一方……テレビドラマのたぐいは……限りなくワイドなニュースやドキュメンタリー番組に近づいていっている》。要するに、シリアスな報道番組でも芸術の香り高いドラマでもない中間の場所、虚実のあわいにたゆたうバラエティーこそが、高度資本主義時代のテレビの純粋形態なのだという診断だ。

＊

バラエティーとは、〃テレビ局で面白いことが起こる〃というコンセプトに要約される。

私の数少ないテレビ出演の経験からすると、テレビほどいい加減なものはない。まず、台本がない（いちおうあるけれども、《ここで○○さんの話（適当にお願いします、十分間）》なんて書いてあったりする）。つぎに、責任者がいない（プロデューサーがいるわけだが、ディレクターをいい加減に指図しながら、録画撮りを調整室で見ているだけである）。打ち合わせもない。タレントと称する人びとは、観客もいないのにやたらテンション高く、つぎからつぎへとどうでもいいことを延々と喋り続ける変人・奇人たちである。テレビの唯一・最大のタブーは、誰も何も喋らない沈黙なのだが、そのタブーを回避するよう特化した存在がテレビ・タレントにほかならない。要するに、テレビとは、テレビカメラとテレビ塔、テレビ受信機などから成り立つ機械システムなのであって、スタジオからだらだらと画像を映し出すことが（技術的に）できる。その画像をなるべく多くの視聴者に視てもらいたいという願望だけから、すべてが出発しているのだ。

テレビは開局した当初、ラジオ、映画、演劇などこれまでの娯楽形態との連想にひきずられて、テレビの本質とほど遠いところから番組づくりを始めた。それが、高度資本主義の成熟を迎えた八〇年代の末までに、試行錯誤のすえ、テレビ的なるもののひとつの完成にいたる。その様相を、吉本氏はよく書きとめている。タモリ、たけし、さんま、とんねるずといった固有名たちが、テレビ的なるもののどういった個性的な具体像を結んだかについて、本書の各章から存分に味わってもらいたい。

＊

テレビは過去を忘却しつつ、日々変化していくものなので、本書が書きとめている当時のあり様と、いま現在のテレビのあり様とは、少々のずれがある。もう打ち切られた番組もかなりあるし、新しいタレントも取り上げられていない。

これは、テレビという生き物を批評する以上、やむをえないことだと言える。テレビの側には批評されるつもりなどまるでなくて、ただ毎日の放送、つぎのクールの新番組がどうのこうのと、右往左往しているだけだ。もしもいまのテレビを批評したければ、吉本氏のやり方の真似をして、読者がめいめいやってみればよいのである。

そういうずれと別に、私は、もうこういったテレビ的なるもののピークは過ぎており、高度資本主義との蜜月は二度と戻ってこないだろうということを感じた。

それは私が最近、ケーブルテレビを視ていることと関係がある。ケーブルテレビは、地上局と違って、放送衛星や通信衛星を経由したチャンネルを、一度に何十と流すことができる。一日中スポーツを観戦していてもいいし、CNNをつけっ放しにしていてもいい。視聴者の嗜好にあわせて、その数だけのチャンネルがある。たかが五つ六つの地上局が、視聴率二〇％を競って番組をぶつけあうのとまったく違った力学が、支配するのだ。そこでは、せいぜい視聴率数％にあたる人びとがターゲットになっている。ケーブルテレビだと、テレビ、タレントもいらなくなる。いつも番組に出ている人間の、顔と名前は覚えるが、要するにそれだけのこと。「視聴率がとれる国民的キャラクター」としてのタレントは、ケーブルテレビに似合わないのだ。

九〇年代以降の高度資本主義は、ケーブルテレビからマルチメディアへの道を歩んでいる。そういう情況の批評が、本書のスタンスを受け継ぐ仕事になるはずだ。

＊

最後に、吉本隆明氏の著作の文庫解説を担当するという、光栄ある機会を与えられたことを感謝したい。

（一九九五・八・二〇）

とんでもない人びとのどうしようもない三冊

▼『BT 美術手帖』1995.11

早い話がこの三冊とも、かなりどうしようもない。「ナンパ写真」、「AV監督」の題目につられて、なんかいいことが書いてありそうと錯覚し、買ってしまったらいい面の皮だ。『美術手帖』に書評が出たからまともな本か、と勘違いしてはいけない。

そもそも、こんな本を私に書評させようと思いついた『美術手帖』の担当編集者はなにを考えているのか。たぶん彼も、かなりヘンなのだ。『美術手帖』にしたって、そうとうヘンかも。うっかり書評を引き受けてこんなものを読まされ、私は怒っている。

まず佐々木教の**『ナンパ写真日記』**（KKベストブック）。著者は《三十数年、ナンパに明け暮れるプロカメラマン》（帯の宣伝文）で、《『投稿写真』や『スーパー写真塾』などの連載を抱える売れっ子》（奥付・著者紹介）だという。カメラはプロかもしれないが、文章のほうはひどいものだ。それでも雑誌の《売れっ子》なのは、年季の入った「ナンパ術」のおこぼれにあずかろうという、さもしい読者が多いせいだろう。

　本書は、カメラを手にしてからの自らの半生を回顧したもの。しばらく前、キャンディーだかミルキーだかいう中年男が幼児の女装でテレビや雑誌に登場、あんなものをテレビに出しちゃいかんと笑福亭鶴瓶さんが怒っていたが（まったく同感）、こっちも相当のイカレ野郎だ。こんな奴が本を出すこと自体が間違っている。

　ナンパのヴェテラン・佐々木氏のパンチラ写真は、彼独自のもの。それまでの「アクション写真」（甲子園のチア・リーダーなんかを足元から撮影する）や「逆さ吊り」（小型カメラをスカートの下に入れて撮る）、「ピーピンク」（ノゾキをやりながら撮る）がみな〝盗み撮り〟だったのに対し、彼は被写体の女性にナンパをしかけ、相手の「同意」を得ながら撮影する。写真を口実に、胸やヒップにタッチしまくり、セックスだってしてしまうのである。あとは《「名刺ください」なんて言われたら、「持っていない」と逃げる。「じゃあ住所と電話番号」ときたら……「ただいま失業中」など、ヌケヌケとつっぱる》が、お決まりのパターン。《完璧なフェアプレー精神でおしとおしたからトラブルも皆無》と自慢するのもいいが、写真を雑誌に載せるよと、ちゃんと事前に説明したのか？　《考えてもみなさい。読者諸氏の彼女、妻、友人、妹、ひょっとしてご令嬢が、雑誌にスッポンポンであらわれたら腰を抜かすだろうに。やるにことかいて写真を撮っているヤツとカランでいるんだから、まさに晴天のヘキレキ》と書くのだったら、これがれっきとした不法行為（肖像権の侵害）であることくらい自覚すべきだろう。レイプと同じことで、相手が泣き寝入りしている（訴えてこない）からといって、それが犯罪でなかったことの証明にはならないのだ。

　こんな著者をつかまえて、いまさら非道徳的だのなんのと非難するつもりはない。それ以前に、一刻も早く民事訴訟で訴えられ、賠償命令を受けて、これ以上商売ができなくなるのを願うのみである。

　バクシーシ山下の『**セックス障害者たち**』（太田出版／幻冬舎アウトロー文庫）は、ＡＶ監督の山下氏が監督した四十四本のアダルト・ビデオについて、一作ずつ回顧したもの。文体から察するに、談話をもとに活字に起こしたものと思われる。

　山下氏は一九六七年生まれの、二十八歳。安達かおる監督が社長をつとめるプロダクションで、初監督作品が一九九〇年五月というから、まる五年半のキャリアだ。

　ＡＶ業界が非常識なのか、このプロダクションが特別なのか、山下氏が変なのかはっきりしないが（たぶんどれもだ）、はっきりいってビョーキの世界だ。男優たちは、全国から勝手に面接に集まってくる。AVギャルは、プロダクションから調達する。《小便飲んだり、ウンコ食ったりするだけが、変態じゃない。人前で堂々と股開いてセックスする女も変態なんです。AVに出てるやつはすべてそうだと僕は思います。そして僕は、憩いの場を提供するふりをして、彼らを見世物にしています》。撮影は数日で終わるが、台本はなく、監督が男優、女優をいかにだますかがポイント。街角ナンパでは、さんざん失敗した頃あいを見計らって、用意のAVギャルを通りかからせる。男優たちは素人を本当にレイプできると思い込んで襲いかかる。そこを撮るといった具合。男優もそうとう奇妙で、いつでもゲロを吐ける大男のポンプ宇野とか、山谷のドヤで見つけた歯の抜けたオッサンとか、いかにも嫌われるタイプの男優を登場させ、糞尿をまき散らしたりして、女優が本気でいやがる表情をねらう。迫真の臨場感のためだというが、フェミニズムの「AV人権ネットワーク」という団体がほんとうのレイプだと抗議したほどだ。ビデオをつくるプロセスそのものが、不法行為をそそのかす仕組みになっているのではないか。

AV業界の現場の荒廃は、相当行くところまで行っていると実感した。アイデアに詰まれば、人肉を喰うしかないと、女優の皮下脂肪や男性の包茎の包皮を手術で切り取らせ、担々麺や焼肉にして食べたりする。こんなビデオを観るやつの気が知れない。

この本でやはり気になるのは、関係者のプライヴァシーのこと。男優、女優は、ビデオ出演契約まではしたかもしれないが、勝手にこの本に顔写真を載せられ、本名、出身地、勤め先などを公開されることをOKしているとは思えない。いちばんひどいケースでは、投稿マニアが送ってきたビデオを、そのまま作品の一部に使ってしまっている。《この人はただのはめ撮りマニアなんですよ。別れた前の彼女のストックとかを持っているらしいですから。その前の彼女にしてみれば、生きた心地がしないでしょうけどね(笑)》ですませられる問題か!

これら二冊とくらべれば(くらべては失礼だが)、みうらじゅん『**やりにげ**』(文化社)は、なかなか立派な作品である。

みうら氏は、漫画を描く人らしい。文章もうまい。そしてこの作品は、みこすり半劇場(という雑誌があるのか?)に一九九三年十月から今年の五月まで連載されたものだという。これまでセックスした女性の、似顔(プラス年齢・職業・具合・関係日数など)から始まり、からんでいるところを描いた漫画(著者がクマ?になっていると ころがなんともご愛嬌)を挟んで、軽快な文章が六頁。解説の内田春菊さんが《この本を、ノンフィクションではなく短編小説集として応援したい》というくらい《千刷希望の純文学》（帯）なのだ。

みうら氏のやりにげに遭って、しかもこの本のネタにされてしまったひとは、これを読んで頭にくるかもしれない。しかしこの本の罪が軽いのは、女性が写真でもビデオでもなくて、似顔で描かれていることだ。本人を知っていれば、似顔は、〝ああ似てる〟と思えるが、似顔だけから本人が割れる心配はまずない。知り合ったいきさつなど具体的なことは一切省かれており、シュールな雰囲気さえかもし出す。これもみうら氏の優しさか。

みうら氏の作品に救いがあるのは、たとえば今回書下しの「病気の女」で、行きずりの女に病気をうつされ泌尿器科で触診を受けたらウンチを洩らしてしまったなどという、だれだって隠しておきたいような体験のさまざまを、つき放して描いている潔さだろう。だからといって、やっぱり珍奇な本なのだが、少なくともここにはリアリズムがある。

今年の七月二十七日にこのての本が三冊も同時に出るなんて、ほかの月もこうなのだろうか。ろくに女の子と口もきけないくせに、AVの見すぎで妄想ばかりふくらんでいる衰弱した若者連中が、この本を読んで妄想に輪をかけたりするのでなければ幸いだ。

清算しきれない過去

楊克林編著『中国文化大革命博物館』

▼『週刊読書人』1996.7.5

文化大革命の話題になると、中国の人びとは、ちょっとビクッとする。そして、いろいろなことがあったけれど、いまさらほじくり返しても仕方がないでしょう、というふうに反応する。毛沢東が一九六六年に「プロレタリア文化大革命」を発動してから、まる三十年。一九七六年に毛沢東が死去し、文革が収束に向かってからでも、まる二十年。それだけの時が流れた。その間、鄧小平の改革開放政策が実を結び、中国は面目を一新した。にもかかわらず、文革をひとつの歴史的事実として見すえ、率直な学問的検討の対象にすることは、まだできないらしい。ちょうど日本の戦争責任のように、未解決の近過去の問題として、文革は中国の人びととのわだかまりとなっている。

なぜなのか？　その理由は容易に想像がつくだろう。文革は、中国共産党の毛主席が発動した。文革が誤りであれば、毛主席が誤っていたことになる。鄧小平以下の共産党指導部は、部分的に毛主席の誤りを指摘しただけで、毛主席を全面的に否定はしなかった。全面否定すれば、中国共産党そのものの正しさも否定されてしまう。共産党の政権を維持していく以上、毛主席の権威を傷つけてはならない。となれば、文革がどうやってひき起こされたかという責任問題を、四人組などひと握りの人びとになすりつけて、うやむやにする以外にないのだ。

毛主席ばかりでない。当時は誰もが、誰かを批判し、誰かを打倒し、誰かを裏切らざるをえなかった。そうしなければ、身を守ることができなかった。身を守るいちばんの方法は、いち早く造反派に加わり、造反派であることを証明するために、誰かを批判し打倒することである。誰かを批判するための材料など、いくらでもみつかった。どんなに人間性に外れた扱いでも、階級の敵にはむしろふさわしいとされた。文革中に殺害されたり「自殺」したりした人びとは、数百万人とも、それ以上とも言われる。その責任を問い始めれば、収拾のつかない混乱になる。

中国大陸で、文化大革命を研究するのはまだむずかしい。それならと、香港の雑誌が特集を組んだ。香港中文大学の研究所が出している『二十一世紀』という雑誌である。私もさきごろ「紅衛兵と全共闘」という一文を寄稿して、つぎのようにのべた。

（1）文化大革命は、党に指導されるはずの大衆が党を破壊するという、マルクス＝レーニン主義の原則に反する（＝起こるはずのない）革命だった。

（2）文化大革命は、冷戦構造（米ソの覇権体制）に対する異議申し立てだった。それは、中国のナショナリズムが、毛沢東のカリスマへの帰依（個人崇拝）というかたちをとって噴出したものである。

（3）文化大革命は、党よりも毛沢東の権威のほうが優越したからこそ可能となったが、紅衛兵は党と違って指揮系統をもたなかったので、日常化できず、下放によって社会の中枢から一掃されてしまった。

何の実績もない中高生、大学生たちが、いともやすやすと党幹部をつるし上げ、権力を奪取できたのはなぜか？今回『中国文化大革命博物館』に収録された生々しい当時の写真をながめるにつけても、驚くべきことに思われる。その秘密を解くひとつの鍵として、档案《とうあん》制度に注目すべきではないか。

ロシア共産党が秘密警察によって維持されていたとすれば、中国共産党を支えたのは個人档案制度である。この制度は、清朝にさかのぼるというが、解放後の中国で重要な役割を果たした。

＊

档案とは、履歴書か病院のカルテのようなもので、個人データの書類の束が档案袋という袋に入っており、一人ひとりに一生ついて回る。学校を卒業すると、職場に成績表そのほかが入った档案が届き、以後、だんだんなかみが増えていく。この書類の特徴は、①本人は、自分の档案を見ることができない、しかし、②組織のトップは部下の档案を見ることができ、そこに何か書き加えることもできる、というもの。要するに、居ながらにして部下の思想的傾向や経歴の汚点、家族の状況、プライバシーなどが把握できるのだ。数年前、档案制度は廃止になったけれども、安心はできない。用済みになった档案は、公文書センターのようなところ（档案館）に集めて保管されており、誰かが閲覧するかもしれないからである。

国民党を追い出して政権を握った中国共産党は、スパイや国民党の残党に目を光らせる必要があった。共産党の幹部にしても、兄弟や親戚が国民党だったり、親が地主や資本家だったりする。そうしたデータを残らず記録し、集中管理するシステムが档案制度だ。中国では党や軍隊に限らず、あらゆる組織や人間が、官僚制の「級別」によって序列づけられている。中国の、共産党〜官僚制〜档案制は、切っても切れない関係にある。そして毛沢東は、国中の人間すべての档案を見ることができる。つまり、誰かを追い落としたければ、その人物の档案の内容（昔こんな失敗をした、日本に留学したことがある、……）をちょっと誰かに洩らしてやればよいのだ。つぎの日には、「大字報」が貼り出され、紅衛兵がわっと押しかけてくる。

文革中になにが起こったか、その記録は、膨大な档案のなかに細大もらさず記されている。これを系統的に研究すれば、文化大革命の全貌が白日のもとにさらされるだろう。そんな日がくるのだろうか。

档案が残っている限り、人びとは共産党を恐れ続ける。アメリカは中国政府の人権抑圧を非難し、政治犯の投獄を問題にするけれども、それにも増して人びとに重くのしかかっているのが、档案制度だ。仮に国中の档案を集めて、袋を開けないまま火にくべたなら、ほっと安堵する人びとが多いことだろう。中国の民主主義が、そこから始まるかもしれない。文化大革命の研究ができなくなっても、それを喜ぶべきかもしれない。

逆に言えば、中国共産党がある限り、档案は保管され続ける。それが公開され、自由に研究できるまで、あと五十年はかかると覚悟しなければならない。

＊

「歴史の悲劇を繰り返してはならない」と、一九八六年に「文化大革命博物館」の設立を呼びかけたのは、大作家の巴金である。それから十年、香港の出版社が昨年暮れ、その構想を借りて、書物のかたちで出版した。編者の楊克林氏は、文革中に青年時代を上海、四川で過ごし、この書物に《自分の半生の決着をつけ》る意味で取り組んだという。本書で特に感動的なのは、文革の非道な弾圧のなかで、信念と人間の尊厳を貫き、死を恐れずたおれていった人びとも多くいたことだ（第一一章）。その事実に、この書物同様のずしりと重い手応えを感じる。個人が購めるには少し高価かもしれない。だからこそ、なるべく多くの図書館に、蔵書としてそなえてもらいたいものである。

高校生のための「名著講読ゼミ」

【インタビュー】

▼『進研ニュース VIEW 21』1999.9

子どもの頃の読書の思い出と言っても、特にこれにのめり込んだとか、これで人生が変わったというようなものはあまりないなぁ。ただ、上に兄や姉が四人もいたから、家の本棚にはたくさんの本があって、それを結構読みましたね。まあ、読んだと言っても、大部分はお下がりの本でしょう。戦前・戦中の物がほとんどだから、周りの友達とは話が合わなかったですね。

大体、私は本を読むことで何か楽しみや喜びを見いだすというより、ただ暇だから本を読んでいたと言った方が正確です。小学校のとき、繰り返し読んだのが、親に買ってもらった百科事典なんだけど、これも別に知らないことを調べるためとかではなく、ただひたすら「あ」から読み始めて、「ん」まで読む。終わったらまた最初に戻るという読み方。小学校の一時期、兵庫県の山の中に住んでいたことがあって、その頃は暗くなるまで外で遊び回ってたけど、東京に来てからは、山もないから外で遊ぶこともなくなった。だから、百科事典は暇つぶしになったんです。

中学生になっても乱読の癖はなかなか直らなかった。「暇があれば読む。飽きたからやめる」、その繰り返し。『ＳＦマガジン』の山を創刊号から一冊ずつ読み、二年分読んだところで、全部同じだってことに気付いてやめたりね。そう、この頃は、獅子文六の作品もよく読んだ。獅子文六の作品には、お茶の水辺りのホームレスやバーのママとか、いろんな類型の人間が出てきて、中学生にしてみれば、社会勉強的な面白さがあった。それに、獅子文六の作品は実にナンセンスなんだよね。ナンセンスなものというのは私の好きなジャンルなんです。今でもそうですが、私は理屈っぽい性格だから、時にはこういうものを読んで自分を解放したいわけ。もっとも、これも文庫本で十冊ほど読んで、飽きたのでやめたけど。

社会学を専門にしたのは、大学の教科書をいろいろのぞいて、それが一番分かりやすくて、自分に向いていると思ったから。元々、この分野には高校生の頃から興味があった。当時の友達に医者の息子が多くてね。医者の息子というのはませているんだな。家にフロイト全集なんかがあって彼らも読んでいるから、フロイト理論についていろいろ講義してくれる。それで私は社会心理学や社会学なんかに興味を持つようになったんです。

ただ、大学でいざ、本格的に社会学に取り組もうというときには困りました。大学生の頃の私はマルクス主義のシンパだったのね。だから読書と言っても、そのほとんどはマルクス主義の本。今考えると大したことないなあという感じだけど、当時は学生運動の真っ盛りでしょう。読んでいないと周りの話についていけなかった。ところが、マルクス主義は社会学という学問を認めていない。そこでそれなりに悩んだり、考えたりしました。そんなこともあって、この頃はマルクス主義にアンチ・テーゼを提出していた吉本隆明の本もよく読んだなあ。

結局、マルクス主義には問題があるという結論に至って、今は大学で社会学を教えたり、ものを書いていたりするんですが、私は元々、物書き気取りで机に向かって「実存的深み」っていうやつにウットリしたりするような学生じゃなかったから、特に大きなきっかけがあって文章を書くようになったわけではないんです。状況に応じて、頼まれたから、書きたいテーマがあるからという感じでやってきた。特に最初の頃は専門的なものが多かったし、そう多くの人が読むようなものでもなかった。

ただ、私は仕事柄、人の文章もよく読むわけ。そうすると、思想や学問を扱った文章ってやっぱり斜に構えてるものが多いんだね。「俺はこんなことも知っているぞ、お前はこんなことも知らないだろう」とかね。逆に十分分かっていないのに言い訳したり、隠したり。余計なものがたくさんくっついているわけです。私はそういう本を読む度にすごく腹が立った。同じ書き手としても余計なものを外せば、もっと親しみやすいものができるはずだって思うようになったんです。

だから、八八年に書いた『はじめての構造主義』という本では、そういう手練手管を一切外して、ものを書くように努めました。これも頼まれたからやった仕事ではあるんだけど、若い人たちに向けて、易しく読めるということをかなり意識してやれたのではないかと思います。

最近の若い人たちはあまり本を読まないなんて批判があります。だけど、本というものが、読めば読むほどお利口になるものだというのは幻想。うまく読まなきゃだめなんだ。だからただ読めばいい、というものでもない。私だって仕事では読むけど、読まなきゃいけない本を読んでるかどうか……。ただ、読まなきゃいけない本かどうかは、読んだ後でしか分からないんですよ。

それでもあえて読書を勧めるなら、自分のこと、自分が考えてきたことを他人が書いていると思って読むとか、あるいは全く他人のこと、自分とは違う人の考えが書いてあるとか思って読めば楽しい。いろんな読み方をしてみるといいんじゃないかと思いますね。

ルイス・キャロル（柳瀬尚紀訳）**『不思議の国のアリス』ちくま文庫**

ナンセンスかつ楽しい小説です。英語特有の変わった言い回しや面白い言い回しが、五行に一つは出てくるので、とてもいい勉強になると思います。こうした言葉の面白さは、翻訳ではなかなか味わえないので、是非、英語で読んで欲しいな。

小堀　憲『大数学者』新潮選書（品切中）

ガロアとかアベルとかガウスなんかの数学者が、どんなに偉くて、どんなに貧乏だったかということが書いてある本です。自然科学系志望の人なんかこういうのを読んでみるといいと思います。数学が分かっていればとても楽しいし、分かってなくても楽しい本です。

吉本隆明『改訂新版　共同幻想論』角川文庫ソフィア

日本民俗学を下敷きにしながら、国家はどのように権力を持つかをマルクスとは違ったやり方で思考実験している本です。階級闘争をなくすために共産主義革命をしようといったマルクス主義の主張に対して、この本は、権力がなくなる保証はないという警告を発した。私はこれを大学生のときに読んだのですが、正に書かれるべくして書かれた本だなと思いましたね。

サミュエル・ベケット（安堂信也・高橋康也訳）**『ゴド**

ーを待ちながら』白水社

ベケットの作品は大好きでたくさん読みました。ゴドーというのは神（God）のことでしょう。キリスト教の一番の問題は、世界の終わりと神の再来がいつになるかということですが、それが待っても来ない。だからキリスト教の世界観からすると、この世は不条理ということになる。この戯曲、実はキリスト教のパロディなんですね。

橋爪大三郎『はじめての構造主義』講談社現代新書

この本が出たのは、ちょうどポスト構造主義というのが流行りだした頃で、構造主義はもう廃れていた。でもそれは、何かおかしい。流行ってるから自分もやってみるというのも別に悪いことじゃないけど、なるべくそうじゃないようにって思いで書いた本がこれです。高校生にも読み易い内容になっています。

つげ義春『ねじ式』小学館文庫

私が大学一年か二年のときに漫画雑誌『ガロ』で発表されてずいぶん評判になった作品。漫画っていうのは漫画でしかないんだけど、それでもいろんなことができる。文学も政治も描くことができるんです。つまり、人間は何を武器にしてもいいんですね。

「聖なる分離」の儀式

▼『「買ってはいけない」は買ってはいけない』所収　1999.10

『買ってはいけない』という本は、その名の通り、これこれの商品は有害だから買わないように、というメッセージの本である。有害なのは、主成分が毒物であったり、添加物が人体によくない作用を及ぼしたりするからだという。このメッセージが広く受け入れられ、またたく間に百万部を超す売れ行きとなった。

ほんとうにそれらの商品が有害であるかどうか？　これは、科学的に検証するしかない問題である。検証は、専門家に任せるとしよう。私は、その代わりに、「買ってはいけない」というメッセージが何を意味するか、考えてみる。

＊

このメッセージは、商品を、二つのグループ（買ってもよい／買ってはいけない）に分ける。商品は人びとの選択の対象である。そこで人びとの行為（選択）も、二つのグループ（してもよい／してはいけない）に分けられることになる。いわば、倫理的・規範的な意味をもつ二分法である。

はて、このような二分法は、どこか覚えがあると思って考えてみると、それは宗教である。イスラム教やユダヤ教には、多くの食物規制や行為規制がある。信者でなければ許される食物や行為が、食べてはいけない、してはいけない、というかたちで禁止される。もちろんそういう食品は、買わない。

数年前、見学のため、東京・代々木のイスラミックセンターを訪れた。「なぜムスリムはブタ肉を食べないか」といったパンフレットをもらった。読んでみると、ブタは不潔な動物である、寄生虫や食中毒も多い、蛋白質の栄養価にも問題がある。ゆえにアッラーがブタを食べてはいけないと定めたのは、科学的に合理的な根拠がある、などと書いてあった。

書かれてあることが、まったく根拠がないとは思わない。しかし問題は、もしもあべこべに、ブタ肉に有利な科学的な根拠が見つかれば、ムスリムはブタ肉を食べるのか、である。科学的な根拠があろうとなかろうと、アッラーの命令だから、ブタ肉は食べない。これこそ、ムスリムであろう。科学的な根拠の有無にかかわらず、ある選択肢を排除する。それが宗教上の禁制（戒律）というものである。

＊

宗教になぞらえて言えば、『買ってはいけない』は、聖典である。「商品規制」を人びとに与え、商品社会にあふれる過剰な選択のなかから、これを買ってはいけない、と救済の指針を与える聖典。人びとは、その指示（戒律）に従うことで、自分は選ばれていると信じることができる。と同時に、複雑だった世界は、よいもの／悪いもの、に整理されてだいぶ単純に見えてくる。そうやって安心できるのが、この本の効用である。

いくつかのコメントをつけ加えよう。まず買ってもよい／買ってはいけない、の二分法の与え方である。『買ってはいけない』は、買ってはいけない八十九の商品を紹介しているだけだ。山崎パンがいけないのなら、伊藤パンはどうなのか。三共の新ルルーA錠がだめなら、ほかの風邪薬はどうなのか。たぶん、買ってはいけない商品はもっと多いだろう。なにを「買ってもいい」のか、頭を働かせなくてはいけない。

つぎに、聖典は、選択と行為の基準であるから、権威を必要とする。『買ってはいけない』の場合、その権威は、神でないとしたら、科学だろうか。出版のあと、科学的な根拠があるかどうかが論争になってしまった。どう決着するにせよ、文句なしの科学的な権威、というわけにはいかない。

同じメーカー批判でも、『暮しの手帖』の場合は徹底していた。私は子どものころ、毎号読んでいたので覚えている。洗濯機、掃除機、ベビーカー、……。家電製品を中心に各メーカーの商品を集めて、毎号のように実験する。性能、安全性、価格、デザイン。さまざまな要素が多角的に比較検討され、評価が下される。買ってはいけないと評価される場合でも、厳格な実験データの裏付けがある。なるほどと納得できる。メーカーから文句が出たという話は聞かない。これが、科学的な権威というものだ。

『買ってはいけない』は、実験をしない。よそのデータを孫引きしているだけである。メーカーがマスコミで一方的に商品広告をするのはけしからんというが、一方的な商品批判を商品として流通させている自分たちとどれだけの違いがあるのか。これは、科学ではなく、政治ではないのか。

*

根拠はともかく、「買ってはいけない」ものは買わない。そうすれば、商品と情報に埋もれる消費者の群れのなかで、選ばれた人間として生き残ることができる。『買ってはいけない』という聖典を手に入れ、思いおもいに商品規制をみつけることは、救済の儀式、「聖なる分離」の儀礼なのだ。

それもよかろう。しかし、私に言わせれば、何を「買ってはいけない」か気にする感覚は、いま地球上の人類をとりまく現実とあまりにもかけ離れている。食品添加物の取りすぎで死んでしまった人間が、何人いるだろうか。それ以前に、食品そのものが手に入らないで飢餓線上をさまよっている人びとが、約十億人もいる。

「パンをよこせ」とバスチーユに押しかけた群衆をみて、「パンがなければケーキを食べればいいのに」ともらしたというアントワネット妃を、笑うことはできないのである。

アジアの20世紀と21世紀を考える10冊

▼『季刊インターコミュニケーション』2000.7

小熊英二『単一民族神話の起源――〈日本人〉の自画像の系譜』新曜社、一九九五年

入江　昭（篠原初枝訳）『太平洋戦争の起源』東京大学出版会、一九九一年

猪瀬直樹『昭和16年夏の敗戦』文春文庫、一九八六年

東野　真『昭和天皇　二つの「独白録」』日本放送出版協会、一九九八年

黄長燁（萩原遼訳）『金正日への宣戦布告――黄長燁回顧録』文藝春秋、一九九九年

李佑泓『どん底の共和国――北朝鮮不作の構造』亜紀書房、一九八九年

恵谷　治『北朝鮮解体新書』小学館、一九九七年

ユン・チアン（土屋京子訳）『ワイルド・スワン』上・中・下、講談社文庫、一九九八年

産経新聞「毛沢東秘録」取材班『毛沢東秘録』上・下、産経新聞社、一九九九年

岡田英弘『台湾の命運――最も親日的な隣国』弓立社、一九九六年

明治以降の日本近代化は、劣等感と自尊心をミックスした、不思議な心性を日本人に植えつけた。あるときは劣等感が表に出て、ひたすら外国を崇め、あるときは自尊心が表に出て、もはや外国に学ぶ必要はないとうそぶく。ほんとうは強くないのに強がるので、弱いものを前にするとヒステリックな加虐意識にとらわれることもある。富国強兵、脱亜入欧をスローガンとしたことの、必然的な結果である。

優秀で勤勉だが差別されている点で、日本人はユダヤ民族に親近感を抱く。日本民族は欧米に選ばれた選民である。アジアで唯一の軍事大国となり、経済大国となった。こうした世界認識は、ごく最近まで続いてきた。ところが、アジア四小龍の勃興、韓国・台湾の民主化、中国の台頭によって、日本以外にも選ばれた民族がたくさん出てきた。二十一世紀の国際社会は米中関係を基軸に動くだろう。日本のアイデンティティを揺さぶる、世界の地殻変動が起ころうとしている。

小熊英二『**単一民族神話の起源――〈日本人〉の自画像の系譜**』は、明治以降の日本人の自己イメージを丹念に実証的に追いかけている。ここで意外にも明らかになるのは、戦前まで日本は、多民族社会だと信じられていたことだ。敗戦にともなう認識の逆転と健忘症は、戦後日本がどうい

う閉塞線に閉じられているのかを浮きぼりにする。

自滅への日本の軌跡を、外からまた内から、乾いた筆致で描くのが、入江昭『**太平洋戦争の起源**』と、猪瀬直樹『昭和16年夏の敗戦』である。ここでもまた、アジアにも欧米にも閉じられた生存圏を夢想する運動とその挫折の必然が、くっきりと照射されている。いっぽう東野真『**昭和天皇　二つの「独白録」**』は、日本占領と戦後改革の減点になにをみるべきなのかを、的確な資料発掘で裏づけている。

いっぽう、ポスト冷戦時代の国際社会の権力の空白に、過去の日本の記憶のようにこびりついて日本を脅かしているのが、北朝鮮（朝鮮民主主義人民共和国）の脅威である。亡命した書記、黄長燁の『**金正日への宣戦布告――黄長燁回顧録**』は、独裁国家・北朝鮮の成立の秘密や権力者の実像を、あますところなく暴いている。黄書記は日本の大学を中退し、モスクワに学んだ哲学者。その「主体」理論にも、金日成→金正日への権力継承にも、軍部を中心とする権力にも、天皇制の影が見えかくれしている。かりに北朝鮮が近い将来崩壊するようなことがあれば、その余波をどれだけ被るか、覚悟が必要だ。李佑泓『**どん底の共和国――北朝鮮不作の構造**』は、北朝鮮ものの古典と言うべき労作。恵谷治『**北朝鮮解体新書**』は、一冊あるとわかりやすい北朝鮮の実態の図解版である。

巨大な隣国・中国の足跡も知られる必要がある。ユン・チアン『**ワイルド・スワン**』はいまさら説明する必要もないベストセラー。文革の真実の姿とともに、そこに明らかにされている中国社会の実像を、われわれは繰り返しみつめるべきだ。産経新聞「毛沢東秘録」取材班の『**毛沢東秘録**』は、最近中国で発表されている実録ものを集大成した便利な一冊だ。冷酷な権力闘争の現実と鄧小平の改革開放路線登場の意味するところが、しっかりと描かれている。余裕があれば、王輝『**中国　官僚天国**』（橋爪大三郎ほか訳、岩波書店）を読めば、社会主義中国の指導層の実態にさらにふれることができる。

台湾について、日本人の理解はますます乏しい。岡田英弘『**台湾の命運――最も親日的な隣国**』は、台湾の国際法上の地位と独立問題について、思い切った説明を与えている一冊だ。アメリカの対中政策は、台湾の帰属について中国政府の言い分を理解し、二つの中国の動きを支持しないとのべているだけで、中国の見方をそのまま認めているわけではない。そのあいまいさがどういう意味をもつかを、この本は明らかにしている。

東アジアに、経済大国日本と、政治大国中国が並び立つ。これが二十一世紀東アジアの構図であろう。隣国である日中両国は、しかし、歴史という過去のわだかまりを払拭できず、真実の友好関係をとり結ぶに至らない。中国にとって、発展に必要な資源と資本、市場を提供できるのは、日本ではなくてアメリカだ。そこで日本は、次第に経済的地位すら低下しつづけるという、居心地の悪い状態に甘んじなければならなくなる。欧米に顔を向けていればすんだ時代は終わった。日本とアジアの過去を振り返り、現在の緊張と将来の課題を思いえがくため、これら十冊はきっと役に立つだろうと思う。ついでに、加藤典洋と橋爪大三郎の対談『**天皇の戦争責任**』（径書房、二〇〇〇年）を読めば、アジアの歴史に正面から立ち向かう手がかりを手に入れることができるであろう。

高まる英語公用語論

▼「日本経済新聞」2000.9.17

日本語という立派な国語があるのに、なぜ英語を公用語にしなければならないのか。旧英領の植民地でもないのに、と、英語公用語論と聞いただけで拒否反応を示す人が大部分かもしれない。

しかし、時代が違うのだ。ヨーロッパでは国家統合が進み、英語の会議がふつうになった。インターネットを通じて流れる情報も、圧倒的に英語が多い。インドやフィリピンやシンガポールは、他国の英語事務を請け負う「バックオフィス機能」で、新たなビジネス・チャンスをつかんでいる。英語は事実上、グローバリゼーションの時代の「共通語」となっている。

＊

にもかかわらず、言語に関する思想も政策も戦略も、日本という国にはないのだと、船橋洋一『**あえて英語公用語論**』（文春新書、二〇〇〇年）は歯ぎしりする。日本語が世界のなかで「言語的に孤立」しているため、日本の国際的地位が急速に低下している。英語でまともに自分の考えを話すことのできる、政治家や官僚や外交官や知識人が少なすぎる。これは単に言葉の問題ではなく、組織文化や教育、言論のあり方を含む日本社会全体の問題である。それには英語を「外国語」と考えるのをやめることだ。日本人がふつうに話し、聞き、読み書きするもうひとつの言語、すなわち「第二公用語」と位置づけないかぎり、日本は二十一世紀の世界で取り残されると船橋氏は警告する。

日本人が英語が下手で話せないのは、英語を使わなくても生きていけたからだ。それでも膨大なエネルギーをかけて、英語を学んできた。英語教師の大部分が英語を話せないのに、学校文法や受験英語を生徒に無理じいし、そのエネルギーを無駄にしている。せっかく英語を習うなら、せめて使えるようになろう。英語教育の大改革が必要だ。

わが国の主な政府機関や自治体も、企業も大学も、原則として日本語と英語を併用することにし、世界中から優秀な人材を受け入れる。バイリンガル社会・日本に向け、いまスタートを切るべきだ。

バイリンガル（二言語併用）とはどんなことか。東照二『**バイリンガリズム――二カ国語併用はいかに可能か**』（講談社現代新書、二〇〇〇年）は、二カ国語がぺらぺらでなくても、とにかく母国語のほかにもうひとつ言語を知っている人は、バイリンガルだとする。それなら大部分の日本人はれっきとしたバイリンガルだ。バイリンガル教育を受けた生徒は、母国語やほかの教科の成績も伸びるというデータもある。

＊

帰国子女の草分けだった小森陽一『**小森陽一、ニホン語に出会う**』（大修館書店、二〇〇〇年）は、自身のバイリンガル体験をふり返る。いきなりプラハのロシア語学校にほうりこまれた。全身を耳にして言葉をつかまえ、友達で苦労し、体当たりで生き抜いた。だが問題は、帰国してから、文章語風の日本語を笑われ、ミナサンハ、イッタイ、ナニガオカシイノデショウカと聞き返してまた笑われた。異なる言語にとびこむより、異質なものを排除する日本に復帰するほうが、大変なのだ。

英語を「第二公用語」にしようという英語公用語論は、単なる言語の問題ではない。主として日本人がつくっている日本の国家と社会を、同時代を生きる世界の人びとに開いていこうという、社会変革の提案である。英語圏から日本を見れば、ブラック・ホールのように閉ざされた暗闇としか映らない。バイリンガル化は、日本人一人ひとりが個人として世界に生きる可能性を手にし、もういちど未来を切りひらく活力を取り戻すために、どうしても必要なのだ。

類型を使って類型をつき破る試み

▼浅田次郎『見知らぬ妻へ』光文社文庫版解説　2001.4

本書に収められた八篇の最後、「見知らぬ妻へ」では、ジグソーパズルが効果的に登場する。主人公の花田章《はなだあきら》と、偽装結婚した「妻」の李玲明《リイリンミン》が、ばらばらになったピースをつなぎ合わせてゆく。通じそうで通じ合わない二人。かと言って、このまま離ればなれとなるのではあまりに切ない――。

「踊子《おどりこ》」から「見知らぬ妻へ」までの八篇も、そうしたジグソーパズルのピースであるとみえる。時代や場所を区切られ、それぞれの事情に置かれた男女が、大切な他者につながろうとしてつながり切れない、孤独のなかにもがいている。この世の中は、そんなふうにしか出来あがっていない。そうしたやるせない諦念と寂寥感が、読者の肺腑にしみわたってくる。

どの作品も、恋愛小説の体裁をとっているが、その実質はむしろ、孤独小説とも言うべきものではないか。人生、こんなはずではなかった。どうしようもなく過ぎ去ってしまった時間。取り返しのつかない過去。主人公の誰もが、不本意な悔悟の念にとらわれている。恋愛は、そこから抜け出るひと筋の可能性の象徴なのだ。

では、人びとはなぜこうも孤独なのだろう。

それは、戦後という時代の失敗である。著者・浅田氏は、そんな診断を投げかけているように思われる。

新築の団地に移り住んだ喜び。青春の輝き。高度成長の喧騒のさなか、希望に満ちたあのころは遠い過去となった。幸せの予感は、満たされなかった。どの物語も、主人公は、砂を噛むような苦い回想を背に、出口の見えない現在に閉じ込められている。世界は壊れている。

とりわけ、家族が壊れている。借金逃れの偽装結婚をきっかけに、実際に離婚してしまった夫婦。思う相手と結ばれないまま不本意な独身生活を続ける男女。巣立った子どもを見送り夫に先立たれ、孤独死を選ぶ老婦人。濃密な家族のつながりからはじき出された人びとの、心の孤独が点描されている。

一つひとつの物語は、類型的でいかにもありそうだが、事件をはらんでいる。登場人物はどこにでもいそうだが、他人に推し量れない極端な部分をもっている。そうした設定と人物の交叉する焦点に、著者は物語の核をひとつずつ結晶させている。

それぞれの物語のどれに深い思い入れを抱くかは、読者によって異なるだろう。けれども、読者も孤独であるならば、こうした類型的な設定のどれかが当てはまり、人ごとではない事件として、その物語を体験する。街角の占い師に吸いよせられ、出来合いの類型的ストーリーのどれかを納得して聞くことになる悩める人びとと同様に、あなたもなるほどと物語にひきこまれる。そして、世界はきっと、一人にひとつずつの、こうしたさまざまな物語に満ち満ちているのだろうと得心する。

浅田氏の文学が、読者を動かす感動の核心は、物語が類型的にできていることによるのだと、私は思う。新聞記事やゴシップや患者のカルテが類型的であるのと同じように、浅田氏の紡ぎ出す物語は類型的である。それはより多くの読者を、その平均値において確実にとらえるための工夫なのだ。

私は、ここで唐突だが、構造主義の神話理論を思い出した。

構造主義によれば、神話というものは、いろいろな要素(英雄/怪獣/美女/……、退治する/結婚する/交換する……)を組み合わせることで出来あがっている。そして、ある神話の要素をいくつか置き換えると、別の神話が姿をあらわす。そうした一連の神話の背後には隠れた〈構造〉があって、そこに人びとの無意識が反映されている。

浅田氏の紡ぎ出す短編が、読者に与える印象は、神話と似たような効果なのではないだろうか。それは、経済成長の夢が終わった戦後日本の心象風景をかたどる、神話的な記述なのである。

作家としての浅田氏の手並みは、修練した職人を思わせる。人物や状況を類型化し、それを組み合わせてプロットを構成する。そこでは、地名の果たす役割も大きい。歌舞伎町や赤坂、中山競馬場、東京の近郊といった設定は、人びとの記憶の蓄積をたぐり寄せ、想像力を動員するための有力な手段になっている。

浅田氏の作品世界は、このように考えると、危うい均衡のうえに築かれているとも言える。

構成される作品世界の要素は、精密に計算されたさまざまなイメージの平均値、すなわち、類型である。そうした要素が組み合わさって構成される世界は、同時代の読者の平均値に照準している。これが噛み合うとき、読者は、これこそ自分の読みたかった作品だと感じるはずだ——と、いちおうは言える。

けれども、類型どおりの世界が文字どおりに実在するわけではないし、平均値ぴったりの読者が作品を読むとも限らない。そこで実際には、ある程度の誤差をあいだに挟んで、読者は作品と出会うことになる。その誤差を認知しつつ、「これは類型的に書かれた物語だ。世の中にはこういうこともあるだろう」と抱きとめ、自分をその類型の世界に当てはめて共鳴していくのが、浅田氏の作品世界の楽しみ方なのである。それは、著者と読者との共同作業である。

すると、誤差が大きすぎるか、自分の個別性にこだわりすぎるかして、類型の世界に身をゆだねることができない読者がいた場合は、どうなるか。そういう読者は、類型の世界を、通俗と受け取るかもしれない。そして、著者との共同作業を拒否する。

著者は、こういうタイプの読者も意識しながら、類型をより研ぎ澄ませることで、それに対抗しようとする。より多くの読者を獲得することが、類型の精度と鮮度と確度を証明することになる。この、著者と読者の闘いにも似たかけひきが、浅田氏の作品世界を成り立たせる危うい均衡なのである。

多く作家は、類型に当てはまらない、個性の強い人物や特別の事件を作品世界の中心に置くことで、類型の世界を相対化し、自分の位置を確保しようとする。

それに対して浅田氏は、類型の造形に徹底することで、作品世界の奥行きを深めるという方法をとっているように思われる。いわば、類型を使って類型をつき破る試みだ。

これは、興味ぶかい行き方である。そして、試みる値打ちのある行き方でもある。

というのは、読者は一人の作家の作品ばかりを読むのではなく、同時代の作家の作品を読み比べて、それぞれの作家が時代をどのように切り取り、めいめいの世界を構築するかを比較するものだからである。それぞれの世界の違いのなかから、同時代を理解しようとする。浅田氏の作品世界は、そうした典型的なもののひとつだ。

さらに言えば、浅田氏には、作品世界と同様にこの現実そのものも、類型によって出来あがっているという強い仮説があるのではないか。人びとは、都会に出ようとし、サラリーマンになろうとし、結婚して子どもをもうけ、幸せな家庭を築こうとする。人びとが現実そのものを、空虚な類型のうえに組み立てようとしてきたのではないか。類型からなる物語が、読者を引き込むことができるなら、その仮説が証明されることになる。浅田氏の作品世界は、戦後のなかで脹らんだ空虚を、類型を積み重ねることで近似し、その曲率を計測する試みなのだ。

こうして、浅田次郎氏の作品は、二重の相においてあらわれることになる。

いっぽうではそれは、類型を操って作品世界を組み立て、平均的な読者のカタルシスをねらう職人芸である。その手並みを妬むあまり、「通俗」のレッテルを貼る人びともいるかもしれない。

もういっぽうでそれは、もっと強靭で本質的な仕事にみえる。それは、戦後という名前の空虚を、同じ程度に空虚で平均的な類型の積み重ねによって記述し、神話的に再構成しようとする積極的な努力であり、戦後の本質をつかみだそうとする強固な意志である。

実際の作品は、このどちらともつかないかたちで、読者の前に置かれているようにみえる。その二重性＝両義性が、浅田氏の作品の本質なのかもしれない。

ミミズは地面に身を横たえて空をあおぐ

▼加藤典洋『「天皇崩御」の図像学』平凡社ライブラリー版解説　2001.6

加藤典洋さんと初めて話をしたときのことを、書いてみる。

一九八六年の秋。

「なにかコーティングされているみたいだね、あなたの書くものは」と加藤さんは私に言った。「表面がつるつるでね、弾くんですよ」

『アメリカの影』以来、売れっ子になって書きまくっていた加藤さんに比べ、私は前年に本を出したばかり。けなされたのか褒められたのか、煙に巻かれた感じのまま、いつのまにか批評の文体をめぐる話題になった。加藤さんは、自分が文章を書く秘密のようなことを、たしかミミズにたとえて、やんちゃな表情で話し続けた。

残念なことに、詳しいなかみはまったくおぼえていない。以下は、『ホーロー質』を今回読み返しての、私の想像である。

＊

ひとの言葉はどこから出てくるのか。

言葉には、感情や信念や理性といったものがこめられている。

思想の言葉をのべる場合には、このうち、信念や理性が大きな役割を果たす。感情はめいめいのものでも、信念や理性なら人びとが共有できる。思想もそれらにもとづく以上、多くの人びとに共有できるものになろう。

ところがこの結果、思想は、ともすればコチコチの教条に固まってしまう。

信念は、規範や神や信条など、なにか根拠となる、譲ることのできない前提にもとづいている。理性は、信念よりも柔軟にみえるけれども、実際に理性がはたらくためには、同じく公理や概念などの堅固な前提から出発する必要がある。結局、信念や理性が組み立てる思想は、結晶のような、形式的な言葉のシステムに固まっていく。

だからこそいい、と考える人びとがいる。

言葉を手に入れるもっとも簡単なやり方は、出来あいの言葉のシステムにとびつくことだ。加藤さんや私が大学に入った当時、誰もが言葉で武装しようとし、いたるところで出来あいの言葉が配給されていた。それに手をのばせば、つぎの日から言葉に困らなくてよくなった。この結果、スターリン主義の集団もそれに反対する集団も、教条的な言葉のシステムのもとに、いともやすやすと信じられないほどの人数を集めていた。

加藤さんは、こんな器用なことができなかった。

加藤さんは、出来あいの言葉でまあいいやと思うには、言葉に対する感受性が細やかすぎたと言ってもいい。いずれにせよ加藤さんは、誰もが言葉をふりかざしてあわただしく駆け回る時代を、下宿で寝て過ごした。

加藤さんの批評の文体は、この時代に身につけた思考のスタイルと関係が深いのではないかと、私は思う。そのスタイルとは、こんな具合である。

*

加藤さんは、あわただしく駆け回る人びとにあまり踏み荒らされていない、けれども、なんとなく気になる場所にまず目をつける。

ちょっと考えたあと加藤さんはその場所に、ながながと寝そべるようにごろんと身を横たえる。地面がでこぼこなら、でこぼこなように。草や湿気や小石があるなら、その感触をたっぷり味わいながら。そうやって気のすむまで、寝そべっている。

見上げると青い空には、時代の言説が雲のかたまりのように、ひとつまたひとつと過ぎていくのが見える。それをぽかんと眺めたまま、ただ横たわっている。

ずいぶん時間がたつ。するとそのうち、あちこちがむずむずしてくる。地面としっくりくるところ。どうしても居心地の悪いところ。そんな全身の皮膚感覚に、細心の注意を払う。

それからやっと、そろそろと体の一部を持ち上げて、ちょっとだけ姿勢を変える。位置をずらすときには、地面とふれあう皮膚の一部を支点とし、そうでない部分を地面からひき剝がすようにする。またすこし休む。

姿勢が変わると、また違った皮膚感覚がやってくる。それにまた神経を集中する。

またむずむずしてくる。そこでまた、体を少し動かしてみる。こんどは、さっき動かさなかったところを持ち上げる。

こんなことをもぞもぞと繰り返しているうちに、気がつくと、もとの場所からだいぶ動いていて、ひとつの方向性ができあがっている。そこでこの、ミミズにも似た動きを、言葉に置き換えてみる。空を流れる雲とは無関係だが、誰もが確実にあとをついて行くことのできる言葉の系列がぶつぶつと吐き出されていく。

＊

そんなふうに、加藤典洋さんの批評は紡ぎ出されるのだと、私は勝手に思っている。

加藤さんの文章は、あまり誰も目にとめないちょっとしたエピソードのようなところから始まる場合が多い。いつ本筋が始まるのかと思っていると、実はそこが本筋なので、読者は意表を衝かれた感じになる。加藤さんのほうは奇をてらっているのではなく、ミミズのようにもぞもぞしただけなのであろう。

加藤さんの思考の筋道には、いつも新鮮な響きがある。そして、いろは坂をくねくね上がっていくみたいなタイプの疾走感を味わうことができる。微細な感受性と試行錯誤のあとを、コマ落としの映画のようにたどっていくのである。

このやり方は、まず第一に、教条的な思考のシステムからもっとも遠い。スターリン主義から遠いだけでなく、ポスト・モダンや新保守主義や、どんな思想の意匠とも無縁である。なぜならそれは、特定の前提を立ててそこから言えることを言うのでなしに、どんな前提や論理がよいか、いろいろとりかえながら、試行錯誤する身のこなしだからだ。

第二に、それは頑固で、強靭である。なぜならそれは、特定のパースペクティブをまず前提にするのでなしに、ミミズのように目をなくして、皮膚で感じること、疑いようのないことだけをよりすぐることだからだ。

加藤さんのダンディズムは、ミミズになってのたくり回っている姿を、読者にさらすことを好まない。それでも文章の不思議なつながりのあいだから、さきほどまで身を横たえていた体温のぬくもりが伝わってくるのが、加藤さんの文体の特徴である。

私が初めて口をきいた、一九八六年の加藤さんは、そんな文体を操る批評家になりおおせていた。それ以来加藤さんは、私にとって、ずっと気になる人であり続けている。

一九九九年には天皇をめぐって、加藤さんと私はバトル討論をすることになり、翌年に『天皇の戦争責任』（径書房）として出版された。私は加藤さんの手の内を読もうとし、まだほんの一部分しかわかっていない。いったい加藤さんがどうやってミミズに変身できるのか、私はいまもって理解できないままである。

＊

加藤さんで、変わったことと言えば、書き始めた当初から、すくなくとも本書に収められた一九九〇年前後の文章までは、すべて「ぼく」といっていたのに、いつのまにか「わたし」というようになったことである。

「ぼく」を使うなら使うで、「わたし」を使うなら使うで、加藤さんはそうとう長いあいだ考えたはずである。本人に聞けば、いや、そんなに考えてないですよ、などと言うかもしれないが、まったくあてにならない。私には、加藤さんがなにか考えていないところなど、まったく想像できない。ただ地面に寝ころんでいるだけで、もっとも本質的なことを考えてしまうような特技の持ち主なのだから。

「ぼく」→「わたし」への移行は、ゆるやかな数十年にわたる、時代の変化が関わっている。加藤さんの語り口には、「ぼく」が似合ったが、いつのまにかミミズは、最初のしっとり湿った場所から、だいぶ陽当たりのよい場所に移動してきたのだ。「わたし」ということでかえって意識される公共性を、加藤さんは相当気にするようになったのだ。

本書の元となった単行本『ホーロー質』（一九九一年）は、『敗戦後論』（一九九七年）を画期として、『可能性としての戦後以後』、『日本の無思想』、『戦後的思考』（以上、一九九九年）、『日本人の自画像』（二〇〇〇年）をつぎつぎ世に問うようになるまでの、移行的な仕事であるように、なんとなく私には思える。《死んだら、ちゃんと……残るだろうか。心配だ》（『ホーロー質』あとがき）というのは、ますます本質的な仕事のほうへと突き進んでいく途中での、もの書き加藤さんの正直な叫びのように思われる。

「ホーロー質」は、水を弾くのでなしに、むしろ水を吸収してしまう「ミミズ的」な加藤さんの体質を象徴する名称だ。だからこそ《ほとんどの人に反対され》ても押し切ったほどの、こだわりの書名なのだが、加藤さんに聞けば、にやっと笑って、いや、そんなことはないですよ、と答えることだろう。

＊加藤典洋さんの文体の秘密については、瀬尾育生さんの「はじまりの加藤典洋」（加藤典洋『日本風景論』講談社文芸文庫版解説、二〇〇〇年）もぜひ参照されたい。

インターネット鼎談書評

小林恭二・広瀬克哉・橋爪大三郎

■小林恭二（こばやし・きょうじ）
作家。一九五七年生まれ。作品に『ゼウスガーデン衰亡史』、『電話男』、『モンスターフルーツの熟れる時』他。

■広瀬克哉（ひろせ・かつや）
法政大学法学部教授（行政学）。一九五八年生まれ。著書に『官僚と軍人』、『インターネットが変える世界』他。

＊以下は、「読売新聞」の「マルチ読書 INTERNET 緑の会議室」（一九九七年四月二十一日〜一九九九年四月十九日）に掲載されたもの。

『インターネットはからっぽの洞窟』

C・ストール（倉骨彰訳）

草思社・2200円

▼1997.4.21

広瀬　インターネット万能論への警鐘として書かれた本書ですが、その記述のスタイルがいかにもインターネットそのもの。過剰な饒舌さの中に重複も矛盾も残ったままで出てくる。

橋爪　インターネット万能神話には根拠がありません。でも、インターネットが万能でないという議論も、証拠がないと思う。なんだか、汽車と競走した馬車や、飛行船と飛行機の優劣論争（当時は大まじめだった）を思い出してしまいました。

小林　二年という年月（原書刊行は九五年）はやはり長かったという感じですね。二年前だったら全面的に賛成できたかもしれないけど、今となっては古さばっかり目につきました。

橋爪　でも、我慢して読んでいくうちに、著者のリズムに慣れてきて、何を言いたいのか、少しずつわかりはじめました。

広瀬　テレビ番組で著者へのインタビューを見たんですが、何ともはや善意の饒舌の人でした。

橋爪　この本を読んで考えなければならないなと思ったのは、情報のあり方の話（インターネットは無料でいいのか）、それと、図書館（電子化に資金をつぎこみ、本をないがしろにしていいのか）でした。

広瀬　図書館についての指摘などには頷かされるところが多かったと思います。とはいえ、アメリカの図書館の（コンピュータ化以前の段階における）システムはすぐれているんだなぁということ、そしてその使いこなしを子どもの時から体系的に教育されてるんだなぁというのは、感心させられます。

橋爪　私も書誌学の一応の知識はあるのですが、たしかにカード（検索）の優位はある。でも、インターネットにはインターネットの利点があるのです。リゾーム（地下茎）的な検索の構造をもっていて、誰もその全貌を管理しているわけではないという。

小林　共感したところも無論ありました。たとえば学校教育にコンピュータを導入することへの疑問。こんな高価な、しかも三年やそこらで旧式になってしまう機械を学校教育（それも研究機関でなく）に導入することについては、常々疑問を抱いてました。

広瀬　ホコリをかぶっているんならまだマシで、旧式のBASIC教育かなんかがいまだにイヤイヤ担当している教員のもとで続いてたりするのではないでしょうか。

橋爪　よしあしは別として、とにかくインターネットなしに社会が動かなくなったのは事実です。たとえば、電子メール。

広瀬　少なくともインターネットの情報はSN比が悪い（雑音が多い）ということは言えると思うのです。

橋爪　たしかに雑音やジャンクメールが多い。それは、発信のコストが安いからですね。

小林　ストールの言う通り、メールシステムは存外不安定ですが、それにもかかわらずこの手軽さは捨て難い。

橋爪　もうひとつ、この本の成り立ちに欠かせないのが、著者のカリスマ性でしょう。ハッカーは、インターネットの英雄ですが、それを捕まえたというのだから、これはすごい。インターネットを「世界をめぐる噂話」と考えれば、そうした噂話の世界の英雄が、印刷媒体に出てきた（なぜだ？）ということのようです。

小林　本書の長所をあげれば、やはりコンピュータ中心の世界のつまらなさ、あじけなさを具体的に記したところでしょう。二年前は確かにコンピュータを使って通信するということ自体がスリリングでした。まさに世間がそんな状態にあったわけで、その意味でこうした冷や水的な苦言は有効だったと思われます。

橋爪　結局、ストール氏がインターネットにどう関わる人なのかがわかりにくかった。ビジネスマンや、ツールと割り切っている学者などには、幻想は少ないと思う。ストール氏がネットワークで何をやる人なのか、あいまいだったのが、「からっぽの洞窟」という評価につながったような気がします。

『図説　日本拷問刑罰史』

笹間良彦

柏書房・2000円

▼1997.5.21

広瀬　なんとも不思議な淡々とした雰囲気が一貫している本でしたね。

小林　こう言うのもナンですが、むしろ叙情的な印象を抱きました。

橋爪　数年前から「死体ブーム」だったわけですが、この本の執筆の意図も出版の意図も、よくわからない。昔、少し興味をもって宮武外骨の「私刑類纂」（河出書房新社『宮武外骨著作集』4に収録）を読みました。宮武の場合は、権力が人を処罰する権利はないという強烈な自由思想のもと、自分の死体を販売する広告を出し、出す書物、書く原稿、ことごとく発禁になりながら、私刑や刑罰について博覧的な知識を追究していった。それと比べると、この本は何とも物足りない。

小林　ただ、エピソード自体は結構面白かった。ことに信長がわざわざ竹の鋸《のこぎり》を作らせて罪人の首を挽かせたなどというあたりはなんだか感心してしまった。源義家の千任丸に対する拷問のシーンも、ひじょうに日本的でした。

橋爪　マルタン・モネスティエの『図説 死刑全書』（原書房）のほうがたしかに本物ですが、やはり事例に圧倒されているという点は、共通していると思う。ただ、こういう奇特な資料家がいることは、役にも立ちます。

広瀬　『図説 死刑全書』も『図説 日本拷問刑罰史』もともに、ＨＯＷへの関心が、ＷＨＹやＷＨＡＴへの関心を圧倒しているという点で共通している。その点で、ペルーの強行救出作戦のあと、模型まで使ってひたすらＨＯＷに関心が集中していくのと共通するものを感じさせます。

小林　ここ四、五年、人間の死に対する興味がこれまでになくふくれあがっている自分を感じます。個人的なことを言えば、わたしは四年前に両親を一挙に失ったのですが、あきらかにそれ以来、死について考えたり書いたりするのが好きになっている。

橋爪　私の経験から言っても、生きている人間が目の前でだんだん死体になっていくというのは、説得的です。死が瞬間であるというのは、フィクション（少なくとも制度）だと思いました。

広瀬　死のリアリティと死体のリアリティは、相当に違うはずなのですが、「死体ブーム」のなかでは、それを代替的に受けとめる傾向があるんじゃないでしょうか。死にリアリティを感じる方法が見失われていて、それを死体を見ることで少しだけ埋めている。

橋爪　では、死のリアリティとは何なのでしょう。

小林　死ってリアリティを持ちうるものなのでしょうか？　つまり人間にとって死は元来、きわめてつかまえがたい概念であり、それゆえ死体や戦争や犯罪や宗教やその他いろいろなつかまえやすい概念で、これまで常に代替されてきたように思えるのです。現在、相対的なかたちで死体や刑罰といったものが、死のイメージを背負うものとして浮上してきたのではないかという気がします。

橋爪　死刑ということの普遍性を考えさせられます。だれにでも共通に訪れる苦痛と死。死刑は、それを視《み》るものを恐怖に追い込み、ひとつの共同体に再組織する「切り札」なのかもしれません。

広瀬　「人間にとって死をイメージする道具はいつでも必要」という点には同感です。ただ、死体ブームで注目されている死体は、果たしてその道具になっているのだろうか。「切実でないから死のイメージを楽しめる」というような印象がぬぐえない。

小林　その安易さが現代社会の品のなさでしょうね。

広瀬　被害者やその遺族の視点に近づいていくと、せめて犯人の側にも加害の過酷さに釣り合った応報がなされることで、多少ではあれ、この世の理不尽さを和らげて安心できる。死刑にはそういう社会的な側面もあるのではないでしょうか。

橋爪　いろいろうなずけるご意見でした。笹間さんの本に、こういうことが少しでも書いてあればなあ。

『大英帝国衰亡史』
中西輝政
PHP文庫・648円
▼1997.6.2

橋爪　この本で感心したのは、イギリス人の懐の深さのようなものですね。最初の「エリザベスと『無敵艦隊』」の章では、フランドル低地の戦略的重要性と、イギリスの基本戦略が分析してある。日本にとっての朝鮮半島のようなものでしょうが、イギリス人の場合、連立方程式を解いていく直観的な外交感覚がすばらしい。

小林　確かにイギリス人の外交の巧みさは活写されていますね。ただ、英国の衰亡原因についてはちょっと不鮮明な感じがしました。著者はアメリカの台頭を見過ごしたことを指摘していますが、それが主原因とは考えにくい。

橋爪　衰亡の原因論は、たしかに明確でないうらみが残る。しかし、この本のテーマは少し違ったところにあって、世界の指導的な大国を保たせる気概（人間的な要素）、具体的には、リーダーと貴族と政治家の話なのです。

広瀬　とはいえ、こういうスタイルで書いていって、しかも「システムではなくて人間やその精神」に鍵があるという記述をしていくのは、社会科学者的なセンスだけではちょっと無理なのかなという印象も持ちました。

小林　「人間やその精神」がなぜ衰亡したかという点については依然、納得できない部分があります。著者は「人間やその精神が優れているから、衰亡するにしても美しく衰亡できることができたのだ」というような論法を使っているような気がしますが、そこのところがどうも。全体としては好著の印象があります。

橋爪　この本はあくまでも英国の話ですが、なぜか日本を思い起こすことばかり書いてある。著者の意図なのかもしれませんが、バブル以降の衰退日本の、衰退の原因を考えさせられるわけです。

小林　チェンバレンに対する見方には新鮮なものを覚えました。彼は、弱腰でナチスを増長させてしまった人物という捉え方をされがちですが、英国には時間を稼ぐ必要があったわけですね。その分、チャーチルへの印象も変化しました。

橋爪　印象に残る人物としては、著者が「異端のエリート」と評している、権力にも時代にもおもねらないウィリアム・テンプルとか、ジェームズ・ハリス、チャールズ・ゴードンといった外交官たちでしょう。日本で今日、広く知られているとはいえないが、その不屈の信念は見習うべきでしょうね。

広瀬　この本にとって一番重要な部分であるにもかかわらず、不満が残るのが第三章の「貴族」にかかわる部分です。ある種の精神を示したいのだということはわかるけれども、それを「文化としての貴族」、「貴族の精神」、「商人国家の貴族性」、さらには「市民的貴族性」(!)とまで展開して「貴族」という一語にすべて語らせようとしているのは無理だと思う。

橋爪　著者が「貴族性」という言葉で述べようとしたのは、日本語に直すと「頑固」とか「一徹」とかいうことだと思うのです。それは、昔の「武士」にあったと思うし、日本にないわけではないと思う。

広瀬　個としての強さと同時に、硬直した原理主義に陥らない余裕や、懐の深さも重要とされているわけですが、それらの要素をそなえた人間を何が創り出すのか。「貴族」という言葉に逃げないで、もう一歩追い込んで欲しかったという気がするのです。

小林　「貴族性」に対する簡潔な定義などはなかったのでしょうか。著者自身がそうした定義を提示することができれば良かったと思います。

橋爪　政治家は体力勝負なので、英国では若いのを大学でスカウトして育てるとか。これをやれば、日本もよくなるかも。

広瀬　「貴族」という言葉から一つ汲み取るとすれば、人材を育てるシステムというのは、学校とかカリキュラムとかの人為的な組織だけでは足りなくて、個人的な伝承とか遺伝といった要素が大きいということなんでしょうね。

『大蔵省はなぜ追いつめられたのか』
——政官関係の変貌

真渕 勝

中公新書・８６０円

▼1997.6.23

広瀬　今年の三月までの政治過程を、この段階でここまでしっかり分析して見せたということは、まず評価したい。

橋爪　去年繰り広げられた大蔵省と連立与党との角逐。ホットな話題で、感心することが多い。

小林　要するに政治家と官僚の癒着が、こうした怪物省を作ったという意見なんですね。歴史的経緯をきちんとふまえた説明には、非常に納得がいった。

広瀬　真渕さんは一貫して大蔵省を研究してきた行政学者で、新制度論の論客です。前著『大蔵省統制の政治経済学』（中公叢書）では、財政と金融を一体として大蔵省が扱うという制度が、日本財政の国債依存を可能にしたということを主張した。今回はその基本制度の枠組みに改革が及ぼうとしているわけですから、この本を書かずにいられなかったのではないか。

橋爪　もっとも、ロジックは案外単純です。自民単独政権時代は二人三脚が続いていた。連立になって下野した自民党を、大蔵省がすげなくあしらった。頭に来た自民党が大蔵改革をスタートさせた、というストーリーなのです。

小林　「大蔵省が敗北したかどうか」という点について、「金融と財政の分離」及び「日銀の独立」をクリアしたから敗北だと説明しているのはわかりやすい。ただ、ひとつ疑問点は、確かに金融と財政の分離はどうにか確保されたようだが、日銀の独立はどこまで確保されたのかという点。

広瀬　日銀についてはもっと微妙な記述が必要だったと思います。

小林　金融検査監督庁の長を官僚にするか大臣にするかという問題で、結局それが官僚になるという一節がありました。こうした重要な省庁に官僚を配して務まるのでしょうか。

広瀬　人事院や公取委のように、政治家でないが、ある種の重みの必要な人事として扱われることの方が、運用次第ではよほど独立性を発揮できるともいえます。

小林　ところで、本当に大蔵省は敗北したのでしょうか？　確かに本書は冒頭に大蔵省の敗北条件に「金融と財政の分離」を掲げており、その意味では敗北したと言えます。しかし、これは結論から導いた条件であるようにも思えます。

橋爪　私の理解では、七〇～八〇年代を通じて、ケインズ型公共事業（国債発行による景気浮揚策）一本槍で来た時代がバブルを最後に終わり、古典資本主義への回帰（市場の独立と、小さな政府）が起こり始めた。その日本での現れが、日銀の独立問題と大蔵改革（金融／財政の分離）だと思う。大蔵省が、頭でわかっていても、組織力学としてそれを承認できなかった。ついに味方を失って、組織改革を迫られた（すなわち敗北）のだと思うのです。

広瀬　金融と財政の一体という基本制度の変更を強いられる程度にまで大蔵省が追いつめられたことは、確かに重大な指摘だった。でも、それは著者の言う「国家権力の所在の変更」という言葉がもつほどの大きさの問題なのかどうか。それはまったく論じられていない。

小林　文中で「国家たる大蔵省を解体するとは何事か」と叫ぶ大蔵官僚には笑いました。

広瀬　新聞の読み方マニュアルとしても意味がある。政治欄の記事を、単に政局の動向を読むだけでなく、政策内容をめぐる選択のプロセスとして読み解くお手本を示したわけですから。

小林　『票田のトラクター』（小学館）というマンガを読んだときも、新聞記事の意味について随分と吃驚《びっくり》させられましたが、今回はひょっとしたらそれ以上。

橋爪　こういう本の効用は一つには、これはうかうかできないぞと、官僚や政治家に思わせる効果があることです。実名入りで、誰がどう意思決定したと書かれる。こういう書物が増えることが、日本の政治を国民の手の届くものにする早道ではないかと思いました。

『陸軍将校の教育社会史』
――立身出世と天皇制

広田照幸

世織書房・5000円

▼1997.8.25

広瀬　この本は、膨大な資料を駆使して陸軍将校の育成過程を分析しています。強烈なエリート意識と立身出世欲を持つ一方、退職後の生活の心配もした彼らを、生身の人間としてとらえ直した。教育を受ける側の目、そのしたたかさを重視し、社会構造と教育現場とのリンクをしっかりとらえているので、厚みとリアリティのある分析になっていると思います。

小林　教育を考える場合、それを受ける側の本音は欠かせない要素ですが、これまでは無視、もしくはなおざりにされてきたと思うんです。著者は、一章を費やしてその問題に迫っている。しかも憶測ではなく、説得力のある資料によって。

広瀬　日本の軍人を対象とする類似の試みは、過去にあまりなかった。立身出世感情や生活環境、社会階層などをきちんと位置づけたうえで軍人教育というものを総合的にとらえた、初めての業績だと思います。

橋爪　従来の学説（イデオロギー注入説）を批判しつつ陸軍の幼年学校、士官学校の教育の中身を検証するという、枠組みがしっかりしていますね。階層ないし集団としての陸軍将校という視角もまっとうなものです。ドイツやイギリスの将校と比較した部分がありますが、日本の将校は資産がなく生活基盤が弱かった点が改めて指摘されていて、説得的でした。

小林　第Ⅲ部の「社会集団としての陸軍将校」を読んで、ひどい冷遇のされ方に驚きました。考えてみれば、退役軍人の家庭の困窮は戦前社会の代表的な風景の一つで、小説などにもよく描かれたことですが、実際に数字と共に読んでみると確かにひどい。せめて金銭面でもう少し厚遇していたら陸軍将校、ひいては陸軍の精神風景はもっと違ったものになったのではないか、と痛感しました。

広瀬　現代まで続く日本の学校教育全般についても、考えさせられます。兵卒教育について、生徒の内面をコントロールしようとしながら「行動にこそ内面が反映する」という図式に陥ると、あとは表面的な行動の管理に堕してしまって、生徒の内面に届かなくなる。そう指摘していますが、著者の関心は、現代にも通じる「学校論」にまで及んでいるのだろうな、と興味深く読みました。

橋爪　ただ、結論については多少の不満を覚えます。皇国教育の成功はイデオロギー注入に対応する主体的動機――立身出世の願望――だというのですが、それだけだとやや単純ではないか。著者の分析は実証的だけれど、教育を受けた将校・生徒たちの内面を本当に再構成できたかというと、心もとない。

広瀬　その不満には同感です。広田さんは〝その他大勢〟を分析の中心に据えましたが、昭和期の「暴走」へと急展開していく契機などは、〝その他大勢〟に収まらない特異な個性、その時々の政治的ダイナミズムなどにゆだねざるを得ない。せっかくの分析も、説明力を限定されてしまった感がある。

小林　論文全体の精緻さ、重厚さに比べ、確かに結論部分はちょっと軽い気がしました。ただ、小説にたとえて言えば、これだけすさまじい格闘を続けてきて、結論でさらに新展開を示すほどの余力は残らないだろうな、という実感も持ちます。

広瀬　この本は、ある人間集団をなるべく多面的に丸ごととらえようという試みです。膨大な資料を使って、陸軍将校という集団を総合的にとらえようとしたこと自体、非常に価値が大きいと思います。

小林　わたしは生の学術論文を読むような機会があまりありませんが、ノンジャンルの一冊の本として読んでも、これはかなり面白い部類に属します。何よりもスリリングでした。読みながら疑問に思ったのは「普段、自分の興味の対象外にある本がなぜ、こんなに面白く読めるのか」ということでした。

橋爪　それは、常識や既成の価値観をものともせずに書くのが、本来の学術論文だからではないでしょうか。言いたいことがはっきりしていれば、スリリングなものだと思う。

（しかし、そういう本は少ない！）

『敗戦後論』
加藤典洋
講談社・2500円
▼1997.9.15

橋爪　大変な書物だと思います。全体は三章からなり、「敗戦後論」は、敗戦を敗戦として語りえなかった戦後の言論の問題。「戦後後論」は、敗戦とノンモラルの問題。「語り口の問題」は、共同性と公共性の問題と、ずれながらも現在のアクチュアルな課題へと旋回しながら迫っている構造になっています。実に刺激的でした。

広瀬　著者の主張は、次のように要約することができます。日本人は「国民としての主体」を形成できていなくて、いわば人格分裂にある。それを克服してはじめて「歴史形成の主体」たりうるが、そのためにまず自国の戦争死者を深く哀悼し、その哀悼を通じてアジアの死者の哀悼、死者への謝罪にいたる道は可能かを問う。大変な解体作業をしてみせたという観点は同感ですが、その一方で、何が対置されているのかという点がなかなか伝わってこないというもどかしさ、苛立たしさを感じました。

小林　大江健三郎、江藤淳の一見正反対に見える戦後論を斬った上で、これを超克しないとまともな戦後論を組み立てられないとしています。正論ですが、ただ「それから」が見えてこないという点はあった。

橋爪　何が見えてくるかと言えば、ひとつの言い方では「歴史の主体の創出」です。別な言い方をすれば、公共性の回復。少なくとも、これまでの誰よりこの問題について先のほうまで語ったと思う。「歴史形成の主体」が何かということですが、とりあえず「そういうこと（歴史）をきちんと考えてゆける自分」が必要だろうと思う。

小林　しかし、それを具体的にどう遂行してゆくかということ、ちょっと雲をつかむような感じがしました。

橋爪　具体的に何をやればよいか。私の考えですが、（1）さきの戦争の侵略的な本質について、外国の非難を十分に理解し認める、そのうえで（2）その戦争を担った父祖に向かって日本という国の共同性、ならびに公共性を守るため命を捧げた事実に哀悼の意を表する、ということではないでしょうか。言い換えれば、靖国神社の問題を、憲法の原則によってなんとか解決するということです。

小林　本書では、大岡昇平にある種の特権的な地位が与えられているように思います。その理由は「敗北を敗北として認め得た」からです。そして彼との対比において、大江は汚れを拒否した人間として批判的に描かれ、江藤も大江とは正反対の主張をしているにもかかわらず、双生児のような存在として、ともに斬って捨てられています。しかし、（戦争の）実体験者としての優位性をもった人間を規範に立てられてしまうと、ちょっと比べられる人間はかなわんなという感じがします。

広瀬　では第二章の太宰論はどうでしょうか。こちらは大岡のような特権性をもたない。

小林　太宰治論は、わたしにはよくわかりませんでした。加藤氏は太宰にも「ノンモラル」の感触があると言っており、実際その通りですが、大岡、大江、江藤に対するシャープな分析に比べると、ぴんと来なかった。

広瀬　（戦争で）負けているという実感は大切なポイントだと思います。しかし、その感覚と組み合うことの先を、このような形でこだわり、ひねり回さずにはいられないという在り方には、やや困惑を感じます。

橋爪　唯一、違和感の残ったのは、天皇の戦争責任の箇所です。大日本帝国憲法を信ずる限り、天皇がなにごとかの責任をとって退位するということはありえないというのが、私の見解です。加藤さんと、機会があれば、論争してみたい。

小林　文芸評論家の間で、近頃とみに戦後研究が盛んなのは事実です。現在の批評しにくい、しかも衰退局面にあると思われる文学を語るより、戦後という時代を批評する方がはるかに面白いんでしょうね。

『4　U』
山田詠美
幻冬舎・1400円
文庫・495円
▼1997.10.6

小林　表題作「4U」のようないわゆる〝詠美節〟の作品から、「紅差し指」のような社会派ドラマ的なものまで、とにかく作品の幅が広い。文体もかなり幅がありますね。

『トラッシュ』（文春文庫）のように長い文章で綴った作品もあれば、デビュー作『ベッドタイムアイズ』（河出文庫・新潮文庫）を思わせるワンセンテンスを極度に切り詰めた作品もある。全体に淡色という感じですが、悪くない。

広瀬　著者の本は『ベッドタイムアイズ』、『熱帯安楽椅子』（集英社文庫）について三冊目ですが、これまでのものと感じが随分違うな、という印象でした。皮膚感覚を全開にして疾走するように読むことを強いる初期の作品とは打って変わって、余裕を持って読める。

橋爪　ケミストリー（男女の不思議な出会い、恋の化学反応）をテーマにした作品集ということですが、それなりに不思議な出会いの数々が描かれていて楽しめました。ただ、表題作で、三人の女たちが、あけすけにセックスや男たちのことを議論している部分がありますが、実際にあんなスタイルの会話がなりたつのか。現実味が乏しい。

小林　この作品集はやはり模索の過程にあるという気がします。しかし、模索しながらも作品のレベルを落としていないところはさすが。

橋爪　言葉に対する崇敬の念を感じました。男が自分の語彙の少なさを嘆く。「めぐみは、自分の男を形容するのに百個ぐらいの言葉を使う。自分も、せめて、二十個くらいは欲しいなあ、と思った」（「眠りの材料」）。また、愛とセックスは別々で、本気でまじめに愛しているからといって、ほかの相手とセックスしないわけではない。その割り切りはむしろ倫理的な感じさえします。

広瀬　山田詠美の作品世界は、基本的に男女の一対一の関係からすべてが見られているという印象だったんですが、今回は、そうでない広がりを意識して書かれたものがあって魅力を感じました。とくに「メサイアのレシピ」。

橋爪　一対一でない関係を描いた作品は、アメリカを舞台にしたものが多いようですね。

広瀬　デビュー当時は在日米兵の黒人が登場してたわけですが、作者は、日本社会の人間関係の希薄さやリアリティのなさを違和感としてずっと持っている人なのでは。本書の「ファミリー・アフェア」のように、黒人ファミリーの中の自分を描くということは、彼女にとって生な人間関係が発生するリアリティがその場には感じられる、ということなんでしょう。

小林　彼女はデビュー作の印象が強すぎるのですが、結構こまめに新しい世界を開拓してるんですよね。『トラッシュ』では饒舌文体をものにしたし、『放課後の音符《キイノート》』（新潮文庫・角川文庫）では新しい少女小説の可能性を出してきた。今回はまだそれが形になってないような気がしますが、これから先が楽しみです。

広瀬　小林さんから見ると、この作品集はいろいろと模索しつつ、次にどこへ行こうか探っている、と。

橋爪　この作家はあちこちに骨のある文章があって、気に入りました。セックスについてと同様、それ以外の話題について書いてくれれば、もっと広がると思うのですが。精密で思い切りのよい文章、魅力的です。

小林　皮膚感覚を売り物にしている書き手が多くいますが、彼女の場合、皮膚感覚というより、皮膚そのものでしょうね。そして皮膚からいわゆる皮膚感覚的なものへの演繹を拒否するようなところがある。彼女の潔さはそのあたりにあると思います。

広瀬　なるほど、だからこそウェットにならないで、直接的でピュアな世界を描けるんでしょう。そこからどうやって一対一を脱した世界まで広がっていけるかですね。

小林　山田詠美はこの小説集で、自分の皮膚を〝船出〟させたかったのではないでしょうか。うん、それが結論に近いと思います。

『戦艦大和誕生』上下
――西島技術大佐の大仕事
前間孝則
講談社・各2000円

▼1997.10.27

広瀬　タイトルからは、「大和」の設計や大艦巨砲主義などの戦略面をつい連想してしまいますが、この本の特徴は、「大和」を作った造船技術に光を当てたところ。工数を管理し、いかに納期を守り、コストを安く上げるのか。戦後の造船業にも通じた生産技術が海軍造船の世界の中でどのように形成され、その限界がなんだったのかを語っています。

橋爪　上下巻で、冗長と言えば冗長。散漫と言えば散漫。しかし、描かれているのはまぎれもない、半世紀あまり前の日本の姿。ひとごととは思えず読み進むうちに、高度国防国家日本のかつてのリアリティにわが身が包まれていく感じがします。人間と組織と科学技術が結びついた、こんな仕事がもっとあっていいと、肯定的に受け止めました。

小林　戦艦「大和」の物語はある意味で書き尽くされてきました。その中で本書が新しいのは、西島亮二という造船官にスポットをあてたことです。設計主任でなく、船殻主任にスポットをあてたところは慧眼。面白かったのは、やはり「大和」製作の雰囲気がナマで伝わってくる七章（前代未聞の複雑な巨大戦艦）、八章（「大和」進水）あたりでしょう。技術的な困難を解決しようと、西島氏が知恵を絞るあたりは、専門的な事柄であるにもかかわらず、ひきつけられる。

広瀬　ただ、読んだ甲斐はあったと思うものの、作品構成としては失敗作ではないかとも思います。著者は、西島造船官のかかわった仕事を時系列的に淡々と紹介しながら、関連した話題も取りあげるという書き方をしている。面白い素材を、ながながと楽しませてもらったのに、いまひとつ焦点がどこにあったのか、メッセージの伝わりが弱いのです。

小林　そうですね。残念なことに、西島氏の像がいまいち浮かびあがってこない。本書の構造から言えば、生産技術という感情移入しにくいもののひとつの象徴として西島氏をもってきたわけですから、少なくとも本書の主題が焦点を結べるくらいの人物的な強度を与えないと、本書自体が成り立ち得ないと思うのです。

橋爪　テーマが絞りきれていないのはその通り。しかし著者が発掘したのは、設計や用兵でなく生産の現場。軍艦をいかにつくるかという、その一点だったと私は思うのです。当時、軍艦は最先端の兵器でした。陸軍に比べても、装置（兵器）に依存する割合がきわめて高い。そして、軍艦は、設計数学と材料工学の巨大な塊だったわけです。軍艦をつくる側からの、生産管理のテーマは十分に描けていると思う。また、戦後、日本の造船工業がすぐ世界一の座を獲得したことにも、合理的な説明がこれでついたと思います。

小林　西島氏に酷だと思ったのは、たとえば「今でいうモーレツ社員のような人で」という批評。確かにそう答えた人も多かったのでしょうが、もうちょっと突っ込めなかったのか。彼の仕事ぶりや、当時の職人たちがどう彼をみていたかという部分の方がもっとほしかった。

橋爪　本書の結論に文句があるとすれば、本当に大和建造の経験が生産大国日本の原点なのかという点。たしかに、戦後の造船業界やトヨタのジャストインタイム方式には影響があったかもしれないが、軍艦の建造といういちばん合理化しにくい産業の、しかも国営工場の話なのですから、いくら「大和」が世界最高の軍艦だからと言って、「大和」の建造技術がすべての始まりのごとくに結論すると、全体の印象が間違ったものになると思います。

小林　鋭い指摘だと思います。ちょっとこの部分、著者は背伸びしている感じがする。

広瀬　地味だけれども死活的な基盤技術の話。本書が取りあげた生産技術というのは、そういうものだったと言えましょう。そこには、戦争、あるいは経済競争といった表に出る結果を支える世界のリアリティが読みとれる。

橋爪　ちなみに、こういう技術者魂がなくなったら、日本はもう終わりですねえ。

『イン ザ・ミソスープ』　村上　龍

読売新聞社・1500円
幻冬舎文庫・533円
▼1997.11.18

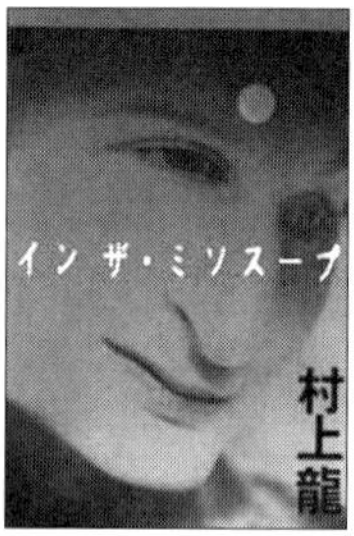

小林　怖い小説です。殊に前半の、なんだかわからないけど、主人公にまがまがしい予感がつのってくるシーンは秀逸。あと、さすがに文章がいい。村上龍の文章には、もっとも凡庸な部分をとりだしてさえ、村上龍独特のオーラが漂っている。

広瀬　殺人者フランクのつるんと非現実的な、柔らかな物腰が与える恐怖がひしひしと攻めてくるようでした。村上龍の小説というと、たとえば『コインロッカー・ベイビーズ』（講談社文庫）のように、理由ある暴力、暴力へといたらずにはいられない切実さのある作品、という印象がありましたが、この小説の暴力は、それとは違う。

橋爪　つかみどころのない小説ですねえ。殺されるお見合いパブの男女の描写は、あまりにもステレオタイプだし。主人公のケンジはあくまでも狂言まわしで、唯一存在感のある登場人物は、殺人鬼のフランク。しかし彼は異界の怪人で、ケンジの理解を絶している。これほど交流を拒否した、絶望的なコミュニケーション状況（暴力によってしか、互いにつながらないのかもしれないという暗喩）を描いた小説もめずらしいかもしれない。

広瀬　この作品を分かりにくくしているのは、その「異界」を「異界」として突き放してしまおうとしたのか、異界の内側からそれなりに理解できるように説明してみようとしたのかが、はっきりしていないということです。最後にフランクが自らの生い立ちについて語りますが、これが説得力があるというほどでもない一方で、まったく理解不能な異界といった距離を感じさせるほどでもない。

小林　ただ弁護するとすれば、フランクを理解不能の怪物とした場合、小説の底が見えてしまうんですよね。確かに怖がらせることはできても、ただそれだけの物語になってしまう。

橋爪　この小説のもつ意味を考えてみると、やはり日米関係を考えてしまう。援助交際やバブル狂騒、構造腐敗など、日本社会の無規範が極まったところで、アメリカから懲罰のための殺人鬼が送り込まれてくる。ただし彼は、フランケンシュタインの怪人のようにとりつくしまもない存在です。それをアテンドしつつ、風俗世界めぐりをしているケンジは、ちょうど村上氏が日本社会に対してとっている位置と重なる。お見合いパブで殺されるオヤジやバーテンダーやコギャルのなりそこないに対する凶暴な殺意は、本来は筆者のものであるはずです。

小林　わたしは基本的に小説はそういう読み方はしないのですが、村上龍に関してはまったくその通りだと思います。わたしが強く感じたことは「フランクがアメリカ人以外ならこの小説は成り立たないだろうな」ということでした。

広瀬　ただ、描かれているフランクの「異界ぶり」はそんなレベルを超えてこの世離れしていたようにも思いますが。

橋爪　結末では、フランクが、除夜の鐘（煩悩を解消する共同体の慣習）によって、癒されてしまう。アメリカ的な価値観を背負って、精神分析の病理を背負い、強迫神経症的な動機をもって日本にやってきた人間が、日本的な価値観に包摂されてしまい、それでケンジを殺すことを思いとどまるのです。これは小説としての甘さなのか。それとも、次作に続けようというプロのたくらみなのか。

広瀬　終盤についての不満が出ましたが、「あとがき」に書かれているように、結局どんどん壊れていくこの癒しのない世界に、どこまでつきあいながらせっせと小説へと翻訳していくのか。その果ても見えないような現実を前にして、村上龍も憂鬱にならざるを得なかった。そんな怖さこそがこの小説の提示したものかも知れません。

小林　本作は執筆中に神戸市の事件が起き、こうした事件が起こるたびに繰り返される問題、つまり文学は現実に追い越されたのではないかという問題に巻き込まれました。しかしそれとはまったく別に、小説としてのクオリティーはきわめて高く、村上龍の長編が一段と強力なラインアップになったというのが、わたしの印象です。

『私的所有論』
立岩真也
勁草書房・6000円

▼1997.12.8

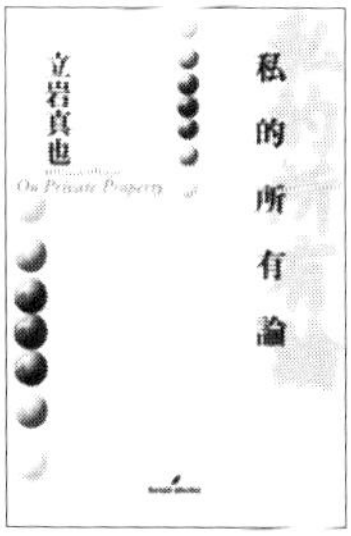

小林　身体において「私のもの」とは何かというきわめて本質的な問題を、臓器移植という現代的な問題から論じる視点が斬新です。例えば、臓器がその人のものだとすれば、同意の上での譲渡や交換が通常認められないのはなぜか。代理出産の契約が、全面的によしとされないのはなぜか。出生前の選択的中絶（人工妊娠中絶）は本当に正当化でき

るのか。自分の肉体について、自己決定がそのまま認められないのはなぜなのか——。

橋爪　著者がこの問題にかけた思索の密度と重量からすると、この分厚さ（本文四四五ページ）も当然と思えます。

広瀬　著者が主宰する「生命・人間・社会」についてのホームページ（http://www.arsvi.com/）には、この本を準備するに当たっての膨大な文献のデータベース、具体的な事件その他の関連した話題についてのノートなどが公開されています。

橋爪　本書の論は、問題のまわりをゆっくり螺旋のように回っていき、結論を急ぐよりも、ゆるやかにつぎの問題につながるようにして移行していく。この文体が選ばれた必然性は、障害を持ったり、生命と権利のはざまで苦しんでいたりする人びとに届く言葉を、あえてほとんどゼロの地点から模索するためだと言えます。

小林　ある意味で、作者は既成の哲学用語の通用しないところにいるのですから。しかし、文章は非常に読みにくかった。

広瀬　論理化されていない、いわゆる世間常識的な判断や感覚（臓器移植や代理母などへの抵抗感）を、何とかきっちり客観化して提示しようというのが著者の意図でしょうが、これは成功したのかどうか。

橋爪　本書の特色は、よくも悪くも、思索が自己流な点だと思うのです。たとえば本書の中心概念である「所有」というタームは、近代法での定義とは異なり、ただ「自分が操作できる・している」という意味として語られる。その詰めの甘さは不満です。

広瀬　たとえば、自分が制御できないもの＝「他者」という言葉が相当重要な位置を占める概念として登場します。その言葉が意味するものについては、何となく感覚では納得できるのですが。

橋爪　「他者」の問題は、哲学や社会学では、相当な関心をもって語られてきたテーマです。しかし、本書の到達点は、存外に単純な見取りとも言える。「所有とはあるものを自分の自由にすること。しかし、実は、人間には自分が決定も制御もできない他者の存在を肯定するという心の働きがある。他者のいない世界は楽しくない。それは、自己決定をしないことを肯定する感覚である。だから、人は身体に関する無制限な自己決定に疑念を持ち、そこに生命倫理が生まれる」となっているようです（もちろん私のこのまとめは、簡単すぎます）。近代合理主義・個人主義の原理で行けるところまで行って、でもふと立ち止まるところに、「他者」が現れてきた。この感覚が普遍性をもって伝えられると著者が信じたから、本書が生まれたのだろうと想像します。しかし、そこはあまりにも微妙な感覚で、それ以上の論理展開がむずかしかった。

小林　立岩氏は「胎児も母体にとっては他者」と言い、女性の選択的中絶は必ずしも正当化できないと論じています。しかし、出産をそんなふうに呼ぶことは正しいんだろうか。著者は、現代日本人のナイーブな世界（倫理）観をなんとか理論化しようとしているように思えます。ナイーブな現代日本人のひとりとして、妙に安心できる点も多いのですが……。

広瀬　生命倫理の問題を、「合理的に割り切る」ことへの、日本人の〝心情的〟抵抗感には根拠がある、ということを執拗に論理化しようとしたわけですね。ただ、その作業はまだ不完全で、「割り切れている」人には通用しない部分が残ったと思います。

『JIS漢字字典』
芝野耕司編著
日本規格協会・（増補改訂版）５５００円
▼1998.1.12

広瀬　コンピュータやワープロで文章を書いたり、こうやってインターネットで文字を交換しているときに必ずお世話になるJIS漢字コード。この字典は、この規格の第四次改定を行ったメンバーを中心に、JIS漢字とは何かを、徹底した調査によって明らかにした字典です。それは、漢籍を読むための「漢和辞典」とは異なり、現代日本で使われている漢字の相当部分を網羅した「現代日本語漢字字典」となっています。

小林　漢和辞典的な教養主義とはまったく切れた、「日本人の、日本人（だけ）のための、日本人による字典」ですね。

橋爪　瓜《うり》という字がありますが、この字典には「つめ」という読みも出ています。私の名前は橋爪（はしづめ）ですが、橋瓜（はしづめ）という読みも出ている。「これは誤用の可能性が高いが……」と断りつつ、実際にそういう使われ方をしているという例があれば、残らず載せるというのがこの字典の態度です。ここまでやれば立派といっていい。

広瀬　「現実に使われている文字だからこれを文字として同定する」という立場ですが、それはきわめて論争的な立場でもあるんですね。「JIS漢字コードという工業規格が漢字という日本文化を破壊している」というような批判も出てきますが、この字典はそういう批判に対する徹底した反論のかたまりみたいな存在となっています。

小林　その哲学というか気負いが如実に現れているのが序文ですね。「この字典は、次のような読者を想定している」として第三に「『JIS漢字』批判を行おうとする方々」をあげている部分など、ほとんど喧嘩腰。

橋爪　『康熙字典《こうき》』についてもいろいろ指摘があって勉強になりました。清朝の正統字典とされるこの字典には、版本がいくつもあり、字体に変動があって、そもそも正字体の基本になるのかという点。また、中国語を表記する基準であるこの字典が、かならずしも日本語の表記の基準にならないという点。日本語が漢字をともなって自立した言語であろうとする以上、よその国の字典に依存しない、規範創造的な努力が必要なのだということがよくわかりました。

小林　しかし一方、文芸という面から漢字の役割を考えるとまた別の答えが出てきます。文芸が漢字と仮名で繰り広げられるゲームだとすれば、勝手にルール（漢字をどう訓《よ》むかといった）を変えられるとかなわんという気があるのです。作家の多くが、こうした問題について保守的な姿勢をとるであろうと推測できます。とりあえずある漢字をオーソドックスであると定めない限り、我々の文化は常にぐらぐらしたものとならざるをえないでしょう。

橋爪　漢字を「日本工業規格」で論ずることの限界はないのでしょうか。パソコン通信では、いまのところ相手が日本語のソフトを持っていないと日本語ではメイルも書けない。同じ漢字と言っても、中国は数も多いし、字体も違うから、別の規格化をしているわけでしょう。日本工業規格も、世界統一通信規格との接続を考えて作業をしておかないといけないのでは。

広瀬　いまインターネットで使っているのは、各国が別々に作った文字コード表を切り替えながら使う、という方式。もとになる各国の文字集合がしっかりと定義されたものであれば、あとは相互に交換する技術的な仕組みはいくらでも作れますから、「日本の漢字の用例を網羅すること」は、国際的な流通性を確保するために、まず最初にクリアしなければいけない関門なのです。問題は、この字典と同じレベルの作業を、中国、韓国、台湾などでちゃんとやっているかどうか、でしょうね。

小林　なるほど、世界標準規格で漢字の拡充を訴えるにせよ、まず自分の国の漢字標準をきちんと見定めなければならないのですね。その点でもこの仕事には意味がありますね。

『ポケットモンスター赤緑青全百科』小学館，830円

「ポケットモンスター」関連本

▼1998.2.3

広瀬　今日取り上げるのは、昨年暮れに騒ぎとなったアニメのポケモンではなくて、本来のゲームの方の世界ですね。

橋爪　私は実際にプレイしたことがないのですが、公式ガイドブック『ポケットモンスター』（小学館）、『ポケットモンスター全百科』（同）などを見て思うのは、ドラクエ（ドラゴンクエスト）と同じように迷路や町や村、洞窟や塔があるRPG（ロールプレイングゲーム）ですが、主人公／怪獣という敵対関係が変形されて、手なずけて蒐集する（家畜化・無害化する）ようになっている点が新しい。また、通信で、獲得したポケモンを交換できる（しなければならない）。手に入れたものを育て、加工して対戦させる。ここはメンコやベイゴマに似ていますね。

小林　中沢新一さんの『ポケットの中の野生』（岩波書店）は、面白いたとえ話や、ためになる話に舌鼓をうちつつも、アプローチに疑問を感じざるをえませんでした。ポケモンを通じて子供の「野生」を語ろうとしているのでしょうが、ポケモンがほとんど現実離れした英知の結晶のように描かれています。

広瀬　現在、言語や科学による「去勢」が強まっているのではなくて、むしろそれが弱まりすぎたために、現代人の心に、精神分析学で言う「対象a」――〈ことばの力によってとらえられていずれは意識化できるものと、ことばによって象徴化できない無意識の欲動とが、ちょうど接触しあう境界面に発生してくるもの〉――が無軌道に噴出してしまっている。それに対する、ある種の常識的な枠の中への「対象a」の抑え込みに成功していることを中沢さんは評価している。

小林　中沢さんはポケモンが〈自分の中に息づいている、なまの、手つかずの「自然」に触れることができたような〉快感を子供に与えたと述べています。そしてそれが手柄だとも。でも、これはおそらくすべてのゲームが、いや、すべての表現芸術が無意識的に行っていることではないでしょうか。

橋爪　自然とか野生というものはこの世界の複雑な存在で、これに直面するところから、科学も哲学も人生も紡ぎだされている。しかし、ゲームはしょせん頭のなかでの約束の世界。そのなかに、自然（のイメージ）を閉じ込めたとしても、それは子供をより深く、都市環境に閉じ込めてしまうことにならないでしょうか。

小林　ポケモンの開発者が「失われた自然の代償行為としてゲームを開発した」というのはわかるんです。でも、そんな代償なんて、どれだけ優れたゲームでもなりっこない。ポケモンは野生からいちばん遠いところにあると思う。

広瀬　子どもの「科学」する心に訴える点で、ポケモンはたしかに魅力的です。そこには、昔から変わらぬ子どもの遊びの世界がよく構築されている。

小林　コレクションというよりは、穴うめ問題の穴を埋めてゆくような行為と言った方がいいのでは。そういう快楽も確かにありますから。ポケモンはよくできたゲームですが、それ以上の期待や意味づけを負わすことはできないし、負わすべきでもないでしょう。

橋爪　子供たちは、ポケモンの交換、対戦といった、ゲームのルールのなかで仲間と関係を保つことができる。それは、一緒に遊ばなくなった（遊べなくなった）子供たちが、それでも一緒に遊ぶための切ない工夫のひとつだという気がします。ポケモンに夢中になった子供たちは将来、このゲームによって同世代としての連帯を確認することでしょう。

『レディ・ジョーカー』上下

髙村　薫
毎日新聞社・各1700円

▼1998.2.23

広瀬　有名なグリコ・森永事件をモデルに、日本一のシェアを誇る老舗《しにせ》ビール会社への企業テロ、その背後で暗躍する総会屋、地下金融と政治権力との癒着、それを当然のものとして受け入れてきた企業論理、警察や検察という権力機構、駆け回るジャーナリストたち――こういった構造をすべて克明に描こうとした社会派の意欲作として、そのボリュームに見合った重みを感じる作品です。

橋爪　こういう小説を書くのは体力が必要でしょうね。よく売れているそうで、どういうところに読者がカタルシスを感じるのか、興味をもって読みました。

広瀬　ただ、後半に入るころになると、不満も出てきました。「当たり前の社会のしくみ」になってしまっていることの病理を描くのが著者のねらいでしょうが、その分「物語」としてカタルシスが得られない。警察や新聞社など、克明な描写の説得力はそれなりに感じるのです。ところが、後半は人物が消えていってしまう。ビール会社社長誘拐という犯罪発生まではそれなりに説得力を感じますが、事件が思わぬ展開を始め、いろいろな方面に波及していく過程で、だんだん精彩を欠くなあというのが正直なところです。
橋爪　私が印象深く思ったのは、登場人物のすべてに共通する諦観です。みな何かに失敗し、なにかを断念し、なにかを取り繕い、仕方なしにその役割をこなしている。唯一、その枠をはみ出したのが「犯罪の実行」（これだけが、組織をはみ出した自由意志の結集）のはずなのに、犯罪の動機がやはり貧弱ですね。被差別部落、身体障害、キャリア／ノンキャリ、在日、暴力団、右翼……と、マイナス要因のてんこ盛り。それだけにかえって、悪への意志にリアリティが感じられない。
小林　確かに不満はありましたが、これだけの圧倒的な力を持っている小説の前には、素直に敬意を表したい。これだけ読者に対して不親切な小説が、なぜこれだけ売れるのか。しかし、この小説は少々緩慢な展開や、書き割り的な登場人物たちさえも小説の力にし得ていると思いました。
この物語に出てくる犯人たちは、カネが欲しかったわけでもなければ、名声が欲しかったわけでもありません、現実から逃避できるだけのおとぎ話がほしかった。彼らの願望は、読者の願望とぴったり重なります。ところで、高村薫は執拗に中高年の疲れた男ばかり描きますが、この視線の裏にどこかマリア的な感じはしませんか。男の作家が書いたらそうはいかないでしょう。
橋爪　この小説の登場人物は、誰もが現実を下りようとしており、現実を脱出しようとしている。にもかかわらず運命的に、彼らは組織人なのです。組織を、職能としてではなく運命として受け入れている。サラリーマンの自由は失業の自由、転職の自由だと思うけれども、それがなくなった六〇年代以降、人間のスケールがどんどん小さくなった気がして仕方がない。その意味で、倒産の増える最近の傾向は、歓迎すべきでもあります。しかし組織人を描くこの小説は、現代的で新しく見える反面、これからの社会の芽みたいなものは感じにくかった。これでは、組織と個人は挽臼《ひきうす》のように、お互いにつぶしあうだけだという気がします。
小林　読みやすいわけでもない。まして今風でもなく、社会現象に乗ったわけでもない。そんな小説がなぜこれだけの支持を集めたかというと、ひとえに現実社会と対峙する強度を持っているゆえだと思います。この作品には良きにつけ悪しきにつけ、十八世紀の小説のようなテイストがあります。それは言葉を換えれば小説の原点の味でもあるのです。
橋爪　誰もが組織に取り込まれ、日常の鬱屈や苦渋と全体社会との関連が見取りにくくなっているいま、このような小説があることは、自己の位置を確認する手だてとなるのかもしれませんね。

『黙阿弥の明治維新』
渡辺　保
新潮社・２０００円
▼1998.3.16

小林　渡辺氏の評論は、ときにあまりに無理な断定、断言に鼻白むことも多い。にもかかわらず、読後、私は奇妙なほど氏の意見に同感しているのです。氏は歌舞伎に関して、現代もっともフェアで、潔い評論家だと思う。それは常に自分の論拠を明らかにし、反対意見への道を開いているからです。

広瀬　黙阿弥について、科白《せりふ》から読み解いていく作業を徹底してやっていますね。近代戯曲は言葉から入っていくのが当たり前なのに、歌舞伎についてはそうではないアプローチが当たり前、という感覚が私にはありました。その感覚自体がある種の「近代の歪み」として指摘されていることの本は、非常にスリリングでした。

橋爪　江戸期には同時代演劇であった歌舞伎（古典芸能となる前の）が、黙阿弥という作者とともに明治を迎える、その臨場感をよく再構成しています。法律、科学技術、軍事、教育など、多くが江戸と断絶して明治を迎えたのに対し、歌舞伎という演劇の連続性から何が見えて来るかは興味深い。

小林　この労作に十分な敬意を払った上で、「黙阿弥は近世演劇の最後か、近代演劇の原点か」という問いの立て方には疑問を感じます。黙阿弥で近世歌舞伎の伝統はほぼ途絶えたのだから（河竹新七を例外として）、近世の最後ととらえられるのは仕方がない。

橋爪　渡辺氏は「近代」を、どのように考えているのか。黙阿弥の中には、氏の指摘するように、本当に「近代」が胚胎していたのか。本書の大枠は、少し見えにくいですね。

小林　渡辺氏が「にせもの」と呼ぶ、現代の江戸趣味に対する憎悪には同感ですが、黙阿弥の擁護者であった永井荷風がそれを決定づけたとする意見には賛成できない。黙阿弥の真の敵は、荷風のような良質な知識人ではなく、歌舞伎を頭から「前近代的な芸術」と断定するような輩であったはず。

広瀬　明治以来の歌舞伎観と江戸趣味が積み重なってできた歌舞伎の現在こそが、著者の批判する対象なんでしょうね。

小林　渡辺氏は〈私たちがよって立つところの「近代」とはどのようにして生まれたのか〉がテーマだと書いていますが、氏には現代の歌舞伎に対する抜きがたい不満があり、それが「近代」に断罪された黙阿弥という人間の評伝を通して噴出しているようです。

橋爪　社会学者として歌舞伎への興味は、まず上演時間の長さ。近世～近代のブルジョワ演劇（ビジネス・アワーがすんでから夫婦で出かける）と、まるで観客の時間構成が違う。歌舞伎が細切れで上演され、黙阿弥の原型をとどめなくなってしまう最大の原因がこれです。次に知りたいのは見立て、因縁などの独特のドラマツルギー（作劇方法）です。門外漢としては、歌舞伎世界の文法をまず分析してほしい気がします。

小林　明治の末、「近代」の名のもとに、実に多くの文芸が滅ぼされ、変質させられています。俳諧と和歌は、子規によってそれぞれ「俳句」、「短歌」という別物の文芸になるし、漢詩にいたっては痕跡も残っていません。文壇はここ十年ほど漱石ブームですが、その陰でどれだけの文芸が旧弊と決めつけられて滅びていったかを検証しないのは、実に奇妙。その意味で、本書はものすごく価値のある本だと思います。

広瀬　近代が近世に押しつけた「イメージ」が、事実をありのままに見るという近代的な態度から出たものではなかったということを、黙阿弥を通じて明らかにした点は高く評価されるべきでしょう。

小林　いろいろ指摘しましたが、黙阿弥という、これまで正当に評価されなかった人物を、時代との関係をきっかりとおさえながら書ききっています。渡辺氏は歌舞伎を伝統芸能として江戸の思い出の中に陳列することに、徹底して反対する評論家です。本書は、明治歌舞伎の大々的な再評価につながるエポック・メイキングな書物になりそうな予感があります。

『絶対音感』

最相葉月

小学館・1600円
文庫・657円

▼1998.4.6

広瀬　聞いただけで音の高さ、音名が分かる「絶対音感」の持ち主は周囲にも多く、身近な「特殊能力」ですが、それを持つ人が音を通して世界をどう認識しているのか。絶対音感を持たない筆者がそのミステリーに踏み込んでいって、音楽、幼児教育、大脳生理学などさまざまな切り口からいろいろな発見を伝えてくれます。

小林　ぼくはまったく音楽は駄目なんですが、学科に音楽関係者が多かったので、音楽家にとって、絶対音感の有無が、ある時代まで死命を制するほどの西洋音楽へのパスポートだと本気で信じられていたことは知っていました。

橋爪　日本の音楽教育の特異性と同時に、日本文化全般の特異性が興味ぶかく思えました。「専門教育ではドレミを音名とする固定ド唱法が行なわれ、義務教育ではドレミを階名とする移動ド唱法が行なわれている」という、滑稽な混乱。アメリカなどは音名（ＡＢＣ）と階名（ドレミ）を区別しているので混乱はない。絶対音感についても、それが音楽の本質と関係なく独り歩きしている点が、〝後進国〟的だと思うのです。

小林　冷静に考えれば、本書で書かれているように、絶対音感はあれば便利というほどのものであって、芸術の本質とはほとんど関係がないのは誰でもわかることです。それにすがりついた日本人は滑稽でもあるし、哀れでもある。

広瀬　本書に紹介されている絶対音感訓練で定評ある教室への親の熱中ぶりを読むと、まだまだ「神話」が生きているんだなあと少々あきれ、寂しい思いがしました。この本はその傾向に対する解毒剤的な意味も持っていますね。

橋爪　絵画は印象派から学び、音楽はバッハ、モーツァルトから入り、しかもそれを、平均律オーケストラで演奏するのが近代日本の歪み。ヨーロッパ音楽は、バロック音楽やそれ以前の教会音楽が大事だし、古典調律した古楽器もその辺にゴロゴロしている。もしも平均律（ピアノ）で訓練された絶対音感があったとすると、音楽をやるのには邪魔以外のなにものでもない。マックス・ウェーバーの『音楽社会学』（創文社）に、このあたりのことが詳しく書いてあります。

小林　最後の五嶋節・みどり母娘のエピソードは迫力がありますが、論理的に、いまいちそれまでの部分とつながっていないのが惜しい。

広瀬　早期教育といっても、塾に放り込んだらそれでだいたいオシマイというのが普通の親でしょう。節さんのようにあそこまでやる親は珍しい。

橋爪　早期教育が加速する背景は日本の「入り口文化」（＝企業が大学新卒しか採らないように、入り口でメンバーを絞って内／外の枠を作り、内で固まって利権を分け合う）ではないか。入り口文化では手遅れは致命傷になるし、やり直しが効かない。誰にでもチャンスがあるのはよい社会、と言えないこともないが、自分の将来にも夫にも見切りをつけた奥様がたが、子供の尻を叩いてお受験というのも暗澹たる思いがする。

広瀬　最近の「お受験」の最大の動機って、実は親のリスク回避行動なのでは。五嶋節さんの行動がリスクをとらずにはいられないというのとは正反対ですね。

橋爪　本書は欠点も多いが、「絶対音感」という頃合のテーマを、よく調べて引っ張った。そして、人間と音楽のぎりぎりの出合い（悲しみ、苦しみ、楽しみ）の現場へと肉薄した。その緊張感は捨てがたいと思う。

小林　ことに今後の音楽教育には、かなりシリアスな問題を投げかけたと言えます。

広瀬　「絶対音感」をめぐる旅が、教育と大脳生理学を経て最後にたどりついたのは、絶対音感を乗り越えるために自分と格闘する、音楽家という人間のドラマだった。そこに音楽がもたらす感動があり、演奏家と聴衆とコミュニケーションがある。単なる科学的発見の紹介で終わっていないことで、本書は音楽に届いたのだと思います。

『夫婦茶碗』
町田　康
新潮社・1400円
文庫・400円
▼1998.4.27

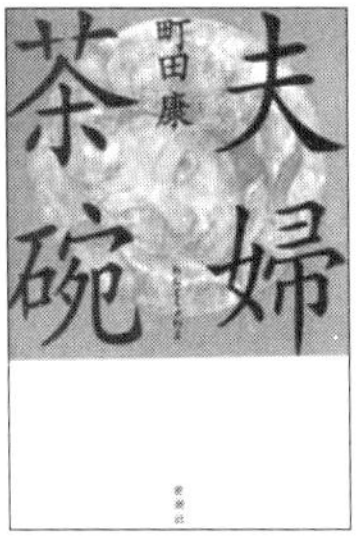

橋爪　たいへん面白かったです。まず何と言っても、文体の妙。切れそうでだらだら続く饒舌体というのは、会話を模したものだという説もあるそうですが、私は平安文学を思い浮かべてしまいました。

広瀬　「町田康風饒舌体」と呼ばれているそうです。頭の無駄な回転の妙な過剰さというのか、切実なだらしなさというのか、力の抜けた勢いみたいなものに流されて一気に読み切ってしまいました。『夫婦茶碗』の結びの、〈わたしは負けない。茶柱。頼むよ。立ってね。茶柱。／わたしは夫婦茶碗に茶柱を立てる。／立ててこます。〉なんか、よくこんなフレーズが出て来るなあ、と感嘆する。

小林　こういう、端的にプロットをたてず、文章の流れに忠実に話を進行させてゆく形式は、一九七〇年代に仏で流行したヌーボー・ロマンの系譜だと言えます。ヌーボー・ロマンは一時期脚光を浴び、日本の多くの詩人が多くそれ風の習作を発表しています。元歌手・詩人の町田氏は、そのあたりでこの技法を習得したのではないか。筒井康隆さんの小説の影響もかなり顕著な気がする。

橋爪　町田さんの年代から言うと、むしろ私が「影響があるかも」と思ったのは、（しゃべるように歌う）ラップです。

広瀬　町田さんは六二年生まれで、七〇年代末頃までにはパンクロックのバンド活動を始めているというから、まだまだヌーボー・ロマンにかぶれた世代に近いのでは？　とはいえ、町田さんはバブル時代末期ごろからしばらく図書館の本を全部読むというような生活をしていたそうですから、あまり時期とか世代にこだわっても、的外れになるかも知れません。

橋爪　私はこの本に、ストリートのにおいを嗅ぐ思いがした。パンクは若者の言葉にならない感情・体感のようなものをリアルタイムで言葉にします。それはラップに受け継がれていると思う。町田さんは小説という形式を借りて、そのナマのラップをやってるんじゃないか。

小林　町田氏が物語の解体という流れに乗っているのは確かで、それの始まりとなったのが、ヌーボー・ロマンであると考えれば、両者の血縁関係はやはりあると思います。わたし自身、かつては物語解体系の作家でしたから。ただ、現在のわたしはこういう物語もしくはプロット解体系の小説を新しいとは読めなくなっていますが。

広瀬　（『人間の屑』のなかに、温泉旅館の庭に住みついたネコのチーヤの一族の系譜を延々と述べるくだりがありますが）神話主義的な部分があったり、古典落語的な語り方があったり、これもやはり意図的に構成されているんじゃないでしょうか。徹底して町田的な世界のシチュエーションに、いろいろな文学的記憶が自在に引用されてきているのではないか。ただ、ちょっと「うまいなあ」という点に収まりすぎてしまうような点が、玉に瑕《きず》でしょうか。

小林　ある意味で、ひじょうによくこなれたポストモダンが町田康の小説なのではないかと思います。その意味ではラップもまた、こなれたポストモダン音楽なのでしょう。そのこなれたポストモダンがパンクロッカー出身の小説家から登場したのは象徴的だと思います。

橋爪　興味ぶかいのは、そのポストモダンの小説が、コンビニ世代の卑近な日常と完全にマッチしている点です。この小説の根本にあるテーゼは、世界は自分の意志どおりにはならないという偉大な事実の確認だと思う。消費社会がふりまいた幻想は嘘っぱちだと町田文学は言う。私はそこにリアリズムを感じる。バブル以降の九〇年代特有の、この社会の水脈をつきあてている部分があるように思ったのです。

小林　ヌーボー・ロマンもリアリズムを否定してません（ロブ・グリエは例外）。町田氏がリアリズムを獲得しているのは、小説形式というより彼の才質、作品の質の高さによっていると思います。リアリスティックにみえるのは、それだけの作品だという証明でしょう。

『バリ島』
永渕康之
講談社現代新書・７００円
▼1998.5.18

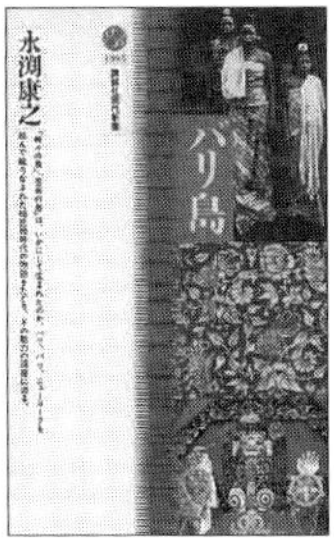

広瀬　洗練された「エスニック文化のチャンピオン」ともいうべき「バリ島」。近代によって汚されていない理想郷。そんなイメージがいかに嘘であるか、ということを著者は解き明かしています。バリ島ファンとしての自分の視線を解剖されると同時に、バリの人々が「バリ文化」をいかに「意識」し、「再構成」していったかのプロセスは、バリにとどまらずいろいろな場所の文化的アイデンティティの問題に波及するもので、じつに刺激的でした。

橋爪　本書は三部構成になっています。第一部は、バリ島の存在がオランダの植民地政策にとっていかに模範的ケースだったかを扱う。第二部は、パリでの植民地博覧会を舞台に、バリ島が世界に知られるきっかけとそのイメージ形成の政治学。第三部はニューヨークに舞台を移し、汽船によるツーリズムの誕生と、「西欧文明」側がバリ島に寄せる視線の成り立ちについて。実に手際よくまとめられていて、安心して読みました。

広瀬　いまやバリ島を訪れる外国人観光客の第一位は日本人。本書に出てくるゴバルビアス（ニューヨーク在住のメキシコ人イラストレーター）による有名な著書『バリ島』を生み出した構図は、いま「バリ島という文化商品」を盛んに消費している現代の日本人と基本的には変わっていないのですね。

小林　わたしは南海の島に行けば近代文明に忘れられた素朴な芸術心が残っているなんて、夢にも思わない人間ですが、それでもバリには〝何か〟があったのでしょう。その魅力の部分が押さえられていないので、ちょっとわかりにくかった。バリがイスラムとオランダ帝国のはざまにいて、脚光を浴びやすい場にいたというのはわかる。しかし、それと同じような条件を持った植民地は他にもあったはず。そのバリならではの独自性がいまひとつ見えてこない。

橋爪　著者は人類学の文化相対主義、価値相対主義、中心周縁図式、フーコー流の権力分析……など、いろいろ踏まえています。そして、それは素朴ツーリズムやバリ至上主義みたいなものを相対化している。けれども、たとえば日本の植民地主義や、南洋に対する視線、アジア近隣諸国に対する認識をどう批判的に克服するか。自国でこの方法が生きなければ、本物でないという疑念が湧きます。

小林　むしろバリの戦後史の方に興味がある。バリはひょっとしたら戦後の方が更に大きくさまざまなパワーにもてあそばれた。それを乗り切り、大リゾート地に成り上がったのは、また別の力が働いたはず。植民地対宗主国という対比を一歩踏み出たバリ観を見たかった。

橋爪　バリ島では、かつて王家間の争いが常態であったといいますが、それが植民地化され、宗主国の圧迫と文化的な差別が新たに始まった。運良く、市場経済のなかで観光化することができたのですが、これとて、それ以外に生きていくすべがないとしたら、歓迎できることだろうか。リゾートという場所は、どうもこういう胡散臭さがつきまといます。

小林　結局、著者は現在のバリ文化を、大戦間の奇妙な文化状況から生まれた「偽物」だと考えているのでしょうか。それとも、現実にバリ人が担っている以上、「本物」と考えているのでしょうか。

広瀬　伝統的な日本文化と、近代化のなかで自己再構成を経た現代の日本文化は「本物か偽物か」と問われても答えに窮する。バリについてもそれは同じではないでしょうか。文化は、地域や世界の権力構造の中に否応なくある。しかし、それ自体光を放つバリ文化の魅力、磁力に、時の政治構造や植民地権力、現地エリートたちも巻き込まれずにはいられなかった。今回、本書を書評する行為の中に、そういう文化と権力との止まることのない相互作用そのものを感じました。

『賚《たまもの》』
高橋睦郎
星谷書屋・7000円

(特装版)

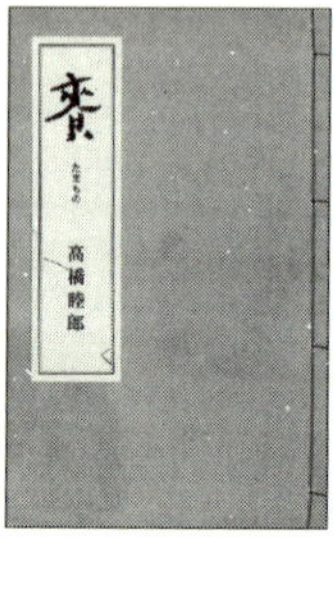

▼1998.6.8

橋爪　現代詩人としての高橋さんの本は、大学のころに何冊も読んだ記憶があります。しかし、句集なるものをどうやって読めばいいのか、まずそれがつかめませんでした。強いて接点を探せば、私の実家が高橋さんの住む逗子に近く、たぶん共通に見聞きしているものが多いくらいです。

広瀬　まずは、とにかく難しかった。知らない言葉、読めない文字を辞書や歳時記の助けを借りて読みつつも、ひとつの流れとして惹かれるものがある、ということは「受け止めた」というところです。

小林　確かに難解な句集です。しかし、この難解さはレベルの低さや句境の低さを隠すためのものではなく、辞書をひき、文献をひもとけばすべて氷解する類の難解さなのです。その意味で、この句集はよくできた数学の問題集にも似ています。

橋爪　俳句の場合、抽象絵画か彫刻（それもミニマリズムの系統のもの）に似て、そこにそれを「置く」という行為としてしか読み取れないようなものです。俳句は、いわば集団の記憶という池に投げ込んだ小石のようなものなのでしょう。とすると、現代にそうした営為は可能なのか、という疑問がわいてきます。

広瀬　たとえば〈ピアノ閉ぢ雲に二月の鯨吼《ほ》ゆ〉。武満徹追悼の句で、この句集の中で印象に残ったものの一つですが、鯨の吼える声の哀しみを帯びた響きや、武満を悼んで鯨飲する気分というようなものを受け取りましたが。

小林　「ノヴェンバー・ステップス」という武満の名曲と彼が鯨のイメージの大ファンだったことがかけられていることは間違いないと思います。鯨の吼え声に悲しみをみたのは、秀逸な読みです。鯨の吼え声は挽歌にも似てますね。

橋爪　たとえば地名などの場合、行ってみたことのない人にとって、やはりどこか届かないところがある。〈雲ノ南石ノ林ニ秋ノ聲〉など、雲南の名所に石林という場所がある、ただそれだけの意味にしか見えない。同じ雲南の句〈やや寒く它《へみ》の羹《あつもの》龜《かめ》の汁〉。它（蛇）のアツモノと言えば、わかった気になりますが、食べたことのない人にとって「記憶の貯水池」を呼び覚ますものなのか。

小林　俳句には、基本的に「知っている人優先」という、きわめて不親切なところがあります。ただ著者はロゴスを大切にする人であり、実体験より文芸的な教養を上に置く人ではないかと思います。

橋爪　わかりやすい句があるとほっとしますよね。〈木の家を出つ入りつ人枯るるなり〉、〈古寫眞その古空の春の雲〉、〈月よりの波なりわれに寄するなり〉など。

小林　木の家の句は、慣用表現としての「枯れる」ではなく、作者は本当に「人間が枯れる風景」というのを創出したかったのでしょう。その舞台装置が「木の家」で、ゆっくりと枯れつつある。そこに出たり入ったりしながら年月を重ねてゆくうちに、まるで「木の家」と歩調を合わせるようにして人間も枯れてゆくのです。〈腸《はらわた》も戀も抜かれて海鼠《なまこ》かな〉などの海鼠の句は、この句集のひとつの中心ですね。この海鼠は、ほとんど先人の手垢のついていない斬新なイメージだと思います。

広瀬　この句集には、澁澤龍彦、吉岡実、武満徹などの追悼の句が収録されていますが、それぞれに哀切の表現として胸に迫ります。これは高橋さんにしても詩ではなく俳句でなければできなかった哀悼の表現なのだろうなと思わせられました。

小林　文芸としての現代俳句は、急激な大衆化により、よく言えば平明化、悪く言えば幼稚化していったように思えます。わたしはこの句集が、現代俳句の流れを変えてくれるのではないかとひそかに期待していますが、同時にその難解さが少々オーヴァーランしているようにも思えました。難解であることを認め、かつ評価する一方で、この句集は解説の手引きが出た方が幸せだと思います。

『日本型システムの終焉』
——自分自身を生きるために
上田紀行
法蔵館・2000円
▼1998.6.29

小林　固い論文集かと思ったら、むしろ気軽なエッセーを集めたという印象。発表媒体がさまざまなせいか、統一感がないことは否めませんが、その分気軽に楽しめました。とくに現代の学生気質と並行しながらの教育論が面白かった。

橋爪　「癒し」をテーマにしたところに日本の今を感じました。本書によると、著者は学校に過剰適応した存在で、母親との葛藤に苦しんでいた。その反動としての目標喪失、自我の空虚感が発生し、二十代の全部を使って、そこからの脱出をはかる。それが非常に多くの若い人びととの普遍的な体験と重なっている。

小林　著者は「癒しブーム」の怪しさをえぐりだしているわけですが、その反面、現代人が癒しを必要としているとも感じている。この現代の癒し渇望へのひとつの答えとして、スリランカの対人関係の病を癒す陽気な「悪魔祓い」の祭りを挙げていますが、これがうまく実感できない。スリランカ社会が日本社会の対極にあるということが、そのまま「悪魔祓い」の正当性につなげられている感じがする。

広瀬　大学教師ならほとんどが、本書の学生論に共感するのでは。高校までの校則は前近代的な非合理的なものというよりも、特定の目的に対する効率を徹底して追求した「合理性」の発露（とそれによる抑圧）だという指摘は秀逸。戦後日本社会の経済的成功の要因となっている社会組織の効率性が、単なる「前近代」ではないのだということ、その一方で、個の確立した近代社会でもないということもまた指摘される。そこから、安易な癒しブームへの警鐘へと展開する論旨はなかなか説得的です。

橋爪　日本でふつうに学校教育を受けている限り、一人前の社会の成員になれないし、自信も、他者からの信頼も得られない。私は上田さんの危機感はとてもよくわかるし、実感できるし、大賛成なのです。しかしそれに、「癒し」と名前をつけることに抵抗がある。「癒し」は、誰もが病んでいるという認識を人びとに共有させると同時に、それを克服する方法があって、それは学びうるというメッセージを含むわけです。これは私には、イージーに映る。

広瀬　過剰な生真面目さには癒しが必要。では「要領のよさ」に対しては何が必要なんだろう。むしろ、多数の人々が、それほど生真面目に「効率性」や「意図」に同化することなく、いわば、柳に風と受け流すことに長《た》けていて、それだからこそ従順で大人しい。だけれども追いつめられもせず、淡々と過ごしていることの方が深刻ではないのだろうか。

小林　ただ、こんなふうにも思ってしまうのです。「生真面目さへ逃げ込めるならそれはそれでいいではないか」と。生真面目ということは、何も考えていないということです。あるいは自発的な行動を停止していると言ってもいい。それで満足な学生はそれでいいではないか。

橋爪　私は、癒しという重要な問題領域があることは認めています。それと同時に、癒しという枠組みにのらない問題領域もあると考えたい。そこに、政治や経済や社会制度があるのではないか。癒しを必要とする人びとが、制度的に生み出されてしまうのならば、問題は制度的に解決するのが筋であると思う。癒しという、症状論にすぎないものを、人間の本質を語る言葉にしたくないのです。

小林　癒しがあるとすればそれはどんな場合でも、もっと個人的なものじゃないかなあ。集団的なあるいはシステムとしての癒しは違和感が抜けない。

広瀬　個とシステムの関係が確立していない「日本型システム」のもとで、癒しブームが生じることには必然性がある。ところが、個の確立のないままに安易に「癒し」へと逃げることは、別のシステムへの全面的な個の従属に陥ってしまう。著者が〈つながり（一体感）〉型の癒しから〈断ち切り（個の確立）〉型の癒しへと主張を展開していったところは、本書の重大な提起でしょう。

『理　由』

宮部みゆき

朝日新聞社・1800円
新潮文庫・857円

▼1998.7.27

広瀬　家という箱と、家族というその中身の変質をめぐって展開されるミステリー。五百七十ページに及ぶ長大な作品で、ストーリー展開で引っ張っていくようなタイプの小説ではないにもかかわらず、持続感を持って読み通させる力作でした。

小林　家族の事情のきりとり方が、きわめて鋭いですね。どこにでもあるような話を実に魅力的に提示している。抑圧された男性たちの印象が強い小説ですが、それをうきたたせているのは女性の描写。構成力もすばらしいが、著者の強みはやはり女性キャラクターの彫りの深さにあると思いました。

橋爪　事件の舞台となる高層マンションそのものが、ポスト・バブルの日本の心象風景になっているように思います。事件をきっかけに、マンションのような多くのセル（箱）にわかれて住んでいる無数の人びとの、かすかな関わり、因縁めいた情念や、利害や無関心などが浮き彫りになる。そうした一つひとつの家庭の内情や人びとの内面を、相対化しつつも中心のない図柄に織り合わせる。都市生活の内実に食い込む訴求力が、この作品にはありますね。

小林　フィクションでありながらノンフィクションとしての手法。それぞれの証言を組み合わせることで、芥川龍之介の『藪の中』のような、ある混乱が生み出されています。

橋爪　個々の証言には「証言誤差」がつきまとうから、証言がピッタリ互いにはまりあうことはなく、微妙に細部が食い違う。実に社会学的です。社会学では、個々の視点に従属するリアリティをローカルといい、それを超越する視点をグローバルといいますが、ローカルな証言の集積から構造物を浮かびあがらせるという点は、よくできていると思います。

広瀬　あえて温度とテンポを下げたような印象の文章ですね。著者の現代物をいくつか読んだことがありますが、ある登場人物の視点から語られることが多く、スピード感を持って駆け抜ける感じ。それとはまったくこの作品は違っています。新しいチャレンジに成功した作品と言えると思います。

橋爪　高村薫さんの『レディ・ジョーカー』（毎日新聞社）との類似で思うのですが、犯行の本質が、特異点のように語られないまま残されている印象を受ける。『レディ・ジョーカー』は途中から、犯人グループの行動がつかみにくくなっていくし、『理由』では、犯人の証言をえることができないという具合に、読者に対して閉ざされている。

小林　犯人の証言が得られないというのは重要な点だと思います。謎の中心として残したという見方もできれば、構造的な弱点とみることもできます。

広瀬　この作品にとっては、ある種の空虚さや不気味さも含めた高層マンションの姿や、そこにこんな犯罪を発生させる構造を生み出した社会状況こそが描くべき対象であって、そこに起こった犯罪、惨劇はむしろエピソード的な存在に過ぎないのではないでしょうか。

小林　犯行の動機自体はひじょうに小さくまたあやふやなものですが、にもかかわらず犯罪に関わる空気はひじょうに濃密です。犯行が行われようと行われまいと、破滅は免れない。むしろ犯行が救いのようにも見えてくる。そしてその破滅に至る濃密さが、わたしたちの日常に直結している怖さがある。

広瀬　この物語に登場する多くの人たちは、「自分の家」が欲しくてたまらなかった。その欲望をめぐって犯罪が起こるわけですが、バブル以降の不動産デフレ局面に入って以来、住む場所は住む間だけ使用料金を払えばいいという感覚の人々も出てきた。むしろそこから現れてくる生活感レベルからの変化の方が、より根本的な変化になるかも知れません。その意味で『理由』が描いた家族の変質は、過去から切れることができないものの変質だったのではないかと思います。

小林　この作品はもはやミステリーという一ジャンルのみならず、日本文学全体を代表しうる作品になっていると思います。これは作者が私たちの社会に対してきわめて深い洞察を有していることを表しています。

『日本の危機の本質』

——逆襲の国家戦略

副島隆彦

講談社・1800円

▼1998.8.17

橋爪　本書を貫くモチーフは「経済と政治は連動している」ということ。当たり前のようですが、戦後日本の高度成長が、軍事・外交を脇に置いて経済に専念し、政治と経済の連動する関係を忘却したことでもたらされたことを考えると、根本的な指摘です。そして、この当たり前の事実にもとづいて、戦後日本人が当然と考えてしまった通念を破壊していく。

小林　一読、頭をひねったのは、果たしてどういう本として書かれたかという点。論文の延長線上にある真面目な研究書として書かれたのか。それともテリー伊藤氏の「お笑い××」的なノリで書かれたのか。

広瀬　著者はマジだと思いますよ。「日本発の金融恐慌を、アメリカに、冷酷な経済法則に従って波及させよう」という挑発的なフレーズが、導入部の売り文句となっているわけですが、その主張が多くの読者に伝わるよう、著者自ら言う「言論商売人としての技」を思う存分に使っている。

小林　見出し部分を追ってゆけばその主張は概ね妥当です。しかし首をひねるのは、こんなに証明をすっとばした推測を基にして議論を展開していいかということです。別にがちがちの学者の書いたものを読みたいとは思いませんが……。

橋爪　著者の民主党・共和党を軸にするアメリカ思想地図は、丹念に組み立てられているとは思います。一方、経済問題は、データを巧みに組み立てているけれど、専門家から見れば裏付けのとれない危うい議論と評されてしまうかもしれない。しかし、その大柄な構図において、本書は不思議な説得力を持つ。バブル期やポスト・バブル期を通じて、アカデミックな世界の人びとはちっとも有効な発言をしてこなかったからです。

小林　たとえば「大蔵省の隠し資金はどこにあるか」という節。「大蔵省は、どうやらあと百兆円の隠し資金を持っている。（中略）この大蔵省のヘソクリ百兆円のありかは、自民党の首脳たちも知らない。政治家にさえ絶対に教えないのだ」。だったらなぜ副島氏はそのことを知っているのか。しかもそのありかについて著者はほとんど具体的なことを記していない。

広瀬　十数年前に佐々木毅さんが『現代アメリカの保守主義』（岩波書店）を著して以降、政治勢力としてのアメリカの保守主義の構造分析が、日本国内ではあまりしっかり行われてこなかったのも事実。思想としての保守主義研究は、非常に水準の高いものもありますが、日本ではそのアカデミックな研究と論壇・評論とが切れてしまっている。本書はその間を埋めるものですが、政党と政治理念との関係については粗っぽい。

小林　でも、一般的な読者にとって、本書のような「私しか書かない」、「私しか知らない」的な言辞は検証不可能。こうした議論を展開されると、ついてゆけない。

橋爪　もうひとつ、本書の大きな柱は、日本とアメリカが対等でないこと（著者によれば、属国であること）を、認識せよということです。この認識は、戦後の保守本流親米政権のふりまいてきた幻想（イコール・パートナーシップ）とか、アメリカにも日本の親米派に相当するような親日派が存在するという思いこみとかを、払拭することを迫ります。著者のはったり的な文体は表層として無視すればすむと思う。

広瀬　六〇年安保の活動家たちや、吉田茂論を書いた高坂正堯さんらの論者にとっては、その立場は正反対であるけれど、日米が「対等でない」のはあたりまえのことだった。ところが、八〇年代中曽根政権以降の、日本の経済大国主義と、中曽根氏のキャラクターが「日米対等幻想」を生みだした。その後、バブルの崩壊と、日米の経済力の逆転にともなって、その幻想への反発や幻滅が表面化してきているのが現在なのでしょう。

小林　本書の位置がクリアに見えてきた。そういう流れの上にある本なのですね。

『見知らぬ妻へ』
浅田次郎
光文社・1500円
文庫・495円
▼1998.9.7

小林　剛速球派でも変化球派でもないのに、おそろしくキレがいい。笑劇風ありハードボイルド風あり、大衆劇風ありと、色とりどりですが、どれにもしっかり著者の味がついている。しかもときどき胸元に速球が来て、油断するといきなり涙腺をゆるめられたりする。

広瀬　読者に強い揺さぶりをかけてくるわけではない。それなりに予期される範囲の物語であって、安心して読める。しかし、琴線に触れる勘所をしっかりと押さえている。『鉄道員』（集英社）も安心して楽しめる小説揃いでした。

橋爪　この小品群の共通点は、どこか欠損した家庭だと思う。著者の小説に登場する多くの人物は、古典的で幸福な家庭像を信じている。にもかかわらず、その幸福な構図から追放されている。その欠損を際立たせ、埋め合わせるため、作者は幽霊さえも登場させるわけです。

小林　まさにそんな家庭の欠損がストレートに出て、それが新しい小説風景にまで昇華している作品が、本書の標題作であり、『鉄道員』の「ラブ・レター」だと思いました。家庭の欠損はここではほとんど逆転して、見知らぬ、つまり偽装結婚の相手であるからこそ、深い愛が育ちうるという倒錯した風景につながります。

橋爪　しかし、どこかで「量産されている泰西名画」みたいなとまどいも感じてしまう。愛されてよいはずなのに、愛されていない私というイノセンス＝無償の純粋さがどの登場人物の根底にも流れている。逆に言うと、この作者の作品には、本当にむごたらしいものやいまわしいものは出てこない。

広瀬　たしかに、この短編集には、どうしてもはみ出さずにはいられない過剰さは登場しません。同じ歌舞伎町を舞台にしても、村上龍『イン ザ・ミソスープ』（読売新聞社）の殺人鬼は登場しないし、馳星周『不夜城』（角川文庫）のニヒリズムも出てこない。どこか安心できるまっとうな感覚に訴える物語に収斂していく。

橋爪　「ラブ・レター」では、便利屋の男が会ったこともない書類上の妻である中国人娼婦の葬式に行き、残された手紙を読んで涙を流す。「見知らぬ妻へ」では、それがキャッチの花田とコールガールの玲明の関係に代わって、今度はカタコトの会話（筆談）を交わす。コミュニケーションの困難な状況が、交流を純化するという現象はたしかにありますが、この設定はできすぎで、少し甘すぎるのではと思ってしまう。

小林　その批判は正当だと思います。ただ、他の作品にどこか既視感があるのに比べ、「見知らぬ妻へ」や「ラブ・レター」は独自で、著者以外には書けないと思う。もし辛辣な現実の中から、甘美な嘘をすくい上げるのが作家の役割だとすれば、浅田氏はこの両作でそれを示したと言えましょう。

広瀬　現実世界には、たとえ日本語が不自由でなくても、コミュニケーションのとれない異質な他者が満ち満ちて不安を誘っている。そんな現実からの救いとして読者に訴えるのではないでしょうか。

小林　なるほど、この小説を読むことがある種の癒しにつながると同時に、小説の登場人物たちもどこか癒されているような部分がありますね。

橋爪　それにしても、最近は中国人がなぜ、よく小説の題材になるのか興味があります。

小林　戦後文学では、日本人から見た在日韓国・朝鮮人が身近な「異人」として存在感がありました。それが近年急速に薄れ、そのかわり、中国人が出てきたように思えます。

広瀬　中国人たちは、日本人作家の作品世界の中でまだ「新しい風景」としてしか登場していない。その点では、浅田氏の作品も、馳氏の作品もそれほど変わらないのではないかと思います。

『戦争と罪責』

野田正彰

岩波書店・２５００円

▼1998.9.28

広瀬　旧日本軍将兵の戦争体験についての綿密な聞き取りと、その時の心理を掘り下げた本ですが、それが戦後の日本人の精神の問題を追求するものとなっている。戦争体験を完全な同時代体験として扱っている稀有な本ではないでしょうか。

橋爪　ただ、野田氏の聞き取りの中心になるのは、シベリアに抑留されたあと戦犯として中国の捕虜収容所に収容され、「思想改造」されて帰国した将兵たち。こういう体験をした人びとは、ごく少数である。さらに、聞き取り調査といえども、聞き手の主観や解釈が入りこんでいる、という点を考慮しなければなりません。

小林　野田氏は戦争で残虐行為をした元将兵の心理と現代日本人の心理は、「攻撃性」という一点で変わっていないことを述べようとしている。それはショッキングですが、元将兵の行為に現代の論理で切り込むことに限界はないのか。また、日本人の心理と欧米人のそれとの違いを言い立てるのは、新たな免罪及び断罪への道をひらくことになりませんか。

橋爪　何年も収容所（監獄）に閉じ込められた人間の証言は信用性がないという意見がありますが、証言価値はあると思う。中国側に明確な政治的意図があったことは確かでしょう。しかし中国側の取り調べは、事実関係を調査し、裏付けをとるという慎重なやり方です。元将兵たちが自ら証言した内容についておしなべて言えることは、戦時中の残虐行為について、犯罪的であったという自覚の欠如。命令された任務の場合、それが国際法規に違反していようと、人道に反していようと、ほとんど自責の念なしに行われている。この点が、日本軍（ひいては日本人のつくる組織）を考える場合に重要だと思いました。

広瀬　集団の中への同調が最重要視される社会。この社会に適応した日本人は、戦場で精神的に傷つかない人間になった。そして実は戦後日本でも、集団が割り振る役割をそつなくこなし、適応に努める人たちで埋め尽くされてきたのではないか。本書の主張には説得力がありますが、他方、それが戦争体験の聞き取り調査から引き出されたことに対して、途方に暮れざるを得ないのも確かです。

小林　野田氏は時として、彼らの心理を明らかにするため、相手に対して非常にシビアな姿勢をとります。しかし、それは、自分にも跳ね返り、自分の心理も明らかにする苦痛に満ちた行為であるはず。にもかかわらず、野田氏は問題を突き放しすぎている感じがします。

橋爪　著者はしばしば、聞き取り相手が「心が傷ついていない」、「本当にありありと相手の心を思いやっていない」などと指摘します。しかし、軍隊に限らず近代社会は、市場にせよ行政にせよ医療にせよ、人間を物体視し、計算可能なものとして扱うものです。そういう社会での正しい態度、倫理を再建するのでないと、戦争の教訓は生きないのではないか。

小林　著者は「悲しむ力をとりもどす」、「感情をとりもどす」といったキーワードを登場させます。しかし本当にそれで戦後日本人の心性の問題が解決されるのだろうか。確かに耳ざわりのいい言葉であり、安心する結論ではありますす。しかしドイツ人の行ったような自分自身に対する思想解剖とは違うような気がするのです。

広瀬　この問題に最初に取り組んだ段階で著者は、外的な条件によって旧日本軍人には「傷つかないという病理」が発生していたと予想したのではないでしょうか。それならば、医師の立場で、人間の外側から処方箋が書ける。ところがこの課題に踏み込めば踏み込むほど、そういう単純な処方箋が書けないことが明らかになってきた。しかし、それを直視し、そこからあらためて人間の感情の復活に向けて歩みを始めるしかない、とつぶやくところで筆が置かれている。

小林　なるほど、そう言われると本書の見方が変わってきますね。わたしには正直に言って辛い読書でしたが、著者自身もまた苦しい葛藤をしていたことが理解できます。

『ゲルマニウムの夜』　花村萬月

文藝春秋・1238円
文庫・514円
▼1998.10.19

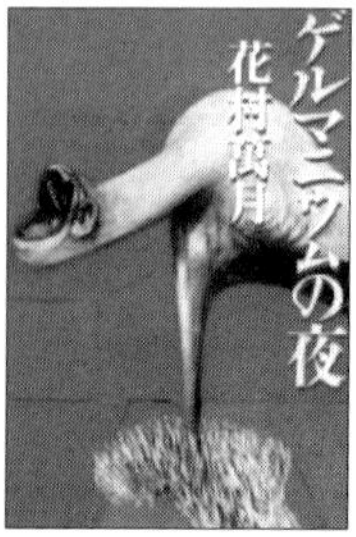

橋爪　最近、雑誌のグラビアなどに、猫を抱いて坊主頭でよく現れる花村さん。どんな文章かと読んでみると、なかなか重量感があって感心しました。

小林　まず物語展開がスピーディーかつ濃厚ですね。修道院という舞台設定のせいで、倫理感から生まれるエロチシズムが、くらくらするほどのリアリティで描かれています。

広瀬　描かれていることは、暴力、性、農場での家畜や残飯の扱いなど、身体感覚に訴えるものなのにもかかわらず、むしろ観念的な印象を与える作品ですね。

小林　ええ。暴力にせよ、エロチシズムにせよ、通常の規範をあまりに超えているので、かえって清澄な趣が出ています。

橋爪　印象深いのは「舞踏会の夜」のいじめのシーンでした。先輩が「僕」を毎晩屋上に誘い出し、ガッツ、ガッツ、キーックガッツ、とパンチを浴びせ、蹴りを入れ、男性器を手で奉仕させる。この逃れようのない状況の延々たる持続。そして最後に、それを一発で逆転させる「僕」の必殺のキック。医学に詳しい人によると、どんな蹴りを入れても小説のように睾丸が露出するわけはないそうですが、日本中の中学・高校で起こっていることの原型がここに描かれているような、厳粛な不気味さを覚えました。

広瀬　その場面は、秩序が内包する暴力性を見事に描ききっていると思いました。しかも、その構造に主人公が徹底して自覚的であり続けるところが凄みを感じさせ、また逆説的にある種の「救い」を感じさせます。舞台の修道院は、世俗的秩序を超越する世界であると同時に、現実的には体制そのものであることによって「独立王国」性を確保している。そこに、俗世において殺人を犯した主人公が逃げ込む。その彼が、修道院の宗教的秩序に対しても徹底して冒瀆を重ねていく。主人公の持つこの二重の「反秩序」性が大きなスケールを獲得しています。

小林　作品中で大きな役割を果たしているのが糞尿です。他に睾丸、手による射精、ソドミー、豚の交尾、残飯といったものが効果的に使われます。そしてこれらは奇妙なほど不潔感がありません。不潔に見えるのは修道士であり、修道院という組織であり、更に言えばカトリックという宗教の方。こうした貴賤の逆転、美醜の混乱は常に暴力を基軸としてなされており、改めて文学における暴力の力を思い出させられた気がします。

橋爪　自伝的要素を含むということですが、この作品が十分に観念的だとすれば、著者が自身の体験を、意味づけ、昇華するのに成功しているからだと思います。〈僕が拳をふるい、蹴りあげるのは、じつは言葉とその背後に潜んでいる神に対する嫌悪からなのかもしれない。僕は信じようと足搔いているのだ、百の言葉よりも一発の拳である、と。だが、それは逆説的に僕の言葉に対する盲信をあらわしているのだ〉。正確な、簡潔な言い方のなかになみなみならぬ思索の履歴が感じられる。

小林　ただ、わからなかったのは、主人公と救済の関係です。主人公は一見暴力の限りをふるいながら、最終的にはキリスト教によって救済されるのか。それとも、今後も反秩序として生きるのみなのか。最初、主人公のシニカルな語りぶりから、「救済？　とんでもない！」という物語なのかと思いましたが、いちがいに救済とは無関係とは言えないような気もする。大長編の導入部だそうで、現時点で結論を出すのは性急ですが。

橋爪　これはむずかしいですね。強いて言うなら、書くことによる再創造——これが、著者にとっての救いと赦しの行為になるのではないだろうか。

広瀬　ひとつ不満を述べるなら、この作品が、修道院という、ミクロコスモスでありながら同時に外部＝マクロコスモスの構造を直接反映できる舞台に依存しているということでしょう。主人公が抱えている問題は、そんなミクロコスモスの内側だけでの救済では済まないはず。著者には、今後その外側に突き抜けていって欲しいと思います。

『戦後の思想空間』
大澤真幸
ちくま新書・７４６円
▼1998.11.10

橋爪　著者は力量ある社会学者で、前から注目していました。この本はスケールが大きくアクチュアルな問題提起をしていると思います。戦前と戦後の思想状況が六十年を隔てて似ているという指摘は、柄谷行人氏の論としてありますが、細部の肉付けがすばらしい。

小林　戦前の大本教弾圧事件と二・二六事件が、六十年後のオウム真理教事件と照応するという「六十年周期説」にはびっくりした。しかしその後の論を読んで納得。あのオウムのサリンはアウシュビッツの毒ガスとも思想的につながっていたんですね。それも、ハイデッガーの使った「精神（ガイスト）」という共通項を通して。

広瀬　オウムと二・二六事件の関係は、「超越した他者の不在」という空虚を埋めようとする悲劇的な試みの挫折として同じ意味を持つ。「いまが戦前である」という意識を持つことによって初めて、昭和二十年のカタストロフィへの歩みを繰り返さないことができるということがはっきりと確認されます。

橋爪　著者がこのテーマにたどりついた理由は、戦後日本における「ポストモダン」思想への反省からだと思う。ポストモダンを同時代の思潮として受け入れてきた著者は、一方、ポストモダンと時代とのかみ合い方にどこか違和があることも、しっかりと見ていた。そこで、戦前にやはり近代を超える試みであった「近代の超克」論が、軍国ファシズム（不正確な表現だが）に同調し、融解していったプロセスと重ねあわせることによって、ポストモダンが戦後思想空間において持ちうる意味を、計測し根拠づけようとしたのではないか。

広瀬　同感です。本書にはポストモダン思想の「消費」のされ方に対する非常に厳しい見方が提示されており、とくに浅田彰氏や蓮實重彦氏の無自覚な追随者たちへの評価は、むごいまでに徹底しています。

小林　九〇年代後半の今、われわれはさすがにシニシズムには飽きている。八〇年代においてポストモダンのもたらした消費的シニシズムは魔法の杖のように見えましたが、それは非常に貧弱なものしか残し得なかったのではないでしょうか。

橋爪　戦前の資本主義における、西田（幾多郎）哲学、田辺（元）哲学の意味が明確にのべられている点も感心しました。大東亜の解放と日本の国益追求（侵略）とが矛盾せずに存在できた理由が、そこに探りあてられようとしている。

小林　著者は本書の最後で、超越した他者を持たない空虚を天皇制ファシズムなどで回避するのではなく、「まともに引き受けなくてはならない」と述べています。そしてその方法は「自由な社会をいかにして実現するか」という問題と連動しているとも。非常に感動的なエンディングですが、もうちょっと踏み込んでほしかったですね。講演記録という形ですが、もう少しまとめてもよかったんじゃないでしょうか。

橋爪　ポストモダンの流行とともに流布した価値相対主義は、ニヒリズムが形を変えたものですが、これに対してどう絶対的な価値を対置するか。しかし私は、この相対主義と絶対主義の共存は可能だと思う。大澤氏が自由な社会への志向を持っているということは、単なる相対主義にしかすぎない俗流ポストモダニストと自分を区別できているからだと思います。

広瀬　本書の次の問題になるのでしょうが、仏教とくに法華経のなかに、ファシズムに真に抗しうるものがあると（いうことだけが）指摘されている点は、もう少し展開しなければならないのではないか、という気がしました。

橋爪　機会を改めて議論したい問題ですね。本書は、加藤典洋氏の『敗戦後論』などと共に、戦後の転回点を画期する書物として記憶される気がします。制度はだらだらと変革とも変化ともつかない変質を続けていますが、思想の面では、こうして自覚的な転回が企図された。「ポスト戦後」という時代が築かれることを望みたい。

『Twelve Y.O.』

福井晴敏

講談社文庫・648円

▼1998.11.30

橋爪　著者はハリウッド映画を意識しているそうで、ストーリーの展開や山場の組み上げかたが映画的です。もうひとつ感じたのは、マンガ（劇画）との共通性。人間の造形が適度に類型的で大づかみで、そのぶん読者が感情移入して、想像力で補う形になっています。

小林　先人にないユニークなものを持っているのは立派。しかし、新人だから仕方がないのですが、やや若さが目立ちます。軍事的・技術的なリアリティについても、首をひねるところが多かった。

橋爪　これまでの軍事アクション小説なら、米軍の対抗勢力は、ひと昔前ならソ連、あとは中国か北朝鮮、台湾海峡といったところでしょうが、本書の場合、自衛隊と在日米軍、そして元自衛隊員のテロリスト・トゥエルブとの三角形です。こういう想像力の広がりが、ポスト冷戦的なのかと思いました。

広瀬 この小説を貫く「嫌米」気分は、単にアメリカに対する反発と、その反動としてのナショナリズムやナルシシズムに向かうのではなく、不甲斐ない自ら（＝日本）を変えることへの共感として展開されます。しかもそれは、アメリカとの訣別というよりは、アメリカ的なるものの受容を当然の前提としている。アメリカという存在のもつ意味、受け止め方という点において、新しい世代らしい感覚が登場しはじめたという印象を持ちました。

小林 そういう時代の気分を反映させ得たのは、著者のアンテナの鋭さでしょうが、同時に危なっかしさも感じます。日本人からのファンレターの多さにあきれたというマッカーサーの「日本人十二歳説」（トゥエルブの由来）ですが、「日本よ、大人になれ」という本書のテーマは掛け声倒れに思えました。

広瀬 軍事的構図は、かわぐちかいじの劇画『沈黙の艦隊』（講談社）に通じるものですね。この劇画が主人公の潜水艦艦長を超人的ヒーローにすることで、国際政治に向けてのメッセージにドン・キホーテ的な真摯さを獲得していたのに対して、本書の方は沖縄の歴史にもかかわる人間ドラマへと収斂していきながら、どこか類型的で軽い。それでも、全体の構えや漂う気分に新しさも感じます。自衛隊の組織運営面でのリアリティは欠けているけれど、自衛官の内面についてのリアリティはある。

橋爪 〈自由や主権は、最初からそこにあるものじゃない。戦って勝ち取るのが本当の自由民主だ。戦後の日本は、そのプロセスを経ずにここまで来てしまった〉。こうした思いゆえに、テロリストたちは、日本人を真実に目覚めさせるためには、人が死んでも構わないと考えている。しかし、この心情は、オウム真理教と同型になってしまっていませんか。

小林 これが単純なゲーム世界内、あるいはハリウッド世界内でのことなら罪もないのですが、なまじ日本の安全保障、日本の痛点にかかわってくるだけに……。

広瀬 この作品の主人公をトゥエルブではなく、彼に巻き込まれる挫折した中年自衛官にしたあたりに、著者なりの歯止めも感じます。おそらくはテロという手法の限界に対する警告のメッセージも、ある程度込められているのでは。

橋爪 この作品が描いているような気分が、今の若い人びとに広く受け入れられているとすると……。私自身は、リベラルというスタンスを保ちつつも、国家・公共性の復興を考えている。そういう言説を届ける相手が、こうした気分に満ちているとすると、よほど注意しないと、逆の反応を引き起こしかねないと知りました。

小林　それにしても、乱歩賞の受賞者は筆力がある。純文学という貧血気味の文学ジャンルに属しているせいか、ひどくうらやましく、まぶしく思えました。厳しい意見が相次ぎましたが、それだけ本気にさせる小説だったと言えます。

『変身　放火論』
多田道太郎
講談社・2500円
▼1998.12.21

橋爪　系統的でカチッとした論理構築を期待して読みましたが、ふわっとして、つかみどころのない軽みで、話題がぐるぐるめぐって自然につぎのテーマに変換していく。こういう文体が好きな人にはたまらないだろうなと思いました。

広瀬　とりとめがないようでいて全体に仕掛けがあり、「八百屋お七」で始まった本が、ロックグループ「トーキングヘッズ」の歌詞「ストップ・メーキング・センス（意味づけをしなさんな）」で閉じられるという作りには、読者として十分に楽しませてもらいました。

小林　最初は「軽い」と思っていたのですが、途中からうならされることが多くなり、読み終わったときにはずっしりと重い手ごたえ、一回の読書では消化（消火？）しきれない炎をもらったような気がしました。軽い語りでないと、ある種のシリアスなことは嘘になってしまうという感覚がよく伝わってきた。西鶴、近松の笑いをシリアスに分析して見せたら、それだけで、その分析の嘘がばれてしまう。関西的な語りといっていいんでしょうかね。

橋爪　あとがきで筆者は、〈蛸《たこ》のように「ばらばらでとりとめもない」足どりで『変身放火論』という蛸壺にもぐりこみ、死んだふりをしている――つもりなんです〉と書いていますが、年齢を重ねた自分の文体を「死んだふり」と客観化しているとすれば、なかなかの覚悟です。

小林　近松について著者の発見の最たるものは、「涙の隣に笑いがある」でしょうね。実際、「曾根崎心中」はあれだけ正統な悲劇なのに、客席から笑い声が絶えないんです。この柔らかい文体は、やはり一、二章の西鶴論、近松論を実のあるものにするために選択されたような気がします。〈恋の炎に狂喜するお七の表情は（中略）乳幼児ととんと変りはない〉と見る著者は、〈世間から見れば無動機どうぜんの放火〉をした娘をあっけらかんの「ケロリンお七」などと呼ぶ。これを真面目な文体で迫ってゆけば、必ずどこかで水漏れしてしまうでしょう。

橋爪　文体の無重力的自由については、シュールレアリスムの自由連想法を思いだしました。総体としては拡散しているけれど、変身＝放火という核を持っているので、リゾーム（地下茎）のように、いったん散らばると見えて、またまとまるという複雑系的な動きをしている。しかし同時に、無邪気な老人のおしゃべりのような、つきあいにくさも感じるのです。

広瀬　ほぼ同時代の作品である第一章「八百屋お七」と第二章「曾根崎心中」の世界に対して、ずっと時代の下った第五章「ノルウェイの森」では、「僕」と恋人が、下町の彼女の家の物干しから、炎の出ない煙だけの火事を見物する場面が引用されて、〈八百屋お七の放心的な恋心の放火というものから、火事を一種お酒のつまみみたいな格好に見立てて、そしてそれを背景としながら男の反応を確かめるという女の求愛の仕方へ、（中略）かなりの変化が起こったなという気がします〉と、色恋の〈大変身〉ぶりが取り上げられる。ただ、私にはこの二つの世界は、それほど違和感なくセットになるような気がしました。むしろ第三章「大菩薩峠」と第四章「金閣寺」の世界の方が、とても遠い時代のように感じられてならない。そういう意味では、著者の「変身論」には異論もあります。

小林　村上龍の『69』も出てきますが、多田さんにとって西鶴が村上龍で、近松が村上春樹なんでしょうね。分析の手つきが似ている。

広瀬　なるほど。そういえば、近松と村上春樹は、下町をいつくしみながら描くのがうまいところも共通点でしょうか。

小林　よく芸人が「師匠の芸より、日常のちょっとした一言の方が学ぶところが多かった」と言いますが、この本はまさに多田氏の肉声、それもほんのちょっとしたものに膝を打つケースが多かった。触発の気配が満ちていて、わたしはかなりいろいろなアイデアを得た気分になっています。

『淀川長治の遺言』（『広告批評　別冊』）
淀川長治
マドラ出版・952円

▼1999.1.25

橋爪　淀川さんは、やはり語りの人なのですね。活字の向こうに喜怒哀楽を重ねた人間がいて、映画はそんな人間を

正面から受け止めようとする芸術なんだ、という熱気を帯びた語りが基調になっている。

広瀬　昨年十一月に亡くなったあと、英国の新聞に大きな追悼記事が出たのが印象に残っています。今世紀の日本のきわめて稀有な例外的な人物でありながら、かつ、この時代のこの社会にしか生まれ得なかった人だったと思います。

橋爪　例外であることを恐れない強靭さ、といったものがありますね。映画に魅かれる情熱が、自分だけの例外的な(ある意味で特権的な)ことで、しかしそれに臆せず、その情熱を正当化していく。個性というものは、こうやって築かれるのではないでしょうか。

小林　誤解を恐れず言えば、淀川氏の批評自体は凡庸だと思う。しかし、凡庸だからこそ偉大だったという気がします。

橋爪　その指摘は注意ぶかく理解しないといけませんが、その通りだと思います。ではなぜ、凡庸な批評が求められ、成功したのか。まず、映画が大衆的な芸術であるということが大きい。映画は、それを観たすべての人びとのものであって、文学のように正しい読み方とか批評というものが成り立ちにくいように思います。

小林　「凡庸」は「まっとう」と置き換えてもいいのです。「淀川長治の批評はマゾ的だ。すべての映画になすがままにされている」という批評を読んだことがあります。しかし、何かを批評しようとする場合、少なくともいったんは「なすがままに」されなければ、その作品の意図は読みとれないのではないでしょうか。

橋爪　教養のある人にもない人にも、一瞬にして理解してもらわなければいけないのが映画。本質を摑む、単刀直入に表現する、余計なことを切り捨てる、といった戦略(芸)があったのだと思います。それはサービス精神であると同時に、大変科学的なものの見方。大正の時代精神を感じてしまいます。

広瀬　そうやって解説された中身はなんの不思議もケレンも、特権的な視点や分析道具もない。しかし、本書を読むと、映画の重要なシーンは、どんなに一瞬のちょっとした点でも見逃さずに押さえている。その眼力と、解説能力の異能ぶりは、巻末の「歌舞伎案内」で改めて印象的です。思えば、歌舞伎も大衆芸術だという点では映画と共通するんですね。

橋爪　無声映画のように、すでに観客に過去のものとして見られているものさえ、昨日のことのように活き活きと話す淀川さんが、歌舞伎を語りのなかで現代に蘇らせています。

広瀬　鋭さとともに安心を与える解説ですね。なるほどそういうふうに見ればいいのか、と感心すると同時に、「なんだ、硬く構えないでそんなふうに見てしまっていいんだ」と安心できてしまう面もある。

小林　よほど中村歌右衛門にほれこんでたんでしょうね。解説されているほとんどが歌右衛門の代表作です。それと、落語の歌舞伎噺のような趣がある。歌舞伎噺は桂米朝の独壇場みたいな趣がありますが、淀長さんの歌舞伎噺はまた別の味です。

橋爪　米朝さんも淀川さんも関西出身ですが、そのあたりは関係ありますか。

小林　関西人と言っても、米朝さんは姫路、淀川さんは神戸で、どちらも昔で言う播州にあたる。播州弁は、大阪弁の美しさとは対極的です。だから米朝さんは、苦労を重ねてあのような美しい関西弁を喋るようになった。そうしたコンプレックスの強さが、播州人を歌舞伎や映画といったきらきらしたものに向けさせるのではないかと思っています。

橋爪　なあるほど。最後にもうひとつ、編集の妙を指摘したい。語りものをまとめることに対する執念、編集のカンと技術がある。淀川さんの語りをほどよく盛りつけて、まさに『遺言』というにふさわしい特集にまとめてくれました。

『初版グリム童話集　ベスト・セレクション』

グリム兄弟

白水社・2000円

▼1999.2.16

広瀬　グリム童話のことは、ごく一部の有名な話を、子供向けに薄めた形のものしか知らなかったのだということがよく分かりました。『初版』は骨太で、直截で、こめられている力が違うといった印象です。

小林　「シンデレラ（灰かぶり）」、「ヘンゼルとグレーテル」、「白雪姫」など正統派と思われていた童話の『初版』の残酷さは際だっています。文学作品としては、残酷部分を覆い隠した後期（第七版）グリムより、こちらの方が価値は高い。

橋爪　高橋吉文さんの『グリム童話　冥府《めいふ》への旅』（白水社）によると、ナポレオンに蹂躙されたドイツは、領邦に分かれ言語が統一されていないことが弱点だった。そこで、共通言語を確立しなければならないという政治的な目的で、この童話が編纂されたそうです。改めてグリム兄弟の仕事の巨大さを思い知りました。

小林　中世の三十年戦争で徹底的な虐殺が行われた中部ド

イツの人口は、十分の一にまで減少したと言います。グリム童話に現れる飢餓（人肉食や子殺しにいたる）や近親相姦、狂気は、近代の入り口にいたるまで悲惨だったこの国の歴史をよく現していると思いました。

橋爪　日本でのグリム童話の読まれ方は、「子供らしい夢をはぐくむ」といった都市中流階級の好みに沿ったものだと思います。その偽善性をひっぺがそうという、悪意に似た子供世代の思いが蓄積して、〝本当〟のグリム童話についての、時ならぬブームになったのでは。どんな正統な権威（学校や企業や有名人や両親や）にも必ず「裏」があって、自分の抑圧した欲望と同型の動機によって動いているということを信じたいのだと思います。

広瀬　ディズニーでアニメ映画化されたグリム童話は、そういう〝健全さ〟の完成形態と言ってもいい。百十万部も売れているという『本当は恐ろしいグリム童話』（桐生操著、ベストセラーズ）に火を付けたのは女子高生たちだという話を聞きますが、「ディズニー文化殺し」が現代の思春期の課題になっているのかもしれません。

小林　ただ、ここ数年の子供の世界のベストセラーには、また別の一面もあるような気もします。我が家の娘（小五）の読書遍歴は、『学校の怪談』（常光徹著、講談社）、『金田一少年の事件簿』（金成陽三郎原作、さとうふみや画、講談社コミックス）、『新世紀エヴァンゲリオン』（貞本義行著、角川書店）、『初版グリム童話集』と続き、今は角川ホラー文庫。気づくのは、どれも殺人がメーンに登場し、それにオカルト的であること。その根底には、「目に見える」近代的な人間関係の息苦しさが噴出しているようにも思えます。

広瀬　いま若い人が見つけだしたのが、『本当は…』の方なのか、『初版』の方なのかは大きな問題です。前者は、いまの子どもたちの嗅覚に訴えるようにしっかりマーケティングされているのに対し、後者は必ずしもそうではない。それにもかかわらず、『初版』ベスト・セレクションが二十七万部（四巻本は計三十八万部）というのは驚きです。

橋爪　『本当は…』の著者は、女性二人の合作ペンネームだそうですが、グリムの解説ではなくリメイクだと思えば、腹も立たないし、そんなに出来も悪くないと思います。

広瀬　ディズニー的世界では、表面的な人間関係の配慮が予定調和的な幸せを約束してくれる。でも、そこからはみ出していく情動も、自分の中で否定しがたい。生の欲動や情動を肯定できる世界がグリム的世界ということでしょうか。

橋爪　精神がバランスをとるため、そういった方向に突き動かされるのだと思う。ディズニーと初版グリムという二項対立は、現代を両断しているのかもしれません。

『無情の世界』阿部和重
講談社・1400円
新潮文庫・400円
▼1999.3.8

小林　一見、書き流すような文体に見えても、細部まで神経と計算が行き届いている。阿部さんの作品は若者の風俗のみで「新しい」と見られがちですが、テーマや構成のぶれのなさ、小説のまとめ方のあざやかさは、本格の作家と呼ぶべきでしょう。

広瀬　崩壊感覚の漂う世界を描きながら、それを他人事のように外側から見ているようなドライさも感じさせます。

小林　その崩壊感覚がきわめてキレよく描かれる。資質的には筒井康隆さんに近い。ともに映画から多大な影響を受けたからかなあ。ただ、やはり阿部さんの方が醒めてますね。

広瀬　収録された三編で描かれる「事件」は、おのずとテンションが上がるような暴力的なものです。それに巻き込まれていく主人公は、焦り、じたばたして、事態をますます悪化させていく。その自分を仕方がないなあと諦めつつ嗤っているような、世界へのデタッチメント（孤絶感）がある。

橋爪　冒頭の「トライアングルズ」を読んで思ったのは、語り手である小学生の心的世界が、すべて他者からの報告や伝聞で構成されていて、はなはだ不安定だということです。彼は、そういう危なっかしいリアリティの組立てでしか世界を見る方法がない。孤立した主観の集積としてしか世界を見られない「今」という時代を掘りあてているのではないか。さらに、この三編に共通するのは「覗く」というモチーフ。「トライアングルズ」では、小学生の家庭教師が、ストーカーのように女性をつけ回す。「無情の世界」では、主人公の少年が、公園に裸の女性を盗み見に行く。「鏖《みなごろし》」では、男が妻の不倫の現場を押さえようと、自宅の様子を隠しカメラで盗み見ている。

小林　「鏖」のラストには新しさを感じました。ひとつの笑劇《ファルス》的な事件が、より大きな破滅的な事件につながってゆくという予告で小説は幕を閉じる。現代において、卑小な笑劇が人類をまきこむカタストロフィにつながる可能性が、これほど実感をもって提示されたのは初めてでは。

橋爪　覗く行為がさらに別の人間に覗かれていくように、この種の事件も連鎖し、伝染するという予言なのでしょうか。

小林　ある女子短大で講義した時に感じたのが、まさにこの小説を読んでいるような感覚でした。個人的に話せば、決して感情が欠落しているわけではない。にもかかわらず、集団としてみると何かオバケと相対しているような気になってしまう。阿部和重の登場人物は、確かに現代の若者のある恐ろしさを湛えています。

橋爪　この作品集は、持ち運びのできる通信機械が多く登場します。携帯電話、ノートパソコン、液晶テレビ……。それらが、ますます一人ひとりの弱さと精神の貧しさをむき出しにしてしまうようですね。

広瀬　ディスコミュニケーション・ツールとでも呼びたくなりますね。

小林　そんなツールで目の前にいない人間とつながりやすくなった反面、逆に目の前にいる人間とつながりにくくなったような気がします。

広瀬　むしろ、目の前の人間は目障りな存在でもある。そのいらだちをつい相手にぶつけてしまうと、カタストロフィがやってくる。そういう怖さを描いて見せたのが、阿部世界の成功の秘密なのでしょう。

橋爪　町田康さんとよく比較されるようですが、共通点と言えば、達者な話体の使い手。そして、それを自分の一方的な想念を膨らませることに使っているという点でしょうか。

小林　町田さんは、主人公のダメさをウェットに包み込んで、そこが共感を得やすい。

広瀬　そう、阿部和重の主人公はもっと救いがなく書かれている。その分世界の救いのなさ（まさに「無情の世界」）がよく描けていると言えるかも知れません。

『日本焼肉物語』
宮塚利雄
太田出版・1600円

▼1999.3.29

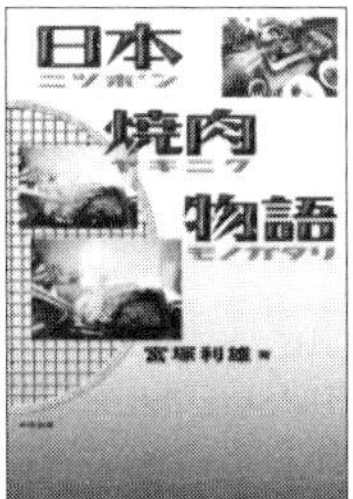

広瀬　大衆的な食べ物であるだけに、むしろ記録が少なく、調べるのが大変だったろうと思いますが、よく取材して、「焼肉は日本オリジナル」というルーツを解き明かしています。

橋爪　明治になってからおそるおそる肉を食べ始めた日本人は、なかなか内臓までは手がのびない。しかし戦後、焼肉という形で、内臓料理が定着していくさまを、資料や聞き取りで追いかける。戦後社会の側面史というべき、まさに「おいしい」素材を料理した一冊です。

小林　かつて韓国を訪れたおり、土地のおばあさんが「昔はこんな肉ばかり食べる料理はなかったよ」と言うのを聞き、貧しさのゆえかと思いましたが、「焼肉」という料理自体がもともと韓国になかったわけですね。この本を読み、固定観念の恐ろしさを感じました。

橋爪　日本の焼肉が、プルコギなど朝鮮半島のもともとの肉料理と別系統だという指摘は重要なポイントです。しかし、なんとなくこの論証がうすい。焼いたあとタレをつけるのが日本の焼肉で、焼く前に味をつけるのが朝鮮（韓国）風ということのようですが……。

小林　プルコギはジンギスカン鍋で作るすき焼き（牛肉焼き）というのが、わかりやすい説明だと思います。韓国に行って「焼肉を食べたい」と言うたびにプルコギを食わされて往生したことがあります。日本で言う焼肉は、向こうでは「カルビ焼」のようですね。それにしても、八〇年代までは、日本では焼肉とかホルモン料理には独特のあやしさがあったような気がします。

橋爪　私は子供のころ、東京の下町にいましたが、「××銀座」みたいな商店街のあちこちに「ホルモン」ののぼりがはためき、おいしそうではあるけれども、子供が近づける場所ではないという印象でした。その当時に比べると、焼肉はほんとうに垢抜けした。こういう庶民史を掘り起こしている点で、功績が大きい。

小林　その通りだと思います。昔の朝鮮料理の看板は黄色と黒で書かれていた。こういう描写はなんでもないものですが、こうやって記録されないと確実に忘れ去られるでしょう。

広瀬　戦前にあった高級朝鮮料理屋「明月館」のメニュー、戦後の食糧難が生んだ「ホルモン（モツ）焼」、朝鮮半島の南北イデオロギー対立が「焼肉」という中立的な呼称を生んだという意外な事実、八八年ソウルオリンピック以後、焼肉店や韓国料理店が日本で増加したことなど、それぞれに興味深い話題が登場します。ただ、このサイズの本にはちょっと入りきらない素材を、とりあえず盛りつけたという印象もあります。

橋爪　もう少し（焼肉のタレのように）素材を寝かせて時間をかければよかったのにと惜しまれます。

広瀬　家庭料理としての焼肉は、「エバラ」などの「焼肉のタレ」の歴史に限定されているところがちょっと残念。家庭への広がりは、料理の大衆化や定着のうえでかなり大きな要素ではないかと思うのですが。

橋爪　日本で肉食史の話題は、うっかりすると差別の話になってしまうのですが、この本はその辺を微妙に避けていますね。戦後の飢えをバネにしたとは言え、朝鮮・韓国の在日の人々が内臓料理や焼肉に市民権を獲得させた。食べてみれば安い、おいしいという庶民の実感に支えられたわけです。

小林　この本が、在日コリアンのみを中心に書かれていることには、ちょっと疑問がありました。

広瀬　著者の「とにかくホルモン料理が大好き」という立場には、意識的な選択があったのだろうと思います。在日コリアンの問題も、肉食と差別の問題も、いま現実に、多くの人が一般的な食べ物として焼肉を食べている、という事実に徹して語ることで、自ずと解消される面がある。批判はあり得ると思いますが、定着した庶民文化について語る方法として、こういう書き方もあっていいのではないでしょうか。

『死体のある20の風景』伊島薫写真集

光琳社出版・3800円

▼1999.4.19

橋爪　なんで「死体」の写真集なのかと思ったのですが、あくまでも死体の着るファッション（あるいはファッションに身を包んだ死体）の写真集なんですね。では、なぜ死体のふりをしたモデルなのか。「死体」だからカメラ目線というものもないし、愛嬌をふりまいてもいない。カメラマンにとって、モデルの不必要な意識を消し去るのは、かなりの技術なんでしょうが、なるほど相手が死体だと、「純粋」な写真がとれる。それは誘惑だろうなと思いました。

小林　伊島氏によると、どのような死体になりたいかは、基本的にモデル本人の希望にそったようです。見終わった後、ちょっと死体を演じたくなった。ただそれはあくまで「演じる」であって、その意味で「死」は感じさせなかった。遊びとしての「死」ですね。

広瀬　ドラマなき時代を象徴する写真集ではないか。女優・アイドルと有名ブランド・ファッションという組み合わせに、殺人現場という設定を加えることによって、ドラマは強烈なインパクトをもつ。そしてそのドラマの風景が素晴らしい「絵」になっている。写されているファッションなどに、そうやってはじめて現実感が付与される。

橋爪　美術の場合にはモデルが死体になりたがるなんていうことはない。アイドルたちに、「ふつうの写真なんかもういいよ」という、ちょっとエクセントリックな感覚が共有されているのかなと思いました。モデルたちは、本当は殺されてもいないし、犯人はいないし、死体でもない。撮影者もモデルも読者も、それを百も承知のうえで、しかし厳かなものをとりまく儀式のように、この共犯関係的な状況を楽しんでいる。

小林　そういう意味で、かなり時代の気分を射抜いていると思いました。それもひょっとしたらカメラマンより、モデルの意識の方が先行している。伊島氏の意図よりも、モデルたちの工夫をこらした死へのアプローチの方が印象的です。モデルたちが、この写真集の中ではひどく知的に思えました。

広瀬　伊島氏のアイデアを、一気に現実化したのは小泉今日子さんだったようです。他の作品も、モデルの側の牽引力を感じさせるものが少なくないですね。「死体」を演じるというのは、単なる自己陶酔を通り抜けた先の、究極の自己陶酔といってよいのかもしれません。

橋爪　三島由紀夫が自決する前に、いろいろ写真をとりましたね。腹切りもあったし、凜々しい姿もあった。死を明瞭にイメージしていれば、生きている姿が写真に撮られるだけで、死とのギャップに興奮してしまうという力学が働く。逆に言えば、このモデルたち、読者たちは、死をありありと意識していないと言えるのではないか。

広瀬　なるほど、この写真集は、唐突な死という設定がほとんどで、現実感もないしそれほど切実なものでもない「死」を扱っているに過ぎない。逆に言えば、そういう浅薄な「死」を鏡にしてでも、「自分の生を映し出してみたい」と感じるほど、生の側も現実感のないものになってしまっているのかもしれません。

小林　『太陽』の九二年九月号で「死を思え」と題して、欧米の死体の芸術写真の特集をしたことがあります。たとえば死んだ娘を着飾らせて母親が記念写真風にとったりしている。そこには極限の美と同時に、すさまじい恐怖がありました。この写真集にはその手の恐怖は微塵もない。この死に対する認識の甘さは、そのまま現代人の死に対する管理の完璧さ（必ずしも肯定ではなく）を表しているように思います。

橋爪　いま気がついたのですが、この写真集の死体はみな、まだ誰にも発見されていない、いわば無垢な死体ばかりですね。私が思うに、いちばん死体らしい死体は、こういう劇的な文脈を奪われて、モルグ（死体置き場）でシーツをかけられた死体なんだけれども、それは誰も演じたくなかったらしい。

書評を書くということ　あとがきにかえて

書評の仕事をするときには、いつも、襟を正すような気持ちになる。

＊

書評の書き手は、たいてい、本の著者。つまり、自分も書評される側の人間だ。本の著者たちが、そうやって順番に、読者となり評者となって、互いの本について意見をのべあい、共同で評価を確立していく。その一つひとつのやりとりが、書評なのだ。当然、そこには、ルールというものがある。公正であること。公平であること。正確であること。率直であること。著者がどんなに著名で、権威があろうと（あるいは、なかろうと）、知り合いだろうと、誰だろうと、今度書かれた本のなかみに即して、その本から言えること（だけ）をはっきりのべる。こうした公開の応酬が、それぞれの本の価値を明らかにしていく。

骨董品のオークションや、草花の品評会を考えてみるといい。それぞれに想いのつまった、この世でただひとつのユニークな存在が、互いに横並びにされることで、値段がついたり順番がついたりしていく。思えば強引なことである。しかしそれは、誰かひとりの恣意ではなくて、大勢のかかわった共同作業の結果である。だから、客観的な事実として、誰もが認めざるをえない。

書評も、似たようなところがある。

書評は、いわば法廷での証言のようなもの。嘘いつわりがあってはならない。筆を曲げてはいけないという、緊張に導かれている。その緊張をよくたどれたときに、書評の背筋が伸びるような気がする。

＊

では書評は、ただ正確な批評をめざせばいいのだろうか。

私は、書評は、必ず褒めることにしている。さもないと、読んで楽しくないだろう。著者の言いたいことの核心を、評者が取り出して、読者のもとに送り届けるという、書評の伝達の径路も見えにくくなる。

褒めるとは、共感するということ、好きになるということだ。著者の意見に賛成であろうと、反対であろうと、ともかく著者の側に立って、この本が書かれたことを喜ぶ。そして、そのことに、嘘いつわりがあってはならない。

だから、褒めるのがむずかしい本の書評は、原則としてひき受けない。なにか理由をみつけて、断れるなら断ってしまう。

褒めることと、公正、公平、正確、率直であることとは、矛盾しそうにみえる。よく考えてみると、必ずしも矛盾するわけではないが、微妙なバランスを要する。だからここにいちばん神経を使う。うっかり褒めすぎれば、すべてがぶち壊しになり、著者にも失礼な結果になるのだ。

＊

ところで、書評の特徴は、短いことである。

なかにはけっこう長い書評もあるけれども、本そのものよりも長いようでは、もはや書評とは呼べない。そうなれば、注釈（コメンタール）である。書評であるからには、読もうかどうしようか決めかねている（将来の）読者のために、ひと足先にその本を読んで、こんなことが書いてあるよと、手短に伝えるのでなければならない。だからむやみに長くてはいけない。

書評は、体操やシンクロナイズド・スウィミングの、規定演技のようなものだと思う。同じ本の書評が、いくつも出る。そして大勢の読者が、書評を読んだあと、その本を読むことだろう。いい加減なことが書いてあれば、一発でばれてしまう。書評は、本を評価するものではあるが、かえって書評（を書く評者）も評価されてしまうのである。

これにひきかえ、ほかの原稿は、自由演技のようなものだ。自分の考えたことを書きたいように書けばいいので、公平だとか正確だとかいったことは問題にならない。いい加減なことが書いてあっても、すぐにはばれない。ずっと気楽である。

そこで、私が想定する書評の読者は、まず、その本の著者である。書評を書くとき、著者本人に読ませるつもりで書けば、できるかぎり正確に、公正に、公平に書くことができるような気がする。

それでも、私の書評が、著者を一〇〇％満足させることなど、まずあるまい。なぜここを紹介しないのか、ここを書かないでどうするといった、不平や不満が聞こえてくる。原稿の分量が限られているので、ごめんなさい、と内心で言い訳して、許してもらっている。書評が短いというのは、だから、助かることなのだ。

＊

というわけで、書評は、書き慣れるということがない。書評はむずかしい。

もしも書評が、別な本の昔書いた書評と似てしまったら、それはマンネリである。一回一回、本を最後まで丹念に読む。そして、耳を澄ます。聞こえてくるかすかな響きを手がかりに、最初の一行を探ろうとする。これに、書評の作業の半分くらいの時間がかかると言ってもよい。

＊

書評だけを集めた本は、あまりみたことがない。それは、いわば規定演技のカタログ。著者（というか、評者）のまとまった考え（自由演技）がそこに書いてあるはずがないのは、明らかだ。というわけで、あまり売れそうにない。

そんな書評の本を出そうという、海鳥社の別府大悟さんは、だから、とても勇敢な編集者である。あるとき私のもとを訪れた別府さんは、あれこれ雑談のなかから、書評をいろいろ書いてきたけれども、かなりの分量になると思うな、というような私のひとことを聞きのがさず、それを企画にまとめあげた。

それからあっという間に何年かが経った。おもに私の作業の停滞のせいで、二〇〇〇年を区切りにしましょうという当初の予定からだいぶずれ込み、中途半端な二〇〇三年までの書評を集めることになった。だがこれが、書評を書き始めてから、ちょうど二十年になる年。ひと区切りにちょうどよかったのかもしれない。

＊

書評を書いてみる機会は、ふつうの読書家には多くないかもしれない。だが、じつは絵画のデッサンのように、勉強にはとてもよい方法だ。最近は、ネット書評のような場も増えている。気軽に、一般読者の目にふれるかたちで書評を書いてみることもできる。本書が機縁になって、さまざまな書評の書き手が増えてくれれば嬉しい。

*

さまざまな媒体に書評を書く機会を私に与えていただいた、編集者の皆さんに感謝したい。特に、インターネットを通じて読書会形式の書評を行うという、卓抜なアイデアを実現し、私に声をかけてくれた、読売新聞社文化部の石田汗太さんには、大いに感謝したい。本書をまとめるにあたって、古い本や原稿をみつけ出したり、コピーをとったり、本のカヴァーをスキャナーでスキャンしたりと、いろいろ細かな作業を手がけてくれた、安藤永里子さん、松谷ひろみさん、山崎由香利さんに大変にお世話になった。また、海鳥社の別府大悟さんには、最初のアイデアの段階から、編集の全般にわたって、すっかりお力を借りることになった。周到でねばり強い仕事ぶりには頭が下がる。別府さんの尽力がなければ、この本はこの世に存在していない。本当に感謝しています。

二〇〇五年六月二十六日

橋爪大三郎

書評《しよひよう》のおしごと

■

2005年９月10日第１刷発行

■

著者　橋爪大三郎

発行者　西　俊明

発行所　有限会社海鳥社

〒810-0074 福岡市中央区大手門３丁目６番13号

電話 092(771)0132　FAX 092(771)2546

http://www.kaichosha-f.co.jp

印刷・製本　有限会社九州コンピュータ印刷

ISBN 4-87415-542-1

[定価は表紙カバーに表示]

■

Book Reviews 1983-2003
by
Daisaburo HASHIZUME
Kaichosha Publishing Co.Ltd., 2005:09 Fukuoka, Japan

橋爪大三郎（はしづめ・だいさぶろう） 1948年，神奈川県に生まれる。1972年，東京大学文学部社会学科卒業。1977年，東京大学大学院社会学研究科博士課程単位取得退学。フリーの執筆活動を経て，1989年から東京工業大学に勤務。現在，東京工業大学大学院社会理工学研究科価値システム専攻・教授。専門分野＝理論社会学，宗教社会学，現代社会論など。

【主要著書】

2005　『アメリカの行動原理』ＰＨＰ新書
2004　『言語／性／権力』春秋社
2003　『永遠の吉本隆明』洋泉社新書ｙ
　『人間にとって法とは何か』ＰＨＰ新書
　『「心」はあるのか』ちくま新書
2002　『日本人は宗教と戦争をどう考えるか』（島田裕巳氏との共著）朝日新聞社
　『その先の日本国へ』勁草書房
　『強いサラリーマン，へたばる企業』（金井壽宏氏との共著）廣済堂出版
2001　『政治の教室』ＰＨＰ研究所
　『世界がわかる宗教社会学入門』筑摩書房
　『ヴォーゲル，日本とアジアを語る』（エズラ・ヴォーゲル氏との共著）平凡社新書
2000　『幸福のつくりかた』ポット出版
　『天皇の戦争責任』（加藤典洋・竹田青嗣氏との共著）径書房
　『三島由紀夫 vs 東大全共闘 1969-2000』藤原書房
　『言語派社会学の原理』洋泉社
　『こんなに困った北朝鮮』メタローグ
1999　『選択・責任・連帯の教育改革（完全版）――学校の機能回復をめざして』（堤清二氏との共編）勁草書房
1997　『研究開国』（神谷勇治氏との共編著）富士通ブックス
　『橋爪大三郎の社会学講義　2』夏目書房
　『正義・戦争・国家論』（小林よしのり・竹田青嗣氏との共著）径書房
1996　『オウムと近代国家』（呉智英・三島浩司・大月隆寛氏との共著）南風書房
1995　『性愛論』岩波書店
　『大問題！』幻冬舎
　『新生日本』（長谷川慶太郎氏との共著）学習研究社
　『科学技術は地球を救えるか』（新田義孝氏との共編著）富士通ブックス
　『橋爪大三郎の社会学講義』夏目書房
1994　『中国官僚天国』（王輝著／橋爪他訳）岩波書店
　『健崔――激動中国のロックスター』岩波ブックレット
　『自分を活かす思想／社会を生きる思想』（竹田青嗣氏との共著）径書房
1993　『社会がわかる本』講談社
　『橋爪大三郎コレクション１　身体論』勁草書房
　『橋爪大三郎コレクション２　性空間論』勁草書房
　『橋爪大三郎コレクション３　制度論』勁草書房
1992　『民主主義は最高の政治制度である』現代書館
　『小室直樹の学問と思想』（副島隆彦氏との共著）弓立社
1991　『現代思想はいま何を考えればよいのか』勁草書房
1989　『冒険としての社会科学』毎日新聞社
1988　『はじめての構造主義』講談社現代新書
1986　『仏教の言説戦略』勁草書房
1985　『言語ゲームと社会理論――ヴィトゲンシュタイン・ハート・ルーマン』勁草書房

執筆年代順リスト

1983

石原岩太郎『意味と記号の世界』――『記号学研究』（日本記号学会編・北斗出版）1983年４月号

1985

ダグラス・R・ホフスタッター『ゲーデル，エッシャー，バッハ』――『エコノミスト』1985年11月19日号

1986

T・A・シービオク『自然と文化の記号論』――『エコノミスト』1986年３月11日号
菅谷規矩雄『ロギカ／レトリカ』――『現代詩手帖』1986年３月号
吉本隆明はメディアである――『現代詩手帖』（臨時増刊号）1986年12月

1987

M・フーコー『知への意志』――『フェミニテ』（東京女性史研究会）1987年２月号
オースティンからハートへひと筋の道――『木鐸』1987年３月号
田川建三『思想の危険について』――『朝日ジャーナル』1987年９月25日号
黒崎　宏『ウィトゲンシュタインと禅』／ヘンリー・ステーテン『ウィトゲンシュタインとデリダ』――『朝日ジャーナル』1987年11月20日号

1988

奥井智之『近代的世界の誕生』――『週刊読書人』1988年10月10日号
栗本慎一郎『意味と生命』――『正論』1988年11月号
団塊ジュニアのサイバーリアル・ワールド――『RIRI 流通産業』1988年12月号

1989

山口昌男『天皇制の文化人類学』――「産経新聞」1989年４月11日
ロラン・バルト『偶景』――「産経新聞」1989年５月23日
渡辺　裕『聴衆の誕生』――『朝日ジャーナル』1989年５月26日号
佐伯啓思『産業文明とポスト・モダン』――「産経新聞」1989年６月27日
スティーブン・フェルド『鳥になった少年』――『ポリフォーン』（サントリー音楽財団編・ＴＢＳブリタニカ）1989年６月号

江原由美子・長谷川公一 他『ジェンダーの社会学』——『週刊読書人』1989年8月14日号

自己指示形式の壮麗な宮殿　大澤理論の導きによるスペンサー＝ブラウン——『月刊アーガマ』1989年8月号

猪瀬直樹『東京，ながい夢』——「産経新聞」1989年9月12日

吉本隆明 他『琉球弧の喚起力と南島論』——「産経新聞」1989年9月29日

内田芳明『思索の散歩道』——『現代詩手帖』1989年10月号

竹田青嗣『現象学入門』——『月刊アーガマ』1989年10月号

A・キートリー『ウィトゲンシュタイン・文法・神』——『月刊アーガマ』1989年11月号

池田清彦『構造主義と進化論』——『月刊アーガマ』1989年12月号

1990

落合恵美子『近代家族とフェミニズム』——『週刊読書人』1990年1月22日号

五十嵐　一『神秘主義のエクリチュール』——『月刊アーガマ』1990年1月号

北野隆一『プレイバック「東大紛争」』——「産経新聞」1990年2月27日

鎌田東二『老いと死のフォークロア』——「産経新聞」1990年4月3日

内田隆三『ミシェル・フーコー』——『朝日ジャーナル』1990年5月25日号

現代思想として仏教を見直す本——『仏教 別冊』1990年6月

陳　凱歌『私の紅衛兵時代』——『週刊読書人』1990年7月2日号

ウィリアム・W・バートリー『ウィトゲンシュタインと同性愛』——『エコノミスト』1990年8月7日号

外国人労働者問題が教える“国際化時代”ニッポンの現実！——『月刊 Asahi』1990年8月号

星川啓慈『宗教者ウィトゲンシュタイン』——『月刊アーガマ』1990年9月号

長崎　浩『世紀末の社会主義』——『週刊読書人』1990年11月19日号

クロード・レヴィ＝ストロース『やきもち焼きの土器つくり』——「日本経済新聞」1990年12月9日

上野千鶴子『家父長制と資本制』——『週刊読書人』1990年12月10日号

1991

ピエール・ブルデュー『ピエール・ブルデュー』——「産経新聞」1991年1月8日

日本社会の危機の構造——小室直樹『危機の構造』中公文庫版解説，1991年2月

クロード・レヴィ＝ストロース『やきもち焼きの土器つくり』——『女性セブン』1991年2月28日号

永井　均『〈魂〉に対する態度』——「産経新聞」1991年3月5日

クロード・レヴィ＝ストロース『やきもち焼きの土器つくり』——『マフィン』1991年3月号

柄谷行人編，浅田　彰・蓮實重彦・三浦雅士『近代日本の批評 II』——「産経新聞」

1991年４月16日
日本論を解読する――『朝日ジャーナル・ブックガイド '91』1991年４月25日号
フェリックス・ガタリ『機械状無意識』――『エニイ』1991年４月号
茂木和行『木から落ちた神さま』――『エコノミスト』1991年６月11日号
中谷　巌『[論壇から見た] 激動の時代，日本の選択』――『朝日ジャーナル』1991年６月28日号
ジャン・ボードリヤール『湾岸戦争は起こらなかった』――「産経新聞」1991年８月20日
カレル・ヴァン・ウォルフレン『日本／権力構造の謎』――『よむ』1991年８月号
島田裕巳『戒名』――「河北新報」1991年９月９日 他
ポピュラー音楽研究，日本発――『季刊ノイズ』（別冊ミュージック・マガジン）1991年９月号
島田裕巳『戒名』――『マルコポーロ』1991年10月号

1992

D・エリボン『ミシェル・フーコー伝』――「日本経済新聞」1992年１月12日
桜井哲夫『メシアニズムの終焉』――「日本経済新聞」1992年２月２日
レヴィ＝ストロース，エリボン『遠近の回想』――「産経新聞」1992年２月４日／『週刊読書人』1992年２月24日号
中曽根康弘・佐藤誠三郎・村上泰亮・西部　邁『共同研究「冷戦以後」』――『朝日ジャーナル』1992年４月３日号
井上章一『美人コンテスト百年史』――「産経新聞」1992年４月７日
厚東洋輔『社会認識と想像力』――『理論と方法』（数理社会学会）1992年４月号
細川周平『レコードの美学』――『群像』1992年７月号
ジャズは不可思議な天国《パラダイス》――『マルコポーロ』1992年７月号
丸山眞男『忠誠と反逆』――「日本経済新聞」1992年８月23日
文明の差異を解く鍵　山本七平氏の聖書学――『波』1992年８月号
丸山眞男『忠誠と反逆』――『季刊リテレール』1992年９月号
竹田青嗣『現代思想の冒険』――『ちくま』1992年10月号
大澤真幸『身体の比較社会学 Ⅱ』――「産経新聞」1992年11月５日
池田清彦『分類という思想』――「産経新聞」1992年12月10日
自己組織性と情報の社会学　吉田理論三部作を論ず――『社会学評論』1992年12月号

1993

今野　浩『数理決定法入門』――「産経新聞」1993年１月14日
島田裕巳『イニシエーションとしての宗教学』――「産経新聞」1993年２月18日
アンドリュー・モートン『ダイアナ妃の真実』――「産経新聞」1993年３月18日
今谷　明『信長と天皇』――「産経新聞」1993年４月15日
ジョン・バーワイズ，ジョン・ペリー『状況と態度』――「産経新聞」1993年５月20日
金子　勇・長谷川公一『マクロ社会学』――『週刊読書人』1993年６月７日号

保坂俊司『シク教の教えと文化』――「産経新聞」1993年6月24日
竹田青嗣『恋愛論』――「日本経済新聞」1993年7月11日
小林　實・呉　敬璉編著『中国』――「産経新聞」1993年7月22日
馬　小虎『忘れられた人々』――「産経新聞」1993年8月19日
飯尾　潤『民営化の政治過程』――「産経新聞」1993年9月16日
吉澤夏子『フェミニズムの困難』――「産経新聞」1993年10月14日
小川博司『メディア時代の音楽と社会』――「産経新聞」1993年11月12日

1994

山本俊一『日本らい史』――『週刊文春』1994年4月28日号
改革は〈システム〉との戦いである――カレル・ヴァン・ウォルフレン『日本／権力構造の謎』ハヤカワ文庫版解説，1994年4月
小林康夫・船曳建夫編『知の技法』――「朝日新聞」1994年6月19日
長谷川慶太郎『「超」価格破壊の時代』――「朝日新聞」1994年8月7日
合意形成研究会『カオスの時代の合意学』――『創文』1994年8月号
W・J・モムゼン他編著『マックス・ヴェーバーとその同時代人群像』――「日本経済新聞」1994年9月18日
青木雄二監修『ナニワ金融道　カネと非情の法律講座』――「朝日新聞」1994年9月25日
小阪修平『市民社会と理念の解体』――『週刊読書人』1994年10月21日号
ラビ・バトラ『1995▶2010　世界大恐慌』――「朝日新聞」1994年11月6日

1995

トム・ピーターズ『トム・ピーターズの経営破壊』――「朝日新聞」1995年1月22日
宮台真司『制服少女たちの選択』――『週刊読書人』1995年1月27日号
藤田省三『全体主義の時代経験』――「日本経済新聞」1995年2月19日
江原由美子『装置としての性支配』――「産経新聞」1995年2月28日
日本経済新聞社編『デリバティブ・新しい金融の世界』――「朝日新聞」1995年3月19日
隈　研吾『新・建築入門』――『建築文化』（彰国社）1995年3月号
中村雄二郎『悪の哲学ノート』――『I feel』1995年3月号
吉本隆明『わが「転向」』――「北海道新聞」1995年4月2日　他
内田隆三『柳田国男と事件の記録』――『図書新聞』1995年4月15日号
池田清彦『科学はどこまでいくのか』――『ちくま』1995年4月号
佐々淳行『平時の指揮官　有事の指揮官』――「朝日新聞」1995年5月14日
宮台真司『制服少女たちの選択』――『こころの科学』1995年5月号
シェア・ハイト『ハイト・リポート　新家族論』――「日本経済新聞」1995年6月11日
邱　永漢・竹村健一『「引き潮」の経済学』――「朝日新聞」1995年7月2日
ヨースタイン・ゴルデル『ソフィーの世界』――「朝日新聞」1995年9月3日

小林よしのり・浅羽通明『知のハルマゲドン』──『宝島30』1995年９月号
唐津　一『デフレ繁栄論』──「朝日新聞」1995年10月29日
高度資本主義下のテレビ──吉本隆明『情況としての画像』河出文庫版解説，1995年10月
とんでもない人びとのどうしようもない三冊──『BT 美術手帖』1995年11月号
竹内靖雄『日本人の行動文法』──『週刊東洋経済』1995年12月２日号
吉本隆明『母型論』──「日本経済新聞」1995年12月17日
椎名　誠『時にはうどんのように』──「朝日新聞」1995年12月24日

1996

笠井　潔『国家民営化論』──『図書新聞』1996年２月３日号
ビル・ゲイツ『ビル・ゲイツ　未来を語る』──「朝日新聞」1996年３月３日
堤　清二『消費社会批判』──「東京新聞」1996年３月10日
副田義也『日本文化試論』──『社会学ジャーナル』（筑波大学社会学研究室）1996年３月号
吉本隆明『世紀末ニュースを解読する』──「朝日新聞」1996年５月５日
佐伯啓思『現代日本のリベラリズム』──「日本経済新聞」1996年６月２日
村上　龍『ヒュウガ・ウイルス』──「朝日新聞」1996年６月23日
清算しきれない過去　楊克林編著『中国文化大革命博物館』──『週刊読書人』1996年７月５日号
落合信彦『烈炎に舞う』──「朝日新聞」1996年７月28日
藤岡信勝・自由主義史観研究会『教科書が教えない歴史』──「朝日新聞」1996年10月13日
ウォーラーステイン，グルベンキアン委員会『社会科学をひらく』──「日本経済新聞」1996年12月８日
春山茂雄『脳内革命 ②』──「朝日新聞」1996年12月22日

1997

吉永良正『「複雑系」とは何か』──「朝日新聞」1997年２月16日
野村　進『コリアン世界の旅』──「朝日新聞」1997年４月20日
C・ストール『インターネットはからっぽの洞窟』──「読売新聞」（鼎談書評）1997年４月21日
笹間良彦『図説 日本拷問刑罰史』──「読売新聞」（鼎談書評）1997年５月21日
中西輝政『大英帝国衰亡史』──「読売新聞」（鼎談書評）1997年６月2日
大平　健『顔をなくした女』──「朝日新聞」1997年６月15日
真渕　勝『大蔵省はなぜ追いつめられたのか』──「読売新聞」（鼎談書評）1997年６月23日
広田照幸『陸軍将校の教育社会史』──「読売新聞」（鼎談書評）1997年８月25日
河合隼雄『子どもと悪』──「朝日新聞」1997年８月31日

加藤典洋『敗戦後論』――「読売新聞」（鼎談書評）1997年9月15日
山田詠美『4U』――「読売新聞」（鼎談書評）1997年10月6日
R・バーンスタイン，R・H・マンロー『やがて中国との闘いがはじまる』――「朝日新聞」1997年10月12日
前間孝則『戦艦大和誕生』――「読売新聞」（鼎談書評）1997年10月27日
村上　龍『イン ザ・ミソスープ』――「読売新聞」（鼎談書評）1997年11月18日
立岩真也『私的所有論』――「読売新聞」（鼎談書評）1997年12月8日
魚住　昭『特捜検察』――「朝日新聞」1997年12月14日

1998

芝野耕司編著『JIS 漢字字典』――「読売新聞」（鼎談書評）1998年1月12日
「ポケットモンスター」関連本――「読売新聞」（鼎談書評）1998年2月3日
T・コルボーン，D・ダマノスキ，J・P・マイヤーズ『奪われし未来』――「朝日新聞」1998年2月22日
髙村　薫『レディ・ジョーカー』――「読売新聞」（鼎談書評）1998年2月23日
渡辺　保『黙阿弥の明治維新』――「読売新聞」（鼎談書評）1998年3月16日
最相葉月『絶対音感』――「読売新聞」（鼎談書評）1998年4月6日
金子達仁『決戦前夜』――「朝日新聞」1998年4月12日
町田　康『夫婦茶碗』――「読売新聞」（鼎談書評）1998年4月27日
永渕康之『バリ島』――「読売新聞」（鼎談書評）1998年5月18日
高橋睦郎『賚《たまもの》』――「読売新聞」（鼎談書評）1998年6月8日
上田紀行『日本型システムの終焉』――「読売新聞」（鼎談書評）1998年6月29日
桜井哲夫『〈自己責任〉とは何か』――「日本経済新聞」1998年7月5日
テリー伊藤『大蔵官僚の復讐』――「朝日新聞」1998年7月26日
宮部みゆき『理由』――「読売新聞」（鼎談書評）1998年7月27日
吉本隆明『アフリカ的段階について』――『週刊読書人』1998年8月7日号
副島隆彦『日本の危機の本質』――「読売新聞」（鼎談書評）1998年8月17日
浅田次郎『見知らぬ妻へ』――「読売新聞」（鼎談書評）1998年9月7日
野田正彰『戦争と罪責』――「読売新聞」（鼎談書評）1998年9月28日
花村萬月『ゲルマニウムの夜』――「読売新聞」（鼎談書評）1998年10月19日
土師　守『淳』――「朝日新聞」1998年11月8日
大澤真幸『戦後の思想空間』――「読売新聞」（鼎談書評）1998年11月10日
福井晴敏『Twelve Y.O.』――「読売新聞」（鼎談書評）1998年11月30日
多田道太郎『変身 放火論』――「読売新聞」（鼎談書評）1998年12月21日

1999

柳　美里『ゴールドラッシュ』――「朝日新聞」1999年1月24日
淀川長治『淀川長治の遺言』――「読売新聞」（鼎談書評）1999年1月25日
『初版グリム童話集』――「読売新聞」（鼎談書評）1999年2月16日

阿部和重『無情の世界』――「読売新聞」（鼎談書評）1999年３月8日
宮塚利雄『日本焼肉物語』――「読売新聞」（鼎談書評）1999年３月29日
加藤典洋『可能性としての戦後以後』――「日本経済新聞」1999年４月11日
伊島薫写真集『死体のある20の風景』――「読売新聞」（鼎談書評）1999年４月19日
中谷　巌『痛快！　経済学』――「朝日新聞」1999年５月９日
加藤典洋『日本の無思想』――「朝日新聞」1999年７月25日
副島隆彦『日本の秘密』――『正論』1999年８月号
浅田　彰・田中康夫『憂国呆談』――「朝日新聞」1999年９月19日
高校生のための「名著講読ゼミ」――『進研ニュース VIEW21』（ベネッセコーポレーション）1999年９月号
「聖なる分離」の儀式――『「買ってはいけない」は買ってはいけない』所収，1999年10月
ポール・ジョンソン『ユダヤ人の歴史』――「朝日新聞」1999年11月28日

2000

産経新聞「毛沢東秘録」取材班『毛沢東秘録』――「朝日新聞」2000年１月16日
大橋　功『教師をめざす若者たち』――「朝日新聞」2000年４月２日
浦出善文『英語屋さん』――「朝日新聞」2000年５月21日
立花　隆『脳を鍛える』――「朝日新聞」2000年６月11日
柳　美里『命』――「朝日新聞」2000年７月30日
アジアの20世紀と21世紀を考える10冊――『季刊インターコミュニケーション』（ＮＴＴ出版）2000年７月号
高まる英語公用語論――「日本経済新聞」2000年９月17日
佐高　信・テリー伊藤『お笑い創価学会　信じる者は救われない』――「朝日新聞」2000年９月24日
西部　邁『国民の道徳』――「朝日新聞」2000年12月10日
浅羽通明『教養論ノート』――「産経新聞」2000年12月23日

2001

石原慎太郎・田原総一朗『勝つ日本』――「朝日新聞」2001年２月４日
類型を使って類型をつき破る試み――浅田次郎『見知らぬ妻へ』光文社文庫版解説，2001年４月
西部　邁 他『この思想家のどこを読むのか』――『正論』2001年５月号
ジョン・ダワー『敗北を抱きしめて』――「日本経済新聞」2001年６月24日
ミミズは地面に身を横たえて空をあおぐ――加藤典洋『「天皇崩御」の図像学』平凡社ライブラリー版解説，2001年６月
小浜逸郎・櫻田　淳『「弱者」という呪縛』――「産経新聞」2001年７月29日
原　武史『可視化された帝国』――「日本経済新聞」2001年８月26日

2002

矢向正人『言語ゲームとしての音楽』――『JASPM NEWSLETTER』2002年2月4日号
竹田青嗣『言語的思考へ』――『群像』2002年4月号
ロジェ＝ポル・ドロワ『虚無の信仰』――「日本経済新聞」2002年5月26日
高橋秀実『からくり民主主義』――『文藝春秋』2002年8月号
N・チョムスキー『金儲けがすべてでいいのか』――『現代』2002年12月号
小熊英二『〈民主〉と〈愛国〉』――「日本経済新聞」2002年12月22日

2003

『旧約聖書』――『オブラ』3－6，2003年6月1日

2004

姜　尚中・宮台真司『挑発する知』――『週刊読書人』2004年1月23日